上海文化发展基金会图书出版专项基金资助项目

海派时尚文化研究

刘晓刚　主编

黄士龙　顾雯　唐竭婧　著

東華大學出版社

· 上海 ·

图书在版编目（CIP）数据

海派时尚文化研究/刘晓刚主编；黄士龙，顾雯，
唐竭婧著. 一上海：东华大学出版社，2024.1
ISBN 978-7-5669-2167-3

Ⅰ.①海… Ⅱ.①刘… ②黄… ③顾… ④唐… Ⅲ.①海
派文化—文化研究 Ⅳ.①G127.51

中国版本图书馆 CIP 数据核字（2022）第 248583 号

责任编辑 徐建红 刘 宇
封面设计 Callen

出 版：东华大学出版社（地址：上海市延安西路 1882 号 邮政编码：200051）
本 社 网 址：dhupress.dhu.edu.cn
天猫旗舰店：http://dhdx.tmall.com
营 销 中 心：021-62193056 62373056 62379558
印 刷：上海盛通时代印刷有限公司
开 本：889 mm × 1194 mm 1/16
印 张：23
字 数：800 千字
版 次：2024 年 1 月第 1 版
印 次：2024 年 1 月第 1 次印刷
书 号：ISBN 978 - 7 - 5669 - 2167 - 3
定 价：198.00 元

序

今天是 8 月 10 日，虽说已过今年的立秋节气，申城晚上 10 点以后的户外气温依然高达 35 摄氏度。在这样一个沪上少有的热浪暗涌的夜晚，我收到本书主编刘晓刚教授为《海派时尚文化研究》一书写序的邀约，一时心中喜悦难抑，亦如热浪暗涌。

刘晓刚何许人也？我与晓刚教授相识已经超过 15 年，瞬间欲向读者介绍主编的来头，提笔却感无从铺展了……他，一位才识厚重的学者，2010 年就著有《品牌创新论》《品牌价值论》两部大作。在品牌经济的环境下回头再看当时这两部大作的前瞻性，深感现今价值更大。刘教授著的那本《奢侈品学》已成为国内此领域殿堂级典藏之作，记得他赠此书给我时，还戏称书太枯燥太厚重，权当是给我休憩时的垫枕之物。今次受邀写序，虽诚惶诚恐，但却之不恭。近两个多月以来，我也是受刘教授之托，在忙于发动上海国际时尚联合会准备此书所需的相关案例。上海国际时尚联合会创办于 2014 年的上海高级定制周，专注于东方生活美学的世界表达，至今已举办了十届，海派时尚正是其不可或缺的底色。在此期间我与刘教授为此书的某些素材论证也做了数次沟通，待静下心看完了全书的完整大纲和部分章节，却是难耐内心的震撼与欢愉。此著作在当前社会以时尚为经济发展重要引擎的情势下，将"海派时尚"置身于"海派文化"同等重要的视域中，研究了形成和扩大内需消费市场的时尚风向标，具有很强的创新性和现实性。通过对文化与时尚这两者之间的关系研究，明辨两者互为因果的原理，解决文化之于时尚源动力的一系列理论问题，深层面挖掘出"海派文化""海派时尚"的当代价值，成为助力创造时尚产业的财富，也是上海这座城市的精神财富。

序写至此，兴不由己。转身瞥一眼床边柜上放着的那本李欧梵所著的《上海摩登：一种新都市文化在中国（1930—1945）（修订版）》，这是我习惯睡前用来翻阅几页的读本，或忆旧，或云游……

恰巧也是今天，东方网发布了第二届海派风尚节将于 9 月在沪举办的新闻，标题是《推动海派文化与时尚相融合》。另外，第十一届上海高级定制周也将在 11 月如期而至。而我，一个生于上海热爱上海的女子，怀揣着对上海的深厚情爱，发自内心地愿意用余生的精力与时间，携手同频的朋友们一起，为海派文化与时尚的融合去做点事。

刘教授最后说，有好多内容未及细化，过几年后这本书如果可以再版时再去改写，用我们更多的亲历、经验和研究为海派时尚作更丰盈的注解。

　　我想，会的，一定会！

（上海国际时尚联合会常务副会长、上海高级定制周联合创始人）

2022 年 8 月 10 日

前　言

海派时尚与海派文化，水乳交融，难分难解。海派时尚始终是一个有趣的话题，见之于文字，徜徉于街头；耳闻于故事，目染于美景；品尝于佳肴，饱嗅于芬芳；感受于活动，释放于情怀；体验于产品，享受于服务；激动于经典，震撼于创新；流连于历史，希翼于未来。漫步在上海街头巷尾，环顾四周，细心洞察，无时无刻不感受到海派时尚之魅力，不禁爱由心生。经过一番翻箱倒柜式研究之后，我个人感觉是，海派时尚是看得见却又看不清，摸得着却难摸得透，既有如数家珍的底料，也有真真切切的感受，还有实实在在的标签，更有难辨边界的归属，犹如在一个巨大的万花筒中看到的幻彩景象，绚烂万千，瞬间即变，难以捉摸。这或许正是海派时尚魔幻之所在，也是人们在实践中容易遇到的困惑，民间也有各种音调不一的声音，因此有必要发力研究，从理论上梳理海派时尚文化，竭力弄清其庐山真面目。

简而言之，时尚，落点于一个时代之崇尚。其中，"尚"更甚于"时"，"时"是"尚"的对象，"尚"是"时"的结果。时尚文化，是属于文化大家庭中的一个重要分支，以当下"大时尚"角度来看，其体系庞大，构成复杂，内涵丰富。海派时尚文化，标注了地域范畴，自然是海派文化的一个分支，因其成因奇特、影响面大且活力依旧，在中国现当代社会中发展态势仍然十分强劲而备受瞩目。本书的研究重点是海派时尚，而不是海派文化。与海派文化相比，海派时尚的范围自然小了许多，但其分布面广、业态众多、层次各异，涉及了人们社会生活的方方面面，而且与海派文化有着密不可分甚至互为你我的关联。细思起来，它仍然是一个非常庞大的课题，以至于深入研究进去之后，面对海派时尚浩如烟海之种种表现有抓狂之感，压力倍增。

与文化不同的是，时尚事物终究归根于经济，或者说经济效益才是其发展的重要目的。因此，在全市经济进入新的发展阶段之际，上海市政府将时尚产业定位为能够带动其他产业共同发展的"新一轮都市经济发展引擎"，这一前所未有的战略高度把时尚产业提升到了上海的"都市支柱产业"地位，催生了大时尚概念的响亮提出，激活了海派时尚的潜在动能，开阔了海派时尚的宽广视野，造就了时尚产业格局的焕然一新。近二三十年来，鼎盛于 20 世纪三四十年代的"海派时尚"被赋予新时代语义后，在整个社会再次地大量实践，"政、产、学、研、用"多管齐下，共同发力，辛苦探索，努力创新，以大力发展海派时尚经济的名义，政策扶持，活动频繁，环境改造，产品创新，资源共享，服务提升，在市场上开疆拓土，在社区里传承普及，在国际上传播推广，取得了令人骄傲的不俗业绩，掀起了新时代海派时尚的新征程。有感于此，开展海派时尚理论研究正是时候。

研究海派时尚的目的不是沉醉过去，而是认清现实，瞩目实践，展望将来。对于一个地域的文化研究，往往落点于历史陈迹，这可能与文化的范畴及其形成的特征有关。对于海派时尚文化的研究也是如此，大都历史篇幅甚重，尤以故事片段的形式多见，较少着墨于当代业态因果，是了解海派文化的历史读本。本书试图以比较粗略的海派文化历史为线条，了解海派时尚的前世今生，梳理海派时尚文化的历程，理解海派时尚成长的机制；尝试从文化与产业结合的角度，厘清海派时尚文化与海派时尚产业的关系，发现海派文化在其中的作用，建立一个全面的多维度研究框架，剖析海派时尚文化现象，研究海派时尚产业结构；用放眼全球时尚文化的视野，观察当前海派时尚的地位与现状，寻找海派时尚进一步发展的理论依据，思考未来海派时尚的走向，着重于"后海派时尚"的研究、梳理与发现，希望其现实意义大于历史意义，不仅对关注海派时尚的普通读者有所裨益，而且对从事海派时尚的行业人士有所帮助。因此，从本书的目的来看，不是完全以时间为线索的海派时尚文化考证之旅，也无意于堆积史料（书中引用的有限案例仅为举证所用），而是更在于不时打破时间限制，对海派时尚进行今昔对比和观点思考。

多年前，我的研究团队开始了海派时尚流行趋势研究，那个课题是基于海派时尚流行趋势预测的技术层面的研究，本次课题是基于海派文化与产业语境的时尚文化的研究。前面课题的研究为本次课题的研究积累了一定的知识储备，两个课题具有一定的连贯性。本课题的研究思路是从论述文化与时尚的关系开始，观察海派文化与时尚，分析其表象与内涵，讨论其结构与形态，寻求其借鉴与启示，关注其传承与创新，重视其评价与监督，最后是寄予其思考和展望。

在机缘巧合之下，本课题在研究之初，得到了受上海市委宣传部和市财政委托的上海文化发展基金会图书出版专项基金资助。本书最初由亲历了半个多世纪海派时尚变迁的黄士龙老师主笔，此后，因工作量巨大、涉及学科范围广、撰写时间短等原因，难以在时间、学科和行业上精准把控，便先后诚邀东华大学教师顾雯博士和上海视觉艺术学院唐竭婧副校长加入，组成各司其职的撰写工作组。其中，黄士龙老师是我读大学时的班主任老师，曾长期担任《服装时报》上海记者站主任，熟悉行业情况，生活积淀深厚，文字功夫扎实，负责本书第一至六章以及第九章初稿撰写；顾雯老师是东华大学教师，以学术见长，笃于研究，也是本书的姐妹篇、曾获国家出版基金项目资助的《海派时尚流行趋势研究》一书的作者，负责本书第七和第八章的初稿撰写；唐竭婧老师是音乐学和管理学跨学科专家，思维敏捷，见识全面，承担了全书各章约 5 万字的补充文字；我本人负责全书的学术策划、撰写大纲和统稿工作。在撰写过程中，作者们参观场馆，走访专家，采访企业，调研市场，实地摄影，收集素材，研究文献，潜心写作，并相互传阅，反复推敲，几易其稿，为能如期付梓成书，做出了大量艰辛的努力，尤其在 2022 年申城百年未遇的盛夏酷暑中埋头苦干，更显难能可贵，在此我向他们表示深深的敬意！

本书得到了上海时尚之都促进中心、上海国际时尚联合会、上海市服饰学会的鼎力支持，这几个社团机构都无私地精选了旗下优秀会员单位的案例素材和图片资源供本书使用；《新民晚报》特约记者刘征老师、上海市静安沪尚墨缘书画文化公益中心汪先月老师、上海市青浦区实验中学邵雷老师、跨界文化传播学者楼盛森先生辛苦地奔忙于上海的市区和郊区，无偿地为本书专门拍摄了大量摄影图片；上海东浩兰生集团陆敏先生为提高图片印刷质量，对图片进行了技术处理；上海文化出版社何智明编审对全书进行了初审，在写作规范上为本书提供了基本保障。本书责任编辑、东华大学出版社徐建红老师不厌其烦，全程细心指导本书撰写工作；我的博士生陈于依澜、戴雨仟、唐競喆给予了素材考证、文档整理、图表绘制等方面的帮助；上海理工大学出版印刷与艺术设计学院朱喆同学承担了繁重的助理工作。对以上各位专家同仁的帮助，我无以言表，只能在此用文化人的传统方式，向他们表示发自我内心的感谢！

特别感谢上海国际时尚联合会常务副会长殷姿女士在百忙中抽空为本书作序。作为生长于申城、热爱大上海、钟情大时尚的海派时尚事业亲历者和实践者，她带领上海时尚领域唯一的跨行业社团，开创了多个有口皆碑的时尚跨界盛举，是为本书作序添彩最恰当的人选。

本书撰写时间局促，难免在素材的准确性上存在瑕疵，在观点的推敲上挂一漏万，恳切期望广大读者和业内专家不吝赐教。

2023 年 7 月 10 日

目　录

第一章

文化与时尚

国际大都市——上海的发展成就举世瞩目，其主要动因是源于上海的地理位置、周边环境，以及通过融合中西方文化，铸就自成一格的文化体系，即中华传统文化（吴越文化）和近代西洋文化等融合交汇成的独具上海特色的"海派文化"。海派文化追求"海纳百川，兼容并蓄"，其实质是尊重多元化、个性化，兼顾社会和个人利益，以契约精神为主导，以理性随和为表现，以商业实现为倚重的一种文化表现。有鉴于此，海派文化既包含古典与优雅，又反映现代与时尚，区别于中国其他文化。文化领域太过宽泛，为了聚焦研究课题，本章就海派文化之由来、海派时尚之含义、文化与时尚之关系、文化与时尚之界限和文化与时尚之转换五个方面分别阐述，梳理文化与时尚在新时代如何继续发挥上海城市品牌建设之"软实力"的作用。

第一节　海派文化之由来

　　众所周知，有关文化的定义不胜枚举，其中最简单明了的定义就是指人类社会创造的物质财富和精神财富的总和。英国人类学家爱德华·B. 泰勒（Edward B. Tylor）关于文化的定义在世界上比较有影响力。他说文化是一个复杂的综合体，包括知识、信仰、艺术、道德、法律、风俗，以及人作为社会成员之一而获得的各种能力和习惯，这是广义的"文化"概念。文化的另一种定义是泛指文化知识、文学艺术或文化艺术等，这是狭义的"文化"概念。海派文化是根植于中华传统文化、吸纳吴越等地域文化以及近代欧美文化等形成的具有包容、开放、多元、商业、时尚等个性，立足于上海的地方文化。长期以来，上海在南来北往、五方杂处、承接传统、贯通中外的接触交汇中产生的丰富多彩的多元文化元素，亦在客观上对海派文化，诸如建筑、绘画、文学、音乐、电影等文化艺术形式的发展，起到了不可忽视的推动作用。

一、缘起

　　海派文化作为一种地域文化，经历了发生、发展、壮大、"变异"等过程，最终成为上海文化的主体，是上海本土的特色文化。下面通过王权南移、地域优势和机构提升等几个方面来解析海派文化的缘起。

（一）古代王权中心南移

　　上海历史悠久。虽然在中华文明的历史长河中，上海的历史无法与齐鲁、中原、巴蜀、荆楚等地相比肩，但根据记载，上海早在 6 000 年前就已逐步成陆，如见诸典籍的广富林遗址、福泉山遗址等。春秋战国时期，上海（松江地域）是楚国春申君黄歇的封邑。现今，上海松江还有"春申村""春申路"和"春申站"等地名，图 1-1 是建于 1966 年的火车站点"春申站"，位于新桥镇春申村北侧。传说春申君黄歇当年巡察封地民情来到松江，见百姓遭水涝灾害，便率众疏通水道十华里，民感其恩呼此水道为"春申江"。春申君于封邑筑城曰"申城",故上海简称为"申"。晋朝时期,因当地渔民创造捕鱼竹编工具"扈",江流入海处称"渎",便以"扈渎"相称,后改为"沪",所以上海又称"沪"。据此可知,上海拥有深厚的历史文化底蕴。

图 1-1
松江区内的轨道交通春申站

在中国历史上,古代的政权多建立在中原区域,如河南的安阳、洛阳和陕西的长安(今西安)等地方。宋代以河南开封为都城,其时城市商业繁荣,漕运繁忙,著名画作《清明上河图》中就有充分的情景反映。"上海"之名最早在宋代出现。元代上海由镇升格为县,标志着上海建城之始。战乱驱使中原、北方、江浙等地的大批官宦、富商、士绅纷纷避居上海,带动了上海的社会经济发展。其时,松江府乌泥泾(今徐汇区华泾镇)的黄道婆(1245—1330 年)为纺织技术的改革做出了很大贡献(图 1-2),成为泽被后世的纺织技术创新专家。到了明代,上海已成为中国最大的棉纺业中心,商业经济日趋发达。清代乾隆、嘉庆年间,上海逐渐成为中国的贸易大港和漕粮运输中心,被称为"江海之通津,东南之都会"。

图 1-2
上海地区古代纺织技术专家黄道婆像

（二）通商口岸地域优势

上海通商口岸地位的确立以唐宋"市舶制度"的设立为标志。唐代设扬州、广州、交州三大对外贸易口岸，至天宝五年（746年）嘉兴青龙港设镇（今划归青浦区白鹤镇），而使上海成为又一大对外贸易口岸——东南通商大邑格局得以形成。宋代是古代"重商主义"时期，"市舶制度"更是得到系统且有条理的发展。为了完善"市舶制度"，市舶司下又增设如"舶务""舶场"等分支机构，更加方便了对外贸易活动。新增口岸在上海境内有上海镇（今黄浦区）、华亭县（今松江区），而原来的青龙镇被升格为"市舶务"，即可以直接处理对外贸易事务。

古籍记载表明，唐宋时期的青龙镇是上海地区的名镇。宋代应熙《青龙赋》载："粤有巨镇，其名青龙。控江而淮浙辐辏，连海而闽楚交通。"北宋时期（960—1127年）的《吴郡图经续记》所记的青龙镇："观松江正流下吴江县，过甫里，经华亭，入青龙镇，海商之所凑集也"。"以港兴贸，以贸兴市"，青龙镇的兴盛繁华持续近200年。宋末松江上游日益淤浅，下游日趋窄狭以致大船难以进出，于是青龙镇日渐式微，只得将贸易事务逐步移至上海旧城内。鸦片战争后，上海被列强开辟为通商口岸。1845年起，英国、美国、法国等先后在上海设立了租界，使上海成了外国殖民主义者在中国倾销商品、搜刮原料、聚敛钱财的主要口岸，因此上海也有了"冒险家的乐园"之称（图1-3）。

图 1-3
旧上海租界内的店铺林立，装修格调酷似西方国家一些留存至今的传统店铺

（三）管理机构级别提升

古时上海的发展及其管理机构是逐步提级的。城址和城名多次变更，至三国时期以"华亭"为名固定于佘山附近。唐代设华亭县，天宝五年其北部设青龙镇，开始成为对外贸易的重要港口，驻有市舶分支机构。1264年前后，该机构移至上海镇。其时吴淞江（今苏州河）的南岸有两条支流，分别是上海浦和下海浦，由于镇治所在位于上海浦附近，自然便称为上海镇，"上海"由此得名。自南宋后，此地人烟

云集，货船穿梭，车水马龙，商号林立。简而言之：上海作为通商口岸建镇始于唐，宋代城市规范实行贸易许可制度，设县在元，筑城已是明代（图1-4）。至清代上海隶属松江府，上海县治在老城内，包括批准"开埠""租界"的道员机构也在此处。

1912 年上海直属于江苏省。1927 年上海成为特别市，受中央政府直辖，"大上海规划"于江湾地区开始实施。1930 年上海特别市改称为上海市。

1949 年 10 月中华人民共和国成立后，上海仍为中央直辖市。从此，上海真正进入了城市建设大发展的阶段。特别是 1990 年浦东新区的开发开放，先行先试，使上海形成了"金融先行、贸易兴市、基础铺路、东西联动"的经济发展新格局。

进入 21 世纪，随着上海的进一步改革开放，以及各级管理机构的不断完善，上海正在面向世界，努力有所作为，争取早日建成具有世界影响力的社会主义现代化国际大都市。

二、成因

1843 年 11 月，上海被迫开埠。帝国主义列强通过租借土地设立"租界"，建起分属于英、美、法等国的管理机构、公共设施、娱乐场所和生活社区等作为侵略据点，但也从另一角度展示了各国的文化习俗、生活方式、宗教信仰等。面对西方文化，上海人经历了从惊奇、不解到推崇、借鉴的过程。"崇洋媚外"被用来形容国人面对外来文化时缺乏自信的心态，细究一下，这个词可以分为"崇洋"和"媚外"两个部分，"崇洋"是推崇、崇尚西风之心，"媚外"有献媚、盲从洋人之态。上海人"崇洋"而不"媚外"，有自己的风骨，海派文化在长期的中西文化融会贯通中走出了一条属于自己的，具有东西合璧风格的发展道路。

（一）开埠涌入西方文化

上海开埠之后，西方文化大量涌入本土，主要体现在建筑、饮食以及娱乐等方面。

建筑方面。西方人来到上海，建造了许多具有欧美风格的高楼大厦，其中最有名的就是外滩建筑群，其他还有租界内造型各异的商铺、住宅、娱乐场所等建筑。其时，舟船一进入黄浦江，顿觉气象一新，尤其来到今十六铺往北一带，可以看到面对黄浦江一字排开的外滩建筑群。附近道路平坦宽敞，临街商户店面整洁，堤岸桥梁修筑牢固，满街车辆来去匆匆，水路船只延绵不绝，行道树木茂密兴盛（图1-5）。值得一提的是，石库门的建筑样式是最具海派文化印记的代表性民居，其以"街衢弄巷，纵横交错"为特色，展现了上海荟萃中西的城市风貌。

图 1-5
旧时上海外滩车水马龙之气象为时人罕见

饮食方面。欧美人主要吃西餐，刀、叉等餐具的使用方式及用餐礼仪颇有讲究。上海人感觉新鲜、稀奇，于是常去西餐馆吃饭，日积月累之后，精致细腻的上海人也能品出法式、英式、意式、德式、俄式、日式等餐饮风格之奥妙。另外，喝咖啡以及与此相配的吃蛋糕、饼干等西点，至今还是上海人比较中意的饮食享受。

娱乐方面。过去，中国人外出工作基本上是没有固定休息日的。而西方人在上海任职是做六休一，休息天要上教堂做礼拜。上海人随之跟进，接受了每周固定休息日的概念，并称之为"礼拜天"。由于"礼拜天"的出现，上海人也开始在休息日与家人或朋友出门去逛公园、看电影、听音乐、打桌球、跳交谊舞等，这些娱乐活动都是从西方传入上海的（图1-6）。

图 1-6
20世纪初的上海
人已经开始热衷于
西方社交娱乐方式

（二）四大商楼发力兴市

上海商业的繁华远近闻名，中外皆知，其中南京路最为热闹，有"中华商业第一街"之美誉。南京路——从西藏路到浙江路之短短的距离内，分别坐落着先施、永安、新新、大新四大公司（图1-7），此"四大公司"所在的高楼大厦均为欧美风格，是当年别具特色的地标性商业建筑，也是"摩登"上海的象征。

先施公司。名字取自"先施以诚"，现为上海时装公司。先施公司由澳籍华人巨商马应彪开办，是上海首家区别于传统商铺的，集百货、酒楼、旅馆和娱乐设施等于一体的综合性大型商店。公司于1917年开业后，即吸引了市民大众的眼球，成为当时人们热议的社会话题，生意兴隆，使追逐时尚的消费者趋之若鹜。

永安公司。由华侨富商郭乐筹资兴建，1918年开业。其十分重视消费心理研究：楼外英文书写"customers are always right"（顾客永远是对的）告示语，以及承诺大件商品送上门、安排商品展示表演等，都是上海滩极具轰动效应的商业新闻。永安公司东面现为华侨商店（图1-8），其建筑原是永安公司的一部分，第六层为"七重天"，与西面的永安公司由天桥联通。永安公司外观时髦，别具一格，至今仍有无数"打卡"之人前来围观。

新新公司。由华侨刘锡永、李敏周创建，其名取自商汤《盘铭》："苟日新，日日新，又日新"，在以高租金租下毗邻先施公司的哈同洋行地产的基础上创建而成，于1926年开业。新新公司初始为了提高知名度，一是在《申报》上投放大量广告；二是创办舞厅；三是重金聘请沪上著名影星"带货"；四是引进"冷气"设备。后来又在该楼装备了上海第一个由中国人创办的"玻璃电台"（即四周用玻璃隔断围合），后叫做"凯旋电台"（入选《上海市第一批革命文物名录》）。炎夏时节楼内购物环境清凉舒爽，再加上电台播报商品信息等奇思妙招，让新新公司招徕了八方顾客，摆脱了先施公司、永安公司之双雄压制。

图 1-7
南京路上闻名遐迩
的四大商业公司

先施公司　　　　　　　　　　　　新新公司

永安公司　　　　　　　　　　　　大新公司

图 1-8
永安东楼"七重天"

大新公司。由广东珠海人蔡昌兄弟开办，属南京路"四大公司"之后起新秀，于 1936 年开张。虽然运营比较晚，但其博采他家之长，后发领跑市场。由于大新公司在商场营业格局及其设施安置等方面采取了与以往店铺完全不同的运作方式，如启用当时国内没有的电梯上下的现代设备和使用冷暖管道随时令调节室温，从而带来购物上的便捷、舒适以及经营模式上的创新，使营业额长期跃居"四大公司"之首，轰动了整个上海，影响力遍及全国乃至整个远东。大新公司现在被"老上海"称作"中百一店"（中国百货公司上海市公司第一百货商店的简称），可见"大新"之牛气（图 1-9）。

图 1-9
"后来居上"的大新公司成为新中国成立后的"中百一店"

"四大公司"之环球百货经营模式，如设备先进、陈设新颖、销售创新、业态聚合等措施，汇集了来自世界各地的时尚商品，使得它们成为当时人们领略国际时尚潮流的首选之地，与此同时，上海也赢得了"东方巴黎"的美誉。

（三）海派商业文化肇兴

上海的商业发达海内外闻名，各大商家皆有特色：环球商品任君选，临街橱窗陈设艳；霓虹彩灯呈缤纷，购物游览乐忘返。除此之外，作为海派文化发展的基础和特色之一，上海的商业文化建设亦是丰富多彩，自成体系。例如，永安百货公司创办文化生活类杂志——《永安月刊》（图 1-10）。该刊内容丰富，图文并茂，除了商品介绍和广告发布，还设有服饰、美容、育儿、健康、医药、电影和外国纪行等话题专栏。另外，刊物经常发表文学、艺术作品，或约请著名文化人撰稿。其发行范围广泛：除上海外，在广州、北京、西安、武汉、香港、澳门等地亦深受读者欢迎。《永安月刊》连续十年公开出版，是海派时尚文化生活的一个缩影，蕴藏着那时上海的风土人情，其史料真实、详细，值得我们发掘和研究。

图 1-10
《永安月刊》1939 年
创刊号封面，封面
人物是永安百货接
班人郭琳爽的女儿
郭志媛

经过一百多年的发展，上海的商业经济蒸蒸日上，已经形成了自己独特的运营风格和成熟的商业文化。商业带动社会生活的兴旺，也必然使海派文化肇兴。事实上，以契约精神为主导的上海商业文化特色体现在海派文化的方方面面，特别是尊重多元化，兼顾个人和社会利益等方面。

海派文化是一个涵盖面非常广的综合体，它体现在人们的各种社会生活中，也体现在文学、艺术、道德、法律、风俗等方面。中国文坛诸多大家的文学生涯或黄金时代都与上海关系密切，他们在沪的文学活动颇具声势，影响着海派文学的发展。如郭沫若（《女神》中的《黄浦江口》《上海印象》《沪杭车中》及《星空》中的《吴淞堤上》《江湾即景》《仰望》等诗篇）、茅盾（《子夜》）、夏衍（《包身工》）、鲁迅（《狂人日记》）等（图 1-11），他们文学上的扛鼎之作，不仅多写于

图 1-11
发表鲁迅、茅盾等
人作品的进步杂志
《新青年》

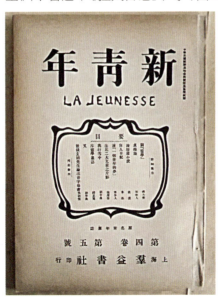

海，其内容更和上海有关。现代文学史上著名的社团如"创造社""文学研究会"等及其刊物同样也与上海颇有渊源。绘画、电影、话剧、戏剧等艺术都在上海各展其长。

三、特征

海派文化最初的成型由商业起兴、文人参与，而后侵淫于市民生活的方方面面。海派文化的基本特征具有多元性、开放性、扬弃性和创造性。开埠后的上海，海纳百川，熔铸中西。在东西方文化的碰撞、接触、交融中，比较有代表性的是上海租界从"华洋分居"到"华洋杂处"的变化，它促进了近代上海的"文化混合"。尽管最初的选择属于无奈，然而最终却使上海成为中国接触西方文化最早的城市。

（一）多元融合各展所长

任何文化都是多方面因素成就的，海派文化也不例外。海派文化是长期以来由多元文化交融积累发展而来的，以江南区域的吴越文化为基础，兼顾广东等其他地方文化，各地文化竞争互补，是海派文化最为重要的组成部分。而来自其他国家和地区的人们（主要是欧美国家）则是将西方文化带到了上海。例如，以霞飞路（今淮海中路）为中轴的法国、俄罗斯文化，以南京路和外滩为标志的英国、美国文化，以及霍山路、舟山路体现的犹太文化等。由于经商、避难、传教等原因汇聚到上海的外国人在推动异国文化在上海的传播、交流、融合的同时，也促进了上海与世界各地的紧密联系，对海派文化的产生和发展起到了积极作用。

明代徐光启（1562—1633年）应该是最早放眼看世界的上海人。鸦片战争后，法国传教士循着徐光启的脚步，来到徐家汇"土山湾"创办了天文台、修道院、天主堂、画院、藏书楼和教会学校等，今天的"上海工艺美术职业学院"和"上海交通大学""复旦大学""徐汇中学"等都与之有渊源。土山湾孤儿院也是在此氛围中设立的。著名的土山湾画馆是孤儿院最早设立的部门，它首次将西洋画纳入了正式的教育中，成为"中国西洋画的摇篮"。这也影响了一代画界宗师——徐悲鸿。其他海派画家，如任伯年、刘海粟、张充仁、徐宝庆等都与此处有着千丝万缕的联系。土山湾孤儿工艺院对我国近代文化史，尤其是对海派文化具有重要的意义。"土山湾"可以说是上海吸收西洋文明的典范之地（图1-12），也是上海观察和了解西方文化的重要窗口。

此外，文人集聚对上海出版业、娱乐业的贡献，同样是海派文化的构成要素。如晚清至民国时期涌入上海租界的许多文化人，改变了中国传统文人的谋生之道，积极参与了海派时尚的塑造。总之，海派文化和其他事物一样，是复杂的多元融合——使传统与现代、本土与西洋相互映衬，各展所长。

图 1-12
徐家汇土山湾博物
馆及土山湾外景、
工场、牌楼等旧貌
新景

（二）扬弃创新商文并重

上海是一个工业兴旺、商业发达的城市，与中国其他地方相比，上海更加重视工业制造和商业贸易的发展。上海的商业经过一百多年的发展，已经形成了自己浓郁的文化意味，也就是主动开放不盲从、与时俱进求发展之扬弃和创新共行的上海商业文化。

上海早期的商业文化建设引人瞩目，除了人际交往、利益分配、个性发展等，还在文化知识、文学艺术等方面颇有作为，如一些商业公司拥有专门的剧场、影院、球队、舞厅、餐厅、咖啡室、摄影室等设施（图 1-13），开展了许多形式各异的文化活

图 1-13
永安公司排球队

动。再如前述永安百货公司创办的《永安月刊》在内容上"凡足以辅助商业家庭及个人之知识"的,均吸收之,其发展目标更是"宁静其精神,鼓励其振作;辅助其发展,裨益其身心"。透过《永安月刊》,人们可以看到一种雅俗共赏、既具知识性又有趣味性的商业与文化并重的海派文化现象(图1-14)。

图 1-14
《永安月刊》上的漫画

(三)吴越为主华洋杂糅

海派文化以吴越文化为主,杂糅西洋文化与其他文化而成。吴越地处江浙一带,为长江文明的支流经脉。历史上吴与越同属"百越"的分支,虽为两邦,但族系同源,族缘相融。古籍《越绝书》曰:"吴越为邻,同俗并土"。《吴越春秋·夫差内传》载吴与越"同音共律,上合星宿,下共一理"。吴越相连,境异性殊。吴处太湖平原,是江南鱼米之乡,具有柔美温和的文化特点,人多精明而安于守成;越虽滨江临海,然多山少平地,处于相对闭塞的空间,造成民风刚毅、行为乖巧的文化个性。这些因区域环境而构建的社会风俗和生活习惯是吴越文化的内涵,对之后上海的发展模式产生了深刻影响,并且是一脉相承之上海人的真实写照与文化属性(图1-15)。

上海是典型的移民城市,国内移民大都来自江苏、浙江、广东等地,国外移民主要来自英、美、日、俄等国,最多时移民人口几乎超过了本地人。移民之多使得海派文化必然具有一种独特的风格——博采荟萃吴越文化等中国传统文化的精华,吸纳消化欧美等国西方文化的因素,创立新的富有自己个性特点的文化特征,为日后人们所言必称的上海"洋气"埋下了伏笔(图1-16)。

图 1-15
华洋杂糅的移民城
市旧上海使得人们
在服饰上日渐趋同

图 1-16
20 世纪早期,上海
已经有了不少"洋
气"的娱乐方式。图
为永安百货公司开
设的溜冰场

第二节　海派时尚之含义

　　《辞海》中,"时尚"的定义为"社会学、心理学术语。被大多数人崇尚且普遍流行的生活方式或行为模式。如在服饰、语言、文艺、宗教等方面的新奇事物往往迅速被人们采用、模仿和推广。表达人们对美的爱好和欣赏,或借此发泄个人内心被压抑的情绪。属于人类行为的文化模式的范畴。"《现代汉语词典》中,"时尚"被简单地概括为"当时的风尚"。时尚可以看作习俗的变动形态,习俗可看作时尚的固定形态。海派时尚是指一种由多元文化融合而形成的具有上海地方特色(诸如衣食住行等方面)、经过包装设计走在潮流最前端的文化形象。下面就海派时尚之根系、脉络、特征三方面展开。

一、根系

上海早先将"时尚"表述为时髦、时兴、摩登、标致等。探寻海派时尚的根系，厘清海派时尚的含义，有助于把握海派时尚的脉络，辨明海派时尚的特征，从而从根本上理解海派时尚之面目及种种做派。

（一）历史基因

"时尚"在上海的使用历史比较短。起先，有关上海的时尚一般可概括为吃、穿两个字，且口碑甚佳。例如，元末战乱时，不少富商、官绅、文人等就纷纷来到当时被称作"东北五乡"的上海避难，随之而来的还有这些人的美食丽衣，让上海滩渔村之人大开眼界，亦开始仿效穿靓衣、食佳肴，以豪侈为风尚。当时上海的一些富人崇尚华丽衣裳，嫌弃朴素打扮，有些人即便出身名门，也喜欢挥霍，相互攀比。由此可以看出，元末时的上海人，尤其是居住在上海县城的经商人士，对衣食的时尚定义就是"崇华黜素"。

此外，根据唐宋时期青龙镇的商贸活动来推测，当地的时尚之风已然兴起。因为商贸活动一定会带动当地的建设和发展，如南宋初年，该镇有三亭、七塔、十三寺、二十二桥、三十六坊，另有镇学、酒坊，以及为茶、盐、酒等商务设立的税场。其中的茶、盐、酒等商务，就是"时尚"的萌发之处。

（二）产生条件

海派时尚产生的条件可以从地利因素、外部因素、商业因素、环境因素四个方面来理解。

地利因素。上海处于一条由北美西海岸经日本、中国到东南亚的世界环航线的中心点，并且上海到北美或西欧的距离几乎等同，比较方便与欧美国家的人员交往、货物运输。因此，在《南京条约》的"五口通商"中，上海被迫开放。为培养革命人才，中国共产党派员向西方寻求真理，上海以其得天独厚的地理位置成为最佳出发地，赴法勤工俭学者多从上海坐海轮出发。

外部因素。上海开埠之后，外国人大量涌入，不同国度的服饰、餐饮、建筑、汽车及游乐设备等具有时尚元素的物品也随之展示在上海人的眼前。面对形形色色的"洋货"，上海人从初时的惊奇和羡慕，到后来的模仿、自制，开始以追求时尚物品为目标，参照这些物品的西方使用习惯，比如进一步细分服装的穿着场合，讲究外表形象，以显示自己的"洋气"（图1-17）。

商业因素。上海的一些大型商业公司在产品推广方面的做法十分新颖，如商楼橱窗陈列、外观立体推广、出售入场券和发放抵扣券等，吸引了市民的广泛关注。另外，商业演艺活动丰富多彩，令人流连忘返。文艺界的推波助澜，特别是演艺明星的加盟使得市场效应更加显著（图1-18）。其他还有报纸杂志的广告推介（图1-19），让许多时尚产品的市场知名度大增。

图 1-17

图 1-17
旧上海网球场上的
女子、束发、着网球
服,时尚干练,服饰
与场合贴切,服装
TPO 原则运用十分
娴熟

图 1-18
著名文化人士黄宗
英为永安公司代言

环境因素。上海的城市环境比较现代，特别是各种不同造型的建筑风格，是城市一道亮丽的风景线，也是上海时尚形象的最直接体现。除了商务高楼大厦，一些西式住宅建筑样式（图1-20），如法国古典主义花园、英国维多利亚式府邸、欧洲城堡式别墅、地中海式花园等，对上海的整体环境影响也很大，让人眼界大开。

（三）时尚本体

时尚的根系萌生之后，在时尚基质的培育下，首先成型的是时尚的本体。本体原是哲学概念，此处借指时尚范畴中最基本、最核心、最先开始的对象、行业或主要组成部分。从时尚形成的最初功效来看，主要是指装扮美化人身的相关事物，例如，与人们基本生活需求相关的服装、饰品等生产企业，或美容美发等服务行业（图1-21），以及与之关联的原材料生产和配套加工单位等。事实上，本体所指生产企业、服务行业和一些社会团体，与具体的产品及其形态无关。

图 1-21
旧上海时尚产生于
服装、美容等行业

时尚一般分为时尚产品和时尚生活方式。前者是典型的时尚行业之产品集合，如传统时尚聚焦在服饰方面的有衣、鞋、帽和化妆品等（图1-22），也可以指这些产品的风格样式，如服装的休闲、经典以及妆容的优雅、简洁等风格；后者是"泛时尚"行业带来的生活方式的改变，涉及生活的方方面面，是人们追求生活的多样性、趣味性和舒适性等时尚态度的体现。

图 1-22
旧上海身着中西服
装、佩戴齐全饰品
的时尚女子

进入新世纪，受社会形态变化和国际文化交流的影响，时尚本体已突破传统的界限，在形态上更加重视复式构成，甚至跨越本行与其他业态构成组合，大有社会之"行行皆可谓时尚"的发展趋势。时尚从传统的服装、饰品、美妆，朝着网络、餐饮、阅读、装潢、建筑、娱乐、旅游、汽车，甚至医疗、科技、健康、游戏、体育、园艺、农业等领域延伸，使之成为新时代的时尚行业，或"沾"上一些时尚的名头，或身不由己地"被时尚"。如适合95后、00后的"潮玩"与时尚本体的跨界即为显例（图1-23），可穿戴艺术为"Z世代"打造了属于他们的新兴时尚，即以科技为支撑的智能穿戴，其优势在于可以通过DIY设计组合，让多元化的时尚群体彰显自我、表达个性。如此现象表明，时尚本体的外延已极为扩大，不少以往看来是毫不沾边的领域，日后都有可能与时尚挂钩，融合成新的时尚。至此，时尚本体构成呈现出多元化、动态化的趋势，具有后来居上、后发领先的特点。

图 1-23
迪士尼公司推出的本土时尚跨界"潮玩"

二、脉络

海派时尚的脉络是在一个特定的空间发展起来的，其上下延伸包含着极其广泛的内容。如"文化人"从事写作描画时风，发布于坊间被市民借鉴模仿成时尚；一些西方文化被上海当地人接受演化成时尚；民族工商业的兴起将社会需求支撑成时尚。

（一）租界时尚成为风向标

上海的外国租界在中国租界史上是开辟最早、时间最长、面积最大、经济最繁荣、发展最充分的。例如，曾经的法租界（今淮海路一带）是旧上海最高级的住宅区和商业区，有着热闹的街道、复古的洋房以及充满烘焙香气的法式面包店等，充满着时尚生活气息。即便是道路两旁的法国梧桐（其实是英桐，由法国人首先引入），在毛毛细雨中也"沾染了烟火气"，为上海之"东方巴黎"的美誉渲染了气氛。再如，位于黄浦江畔的外滩，作为当时的休闲场所（图1-24），是曾经的英租界内最具开阔江景的地方，人们漫步在黄浦江边，呼吸着清新的空气；

作为当时的港口码头，这里船上船下，人来车往，一片繁忙的景象。现时，外滩是"上海的眼睛和心脏"，是"魔都"的象征，也是各地游客来上海的必到之处（图1-25）。

图1-24
旧时黄浦江不同时期的场景

图1-25
现在的外滩——各地游客来上海的必到之处

此外，南京路也是上海时尚的"引领者"和标志地。南京路1865年定名。20世纪初，当时上海最为著名的先施、永安、新新、大新四大公司先后入驻其中。南京路商铺林立，人流如潮，商业贸易十分繁荣，时尚氛围非常浓郁，曾是租界时尚的风向标，是海派时尚的代表处，对全国的时尚潮流影响也很大。

（二）近现代文明西风东渐

随着上海的开埠，西方的工业文明和文化技术等逐渐进入上海。因城市的不断发展和行业的开拓兴起，上海人逐渐放弃了原来的一些谋生职业，转而成为一些新业态的职工，大多从事纺织业、轻工业、印刷业，以及商务贸易等工作，其中还产生了"买办"这一新职业。另外，西方做六休一的工作制也在上海实施，上海人从此有了休息天的概念，游乐便成为时尚之举。每周"礼拜天"的休息安排是一种惬意的享受。时尚的休闲娱乐之处除公园外，尚有书场、戏院、舞厅、电影院等。那时，上海人的时尚生活方式开始逐渐向内地辐射，对中国近现代的时尚文化发展产生了深远的影响（图1-26）。

图 1-26
上海市民有了"礼拜天",这也是各地戏曲汇聚旧上海的原因之一,为日后海派戏曲的形成创造了条件

近现代工业文明的洗礼,使上海成了进步人士聚集的中心。上海市中共党史学会会长忻平表示,20 世纪 20 年代,上海工业产值通常占全国 60％以上,这不仅表明上海资本聚集,更意味着它拥有大量的产业工人。五四运动前夕,全国工人总数已达 200 余万人,仅上海一地就有约 56 万人,这一数字也占到了当时上海总人口的近四分之一。1920 年 8 月,第一个《共产党宣言》中文全译本在上海正式出版发行,使先进青年们有了变革旧社会旧秩序的新思想和新武器,一批精神领袖和思想精英就此聚集。《新青年》作为 20 世纪 20 年代中国具有影响力的革命期刊,由陈独秀在上海创立。也正是在上海这片土地上产生了中国共产党最早期的组织。

(三)民族工商业使命担当

吴越文化中"经世致用"的传统思想与近代"学用结合"的主张,带动了上海工商业经济的繁荣。鸦片战争后,西方工业革命的成果被带到中国,给相对落后的民族产业界以很大的震撼和激励,于是,人们纷纷主张通过学习先进的科学技术知识来发展实业,促进社会经济的发展。1865 年,上海江南造船厂的前身——江南机器制造总局的创建,揭开了中国近代民族工业的历史。而来自江浙地区的一些民族工商界人士则纷纷离开自己的家园"勇闯上海滩",建立起大量的纺织、食品、烟草、水泥等企业,并由此形成以地域为特色的行业机构,如宁波同乡会是华洋融会的新机构,名闻遐迩的"奉帮裁缝"(又称"红帮裁缝")是海派时尚流行的"领军者"(图 1-27)。

民国时期,上海涌现出众多实业家,包括一些著名的民族资本家。例如,有来自浙江湖州荻港的章荣初,他创建了上海纺织印染厂,并与人合资成立了从纺纱、织布、印染到经销,实行厂商结合的被誉为"国产呢绒第一家"的上海章华呢绒厂;有集"煤炭大王""火柴大王""毛纺大王""水泥大王"于一身的"企业大王"刘鸿生;还有在广州开设"南洋兄弟烟草公司"站稳脚跟后,迅速来上海投资建厂,并打开上海烟草市场的广东佛山简氏兄弟(简照南、简玉阶)。另外,拥有上海棉纱、面粉两项"大王"桂冠的荣宗敬曾自豪地表示:"从衣、食上讲,我拥有半个中国"(图 1-28)。当年这些实业家之所以来上海投资兴业,看中的就是上海的市

图 1-27
20 世纪 40 年代，
南京路与西藏路交
汇处荟萃着"荣昌
祥""裕昌祥"等"红
帮"名店

图 1-28
申新纺织厂（左为
工厂大门，右为车
间内景）

场和工商业环境。新中国成立后，这些民族工商业在上海的社会主义建设事业中也都做出了积极的贡献。总之，上海的民族工商业既促进了上海经济建设的繁荣，同时也为海派时尚文化的发展奠定了基础。

三、特征

面对国外的文化，上海人善于吐故纳新、洋为中用。如果将其融于文化的实践和认识上的延伸，则可谓之"海派"文化。海派时尚文化的特征是在上海特定的社会环境中发展而来的，主要表现在三个方面。一是开风尚之先，开创新之头。善于延纳新生事物，变革过时的传统。二是灵活善变，注重实效。理性谋事看"山水"，关注事态实效性。三是强调精致巧妙，突出细节变化。对事物精益求精，着迷于出神入化的细节。

（一）荟萃中西领先风气

海派时尚荟萃中西，创新开放领先风气。一般而言，其体现在商业领先、经营领先、顾客领先、娱乐领先和生活领先等方面。

商业领先。一是商业设施先进，如冷暖气、手扶电梯、广播电台等是当时上海人闻所未闻的新奇事物，也是绝大多数中国人没有见过的"稀罕"东西。二是商业环境美观，如商品摆放合理，柜台设置漂亮，尤其是橱窗展示新鲜独特，时髦亮眼。三是商业功能多样，如配套游乐场、影剧院、咖啡馆、跳舞厅和茶室等娱乐休憩场所（图 1-29）。

图 1-29
旧时繁忙的福州路娱乐商业街现为上海的文化街

经营领先。上海工商业经营活动频频创新，尤其是营销手段花样百出。如在报纸杂志上刊登广告、为目标客户专门送货、用广播电台持续宣传、请明星主持商业庆典等，其他还有折价优惠、送券抵扣、买一送一等，不一而足。直到现在，上述经营方法还在被许多商家广泛使用（图 1-30）。

图 1-30
大新公司的经营布局堪比现今商业中心

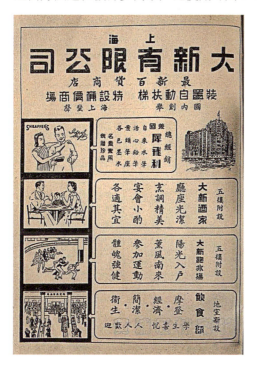

顾客领先。"顾客永远是对的"，此话最初出自永安公司创始人郭乐之口，后来成为上海商家面对售货员与顾客发生意见不一致时的处理原则。现在，"顾客永远是对的"已被"顾客就是上帝"取代，虽然前后说法不一样，但对顾客地位的认同如出一辙。

娱乐领先。商业和娱乐的结合，在中国也是从上海先开始的。如开设"大东跳舞场"吸引顾客前来就是永安公司首创的一种经营手段（图 1-31）。从此，在舞厅跳舞——这种"洋玩意"就成为新兴的大众化娱乐形式，堂而皇之地进入了上海市民的社会生活中。

图 1-31
永安公司刊登在《申报》上的舞厅广告

生活领先。上海人经济收入相对较高，故而对衣食住行比较在意；又因接触到的"舶来品"多，所以对时尚充满热情。西服、婚纱、夹克和礼帽、高跟鞋等在时尚装扮中各领风骚，特别是旗袍搭配高跟鞋的打扮"蔓延"天下，成为上海乃至中国女子出行的标配，令无数女性纷纷仿效（图 1-32）。难怪海派作家张爱玲在《童言无忌》中说，她在十岁时就想着要穿高跟鞋了。再如，餐饮食品上，蛋糕、面包、饼干、糖果，以及咖啡、牛排、罗宋汤等，也是上海人非常乐于接受的时尚吃食。

图 1-32
旧时时尚女性出行的标配是旗袍与高跟鞋

远在北京的作家冰心同样也深受海派时尚的影响。1929 年 6 月 25 日，在冰心于燕

大临湖轩举行的婚礼上，符合西方礼仪习惯的衣着配饰给人印象深刻（图1-33）。

中西融合。民国时期的月份牌是当年上海滩颇为流行的商业宣传和月序日历有机结合的典型形式。它将公历与我国农历并用，两相对照，实用方便，一目了然（图1-34）。改革开放初期，月份牌风头再起，诸如香车美人、国画精选、山川名胜等内容，在室内装饰尚未成风的当时，俨然成为一种时尚的装饰品。

（二）商业领头注重实效

上海之所以有"东方巴黎"的美称，与其商业上的兴旺发达密切相关。民国时期，上海著名的商业路段主要包括南京路（东至外滩、西至静安寺）、霞飞路（今淮海路）、四川路（虹口段）等。它们既是繁荣的商业街道，又是热闹的娱乐区域，且各自以独具特色的经营方式吸引着各方人士的高度关注。例如，南京路楼宇设施领先、环球商品皆备，销售手段多样，服务称心一流。人们行走在南京路上往往会被街道两旁许多商店的橱窗吸引而驻足浏览，观摩欣赏一番布置美观的橱窗以及其中陈列的时尚产品如服装、面料、饰品、配件等，用今天的话来说就如同观看了一场"时尚新品发布会"。作为广而告之的媒介，橱窗在当时的商业中发挥着十分重要的作用。

　　1930 年 10 月 30 日，上海美亚织绸厂邀请鸿翔公司设计制作了 24 套时装，然后聘请中外模特于大华饭店举行"时装秀"，盛况空前。此举属于国内首创，《申报》曾连续三天宣传报道，成为上海滩轰动一时的大新闻（图 1-35）。50 余年后，改革开放初期，时装表演在上海率先"复活"，再次证明了上海是一座充满时尚基因的摩登城市，也是一座敢于争当时尚领头羊的城市。图 1-36 为 20 世纪 90 年代初的上海精品商厦（已拆）在其二楼商场内组织的时装表演。

图 1-35
早在 1930 年，上海美亚织绸厂已经用时装秀宣传自己的产品

图 1-36
20 世纪 90 年代初，上海的时装表演队在上海精品商厦的商场内表演

此外，上海有众多国货时尚品牌，如服装类的三枪牌内衣、司麦脱牌衬衫、大地牌风衣、鸿翔牌女装等；美容类的百雀羚牌雪花膏、双妹牌花露水等；食品类的大白兔牌奶糖、梅林牌午餐肉（或称梅林罐头）等，以及上海牌手表、凤凰牌自行车、蝴蝶牌缝纫机等流行商品都是男女老少皆知的，而这些国货品牌之所以如此出名，是与上海产品过硬的质量、时髦的款式、良好的商誉、不俗的口碑分不开的。事实上，无论过去还是现在，"上海制造"都是优质产品的代名词，也是海派时尚的文化符号，留存了海派文化的精髓。

凭券计划供应的"三转一响"（缝纫机、自行车、手表和收音机）（图1-37），是当时年轻人结婚必备的硬件。上海牌家具、海鸥牌照相机、回力牌运动鞋、向阳牌保温瓶、扇牌洗衣皂、百乐牌手风琴、大白兔牌奶糖、福牌麦乳精、天厨牌味精、梅林牌午餐肉等，都成了经典老上海的文化符号。

图 1-37
凭券供应的"三转一响"：上海生产的缝纫机、自行车、手表和收音机

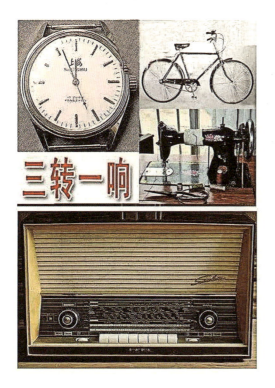

（三）精致巧妙强调细节

海派时尚讲求精致巧妙，强调细节变化，表现在三个方面。

首先在穿着方面。民国时期，号称上海最摩登的名媛唐瑛，非常擅长打扮自己，其早、中、晚衣裳不同，平时逛马路见到心仪的服装，回家即会告知住家裁缝大概的式样，并要求其根据自己的创新见解马上进行制作。其时尚的穿着形象为上海大家闺秀之楷模。另外，上海男士在穿着上大多也极其考究，只有准备充分、整理到位后才能出门，如头发梳理整齐、裤缝熨烫笔挺、皮鞋擦得铮亮。值得一提的是20世纪70年代，上海人因为经济拮据的缘故，设计出独一无二的局部式"节约领"以替代整件式衬衣，保持其整洁、细致的穿着形象。这就是上海人过日子的精

细巧妙之处，以小见大，局部取胜。

其次在饮食方面。海派餐饮作为海派时尚的组成部分，是在传承各地餐饮的基础上发展起来的，汇聚本帮菜系和八大菜系（鲁、川、粤、闽、苏、浙、湘、徽），以及西餐等众家之长，具有中西贯通、南北荟萃的特点，形成了以浓油赤酱为代表，追求色香味俱佳的海派菜系。另外，海派点心小吃是海派餐饮中的"亮点"，以"老城隍庙"最为著名，有"小吃王国"的美称（图1-38）。

第三是居住方面。上海人的住早已令全国人民"惊讶"不已。以前的物资匮乏时期，上海人的居住空间普遍局促，但是人们骨子里的自尊表示出"地方狭小不等于丑陋"。上海人的家居布置十分讲究，如不足10平方米的婚房，可以置放共计"28只脚"的床、橱、桌、椅等全套家具。上海人的婚房一般会根据家具"脚"的多少，来评判"立升"（沪语，指家庭和个人的经济实力）的大小。其实这些貌似西式的家具，就是经过巧妙的结构调整来组合家具，与今日之"宜家"风格相似。

图 1-38
旧时上海老城隍庙
美食商铺

第三节　文化与时尚之关系

世间事物普遍存在着一定的关联性。文化与时尚既是一对从属与交融的关系，又具有相对独立和互为转化的关系。准确理解这两者之间的关联，是研究时尚之必需，对于我们更好地做好时尚市场、时尚产业及时尚产品的研发，满足社会需求，丰富社会文明，发展市场经济非常重要。

一、从属关系

文化是人类社会的精神力量。通常，每个时期都有其主导性文化在发挥作用，包括投射在时尚中的文化。此类文化与时尚在内涵上具有依存、附属的从属关系，即文化在时尚中具有主导地位和显示意义，是时尚的精神核心之所在。

（一）时尚从属于文化

按照文化的定义，时尚理应是从属于文化的一个分支，因为时尚也是其领域内物质与精神的总和。时尚作为一种反映社会生活方式的文化现象，受到社会成员的广泛关注，这是时尚价值的社会意义，也是社会时尚基本属性的外显形式。一般而言，时尚是得到文化之根的滋养而结出的硕果，也是时尚从属于文化而显现和表达出的形式。时尚从属于文化，是文化在时尚地位中的绝对性也即文化的概念决定的（图1-39）。时尚是社会思潮的风向标。

图 1-39
20世纪60年代年轻人合影，当时的文化氛围决定了他们的集体主义装束风格

江苏南通富美服饰有限公司是国内领先的帽饰企业，建有南通市富美帽饰博物馆。为庆祝中国共产党成立100周年，该公司设计了一款时尚帽子，帽上以篆、隶、魏碑、楷等各种字体之汉字"初心"构成图案（图1-40），既装饰美化了帽子，又与庆典活动相呼应，是时尚从属于社会文化的典型表现。

图 1-40
"初心"图案的帽饰

（二）文化为时尚定调

上述分析表明，时尚的依托是文化，文化支撑时尚的市场价值。任何时尚都是以文化为前提而存在的，文化是时尚精神的体现，任何时尚物品都不可能脱离文化而独立存在。文化作为一种观念形态，存在于时尚物品如服装的设计过程中，并且有面料、款式、色彩和图案等多方面的要求，需要人们反复斟酌。通常，但凡重大项目的时尚主题确定，设计人员都必须认真做好文案且多方征求意见加以完善。2020年上海庄容服饰有限公司为著名艺术家常书鸿的油画《姐妹俩》中的旗袍复制实物。为了尊重原画，手绘师先是创作了很多个版本的草稿，根据画作中旗袍花朵的定位排版，确定出和原画效果最接近的花型和排版，再运用手绘对面料进行二次创作，最终完成了神形俱佳的作品（图1-41），成为令业界称奇的一段佳话。

图 1-41
上海庄容服饰有限公司尝试了美术与服装的跨界，成效非凡

时尚的目的性决定了它不会随心所欲地发展，需要听命于来自文化的某种指令，抑或是根据文化的走向而调整自己的步伐。每个时代的文化都有自己的调性，也决定了这个时代时尚的调性。20世纪70年代，严肃、冷峻、盲从的社会底色为特殊时期的单一化时尚做好了背书，具有这一底色的"的卡"中山装风靡全国。"的卡"中山装的面料和颜色有别于当时的时尚主流——蓝色卡其面料，延续了"的确良"口碑的铁灰色卡其面料使时尚的热点由内衬转移到外套，改变了蓝色卡其面料的一统天下，令服装市场为之"眼睛一亮"，进而引发人们时尚审美热点的改变。"铁灰的卡"作为当年上海最具社会文化价值的男士服装，其帅气的形象展示、舒适的穿着体验受到全国人民的赞赏，被称为"上海人的服装"（图1-42）。这里的"上海人"是"上海货"的代名词，更是海派文化之市场影响力的释放和时尚吸引力的体现。

二、交融关系

文化与时尚之间是一种相互渗透的交融关系，当某个历史时期的人们仰慕某种文化时，就会有与之呼应的"时尚"出现。研究文化和时尚的交融关系，主要是从判断两者之间相互渗透的程度上开始，体现在是否为市场提供最合适的时尚商品，藉以推动社会时尚文化的发展。

图 1-42
风靡全国的"的卡"
中山装

（一）文化与时尚的共生性

研究文化与时尚的共生性，必须明了两者间发展联系的紧密性，这将有助于两者同筑相宜的生态环境，共生共荣。文化与时尚共存于同一个生态环境，且时尚仰仗文化背书，才能充分具备文化上的可持续性。文化为时尚的内核，它为时尚提供创造的灵感来源。文化的作用和影响一般需要依托时尚的载体而得以实现。简而言之，有什么样的文化，就有什么样的时尚，两者互为交融，共同生长。

时尚呈现的是最前沿的文化，担负着时尚文化演绎者的重任。两者是一体两面的合成体，相辅相成，你中有我、我中有你，难以严格区分。1935 年 11 月，以海派旗袍和时装知名于世的金鸿翔得知当时的电影大明星胡蝶（本名胡瑞华）要在上海举行婚礼后，遂为其量身定制绣有百只彩蝶的中西结合之婚礼服。当身穿这款礼服的胡蝶出现在婚礼现场时，宾客们触发的轰动效应，使得"百蝶裙"立刻成为社会时尚的文化热点——蝴蝶飞舞，百年好合。其中的"蝴蝶"既是在发音上与穿着者胡蝶的名字重合，也是礼服图案形态与礼服服用者的重合。礼服形态为西式时尚文化的体现，而百蝶寓意百年好合，则是中国传统图案文化的吉祥表达，两者互为对方点题，显然具有某种共生性（图 1-43）。时至 20 世纪 50 年代初，当时的新上海文化意识仍然沿袭着一部分解放前遗留下来的习俗，与之关系紧密的时尚风格也体现在市民日常生活中（图 1-44）。

改革开放初期，《庐山恋》是国产电影的破冰之作。女主角张瑜在电影中所换40 多件服装引起了人们广泛关注。张瑜式新颖靓丽的衣着装扮成为了流行时尚的"引领者"（图 1-45），上海街头出现了争相模仿其服装的时尚热潮。影片无意中传播了流行时尚信息，体现出电影艺术（文化）与服装穿着（时尚）互为表里，相互交融，两者形成文化与时尚共生共荣的关系。

图 1-43
民国时期电影明星
胡蝶的婚礼服——
百蝶裙

图 1-44
1951 年某家庭结
婚照依然是西式风
格

图 1-45
轰动一时的电影
《庐山恋》海报

（二）文化与时尚的模糊性

文化和时尚是两个既各自独立又边际模糊的概念。狭义之文化原本与时尚没有十分直接的连结关系，然而从时尚角度看，将两者严格区分开来是有困难的。因为文化中的某些显性表现就是时尚，或其某些边缘部分会转化为时尚，历经时间推移而沉淀为经典，这部分内容亦是文化的部分组成因素。因此，分辨一些事物究竟属于文化还是属于时尚，因其同时具备两种属性或两者边界模糊而显得十分困难，从而构成文化与时尚在分辨上的模糊性。从文化与时尚边界模糊现象中可知，两者的涵义量处于均等难分状态，说明同一事物在文化与时尚语境中都具有属于自己的特征。

文化与时尚的模糊性，既是理论上抽象的研究课题，也是实践中具体的客观存在。比如，文化与时尚的模糊性在社会数据统计的归属上往往会出现分歧，以美术活动为例，由于主办方、活动主题、活动地点、活动形式、宣传方式和参与人群的不同，将一次美术展览及其拍卖活动（包括售卖批量生产的衍生品）算作文化活动还是时尚活动，又或是经济活动，往往各执己见。统计口径不同，统计结果自然也不相同。另外，上文提到的电影《庐山恋》之服装热潮显然是一种时尚现象，却因为电影是文化事物而难以统计在时尚产业中。因此，在实践中，人们时常遇到事物在文化或时尚领域区分上的模糊性情景。

三、独立关系

文化与时尚是两个不同的概念。文化是人类社会创造和积累的物质和精神财富的总和，具有历史感；时尚是某个时间段某些人喜爱、追求和实践的某种或物质、或语言、或声响等形态的构成物。文化和时尚，两者在理论上有各自的独立性。

（一）文化的独立性

狭义的文化多侧重于精神层面，审美功能居多，极少被赋予物质性实用功能，往往在其形成之初并不依附于经济、政治、法律等因素而独立示人，与时尚也没有必然的联系，这便是文化相对于与时尚关系而言的独立性。但是，这并不妨碍某种文化事物会成为一种时尚，如此独立的文化之所以成为时尚，是因为受到了人们集中而持续的追崇。比如，20世纪70年代的上海，文化活动相对单一，竹笛因其上手容易、方便携带、价格低廉而成为闲暇无多、钱囊不丰的上海市民释放情怀的文化器具，一时间，各种长短不一、粗细各异的竹笛风靡一时。人们在练习、切磋之余，还制作、交换和收藏竹笛。笛友成群，邀约不断，悠扬的竹笛声飘出窗户，延绵街区，响彻公园，形成了一种"现象级"传习民族乐器的社会文化时尚。

　　几乎任何文化艺术样式在其诞生之时都具有鲜明的地域性，这是由文化"反映生活"这一重要基因决定的。民国时期，文人云集上海，先后形成"海派文学""海派电影""海派戏剧""海派音乐""海派水彩""海派书法""海派雕塑"等文化样式，它们是海派文化在不同领域的时尚代表，也是海派时尚文化的基础（图1-46）。然而，并非所有的文化表现都具有时尚功能。如传世古籍、出土文物、经典曲目、文化场馆等，虽各自功能有所不同，却是现代社会文化生活的重要组成部分。这些文化行为未必是时尚表现，它们属于狭义之文化范畴，其样式也是独立的。例如，上海博物馆是收藏、展览、研究等综合性文化场馆，上海图书馆是藏书、阅览、查找文献资料等专业性文化场馆，而体育场则是开展体育活动的运动场所。这些文化场馆本质上与时尚无关，是相对独立的文化机构，它们以自身的文化功能存活于社会、服务于大众。至于它们与时尚联手进行跨界合作则另当别论了。

图 1-46
纯艺术通常被认为是独立的文化样式。图为2021年上海艺术博览会上的雕塑作品

（二）时尚的独立性

　　在某个发展阶段，时尚表现出一定的独立性。由于时尚发生发展的机制有其自己的特点，本质上是一种因模仿相对更加生活化的新鲜事物而聚成的社会风气，因

此，每一次新的时尚风潮最初往往是以自发的形式生成的，在其产生相当的社会影响力之后，会被无所不包的文化收入囊中，遵循着一条"自发生成——时尚现象——文化现象"的轨迹。

　　一般来说，能够体现文化内涵的时尚都以各自独立的形态存在。由于时尚发生于各行各业，因此每个行业均可以自身特点而拥有具有独立意味的时尚及其形态，尤其在商品层面，时尚的多个元素细分在不同行业，各自作为独立的商品存在，因时尚主题的需要而汇集在一起。比如，20世纪70年代末至80年代初，在上海大街小巷出现的"时尚青年"是一群戴着"蛤蟆镜"（眼镜行业）、穿着牛仔喇叭裤（服装行业）、手提"四喇叭"收录机（电子行业）的年轻人（图1-47）。多个行业的时髦商品汇集，聚成了一道特立独行的城市时尚风景，也能促成一个行业的变化。以其中的"蛤蟆镜"为例，上海电视台曾在20世纪70年代末首播美国的科幻电视连续剧《大西洋底来的人》，这对于当时处在相对封闭状态的上海人来说，是一件非常新奇的事情。特别是主角麦克·哈里斯所戴的眼镜（图1-48）让上海观众印象深刻，人们把这种眼镜称为"麦克镜"，而戴上"麦克镜"是一种十分时髦的装扮（图1-49）。"麦克镜""蛤蟆镜"的流行促使一个新的时尚市场问世——太阳镜市场。

图 1-47
手提"四喇叭"收录机的"时尚青年"

图 1-48
《大西洋底来的人》主角麦克·哈里斯

图 1-49
戴"麦克镜"的"时
尚青年"

第四节　文化与时尚之界限

　　不同事物的分界，谓之"界限"。如上所述，文化与时尚既相互联系又"各司其职"，互为区别。从文字上，人们可以感知两者存在明显差异，但在现实中往往很难找出它们之间明确的"界限"。研究文化与时尚的界限，又或是认知两者的"跨界"，有利于理论研究和实践把控。只有在理论上清晰分辨"界限"所在，方能在实践中更好地掌握尺度，在制定政策、监督执行、指导实践、评价成果等方面发挥引领作用。

一、形态界限

　　形态是指事物存在的样貌及其表现形式，形态界限是指事物的样貌及其表现形式的分界。形态一般以比较具象的外部表现方式体现出来，相对比较容易被感知、分辨，在具体的微观事物中更加清晰。因此，在区别事物的形态界限时，从事物的微观形态着手将更为便捷。

（一）文化的形态

　　文化是观念的凝聚，是思想意识的表现。其表现形态有物质、精神、历史、地域和社会关系等样貌，并在展现方式、诉求要点和存续时间上表现出来。在文化界限的研究中，对比较微观的文化载体先行研究是一个相对更为有效的切入口。

　　展现方式。文化的展现方式是文化事物行世的形式，因各自载体的不同而不同。文化的展现多为非物质或非功能形式（也可包含必须以物质方式承载的那部分文化形态，比如建筑、雕塑、画作等），即力图演绎文化中"形而上"之"道"，通过口耳相传、文字记录、艺术样式以及当今依托的互联网平台表达思想和情绪，以"文以载道""学以致用"而传世，实现文化传播的目的（图1-50）。

图 1-50
美术等纯艺术样式都有自己的展现方式，与时尚产品存在很大差异

诉求要点。各个时期社会生活的文化凝聚是不同的，并因文化产生和发展的特质，常常在传承的过程中不断呈现出多元化，其主要诉求是后代对前辈的历史、精神、意愿、技艺、审美、价值观的继承（也包括对必须依赖物质才能体现文化的那部分物质继承，即对少部分"形而下"之"器"的继承）。

存续时间。文化的存续时间与社会风尚、流行趋向等因素相关，即对社会发展具有推动的作用，符合社会大多数人的需求，且为人们津津乐道，能够得到长久的保存延续。相对来说，文化的存续时间远长于时尚，前者可传千年，后者常见闪退。例如，抗美援朝期间，诞生于炮火声中的《谁是最可爱的人》是作家魏巍于20世纪50年代撰写的报告文学，其大力歌颂了中国人民志愿军英勇抗击敌人以及对朝鲜人民的热爱，特别是"一口炒面一口雪"的革命乐观主义精神。该作品流传至今，受到一代又一代中国人的追捧和传颂（图1-51）。

图 1-51
中国人民志愿军英勇抗击敌人的大无畏革命精神代代相传

（二）时尚的形态

时尚是社会的精神或物质的一时之风。横跨多个产业的时尚事物，其表现形态纷呈各异，因每个产业甚至是每条产品线的不同而不同。此处的形态主要是指能够

体现文化意味的时尚样式。

展现方式。时尚的展现方式比较直白、实用，往往直接裹挟着商业利益，有时显得泥沙俱下，负面效应迭出，大都因产业进程、文艺思潮、民众期待等社会形态因素而改变。比如，时尚产业有导致民众过度消费的倾向，快速更新产品的做法有可能加剧环境污染和破坏自然资源等。因此，为了时尚的健康发展，社会需要给予正当的、必要的、适时的批评。

诉求要点。与文化的形态相比，时尚的形态比较世俗，物质性、功能性、消费性成分居多，其诉求要点主要集中在摩登、炫耀、快速。比如，已成为一种时尚的快闪活动，其诉求点一定与一场规范的文化活动不可同日而语。对于时尚产品而言，其表现形态必须围绕着最大限度地刺激消费者"喜新厌旧"的神经而展开。例如，一旦明确了服务对象为90后或00后，产品开发的方向就必须针对他们的时尚品味设定。

存续时间。时尚的存续时间具有短暂性特点，这是由时尚中的"时间"因素决定的，"时尚弄潮儿"不知疲倦地寻觅，更是时尚潮流不断兴起的推手。时尚从产生至流行，过程较短，有一定的周期性。时尚一旦发展到盛期，就必然会转向衰退，最后消失。所谓"风行一时"是其形象之说，同属时尚产品的耐用品与快消品的存续时间也长短不一。

二、用途界限

从用途来看，文化与时尚各不相同，也都有各自的界限。分析"用途界限"意在明确"文化"与"时尚"它们各自的功用，以便在实践中更好地"各司其职"，定"职"定"位"，发挥所长，使其社会影响和市场效应都能达到各自的预期目标。

（一）文化的用途

文化有教化民众、记录历史、传播美感的目的，也为时尚提供创意和灵感。面对社会环境的宽松，人生观、价值观呈多元化的趋势，以及在强化国内外"双循环"的前提下，文化如何为时尚立言定位，变得尤其重要。另外，怎样有利于时尚的发展、有利于社会的发展及消费群体、有利于推动审美实践的文化，必须放在重中之重的位置，即以时尚为市场的快速运行保驾护航为目的。众所周知，建设中国特色社会主义，文化建设是十分重要的前提性战略任务。就上海而言，应该夯实海派文化软实力，创新时尚产品，加速融入"内循环"。

文化的作用主要体现在精神方面。以先进的、健康的文化促进社会经济的发展，可以概括为群体的和个体的文化作用。文化具有塑造人的特点，施以潜移默化、深远持久的形式；影响人际交往的行为及其交往的方式，以及精神转化为物质的特质，是政治与经济的集中反映。如《上甘岭》中"若是那豺狼来了，迎接它的有猎枪"（图1-52）的歌词，已由电影插曲上升到文化层面：面对外来干涉和侵略时，这首歌就成为中华儿女抵御外敌的共同心声。

（二）时尚的用途

时尚的目的一是以时尚兴市、满足市场日益增长的需求以及人民大众追求美好生活的向往，促进社会消费良性循环；二是时尚繁荣是社会稳定、市场活跃、生活丰富的象征，也是人们崇尚高质量生活水平的表现，时尚必须满足人们物质和精神的追求。

时尚的作用主要体现在物质方面。时尚行业的发达为社会提供了丰富的时尚产品，可以充当经济发展的重要引擎之一，是基于社会生活形态的物质财富积累的主要手段。时尚可视为一种最前沿的文化表现，或是下一波社会热点萌发的基础因素。当社会生活质量达到一定高度时，需要时尚的全面介入，提升社会消费水平，左右社会大众的审美追求。

三、价值界限

由于文化和时尚的目的和用途不同，其价值的侧重和表现也不一样。根据文化与时尚的关系，本书将价值分为主体价值和边际价值两个部分。主体价值是指符合事物主要诉求的价值，具有可控性强、显示度高、便于评价、表述明晰等特点；边际价值是除了主体价值以外的价值，具有随机性大、显示度低、易于交叉、表现模糊等特点。

（一）文化的价值

客观事物具有的能够满足一定文化需要的特殊性质，即指文化价值。文化的价值为人类社会发展的核心要素之一。研究海派文化，认清其主体价值和边际价值所在，等于掌握了一把打开"文化价值利用实验室"的钥匙。

文化的主体价值与其主要用途直接挂钩，比如，某个文化事物主要是用来审美的，则这一文化事物具有欣赏价值。宏观上的海派文化主体价值与其他形式文化的主体价值类似，微观中的具体的文化事件或文化活动则能各显身手，其文化价值可以因策划者的用心而不同。比如，两位策展人在相同场地、相同时间分别举办"海派建筑摄影展"，因为他们各自的文化主张及策展目的的不同，不仅会使两个摄影展在展览形式上有所区别，也会使摄影展产生主体价值上的差异。

边际价值是指事物的主体价值以外的、滞后的或延伸的价值，因而，边际价值往往是潜在的或偶然获得的价值。研究文化的边际价值，目的在于充分认识这些原本不被重视的部分，并且要将其潜在的价值尽早发现、及时组织落实在设计乃至市场的运作中。在一定条件下，表现得体的边际价值也可以转变为主体价值。比如，一些古老的戏曲、手工艺等文化样式，其产生之初的叙事、教化、炫技等主体价值逐渐退化，转变为"非遗文化"之后，原本潜在的"传承利用""敬仰先人""文化符号"等边际价值变成了这些文化当前的主体价值。其间存在着一个利用文化价值的引申话题：积极捕捉、扩展、培育文化的边际效应，发挥海派文化价值在海派时尚中的综合功效。如被称为"上海最后的裁缝"、旗袍大师褚宏生 2000 年参与了海派时尚品牌"瀚艺 HANART"的创立，他积极倡导"上海裁缝"品味与工匠精神，让传承苏州织造的中国极致工艺以"中国审美"方式走向世界。2015 年，褚宏生先生以 98 岁高龄首次登上上海高级定制周，其《水墨中国》《本色中国》两场大秀被赞誉为时尚与工艺完美结合的高级定制领域的标杆，主办方上海国际时尚联合会授予其"高级定制终身成就奖"（图 1-53）。2019 年"中式服装制作技艺（中式男装制作技艺）"入选上海市非物质文化遗产名录。

图 1-53
98 岁高龄的褚宏生先生登台上海高级定制周致谢

（二）时尚的价值

时尚的价值在于满足社会对时尚生活的需求，承担时尚在经济发展中的引擎作用，实现时尚行业自身发展的目的。时尚的价值要比文化的价值直观得多，现实得多，也脆弱得多，必须以合乎市场需求和审美倾向为前提，体现、展示同时代文化的价值内涵，才能获得与文化背景相对应的生命力。

时尚的主体价值比较务实，显示度高，聚焦于服务民生、美化城市、推动经济等方面，可以丰富市场供给、引导时尚消费，促进整个社会时尚活动。现代社会的发展使社会管理者能够强烈地感受到时尚是社会经济、社会审美、社会活力的重要创造者和引领者，也是人们追求美好生活的形象体现者和最佳载体。大力发掘、培育时尚的主体价值，是发展时尚产业的首要目的，也是城市管理者的重要职责。作为上海新生代海派时尚品牌的杰出代表，GRACE CHEN 品牌掌门人有着美国留学经历和自身对审美哲学的追求，深谙中西时尚文化精髓，不忘再美的设计也要通过市场实现时尚的主体价值，因此，她的设计兼具独特的审美性和出色的市场性（图1-54）。

图 1-54
海派时尚品牌
GRACE CHEN 的瑰式旗袍系列和中国风雅系列

时尚的边际价值主要是指因时尚主体价值的实现而被引发的那部分价值，是时尚事物在实现其主体价值的过程中产生的价值，故又称次生价值。比如，时尚事物在实现其主体价值的同时，也会在因带动就业而带来的家庭安全感、因跨界合作而激活的企业创新意识、因社会进步而产生的民众幸福感等方面体现出时尚的边际价值，形成前后相继、由此及彼、丰富饱满的时尚活力。研究时尚的边际价值，有利于制定出全面、持久、有机的时尚发展策略，提高海派时尚文化建设的整体联动效率。

第五节　文化与时尚之转换

文化与时尚既有各自的形态、界限与价值，也有这些因素相互交融的模糊地带，在一定条件下，两者之间可以相互转换，即互为对方或拥有对方的某种属性。文化与时尚的转换通常可以从形态、用途和价值等方面来理解。探知和掌握其转换的规律，可以为后续文化与时尚的发生与发展提供十分重要的策略制定依据。

一、形态转换

形态转换的条件。文化与时尚互为依托，在两者各自的发展中，当其中一方的体量或内涵超越原来的平衡时，双方的形态就会发生一定程度的转换。当文化事物成为时尚意义上的风向标时，该事物就转换成为时尚事物。同理，当时尚事物被提高到文化角度研究时，该事物就成了文化事物。比如，在前述"庐山恋现象"中，虽然电影的停映使得作为文化事物的电影《庐山恋》退出了文化舞台，但上海庐山电影院就此开辟了"游庐山观《庐山恋》"的主题旅游项目，影片带来的影响力让旅游成为一种时尚，《庐山恋》成了旅游中的时尚内容，完成了从电影（文化形态）到旅游（时尚形态）的形态转换。

形态转换的方式。当文化与时尚转换的条件成熟时，会选择最为恰当的方式完成向对方形态的转换。由于时尚事物具有相对比较具象、现实、实用等特点，因此，文化事物会选择更为看得见摸得着的方式向时尚事物转换，比如文化衍生品、系列化产品、商业化包装等，也可以是以某个文化事物命名的单一商品，比如场所名、菜肴名、酒名等。当时尚事物转变为文化事物时，则可以转换为文化的任何样式，比如用文学、戏剧、电影、美术、音乐等方式表现时尚事件。根据事物发展进程的规律，还可以有剧变式、渐变式、整体式、局部式等几种转换方式。上海国际时尚联合会发起的"海派风尚节"是一个以时尚为主题内容的文化活动，也是一个时尚事件，当其倡导的时尚行为成为社会化行为时，就使单一时尚事件具备了向文化事物转换的要素（图1-55）。

二、用途转换

用途转换的条件。这里的用途转换是指某种事物的原有功能在特定条件下具备了在其他领域中同样可以使用的功能，使得该事物进入其他领域并发生了用途上的转换。文化与时尚事物都有各自的固有用途，当文化或时尚事物具备了在对方领域可以使用的场景时，也就具备了向对方领域转换的条件。此时，原来事物的固有功能可能会发生改变。比如，抽象绘画是美术中的创作风格之一，英国服装设计师亚历山大·麦昆（Alexander McQueen）在T台现场用机器人在模特穿着的服装上喷绘抽象图案，使绘画这一文化领域的行为转换为服装这一时尚领域的商品。转换也发生在观念上，如某种文化观念沉降至时尚领域或可转换成为消费市场的主流，反之，时尚事物因在消费社会的大肆扩张也会成为时尚的风向标并上升为新的社会文化意识。

用途转换的方式。从界域上看，转换方式可分为升格转换与降格转换。前者是从时尚到文化的自下而上的转换，把时尚事物往高处提拔，逐渐做成文化事物。比如，在近年来上海各区申报参评的文化创意项目中，不少项目是把生产经营活动与文化活动相结合进行申报。后者是从文化到时尚的自上而下的转换，比如一些文化社团下沉进入社区，用能够被更多人关注的时尚题材"改装"传统文化节目。从场景上看，转换方式可分为文化用于时尚，与时尚用于文化。前者是文化题材被时尚行业开发利用，比如，上海已经变成文化符号的"中华老字号"集中之地，政府和民间开启了大量保护"中华老字号"项目，使不少已成为历史遗产的老字号焕发青春，华丽转身为新的时尚产品。后者是时尚元素被文化事物利用，比如，一些受关注度较高的时尚风潮往往成为文学、戏剧、电影等艺术的创作主题，或经典的时尚产品进入博物馆及收藏界等。

三、价值转换

价值转换的条件。相对而言，文化事物的价值是社会价值大于经济价值，精神价值大于物质价值；时尚事物的价值是经济价值大于社会价值，物质价值大于精神价值。基于文化和时尚之间的形态、用途等可能产生转换，那么其价值转换也会随之发生，这是由价值依附于事物的特性决定的，也是文化与时尚的价值角度不同而形成的必然反应。价值转换几乎是无条件的，只要两者之间完成了事物属性的转换，价值转换也随之完成，这是一种必然的、紧密的、即时的连锁反应。

价值转换的方式。在文化和时尚各自的发展中，由于环境、时间、机遇、受众等因素的变化，常常互换其位，文化结出时尚之果，时尚再提升至文化层面的高度。另外，由于文化或时尚本身的生存规律，随着具体事物的热度增减，其原有价值也会发生相应变化，这种变化不是价值的有无，而是文化或时尚在原先事物中所占比重的不同。一般来说，当文化转换为时尚，其物质价值上升，精神价值下降；当时尚转换为文化，其物质价值下降，精神价值上升。具体表现有以下两种。

一是文化下沉为时尚。文化既可以是观念形态的存在，又可以是具象表现的存在。比如，电影作为综合性文化的产物，在放映传播中，其人物形象的衣着、语言、情景等往往会成为世人模仿的对象，发展成社会时尚的符号。又如，20世纪80年代，上海文化出版社推出一套袖珍本"五角丛书"（图1-56），原本这属于文化范畴的出版项目，可该套丛书一问世，即成为市场的热销品，引得不少读者积极购买，已然成为一种阅读时尚。

图 1-56
五角丛书是 20 世纪 80 年代出版，风靡全国 20 多年的时尚读本

二是时尚升格成文化。范围广、时间长、影响大的时尚现象可以上升为社会层

面的文化现象。时尚是文化显示的形式，文化是时尚表达的内涵，当一方要素含量超过另外一方时，就会以超过一方的形式或内涵面向市场和社会。如果事物由时尚现象上升为文化现象，那就是其中的文化要素在占比上超过了时尚要素。如上海的老年人数占比非常高，他们中有不少人的穿戴十分讲究，极具时尚范儿，此时的时尚现象就上升为一种老年文化现象，传递出"海派长者"的文化信息（图1-57）。当时尚产品转变成了收藏品，其经济价值和文化价值即会陡增。在上海古玩市场，缝纫机、照相机等不少当年热门的时尚产品变成了收藏品，一些稀缺型号的产品价格远高于当时出售的价格。这种"升格"实现了以原本的时尚事物帮助人们留住记忆、刻录时光、追寻往昔的文化价值。

图 1-57
上海老人日常的时尚打扮是"海派长者文化"的一部分

第二章

观察与探索

20 世纪 80 年代，随着我国改革开放的推进，源自欧美的文化和时尚迅速进入上海，引起不少年轻人的仿效，成为社会热议的话题。上海进入社会转型期后，人们开始思考海派时尚怎样构建、如何发展，进而又会出现哪些新生事物等。本章从人们对海派时尚的集体印象切入，并结合纺织产业空心化及自媒体兴起等现象，以及社会转型与时尚主体建构、新旧海派时尚的主线梳理、性别在时代中的时尚地位，再加之海派时尚的宏观、中观、微观的研究，辅以时尚相关概念的阐释逐步展开。

第一节　海派时尚之集体印象

上海被人们称为"魔都"，显示了它不同于其他城市的非凡魅力。20 世纪 30 年代有作家对此进行过概括的描写：各式商品、市政道路、娱乐享受等极具吸引力，即如今天人们所说的上海之"魅力"。集体印象也叫集体画像，是对某一事物作的具有聚焦、概括、拟人等特征的形象描述，有利于人们对该事物快速地形成初步印象。通过城市气质、阶层之分、时尚身份和"海派粉丝"等几个方面，可以勾勒出海派时尚的集体印象。

一、城市气质

如果以性别来形容上海这座城市的气质，那么，上海应该是一座具有细腻、柔美的女性气质的城市。但是，以此来形容具有悠久革命传统的上海似乎有失偏颇，早年的上海不仅是中共"一大"会议召开的地方，也是中国工人阶级运动如火如荼的英雄城市，发生在苏州河边威震八方的"四行仓库保卫战"和"孤岛"抗日运动都显示了上海人民不畏强权的英勇气概。而女性特有的细腻、优雅、温婉、知性、恬静，却非常适合用来描述如今上海的城市气质。上海方言——沪语，其音调、语速、语气等受和缓型吴越方言的影响甚深，其缓急有度，略具音律感。这是上海城市方言的魅力。上海人讲究礼数、轻语和缓、态度真诚，此乃优良品性，加之上海人办事讲信誉、重实效、有条不紊，这也是上海城市性格之表现（图 2-1）。

图 2-1
上海有不少线条细腻柔和、局部精致巧妙的建筑，家的感觉让建筑也增添了阴柔之美

海派女性的气质，在于精致和豪爽、感性和理性、入世和出世之间，能够做到灵活摆渡、游刃有余，这是上海女性的典型特征，也是上海城市发展的成功之道。上海艺术工作者排演的沪语滑稽戏《老娘舅》和《老娘舅的儿孙们》，就与上海的城市气质颇为吻合：精致既是与生俱来的，亦是自身修养和环境熏陶的结果。剧中"老舅妈"的服装虽为平常衣，然经过搭配即显得有板有眼，加上头发梳理得一丝不乱（图2-2），能让人感悟"老舅妈"身上呈现出的那种"上海气质"。有评论者说得好："老舅妈的洋气不是一般人可以随便模仿的，它是一种根深蒂固的生活习惯，时间久了，就成了一种精神气质"，这是上海精致、细腻的城市氛围熏陶烘托的结果。

图2-2
上海滑稽戏表演艺术家嫩娘（"老舅妈"扮演者）的生活照

　　上海的市容之建筑、街道、店铺，艺术之音乐、舞蹈、美术，上海的市民着装之干净、精致、妥帖，处事之精细、守信、规范，也都隐隐约约透露出丝丝细腻阴柔之气质，这与上海早年就已经具有较高的城市文明程度有关，能被称为"绅士""淑女"是一些上海市民的骄傲，也是开放的社会环境打造成的接纳容人之上海人的品性所在，上海这种外表上的柔美多于阳刚的"女性气质"恰恰是孕育时尚城市的一方良土（图2-3）。

图2-3
旧上海的年画，没有一些地方惯用的大红大绿，只有上海女人嗲糯娇柔的婉约之美

二、阶层之分

　　"时尚"二字，已成为当今社会妇孺皆知的流行之词。时尚是由于人人都在追求，所以就成为了时尚，其中的差异只不过是时尚化程度不同而已，即时尚阶层之区分。民国时期的上海已当之无愧地引领中国时尚，但社会贫富差异较大，时尚仅属于社会生活中的富裕人群。那时，凡烫发、涂唇、画细眉、穿长衣短袖或短裤长袜、擦指甲油、穿高跟鞋的女性，无论青年、中年甚至是老年妇女，都可称之为摩登女子。①摩登即"时髦"，与今天的时尚相近（图2-4）。

图 2-4
悠闲地品尝下午茶
的旧上海摩登女子

　　从时尚的引导意义上说，那些家境富裕者和文化名人等，他们衣着光鲜，打扮入时，极易引起社会关注，进而成为摩登形象被仿效。尤其是当时西方社交概念的引入，上海产生了社交名媛群体，这些人凭借着自家门阀、文化学养、个人爱好及其社会影响力等因素，就能在摩登方面推波助澜，身价渐与明星同流，②成为整个上海城市摩登形象排名之居前者。例如，民国名媛唐瑛就是典型代表，她的穿衣早、中、晚不同（图2-5）。那时，随着上海舞厅兴起而产生的职业伴舞者们，其服饰时尚华丽、新奇出众，成为上海摩登服饰族中的一个新群体。民国时期，"烟花女子"这个群体的衣着也是上海摩登服饰族的代表，她们的穿戴自然成为世人评品的对象，影响波及社会各阶层。这些现象共同成就了民国上海摩登时尚流行之上层形象。诚如德国社会学家、哲学家齐美尔（Georg Simmel）在其著作《时尚的哲学》中所论，基于时尚具有等级性的事实，社会较高阶层把他们自己的时尚和较低阶层区分开来，而当较低阶层开始模仿较高阶层的时尚时，较高阶层就会抛弃这种时尚，重新制造另外的时尚。这就是时尚由上往下传播的形式，即"涓滴"式传播。

---

① 刘异青：《由摩登说到现代青年妇女》，《玲珑》1933年第124期。
② 陈定山：《春申旧闻》，世界文物出版社，1958，第86页。

较低阶层人群常以"摩登"为追求目标，若有机遇也会摩登一番，享受一下"成为阔人"的感觉。

图 2-5
民国时期上海名媛
唐瑛

改革开放后，早前以出生门第为身份评判标准的阶层概念被淡化，取而代之的是以消费能力分出高低不同的时尚阶层。随着生活水平的提高，普通人也有了消费时尚的能力，人人都想跟上时尚发展的节奏，以时尚的形象为自己的穿戴标准。当然，其中的阶层区分还是比较明显的，不同档次的商圈划分就是证明。比如，国际奢侈品这种高价时尚物品的出现迅速拉开了时尚消费的层次，拥戴它的人们需要拥有持久的高收入才能维系持久的高消费。但是，那种为了追逐时尚而举债消费的"超能力消费"现象并非时尚的本义，大众人群也是时尚产品的消费者或潜在消费者，时尚产业需要为之强化时尚设计，普及时尚产品。为大众提供价廉物美的时尚消费体验应该成为上海时尚从业人员的目标要求。

三、时尚身份

时尚自问世就与身份相连，是人们学识、经济、修养、审美、交往等的形象展现，海派时尚亦是如此。诚如挪威学者拉斯·史文德森（Lars Svendsen）曾经指出的那样："认同的形成与时尚之间的相关性。人们借助时尚——作为构建身份认同的工具，从而使得时尚在当代社会及人类生活中具有举足轻重的地位。"海派时尚身份就是这样的例证。上海人认同欣赏的时尚概念可概括为审美上的"格调"、生活上的"情调"和为人上的"腔调"，这三者互有联系。海派时尚之格调大多与咖啡飘香、梧桐落叶、老洋房风情、旗袍风姿等相关联，再加上红房子、德大等西餐馆的罗宋汤、菲力牛排、鸡尾酒等，衣、食、住、行各方面都颇为讲究美的享受，体现了一种高雅不落俗套、精致不拘小节、时尚不哗众取宠、前卫不人云亦云的"上海格调"。通常，上海人以卢浮宫、香榭丽舍等为参照坐标，将欧陆艺术和生活上的文化品位及其审美趣味视为自己崇尚的代表（图2-6）。上海之所以获得"东方巴黎"之美誉，是因其广纳中外、创新进取的精神特征，特别是对品位品质的崇尚、钟情、热衷，即追求精益求精的格调使然。

图 2-6
经典的和平饭店爵士乐队延续至今，一直是海派文化代表之一

"腔调"，是上海人日常交往中使用频率较高，且概括性非常强的一种沪语评述词汇。上海话说"做人、做事要上品"，就是要"有腔调"，反之则批评为"没腔调"或讥讽为"像啥腔调"。腔为"风度、做派"，调是"规矩、品位"。"腔调"是上海民间的形象话语，但在不知不觉中已融为上海城市精神的"象征"，使用范围十分广泛，多以处世（事）的方式、性格、风格、做派等形象和作为之"大气"，而留在世人眼中的直观感受。又或是对于他人托办之事不声不响地圆满完成，以及重实干、守承诺。这些都是上海人眼中的"腔调"，是上海城市"精气神"的具体表现。此外，上海人对于交到自己手中的任务一般会尽职尽力，低调而又高质量地完成，这是上海人的胸襟、素质、气场乃至每个上海人的责任担当，可谓上海城市发展的"腔调"。

"腔调"已成上海人生活习惯的自然写照，往往是一种不经意的精致追求，无需一惊一乍求关注，随处可见"于无声处见腔调"的情景（图2-7）。耐克公司的主题影片《够来噻，才腔调》，就是深谙上海人"腔调"的真谛之作：成就不是挂在嘴边装模作样的表面功夫，而是靠脚踏实地，一步一个脚印，真干实干努力打拼才能造就的。影片形象地阐述了海派时尚的"大气"是上海内在文化的真实表现，是一种以小见大的精神气概，同时也是一种博大精深的胸襟所凝聚。

图 2-7
上海街头随处可见
不经意间的精致

四、"海派粉丝"

"粉丝",是一个网络词汇,源自英文 Fans 的音译,是指对名人、明星、艺人,或某项运动、活动等事物抱有狂热的、忠实的某个个体或群体,俗称偶像崇拜者或追星族,现已被"粉丝"取代。随着现时社会的不断发展和行业细分,尤其是网络文化的普及,各行各业都在加速时尚化,以引领市场之潮流,"粉丝"队伍也日渐发展成为一个新型的能够反映时尚事物发展的重要因素,进而成为一个观测时尚度的考量指标。"粉丝"代表的时尚元素和时尚现象现在已引起时尚文化研究者的极大关注,许多人认为"粉丝"既是时尚的生产者和消费者,也是时尚文化不可分割的组成部分(图 2-8)。一般来说,根据入"迷"的程度,"海派粉丝"大致可分以下几个类型:

最高级别的"人精粉"。这类"粉丝"有自己的信仰,懂得如何欣赏人,他们是偶像的欣赏者但不是崇拜者;

高级别的"理智粉"。这些"粉丝"懂得欣赏偶像,有自己固定的喜欢偶像,不盲目崇拜;

次高级别的"人造粉""职业粉"。这类"粉丝"是看钱办事的角色,他们将偶像当成"米饭班主",为偶像站台是工作,是比较清楚偶像底线的人;

中等级别的"骑墙粉"。这些"粉丝"是随大流的人群,他们喜欢道听途说,轻信八卦谣言,偷窥明星隐私。有固定的喜欢偶像,但随时准备变换人物,附和众说,无个人主见;

最低等级的"死忠粉""脑残粉"。这类"粉丝"的表现最为疯狂,比较愚昧无知,极易受他人忽悠,为了拥护自己的偶像有时不择手段。

图 2-8
当今社会盛行的
"粉丝"现象

除此之外，随着"粉丝"队伍的不断发展，娱乐圈里又出现一个有关"粉丝"的新名词叫"饭圈"，是指明星经纪公司为了联络和掌控"粉丝"开展一些博弈活动而组成的"粉丝团"，其引发了不少争议和乱象。目前政府的有关机构已着手整治"饭圈"乱象。遵守法治和网络规则，以及公序良俗，应该是粉丝文化得以继续良性健康发展的前提。

研究海派时尚，必须重视"粉丝"现象，即"海派粉丝"。如今"海派粉丝"使用了往日上下班考勤记录的"打卡"形式，来显示各自膜拜的对象，包括海派时尚地域、网红时尚人物；就商品来说，除了服装、服饰、美妆、奢侈品等门类，还包括各种经营性机构产品等。进入 21 世纪，移动互联网已全面深入人们的日常生活，粉丝群体更加众多且细分化。"粉丝"既是时尚忠诚度比较高的消费群体，同时也是推动时尚产品生产的推动者，或称"生产消费者"。许多企业亦从中悟出商机，努力地争取把"粉丝"发展成消费者进而成为自己品牌的推崇者。如本土时尚品牌"福太太"和"蔓楼兰"等商家就是通过粉丝群体，将自己的本土女装品牌打造成上海时尚的先行者，它们在吸引、培养粉丝方面做了不少开拓性的探索和尝试，从而收获销售业绩的不断增长。

第二节　海派时尚之多棱视角

上海时尚之"魅力"产生于城市社会文化的长期发展和积累。海派时尚文化的兴起源于上海人民的努力作为，以及奉行一种积极向上的奋发精神。现时，除了海派时尚文化之主流发展生机勃勃，一些非主流的多棱视角也时有闪现，如亚时尚、原创力、自媒体、转型化、贴牌化等，同一事物的多个方面构成了这个事物的完整表现。

一、亚时尚天地

亚时尚与亚文化密切相连，是亚文化的一种表现。亚文化是指非主流、非普适、非大众的文化，存在于某些特定年龄、特定人群、特定职业、特定身份等特定的生活圈子，及其生活状态的某种特定的文化形式、内容和价值观的群体（如青少年）。这些尚未进入主流社会文化体系、游走于主流时尚文化边缘的"少数"人群，有着文化上的自我认同，通过非主流形式的穿着、装饰、行为，体现出他们热衷的时尚追求，诸如嬉皮、嘻哈、朋克、爵士、摇滚、杀马特、哥特式等标新立异、张扬自我的文化符号（形式），就是他们推崇的自我精神抚慰的表现方式（图2-9）。这种以特定表现方式挑战主流文化时尚的亚时尚，以宣泄个人情感为创作意图的行为主张，自然而然地会在社会上引起广泛关注和重视。例如，英国的薇薇恩·韦斯特伍德是个"非时尚毋宁死"时尚设计师，她的作品堪称非主流形式时尚的典型（图2-10）。她的异于常态的设计为亚时尚争得了一席之地，获得许多常人难以得到的成就和荣耀。如此成功的案例说明亚时尚在社会上也会有它的市场和拥趸，尤其是坚持非主流时尚的青年人。

图 2-9
扮装、朋克、嬉皮等亚时尚也有不小的群体

图 2-10
朋克教母、英国设计师薇薇恩·韦斯特伍德特立独行的设计理念影响了时尚圈

　　海派时尚中的亚时尚也已经出现在人们周围，这与海派文化善于吸纳和包容的基因有关，比如快闪、涂鸦、街舞、说唱、剧本杀等。在美容、美发、手办、时装领域，也有亚时尚的活跃身影。在人群数量和表现程度上，上海的亚时尚群体相对比欧美国家要温和得多，一般在特定圈层、特定场合和特定时段内才会用某种特定方

式集中表现一下，比如二次元聚会、主题直播活动等。集中过后，一般会迅速恢复"常态"，成为社会群体中的普通一员。

亚时尚有其积极的一面，其中不乏原创性时尚，一些夸张另类、怪异搭配或有违常规的设计形式，再加上天真和冒险双重品性的表现内容，可以被视作设计师创作的灵感源，这种情况在设计类院校的毕业设计作品中尤为明显。时至21世纪，互联网时代之亚文化时尚正以前所未有的态势发展着，讲求个人自我感受的作品发布形式相较主流文化一统的时代有了更多的发挥空间，在直播、音乐、游戏、说唱、街舞等形式中都有表现。这些亚文化时尚现象，我们应该认真对待，客观评价，并给予高度重视和关心。如果能够通过合理地引导、吸纳亚时尚文化，即去粗取精、去伪存真、存异求同，择其适当部分，促其转化成与主流文化交融共通，那么使其成为一种普适的、大众化的文化时尚是完全可行的。①

二、原创力韧性

社会文化质地之优劣，贵在"文化原创力"韧性之强弱，海派时尚也不例外，需要足够强劲和持久的原创力，才能使得这一被称为"文化"的事物健康长远地发展下去。现代社会的时尚产品讲究一个"快"字，也就是使其时尚创意尽早地以产品形式与消费者见面，以获得社会和市场的快速反应和认可，并因此而催生了类似"快时尚"之类的时尚产业分支。不少品牌商包括奢侈品企业会采取一些先行一步的营销方法，力争尽快抓住商机和满足热心拥趸们的"猎奇尝鲜"心理。这种营销方式常常需要韧性强劲的原创力和源源不断的原创作品。

尽管上海的快节奏都市生活迫使人们对"慢生活"的呼声越来越高，"归隐田园"成为城市"996"们向往的另一种时尚生活方式，但是，"快节奏时尚"仍然是上海城市生活主流，这需要强大的城市原创力支撑。如果社会层面的原创力不足，则有可能出现一些过度模仿甚至近似抄袭的"山寨版"产品流行于市。以上海旅游文创产品为例，目前真正做足海派文化功夫的文旅产品开发情况与上海巨大的旅游行业体量不甚匹配，在豫园等旅游景点出售的丝巾、纸扇、绣品、配饰、明信片、文玩、礼品、零食、小吃等产品在款式、色彩、材料、寓意、风格等方面大同小异，跟风普遍，未能很好地体现原创力。

原创力薄弱这种现象，从产品到服务，从商标到装修，从口号到行动，从线下到线上，口碑稍好的目标都有可能成为被复刻的对象，甚至出现外观设计专利侵权。据《上海发布》2020年7月23日的发布称，2020年，上海警方侦破的全国首例侵犯变形金刚玩具品牌著作权案，就是一个从拆解制图到等比例仿制生产、包装售卖的全链条犯罪团伙，涉案销售金额上亿元。时尚家居同样遭外观侵权。《上观新闻》2020年4月7日称，原告美克家居公司有7项外观设计专利的产品被其他公司生产和销售。上海知识产权法院在2022年4月26日召开的新闻发布会上通报，2021年，上海的外

---

① 尹鸿：《面对亚文化：客观看待积极转化》，人民网，http://opinion.people.com.cn/n1/2018/0327/c1003-29890123.html，2018年3月27日。

观设计案件大幅增长，上海知识产权法院共受理侵犯外观设计专利权案件2 552件，占一审收案数量的61.1%，同比增长121.91%。另外，沪上网红产品如饮品奶茶行业也是山寨货的重灾区。如上海的"熊爪咖啡"店具有非常难得的原创魅力，其门店形象曾一模一样地出现在日本大阪的一条大街上（图2-11）。网友们的争议迫使日本的"熊爪咖啡"店不得不承认，门店的设计概念是出于"敬意"而参考了上海的"熊爪咖啡"，给自己的抄袭找了个"体面"的理由。因此，提升海派时尚原创力，不仅是树立海派时尚文化自信之急需，而且市场发展空间很大。

图 2-11
上海的"熊爪咖啡"
创意被国外同行抄
袭

以上这些值得引起人们重视的现象，对一向以创新见长的海派时尚的健康发展十分不利，一些商家对自己"与XX同款"的行径习以为常，尤其在低端市场上屡见不鲜。面对这些现象，监管部门已经切实加强了监管力度，保护时尚行业的原创行动，鼓励原创力转换为产品力，帮助原始创新维护品牌形象，加大知识产权保护力度，促进海派时尚进入持续健康发展的快车道。

三、自媒体攒动

"自媒体"的名称，源自美国新闻学会谢因·波曼（Shayne Bowman）与克里斯·威利斯（Chris Willis）两人于2003年7月联名提出的研究报告。他们认为 *We Media* "是普通大众经由数字科技强化、与全球知识体系相连之后，一种开始理解普通大众如何提供与分享他们的本身事实、本身新闻的途径。"简单来说，自媒体就是个人借助 Blog（博客）、BBS（电子布告栏系统）、Podcasting（播客）、GroupMessage（手机群发）等网络平台发布他们自己命题、制作出来的传播内容和方式，并可获得受众的互动反馈。如今，从事自媒体是非常时尚的行为，无论是普通大众，还是明星名人等，都可以制作一些包括文字、图片、音乐、视频、动漫等形式的内容，在各自认可的网络平台上发布，以吸引受众提高关注度，也就是借助线上流量为线下变现的盈利渠道（图2-12）。

图2-12
自媒体以其得天独厚的基因渗透到社会生活的方方面面，用经济眼光看，其本质就是流量变现

自媒体对于传播时尚具有很大的贡献度，在西瓜视频、抖音等自媒体平台，出现了很多粉丝数过万的推广上海文化的视频账号，学说沪语、介绍沪景、观摩沪艺、了解沪史、品尝沪菜等，主播们使尽浑身解数，凭着对海派文化的一腔情怀，以其他媒体不具有的优势，力推海派时尚生活品位，在自媒体领域产生了积极正面的效果。

不可回避的是，自媒体的内容质量参差不齐，价值取向高低不一，泥沙俱下，鱼龙混杂，产生了一定的负面影响。一些自媒体的购物推介，特别是针对年轻人的美妆、服饰，以及中老年人的养生、保健等产品的推荐，会给人们带来一些消极的影响。例如，近年来，某些时尚美妆类自媒体在社交平台上兴起，它们将过度消费和奢侈消费打上"有品位""有身价"的标签，引诱一些年轻人沉迷于享乐和攀比的非理性消费，使得不少经济能力不足以支撑自己购买欲望的人深陷消费主义陷阱。此外，也有一些自媒体在社交平台上请人"炫富"，让许多本来没有这方面需求的人，也被虚荣心裹挟着逐渐坠入消费套路，更有不少大学生还陷入网贷陷阱。再如，随着人民生活水平的不断提高，健康已成为人们非常关心的话题。于是，某些自媒体便利用公众对医疗健康类信息的关注，无中生有地炮制医疗健康类谣言，给社会带来了不良影响。针对无良自媒体，我们必须通过彻查、整治来规范其行为，并且开展自媒体领域的净化活动，加强自媒体市场运行的规范管理和法律约束，进而创造一种积极向上的海派时尚生态和洁净的自媒体网络环境。

四、转型化

上海是一个综合性老工业基地，实物化时尚产品的生产大都集中在轻纺工业。早在以前的计划经济时代，上海就拥有相对完备的工商业体系，如制造收音机的仪表局，制造箱包、家具的轻工业局，制造服装、家纺的纺织局等，以及售卖商品的商业局。但是，随着城市发展重心的转移和市场经济的到来，这一稳定而刻板的格局发生了重大变革，曾经风光一时的上海轻纺仪表化工等大型产品生产基地现在几乎难觅踪影，上海市区单纯的产品加工生产已呈"转型化"，这些企业纷纷改、并、关、迁，为上海城市经济转变增长方式做出了可歌可泣的贡献。本土时尚品牌批量产品的生产已经转移阵地，绝大部分发往江、浙、闽、穗、鲁等上海地域外的其他企业委托加工。

由于时代发展的需要，产能过剩、设备老化或产品落后的企业必须进行结构性调整，甚至是退出，转型为以现代服务业或其他以现代化、高科技、生态型等为主导的新型产业，与国内外社会经济发展接轨，实施城市经济结构的新规划和产业重组。上海的大规模产业结构调整是从纺织行业开始的，1992 年，上海纺织工业局砸下了压锭第一锤，通过关、停、并、转等方式，将其拥有的 55 万员工减少至仅有2.25 万人（图 2-13）。经历了巨大阵痛的上海纺织生产加工制造业，基本上已经悉数转型。这表明，上海作为海派时尚的发源地，已经进入了前所未有的转型期。此后，上海市区的其他生产加工型企业也都纷纷加入社会经济改革的时代洪流，大量企业的整顿、合并、转让、迁址、歇业，造成了上海时尚产品生产基地底盘不稳的"尴尬"，不少本地"老字号"品牌岌岌可危，很大程度上影响了海派时尚在那段时期的发展。从长远看，这既是国际时尚大都市经济结构调整的大势所趋，也是我国产业结构转型升级必经的正确战略步骤。

图 2-13
作为上海母亲工业的上海纺织为了城市的未来，悲壮地砸下了压锭第一锤

所幸的是，在这场惊天动地的改革大潮中，包括上海纺织业在内的其他行业并

非是完全退出，而是在对比国际同行的发展模式之后，保持了上海工业坚忍不拔的大无畏精神，保留了生产制造技术精华，在危机中寻找新的契机，以合资、参股、转型等形式，朝着高端方向继续前行。当然，上海时尚产业尤其是纺织工业的转型化可能会在一段时间内影响海派时尚的快速发展，但我们相信，经过深入的改革开放和转型发展，上海的时尚产业，包括那些新型的纺织产业必将继续红红火火，成为全国乃至世界的时尚之源头活水。正如上海人经常说的："上海时尚产业的明天一定会更加美好！"

五、 贴牌化

贴牌是贴牌加工、贴牌经营、代工生产、生产外包、定牌制造、委托加工等生产经营活动的简称，虽然说法不一，但意思相近，其本质都是指拥有优势品牌的企业出于提高经营效率的目的而委托其他制造型企业进行加工生产，经委托方授权后，生产企业可以使用委托方的商标销售该产品的一种生产经营模式。

一直以来，工商业长期发达的上海积累了雄厚的全产业链资源，尤其是在时尚产品方面拥有相当的品牌优势。20世纪80年代，为了应对迅猛增长的国内外消费市场和本市生产能力不足的困扰，上海企业开始向周边城市的乡镇企业和私营企业委托加工产品，并向这些制造型企业提供生产技术、产品标准和设备支持，指导和扶持它们的生产，确保产品在质量、规格和型号等方面达到品牌的要求。经过一段时间的合作，这些提高了生产水平的制造型企业开始不满足于生产加工，希望通过直接经营品牌获取更大的利润。于是贴牌经营模式转向特许经营模式，即生产企业在一定时间和范围内，获得委托企业的注册商标、企业标志、技术专利、专有资源等特别许可经营权。在经营成本日益增高的情势下，不少上海企业无心恋战中低端商品市场，转而纷纷兜售其特许经营权，甚至将一个品牌按产品品类拆分，授权给多个企业经营。

贴牌经营本无可厚非，曾是上海品牌迅速扩大市场份额的良方妙招。然而，在具有本土特色的魔幻操作之下，正常的贴牌、特许等经营模式产生了变异，长大后的乡镇企业出于各自目的，采取不正常手段追求利润最大化，出现了超权限、泛滥化、劣质化、无序化的经营乱象，造成"上海货"外观失格、质量失控、品位失准，原有名声被一再败坏，出现了"乱拳打死老师父"现象。还有一些不法企业假冒、蹭热、碰瓷上海名牌，严重侵害了"上海货"这块招牌的含金量。这是上海时尚品牌自毁长城、在全国市场占比下降的重要原因之一，成为海派时尚发展道路上的一大"祸害"。在全国各大电商网站上，假冒伪劣的"上海货"多到难以计数，以各种花样玩法蹭上上海标签，充斥时尚行业各个细分领域及产品品类。比如，昔日全国一票难求的上海"凤凰"牌、"永久"牌自行车，如今已泛滥成"同款产品"，质量从年代车下降到星期车，稍认真点的造假者在自行车上贴上这些品牌的印花纸已经算是对得起消费者了。

要使海派时尚得以在正确轨道上快速发展，上海必须加大知识产权保护的实施力度，保护上海名牌的真金本色，让本地时尚行业始终保持引领时尚潮流的热情，真切看到知识价值实现的希望，倍增追加时尚产品研发投入的信心，尽快确立高端制造的技术优势，从根本上维护和增强"上海制造"的荣耀。

第三节　文化视角之时尚变迁

时尚是社会文化的产物，它与社会关系密切。一般来说，社会形态、发展走势、文化特色等都会对时尚产生影响，特别是社会发展进入转型期，必然会对时尚的形象和影响留有印记。从文化的视角来看，任何时尚都是一"时"之尚，都会跟随时间而发生变迁，海派时尚也是如此，其时尚特色亦会发生变迁。

一、社会转型与时尚主体构建

当社会发生变革告别旧秩序，进入新的运行模式时，社会文化由此会产生新的构建形态，时尚创新也将紧跟其后逐步发展，并且形成能引领社会的新的时尚风貌，成为人们心向往之的新的文化追求。海派时尚文化的产生和发展就是随着各个时期的社会转型而不断改变的。

进入改革开放发展轨道的上海，人们本着追求美好生活的愿望，在时尚方面表现得特别强烈。男性衣着讲究质感、档次，发型鞋子上下配套，重视时尚的整体美。女性穿着多从款式多变、色彩入时和图案引人注目等角度出发，多件套地替换以保持时尚热度的领先性。这一转型期的时尚变化很快，人们都以快节奏的心态追逐时尚。其时，港台及国外的物品、影视作品、时尚杂志等，都是人们追逐时尚的目标和对象（图2-14）。

图2-14
时尚类杂志记载着时尚文化变迁的痕迹

20 世纪 90 年代，上海进入以发展经济提高人民生活水平为宗旨的社会改革开放转型期。虽然曾经号称远东第一都市，但当时的上海已经跟不上世界经济形态的发展，上海产品的国际竞争力明显落后。即使是出口强项的纺织品，其与国外同类产品相比也不具优势，上海的产业产能面临着巨大的挑战。于是，上海通过解放思想，转变作风，以"发展是硬道理"的理念，研究世界经济的先进经验，特别是国际五大时尚之都的成功实践案例，令人大受启发。总结来说，就是发展时尚文化经济，提升时尚文化产业，在打造上海城市文化硬实力的同时需要加强软实力的建设。之后，上海的工业结构开始逐渐摆脱经济附加值比较低的第二产业，转向以经济效益更高的第三产业为主，通过创新驱动，全方位地发展现代化的服务经济。

目前，上海的城市发展主要以经济、社会、文化和环境协调的相互促进的多中心形态构建而成，高附加值、绿色可持续发展的时尚产业已经成为上海社会转型经济发展的重要引擎。例如，上海开启了着眼于海派时尚文化赋能的社会转型，尤其是借助数百家钢铁、轻工、纺织、化工、船舶等企业的老厂房作为转型依托的时尚空间环境，使其重新焕发生机，将其打造成为各类创意园区——书画古玩、音乐影视、博物展馆、动漫游戏、网络文学等机构汇聚，各领风骚（图2-15）。作为社会经济的创新空间，这些区域正吸引着越来越多的文化底蕴丰厚的企业踊跃入驻。有鉴于此，上海已经进入了以时尚文化为主体的新的发展阶段。

图 2-15
原上海纺织高等专科学校在社会转型中仅存的钟楼和图书馆

二、 新旧海派时尚的梳理主线

海派时尚有新旧阶段之分。一般而言，从海派文化萌芽到新中国成立之前可称之为"旧海派"。这一时期的时尚以民国时期的表现为顶峰，人们主要是追求一种比较体面的时髦或摩登之美，以买办、商人、学生等人群替代绅士、官宦等传统富人，成为时尚界的引领者。上海的洋装、旗袍、西点、月份牌和石库门建筑就是旧海派时尚的缩影，电影《花样年华》虽是以香港为叙事背景，其中的时尚韵味却与海派时尚有异曲同工之妙。

中华人民共和国成立之初到 20 世纪末，海派时尚可以统称为"新海派"，经历了两个阶段。一是新中国成立初期，人民当家做主人的"翻身感"非常强烈，凝聚在时尚上的反映就是轻快明朗的生活现象：翻身当家的主人翁意识、受当时的苏联文化影响的异国时尚，以及以战斗英雄、劳动模范等为代表的时代形象，讲求奋斗精神。二是改革开放之初，以家庭生活必需品（如冰箱、彩电）和模仿影视人物形象的衣着为时尚追求，整个社会盛行"五讲四美三热爱"，讲求一种热衷于"脱贫致富"的社会风气。随着人们生活水平的整体提高，各种物质产品琳琅满目，丰富多彩。与此同时，人们的精神面貌也发生了翻天覆地的变化。改革开放以后，国际时尚之风逐渐吹入中华大地，具有历史时尚基因的上海显得异常活跃，海派时尚也进入了一个新的发展时期。

21 世纪以来的海派时尚可称为"后海派"，主要是指上海出现的一种以互联网为媒介的、国际化程度非常高的、能够适应新时代要求的时尚文化，其与高速发展的上海城市建设相辅相成，同频共振。支撑"后海派"时尚的精神力量来源于上海这座城市深刻的内涵和外延，包含着政治、文化、经济、精神等各个层面，以及多样化、多元化、多角度的深入剖析和追求，像"绣花一样精细"地治理城市。从表面上看，史无前例、速度空前的大面积城区环境时尚化改造，无论城市的宏大布局，还是街道的边边角角，极大程度地赋予了上海名副其实的海派时尚韵味，就连每天身处上海的市民也真切地感受到"上海速度"的震撼。

总之，"新海派"时尚是在"旧海派"时尚的基础上发展而来的，是一种继承，更是一种超越。例如，通过传承焕新，上海现在有许多时尚咖啡店已经嵌入了城市的社区公共空间（图 2-16）。从 2022 年上海咖啡文化周新闻发布会上获悉，根据美团发布的《2022 中国咖啡消费洞察报告》，截至 2022 年 6 月 30 日，上海咖啡馆数量达 7 857 家，位列全球第一。其中，每万人咖啡馆拥有量为 3.16 家，咖啡馆最集中的黄浦区每平方千米拥有咖啡馆 38.5 家。从某种意义上来说，一杯咖啡为"新海派"时尚找寻到了面向世界的独特文化坐标。未来，上海担负着建设和打造"五个国际中心"的国家战略项目，我们相信"新海派"时尚文化的发展也一定会与时俱进。

图 2-16
国内外咖啡品牌在上海街头同台竞争

三、 性别在时代中的时尚地位

就性别特点而论，女性在时尚方面占有与生俱来的突出地位。女性爱打扮、善打扮，容易显出效果，并与环境协调合拍。细挑时尚物品，精致打扮搭配，女性比男性对时尚的要求更为强烈更加广泛，古今皆然。上海由于受欧美文化的长期影响，又具有比较鲜明的女性城市气质，周遭环境洋溢、充盈着女性化氛围，女性的衣着妆容尤其讲究有据，在海派时尚中的性别因素显著。

在漫长历史中，中国女性在社会、家庭等方面受儒家伦理观的影响，长期处在弱势地位，但就全国而言，处于上海这样文明开放的社会环境中，上海女性在家庭生活中的地位却是比较高的。她们往往是照料家人生活、掌控家庭钱财的"大主管"，在承担时尚消费方面，自然也是"近水楼台"。在如今"美女经济"大行其道的上海（图 2-17），女性实现"爱美之心"轻而易举。2019 年"三八节"前夕，根据消费实力、自我提升投入和悦己消费等维度综合情况，天猫发布了一组各大城市女性独立消费指数报告，数据显示大城市的女性更独立，排名前 10 的城市分别是上海、北京、广州、深圳、杭州、重庆、成都、武汉、南京、长沙，其中上海排名榜首。天猫数据还显示，2018 年女性在医疗健康、无钢圈内衣、鲜花等"悦己"类目的消费出现爆发性增长，上海女性在客单价这一代表消费实力的数据上同比增长 13.45％，排名全国第一。阿里健康的数据也显示，上海女性给全国医美事业做出了很大贡献，订单数位居全国第一。另外，上海的独立女性、精英女性的比例越来越高。据上观新闻 2020 年 11 月报道，2020 年 7 月由上海团市委等单位组织的上海青年工作调研显示，从结婚意向来看，选择"不愿结婚"的女性（17.3％）多于男性（11.6％），选择"想单身"或"没想好"的女性（7.7％）多于男性（4.4％）。如今，"对自己好一点"是不少当代女性的生活座右铭，追逐时尚、向往自由是她们释放自己的重要表现，这恐怕也是上海女性醉心于时尚的一种解释。

图 2-17
新时代时尚消费的主体依然是始终抱有时尚热情的女性

上海男性对时尚的热衷不比女性逊色。世人皆知的上海"老克勒"，他们对衣着装扮的外貌、人际交往的内涵和综合素质的外溢等，都反映出明显的上海男性特质。一声"老克勒"就是对男性的学养、人品、外貌等最高的评价。与女性相比，他们的时尚重在内涵的显示，由内到外地追求"老克勒"情调，即内涵修养和外部质感的统一（图 2-18）。

图 2-18
上海街头司空见惯
的"老克勒"们的日
常穿戴

第四节　海派时尚之关联因素

　　世间万物都是处于相互联系之中的，并且事物是在互有关联中运动变化和不断发展的。了解海派时尚的关联因素，有益于精准解释其当下形态，准确把握其未来走向。海派时尚与其他各种事物的关联因素可从宏观、中观和微观三个层面来分析。

一、宏观因素

　　宏观与微观相对，是一个哲学术语，泛指大的或总体方面。从社会学角度看，涉及文化艺术、国民收入、国家意志、国际文化等诸方面。

（一）文化艺术思潮

　　文化艺术思潮是反映社会和创新时代的先锋潮流，始终走在相对比较"迟钝"的时尚产业前面。由于艺术家或文学家相对比较个体化的工作方式、追求唯美的创作目的以及成果展示方式的不同，其创新思维和表现形式更加灵活，而商业化运作的时尚产业"船大掉头难"，牵制因素多，在产生新的思潮方面常落后于文化艺术领域。这也是一些时尚品牌非常热衷于与艺术家联手创新的主要原因之一。利用文化艺术领域的最新思潮为时尚产业注入新的活力，"签名款""艺术家系列"等产品层出不穷，一些海派时尚品牌在这方面动作频频，庄容、JUDYHUA 等品牌的艺术家联名款新作连连，常令人艳羡不已。

　　海派时尚在发展的过程中，受各种文化艺术思潮的影响非常明显。20 世纪八九十年代是海派时尚的一个相对活跃期，也称作"文艺启蒙新时代"。那时的上海和全国人民一样，沉浸于"文革"结束后的思想解放的大讨论中，人们的思想开始处于某种精神上的浪漫状态，文学、音乐、美术、电影、戏剧等领域的各种文化思想主张、艺术探索活动空前活跃，流派纷呈，佳作不断，涌现了一大批迄今举足轻重的文化艺术人才。例如，朦胧诗的创作堪可代表。朦胧诗又称"新诗潮诗歌"，因其艺术形式总体上多采用象征手法，具有不透明性和多意性的特点，故称朦胧诗。诗作的"叛逆"精神，为诗歌创作注入新的生命力，从而打破现实主义创作一统诗坛的局面。1987年的春晚，费翔演唱的歌曲《冬天里的一把火》，以其激越的旋律和极具形象感且富有激励性的歌词，迎合那个年代人们的澎湃之心，风靡大江南北好几年。那是个纯情的年代，人们多向往精神贵族。又如，1986年起连年举办的上海《海平线画展》（图2-19），显示了上海画家们对生活的感悟和对艺术的追求。当前，上海的文化艺术领域人才辈出，佳作连连，已进入了一个文艺思潮多元并存，更加具有突破性意义的新时代。

（二）市民收入水平

　　海派时尚与社会经济相辅相成，与人们的收入也密切相关。对于人们的日常生活而言，时尚不是满足基本生活底线的雪中送炭，而是奉献优质生活品质的锦上添花。因此，追求时尚，需要人们拥有一定的经济条件和物质基础。

　　在以往的物资紧缺时期，一些紧俏商品要凭票供应，时尚只是少数人的追求。直到20世纪90年代后期，中国坚持走社会主义市场经济建设道路初见成效，以往商品大面积短缺的窘况成为历史，上海人民的生活水平也有了很大的改善和提高，吃穿有余，游玩随意，甚至燃起了购买奢侈品的热情。特别是近十年来，布局已久的上海产业结构调整初步成型，改革开放成果喜报频传，社会综合实力得到了明显提升。综合数据表明，上海城市GDP和人均收入均持续走高，长期高居全国前列。此外，与时尚产业发展更为紧密的人均消费支出数据，是直接衡量城市人均消费能力的指标，上海已经多年排位此数据全国第一（表2-1）。根据国家统计局公布的2021年国内31省份居民人均消费支出数据，上海以48 879元的消费支出拔得头筹（表2-2），在中国连锁经营协会发布的2021年《城市时尚消费力指数报告》中得到的也是这一结论。这些数据表明，人均可支配收入的不断提高，增加了上海市民时尚消费的能力及愿望，在提升了人们生活幸福指数的同时，也给海派时尚持续做大市场提供了强有力的支撑（图2-20）。

图 2-20
设在各大商场顶层
的特价促销大卖场
是普通市民寻觅时
尚产品的首选地

表 2-1　上海市居民消费支出及构成(2016—2020)

上海市居民消费支出及构成（2016—2020）					
指标	2016	2017	2018	2019	2020
消费支出（元/人）	37 458	39 792	43 351	45 605	42 536
食品烟酒	9 564	10 006	10 728	10 952	11 225
衣着	1 734	1 733	2 037	2 072	1 694
居住	12 264	13 709	14 209	15 046	15 247
生活用品及服务	1 755	1 825	2 096	2 123	2 091
交通通信	4 228	4 058	4 881	5 356	4 558
教育文化娱乐	4 174	4 686	5 049	5 495	3 663
医疗保健	2 721	2 602	3 070	3 205	3 033
其他用品及服务	1 018	1 173	1 281	1 356	1 025
消费支出构成（％）	100.0	100.0	100.0	100.0	100.0
食品烟酒	25.5	25.1	24.7	24	26.4
衣着	4.6	4.4	4.7	4.5	4.0
居住	32.7	34.5	32.8	33.0	35.9
生活用品及服务	4.7	4.6	4.8	4.7	4.9
交通通信	11.3	10.2	11.3	11.7	10.7
教育文化娱乐	11.2	11.8	11.6	12.1	8.6
医疗保健	7.3	6.5	7.1	7.0	7.1
其他用品及服务	2.7	2.9	3.0	3.0	2.4

数据来源：上海市统计局

表 2-2 2021 年全国居民人均消费数据

地区	居民人均消费支出（元）		涨幅
	2021 年	2020 年	
上海	48 879	42 536	15%
北京	43 640	38 903	12%
浙江	36 668	31 295	17%
天津	33 188	28 461	17%
广东	31 589	28 492	11%
江苏	31 451	26 225	20%
福建	28 440	25 126	13%
重庆	24 598	21 678	13%
湖北	23 846	19 246	24%
辽宁	23 831	20 672	15%
山东	22 821	20 940	9%
湖南	22 798	20 998	9%
内蒙古	22 658	19 794	14%
海南	22 242	18 972	17%
安徽	21 911	18 877	16%
四川	21 518	19 783	9%
黑龙江	20 636	17 056	21%
江西	20 290	17 955	13%
宁夏	20 024	17 506	14%
河北	19 954	18 037	11%
吉林	19 605	17 318	13%
陕西	19 347	17 418	11%
青海	19 020	18 284	4%
新疆	18 961	16 512	15%
云南	18 851	16 792	12%
河南	18 391	16 143	14%
广西	18 088	16 357	11%
贵州	17 957	14 874	21%
甘肃	17 456	16 175	8%
山西	17 191	15 733	9%
西藏	15 342	13 225	16%

数据来源：国家统计局

（三）城市定位倡导

发展海派时尚还有一个重要关联因素，那就是上海的城市定位。上海市民收入增加只是海派时尚发展的必要条件之一，高收入也并不意味着钱一定会用于时尚消费，比时尚消费更需要花钱的地方有很多，比如购房、留学、投资等。要使城市走向提升时尚文化水平和发展时尚产业的轨道，政府对于城市发展战略的定位非常重要。

近年来，国家政策明确提出要扩大国民消费需求。在此前提下，上海提出把城市定位于"国际消费中心城市"，要在绿色、健康、安全的前提下，从信息消费、数字消费、绿色消费、定制消费、体验消费、时尚消费等六大方面，加大落实的力度。2021年上海的市场消费活力持续提升，社会消费品零售总额达1.8万亿元，同比增长13.5%，零售规模指数和夜生活指数均继续稳居全国城市首位。新华社中国经济信息社发布的"全球时尚产业指数·时装周活力指数（2021）"显示，"上海时装周"在全球时装周活力指数中跃居全球第四。另外，《全力打响"上海制造"品牌加快迈向全球卓越制造基地三年行动计划（2021—2023年）》中也提出，上海要"全力打造时尚消费精品"。"精品"是海派文化之核心，与上海人"精细""精致""精心"的品质相吻合。在上海市人民政府连续主办的几届"五五购物节"上（图2-21），高涨的令人信服的消费数据，充分证明了上海老百姓的购买实力。该活动围绕"全球首发季"和"全城打折季"两大主题，聚焦了首发经济、品牌经济、夜间经济和新型消费、大宗消费、餐饮消费、服务消费、信息消费、进口商品消费等，持续吸引着人们热情参与和积极消费。真可谓国家倡导，百姓响应，不管是促进内循环还是强化外循环，只要满足人们对美好生活的向往，城市就一定会让生活更时尚。

图2-21
遍挂申城的"五五购物节"广告和热情高涨的市民

尽管如此，全国多个一线城市争当世界第六大时尚之都的目标十分明确，各地政府对时尚产业的支持力度空前加大，比如北京、深圳、成都等城市的时尚产业的发展速度和市场规模，与上海相比都毫不逊色。但是，上海底蕴深厚的海派时尚文化是其他城市不可比拟的优势资源。

（四）国际文化走势

海派时尚是本土文化与西方时尚相融合的产物。研究中国传统文化，理解国际时尚特点，是新时代海派时尚文化发展的题中应有之意。国际时尚走势是国际主流文化的产物，其主流文化不可避免地受到国际主体局势的影响。近些年来，由于地缘政治危机加剧和意识形态分化明显等原因，全球经济一体化进程受到严重阻碍，国际文化交流也备受殃及，时尚文化也不能独善其身。因此，海派时尚需要用更加智慧的眼光，发挥海派文化固有的"开放、包容、扬弃、创新"的精髓，判断、取舍和利用国际文化走势。

观察一些国际文化机构的研究成果，可以归纳出几种影响当代文化发展的现象：第一，积极乐观是受到社会青睐的品牌文化主轴，必然会得到市场的正面反映，即社会在一种积极向上的精神取向的主导下，时尚依然是人们乐意的选择。第二，超级英雄成为未来的时尚对象（即对英雄人物的崇拜）。未来，无论是现实的还是虚拟的超级英雄的推出都具有更加开放和包容的特征，自然会影响其追随者的行为。与此同时，性别意识也在以新的形式出现。第三，年轻人会越来越喜欢"多次元文化"和沉浸式艺术体验（图 2-22）。在"多次元文化"和沉浸式艺术体验的空间里，人们通过游戏、合作和互动来学习能产生改变人类命运的智慧，而每一个参与者也都是这个空间中的被观察对象。21 世纪是科技快速发展的时代，通过科学幻想在科技和信息中的应用，人们开始寻找属于他们个人的安全之所。有预言道，人们会看到未来品牌与用户在一起幻想后现代科技的发展，以及创造虚拟的多次元宇宙。

图 2-22
未来科技将极大地丰富时尚的内容和形态

二、 中观因素

20 世纪 60 年代，随着城市经济学的出现，研究者逐步感觉到除了宏观、微观经济学的视角之外，还应该存在一个中观经济学，特别是城市或区域性经济效益上的城市化、区域化的经济现象、社会现象，其研究成果包括区域经济学、城市经济学、产业经济学等，对空间因素的重视是中观经济学对区域、地方经济等研究的必然。它处于中间状态，具有承上启下的功能：上承上海时尚诸文化因素，下启海派时尚的具体表现。

（一）商业发展格局

上海的商业发展格局应当与上海的城市发展定位保持一致。海派时尚通过商业系统实现其价值，非常重视海派商业发展的格局。例如，浦西的南京路、淮海路、徐家汇商圈等，都在各自的历史传承中持续提升商业发展的特色风貌，彰显着各自的文化底色。上海之所以有"东方巴黎"的称呼，就是因其在国际上具有一定的影响力，这其中南京路商业的时尚性和传播力所占比重是很大的，在国内它还享有"中华商业第一街"的美誉。南京路打造"步行街"的举措，堪称商业发展格局之大手笔。按说，国内外知名度高扬的南京路，凭着上述两块"金字招牌"，可以稳居上海乃至全国商业之领先地位，何必兴师动众再搞步行街？这是因为上海人具有开拓进取、与时俱进的精神，促使主政者必须通过经营环境上的"大手笔"率先示范，以崭新的商业街形象迎接国际商业竞争时代的到来。如今，这个"大手笔"带来的市场购物和观光旅游的诸多消费模式，皆是因其"时尚商业发展举措"而受宠于社会，以至于国内多地也效法"步行街"的做法，此为市场溢出效应，可谓"未雨绸缪先行一步，开风气之先受益八方"。此外，浦东的陆家嘴，现在称其为东海之滨的璀璨明珠当之无愧。当年以如同神话般的建设速度成就了现代化、国际化的世界级金融贸易区，区内高楼云集、万商荟萃（图 2-23），其经济流量和服务水平早已领先全国，可见当年开发开放浦东的决策是非常具有远见卓识的。

图 2-23
位于陆家嘴的上海
国金中心商场入口

（二）重大活动事件

时尚往往以国内外的重大事件为表现对象（或内容），这既是将时尚作为一种设计元素或表现手段，亦是出于时尚吸引市场和消费者关注的需要，可以引领时尚流行，获得社会认可。所谓重大活动事件，可分社会性的、政治性的、经济性的、军事性的、外交性的等，因其具有一定的轰动性和辐射力，故而受到时尚界的广泛重视。例如，2001 年亚太经济合作组织（Asia-Pacific Economic Cooperation，简称

APEC）会议在上海举行，按惯例各国领导人要身着主办国的代表性服装（或民族服饰）拍"全家福"。于是，上海服装研究所设计制作了"唐装"，浓烈而现代的中国风充盈在这些设计中，进而引发了市场的"热情拥抱"，"新中装"出现了一波高潮。此后的几年中，受此影响的上海服装市场出现了一批"新中装"品牌，成为中式服装主流品牌。与此同时，玩具、文具、家居、动漫、音乐、游戏、旅游、房产等市场也不约而同地推出了许多中国主题系列产品。2008年北京奥运会盛大举办，中国时尚元素辐射世界，连纽约春夏时装周T台上也洋溢着欢快喜庆的"中国红"（图2-24），"中国红"几乎主导了整个时装周。[1]

图 2-24
中国元素走红国内
外时尚舞台

（三）传媒开放程度

作一个形象的比喻：时尚与流行好似一对年龄接近的同胞兄弟，而时尚先于流行出生。发展时尚的目的之一，是带动紧跟在其身后的流行。相对来说，时尚是急先锋，其市场份额是比较有限，但因其独具魅力而愈加摇曳生辉；流行是大部队，其市场容量更加巨大，虽光芒不如时尚那么耀眼，却能大众普及。从时尚转化到流行的整个过程，离不开一个开放、健全、高效的传媒体系的全力助攻。

网络时代，人们对媒体的认识产生了很大的变化，并且这种变化是具有革命性的。以往的报纸、杂志、广播和电视，被称为传统媒体。上海曾经传统媒体众多，《解放日报》《文汇报》《新民晚报》《青年报》等是"前辈"，《新闻报》《上海商报》《上海壹周》《上海星期三》以及《秀》《第一财经》杂志等是后起之秀。除了传统的纸质媒体外，还有上海电视台、上海人民广播电台等各个频道的节目，从时政要闻到吃喝玩乐，琳琅满目，数不胜数，涵盖了人民生活的方方面面。如今，由于互联网的发展，整个社会进入全媒体时代，诸如新媒体、融媒体、自媒体等，以及博客、微博、播客、抖音等都是以前闻所未闻的。可以说，现时的传媒开放度是历史上任何时代都无法比拟的。只要对社会发展有利，任何传媒的价值都可以得到体现（图2-25）。所谓"人人都可以成为媒体"，说的就是这个道理。整体而言，海派传媒具有高瞻远瞩、目光敏锐的传播特色，其是秉承海派文化之"海纳百川，兼容并

---

① 黄士龙：《服装文化概论》，东华大学出版社，2015，第72—73页。

蓄"的行业归纳。①未来，随着传统媒体和互联网平台的深度融合，传媒的开放程度会越来越大，海派文化的时尚"大戏"一定会越"唱"越好。

图 2-25
健康的多元媒体与
时尚文化的发展呈
正相关

（四）产业生产能级

"能级"原为量子物理学中的概念，挪用到（时尚的）生产领域，可简略地引申为：时尚的生产能量是一个倒梯形塔结构，其中的每个个体都属于一个符合其自身能量的层面，而决定一个个体在这个塔中所处层面高低的根本因素，就是该个体总资源存量的多少。个体的总资源存量越多，其生产能量就越大，行业影响力就越强，位置也越高。如果把总资源存量相近的个体划分为一个能级，能级越高离塔顶就越近。在每个层面的能级内都有其能量的上限与下限，当一个个体的生产能量超过了上限，其生产能级将跃入位置更高的生产能级，反之，如果该个体的生产能量低于其下限，它将跌入一个位置较低的生产能级。以实物产品为例，生产能量包括人员、资金、数量、质量、效率、技术、设计、材料、品控、仓储、物流、厂房、设备等各种软硬资源的总和。包括文化产品在内的生产能级的高低决定了时尚地位的高低。

产业是社会分工的产物，并随着社会分工的发展而壮大。海派时尚产业具有广义上的集合概念，包括服装、服饰、化妆、美术、餐饮、旅游、影视、音乐、戏剧、传媒、游戏等行业。时尚既为产业，便有其对应的生产活动及其生产能级（图 2-26）。2008 年 9 月，上海市人民政府制定的《上海产业发展重点支持目录》，明确把"生产性服务业"定为"时尚产业"，而《上海市先进制造业发展"十四五"规划》更将时尚业列入上海六大重点产业的发展导向。根据一些欧美时尚都市发展的经验可知，高附加值的制造业和现代服务业的跨界等多重产业融合而形成的时尚产业，是典型的都市产业。上海的汽车、仪表、电器等行业也应归入都市时尚产业。另外，上海众多高效高质的时尚园区是时尚产业的孵化基地和坚强后盾，是时尚生产必须

① 颜莉：《海派时尚产业价值创新能力与发展路径研究——基于上海时尚产业现状的发展建议》，经济管理出版社，2014，第49 页。

具备的基本能力。例如，苏州河两岸老厂房、老旧里等建筑空间，已经转型为创意园区，其中驻有许多针对时尚热点设计制作的专业机构，能够满足目标客户的"尝鲜"之愿。此例并非个案，证明了上海加大建设时尚设计之都是实实在在的有备而为。

图 2-26
南京路步行街仍在
不断地精雕细琢，
提升自身的能级

三、微观因素

微观与宏观相对，属于哲学术语。微观，顾名思义，就是从细小、细微处察看，即从细微处对海派时尚文化进行具体的研究。下面从时尚话题、时尚名人、时尚场地、时尚产品和时尚流量等方面进行阐述。

（一）时尚话题

时尚是国内外潮流的代表或代言词，是社会生活中使用频率比较高的一个词汇，不但传统媒体在使用，而且网络传媒也在频频使用。因此，时尚往往是人们对社会某个事项、话语、事件的一种反应和表现。话题，即议论、谈话的题目（主题），可延伸为"中心"。语出明无名氏《白兔记·团圆》："贫者休要相轻弃，否极终有泰时，留与人间作话题。"时尚话题，即是时尚创意的缘由，其为潜在市场造势，人为制造社会需要的题材，以引领市场。

如今，时尚是大家关注的一个话题。由于上海将打造世界时尚之都定为城市发展的追求目标，故有关时尚的话题不断涌现。时尚是上海城市活力的象征，上海也是人们追逐时尚目标的首选地。如2021年上海"五五购物节"期间，大宗购物成交多来自上海周边的买家。购物节带动了交通、旅游、餐饮等多方面对于同一主题的分享，即上海时尚效应的"长三角联动"（图 2-27）。话题就是热点，时尚话题具有引领市场的功效，是人们消费的风向标，同时也是提高市场营销效果的催化剂。

图 2-27
"五五购物节"期
间,清晨的南京路
步行街即将迎来第
一批客人

（二）时尚名人

时尚名人是指时尚领域表现突出的人物，或得到社会广泛认可而引起人们由衷崇尚的"意见领袖"（KOL）。一般来说，每个领域都有自己的时尚名人，他们是时尚文化的标杆、时尚品牌的代言人、践行者，对时尚起着引领作用和指导意义。同时，他们的言行和处事方式也会影响到时尚的市场发展趋势。因此，时尚名人是受到市场和大众的"制约"的。从一定程度上说，姚明（篮球）、刘翔（跨栏）和常昊（围棋），分别代表了上海的高度、上海的速度和上海的深度。时尚名人是社会时尚领域中的旗帜，是名人效应最显著的标志，时尚名人越多、分布越广，其对时尚的带动效应越大，因此，时尚发展名人效应是时尚领域必备的"生活"（沪语），民国时期如此，新的时代同样需要。上海的名人散布于各行各业中，如商业服务明星、企业技术能手，以及劳动模范、"上海工匠"等，他们分别是各个行业的杰出人物，也是整个上海的形象代表。中国科学院院士、东华大学朱美芳教授不仅学术研究非常出色，也是一个身体力行的时尚传播者，树立了我国新一代知识分子既爱科学也爱生活的时代风范（图 2-28）。时尚不全是外表，但外表却是辨识时尚的重要指征。上海的名人中有不少在外表上看似并不那么"时尚"，但他们"爱岗、敬业、修行"的行为是符合这个时代要求的另一种时尚，是普通市民效仿的楷模，把他们的时尚潜能激发出来，就能使其成为内外兼修的时尚名人，影响和带动一大批普通市民。

（三）时尚场地

上海受中西方文化的长期熏陶、浸淫，总体上已成为一个充满希望的时尚之都。特别是新中国成立以来，上海的衣、食、住、行都已成为人们心目中的样板，海派时尚之风吹遍大江南北。在上海，无论是社区生活环境、商业购物设施、文化娱乐场馆、街道绿化建设，还是车辆、地铁、游船等都是人们展示上海形象的时尚场

图 2-28
中国科学院院士、
东华大学朱美芳教
授在做学术报告

地。尤其是一些老工业基地转型，如纺织系统的老厂房都已改造成时尚园区。上海纺织博物馆、上海国际时尚中心，以及石库门旧居改造已经整体打造成集旅游、购物于一体的休闲娱乐的"时尚新天地"。至于闻名世界的上海外滩、南京路步行街、陆家嘴时尚圈等更是中外人士的时尚打卡网红地。现时，上海围绕嘉定、青浦、松江、南汇、奉贤五大新城正在加快建设和发展，目前时尚氛围已初步显示（图 2-29）。此外，上海自由贸易试验区临港新片区也在围绕"世界海岸、未来之城"的发展理念加快建设，争取以崭新的面貌让世人感受新上海之美景、共享新生活之美好。总而言之，上海的时尚场地与上海厚重的历史风采息息相关，必将共领风骚数百年。

图 2-29
嘉定的远香湖保利
剧院、青浦的国家
会展中心、奉贤的
东方美谷、南汇的
观海公园、松江的
广富林遗址

（四）时尚产品

时尚产品是指某个时段少数人率先购买和使用，然后引起社会上众多仿效者争相购买，从而使其在短时间内成为热销的产品。时尚产品包括社会生活的各个方面，如服饰、饮食、家具、玩具、家用电器等。事实上，只要某种产品能给人带来一种愉悦或美的感受，人们就可以称之为时尚产品（图2-30）。海派时尚产品是海派文化的体现和象征，其既有物质属性的表现，又有精神功能的享受。研究表明，当前我国国民针对时尚产品的消费欲望和需求正在不断提高。就上海而言，上海人的时尚意识不会因为经济条件的约束而受到限制，因为上海人大多会根据自身的感悟能力和审美意识去购买合适的时尚产品，或者亲自动手设计制作来满足对时尚产品的需求。正因为如此，上海的时尚产品为全国各地所推崇、所效法——"他处尤而效之，致有海式之目"。无论今时还是以往，上海的时尚产品引领全国是一个不争的事实。然而，虽然大家都在追逐上海的时尚，但还是跟不上上海人时尚更新的速度。正如一首歌谣传唱的那样："人人都学上海样，学来学去学不像，等到学了三分像，上海又变新花样。"如今，上海的时尚环境、经济收入、审美眼界等各个方面都发生了巨大变化，从物质层面到精神层面，上海的时尚产品不断翻新，层出不穷（图2-31），已非昔日可比。

图 2-30
2015 年首届上海高级定制周上的部分时尚产品

（五）时尚流量

流量，作为物理学名词指单位时间内流经封闭管道或明渠有效截面的流体量。其实，流量本身不是一个新词，人流、车流都是流量，网络借指网站的访问量即网站流量。流量好比收听广播、阅读报刊、观看影视、购买物品等行为发生的次数，可以在约定的时间段，根据网上的浏览、点击的数据，统计和分析活动的成功和失败。在新媒体语境下，各类时尚活动信息以文字、声音、图像、视频等互联网新媒体形态生成，因其具有信息量大、传播即时速度快、浏览便捷，以及储存、复制、搜索等优势，是任何传统媒体无法企及的，其点击浏览所产生的流量可作为评判时尚市场影响力的重要依据。现在网络平台很多，给人们的生活、学习和工作等带来了极大的便利。但凡举办时尚活动，人们通常都会借助网络媒体平台展示活动并进行发布。因此，当下涌现出许多诸如流量明星、流量尚品、流量人气、意见领袖和网红打卡等新的名称。通过流量考察，评估时尚产品的市场接受程度，可视作未来观察时尚趋势的风向标。然而，虽然现在是流量为王的时代，但我们对流量的产生必须进行严格的评估，避免因流量数据造假而被负面流量带偏。

图 2-31
上海豫园集团出品的部分时尚文创产品

第五节　关于时尚的几个概念

时尚，是特定时段由部分人率先实践而被社会人群崇尚、仿效的某种生活样式（或事物）。时尚因其时间跨度大、地域范围广、涉及人口多、参与行业杂等缘故，客观上导致人们对时尚有着不同角度、深度和广度的理解。为了更好地理解和研究一般意义上的时尚事物以及海派时尚的方方面面，本节梳理出一些重要的也是基本的相关概念，作为本书理论的观测点。

一、时尚的要素

（一）定义

时尚的要素是指构成时尚事物的主要因素，一般由时代、地域和产业这三个主要因素构成，这三个要素分别由其下多个分支集合而成。作为一种社会文化现象，时尚是人们生活态度、审美趋向、自身价值的具体体现，也是人们推崇消费品及优质服务，通过市场实现其价值的重要途径。时尚要素及其最终表现之和即时尚文化。

时尚要素的能级、比例、程度，决定了它在时尚事物中起到的导向性、结构性或全局性的作用，因此，要发展新时代海派时尚文化，应该从认识时尚要素着手，抓住时尚要素的属性、构成、机制、来源，开展时尚要素及其下各种分支因素的创新、升级、更替、补充、扩展、赋能、增效等工作，实现推动海派时尚文化发展的目的。

（二）分类

从要素的细分角度看，时代要素包括年份、思潮、经济、艺术、文明等因素，地域要素包括地理、气候、物产、语言、民风等因素，产业要素包括业态结构、产值规模、市场地位、技术水平等因素。这些因素都有可能对时尚产生不同程度的影响，有些因素因区分角度不同而交叉重叠。

（三）特征

时尚要素的特征主要表现在三个方面。一是时代性。时尚是时代的产物，离不开时间概念的加入。时代性特指时尚是在怎样的社会时空孕育，以及文艺思潮对时尚的影响或印记。时代性还包括了时尚要素的更替性。二是地域性。在文化力的作用下，时尚有鲜明的地域性，时尚发生的地理位置、气候环境及人文风俗呈现出该地域特有的时尚特征。三是产业性。由于时尚产业横跨的行业部门众多且处于动态增灭之中，有什么样的产业基础，就有什么样的时尚特征。因此，若离开了产业，则无法讨论时尚。

二、时尚的判断

（一）定义

时尚的判断是指依据时尚事物的构成要素，对该事物的社会效益、经济效益、综合价值和存在意义进行全盘考量，做出科学、准确、公正的理性评价。时尚事物不总是正面、积极、健康的，还有其负面、消极、病态的成分，恰当的评价有利于时尚事物按照社会共识可持续地良性发展，要根据判断的结果，对时尚事物做出监控、引导、决策、处置等后续工作。

（二）分类

时尚的判断来自于时尚的方方面面，主要可以分为政府判断、行业判断、企业评价、媒体判断和市民判断等几个类型。作为研究性课题，其还应从逻辑学范畴，将时尚的判断细分为直言、联言、选言、假言等判断，辅以定性或定量研究，提高时尚判断实践的准确性。

（三）特征

时尚判断与时尚的评价、评比、批评、批判等近似，需要及时、准确、快速的判断过程，具有全面性、动态性、模糊性等特征。通过视觉观察和逻辑推理相结合，以典型案例为抓手，以法律法规、政策文件为依据，从众多时尚现象中归纳推导出对某一时尚事物的基本判断，其句式必须是陈述句，反之皆不能表达判断。与批评不同的是，判断更具决策性、定论性、辩伪性。

三、时尚的功效

（一）定义

时尚的功效是指事物因加入时尚化元素或时尚化之后，该事物产生的改变及其带来的效率。就个人而言，时尚显示的是身份、地位、学识、修养等功效，是个人生活状况或心理状态的标识，甚至成为炫耀财富的资本。另外，时尚还是自我调节能力的体现，能够鼓励人们执着追求美的勇气，以及审美能力的释放。

（二）分类

时尚的功效可根据作用对象的不同进行分类，对于国家而言，可起到装扮城市形象、促进社会就业、改善人居环境等功效；对于个人而言，可起到装扮个人形象、传递身份信息、增添审美能力等功效；对于企业而言，可起到引导跨界竞争、促进企业变革、增加企业活力等功效。

（三）特征

时尚的功效具有如下特征。一是结果感知性。时尚事物通常立足于结果的可感知性，忽略过于隐性的、抽象的、晦涩的事物。二是经济增益性。时尚的本意在于提高经济效益，没有经济利益的时尚事物不具有生命力。三是快速见效性。正是由于时尚的经济目的，投资长、见效慢的时尚事物通常不受待见。四是民众参与性。时尚事物必须有大量民众的参与，才会有其茁壮成长的基础。

四、时尚的范围

（一）定义

时尚的范围是指在某个时间段、某个地域或某个层面之内出现的时尚，或该时尚事物所能波及的领域。研究此概念，意在明了时尚事物在发生、发展、风行、消亡等整个生命周期对周边环境和波及领域产生的影响和波及的范围，目的在于对某个具体的时尚事物进行可控制、可引导、可评价、可止损等一系列操作。

（二）分类

时尚的范围有以下几种分类：根据紧密程度分类，可分为核心范围、松散范围、外延范围等；根据发起状态分类，可分为始发范围、高发范围、扩散范围等；根据分布地域分类，可分为本地范围、本国范围、全球范围等；根据行业范围分类，可分为本行业范围、跨行业范围等；根据时尚人群分类，可分为精英范围、文人范围、平民范围等；根据产品用途分类，可分为穿戴类、交通类、旅行类、家居类、餐饮类、服务类等；根据行业属性，可分的类型就更加广泛了。

（三）特征

时尚的范围是相对的，概括来说，具有以下几个特征。一是延伸性。时尚的范围会随着其成长过程的变化而扩大或缩小。二是模糊性。时尚的范围因行业分布广等因素，造成边界范围不是很清晰。三是派生性。时尚的范围会由于在某个范围内的能量过于积聚而派生出一个新的范围。

五、时尚的层次

（一）定义

时尚的层次是指时尚事物因其特质、形态而构成的大小、高低等方面的区别。就时尚而言，消费者、商场、产品、品牌、风格等，几乎所有的时尚因素都可有层次之分。比如，消费者因职业、薪资、年龄、性别、喜好等方面的不同，构成了时尚的不同层次。

（二）分类

根据消费者或商场分类，可分为高、中、低等几个层次；根据时尚品位分类，可分为高低、贵贱、雅俗等层次；根据品牌属性分类，可分为奢侈品牌、高端品牌、大众品牌等层次；根据时尚城市地位分类，可以分为领导城市、前沿城市、追随城市等层次。

（三）特征

时尚的层次是用来划分时尚事物的准绳，有以下几个特征。一是自然性。时尚的层次是随着时间的推移而逐步形成的，尤其国际时尚之都的建设，在相对时间范围内，难以急于求成。二是次序性。时尚在业内一旦形成层次，人们的认知方式往往会按照这种排序进行。三是标识性。时尚的层次用来标注某个城市，行业，品牌，个人的属性、身份和地位。

六、时尚的地域

（一）定义

时尚的地域是指时尚事物所处的地理学意义上的方位或疆域。由于时尚事物一般总是发生在工商业发达的城市或城市圈，因此，此处的"地域"特指有相当影响力的时尚城市或城市圈。比如，法国的大巴黎区、中国的长三角经济区等。通常，城市的地标性往往比地区更为明确。

（二）分类

时尚的地域可有以下几种分类：按照时尚传承关系分类，可分为时尚发生地域、时尚发扬地域等。按照地位来分类，可分为国际时尚地域、国家时尚地域、地区时尚地域等；按照约定俗成的习惯，可分为传统时尚地域、新兴时尚地域等。根据时尚产业的发达程度，这些城市通常被分为一线、二线、三线城市等。

（三）特征

时尚地域最主要的功能是标注了时尚的地理分布区块，主要有三个特征。一是文化性。文化性是时尚地域最独特的特征，每个地域的文化财富造就了时尚的地域性。二是集聚性。时尚的发扬地域一般出现在一个国家的经济文化高度发达地区，有了这一地区时尚相关板块的强势集聚，才能撑起一个时尚地域所需要的能量。三是流动性。时尚的发生地域条件没有那么苛刻，只要有足够的人员流动，经常的文化交流，普通地域也可以萌发时尚事物。

七、时尚的时效

（一）定义

时尚的时效是指时尚在单位时间内发生、发展及其产生的效用。在不同的城市、产业、行业或不同的时尚主题之间，时尚发生的周期、时间的存续或影响的程度等时尚的时效指标是有差别的。

（二）分类

时尚的时效分类比较简单，主要是看时效的长短，一般可分为长、中、短三种时效。每个行业因自身特点不同，其时尚的时效性各不相同，呈现出或长或短的现象，其时效长短的划分也是相对的。

（三）特征

时尚的时效有以下几个特征。一是相对性。由于行业的不同，时效的长短是一个相对概念，就产品而言，其时效与产品的研发时间、制造成本和耐用程度有很大关系，比如，一款时尚跑车与一件时尚衬衣，其时效的长短不可同日而语。二是深刻性。通常是指某种时尚为社会带来的影响程度，即便这种时尚已经消亡，但仍有可能产生较为长久的历史性影响。三是节奏性。虽然任何一种时尚都会从发生走向消亡，但是有些时尚现象可能不会一下子彻底消失，或消失到一半又数度重新点亮，形成所谓时尚的节奏性特征。

八、时尚的态势

（一）定义

时尚的态势是指某种时尚事物以一定的强弱程度为起点，展示其跻身时尚圈的姿态和势头。在这个过程中，有些时尚事物表现出"强"的态势，有些则呈"弱"的态势。时尚的态势也包括对现实时尚状况的客观判断，面向市场发散不同程度的"强"或"弱"的信号。

（二）分类

时尚的态势可以有以下几种分类：根据研究目的分类，可分为总结型态势、预期型态势等；根据研究主体分类，可分为政府型态势、行业型态势、企业型态势等；根据成长阶段分类，可分为初始型态势、成熟型态势等；根据对比现实分类，可分为激进型态势、中庸型态势、保守型态势等。

（三）特征

一般来说，时尚的态势主要是针对时尚的现时状况做出判断后，采取相应的举措。主要有以下几个特征。一是宣示性。用来表明对时尚的主张、将要采取措施的决心或力度等。二是适时性。选择适当的时机，表达对时尚的判断，求得最大关注度和执行效果。三是适配性。根据研究主体的身份、目的和实力，表示与之相宜的时尚态度和执行力度。四是转移性。时尚的态势是动态的，随着时间的推移，其态势往往会发生此消彼长的变化。

九、 时尚的批评

（一）定义

时尚的批评是指针对时尚事物开展的舆论评价。具体来说，就是通过社会舆论工具或其他形式，对时尚事物的过去、现在和将来，以及各方面信息进行收集、整理、分析，做出合乎实际的综合性判断，起到沟通、监督、褒扬、修正、纠错等作用。严格来说，凡是与时尚有关的事物都是它的关注对象。目前，这是一个没能引起足够重视的领域。

（二）分类

根据批评的性质分类，可以分为评论型批评、监督型批评、现象型批评；根据批评的程度分类，可以分为表层型批评、深度型批评等；根据批评的主体分类，可以分为官方型批评、民间型批评、媒体型批评、专家型批评等；根据批评的结果分类，可分为新闻型批评、内参型批评等；根据批评的频次分类，可以分为一次性批评、追踪型批评等。

（三）特征

时尚的批评对于时尚事物的发展非常有必要，一般有以下几个特征。一是客观性。时尚事物应该受到社会舆论公正、公平、公开的监督，任何批评都应该保持客观性，克服主观情绪，这是公正批评的前提。二是及时性。批评有时效性，过早批评可能会因为未见全貌而误伤，过晚批评则会因为时过境迁而降低现实意义。三是针对性。任何批评都有一定的目的，要根据具体的批评目的展开相应的批评活动。

十、 时尚的传播

（一）定义

时尚的传播是指根据时尚事物本身的特点和内容而开展的专门传播活动。时尚因其带有丰富的文化、精彩的故事、多彩的画面、靓丽的颜值、有趣的人物、接地的生活等内容而易于成为人们喜闻乐见的传播热点，时尚事物发展本身对传播的需求也显得更为迫切。

（二）分类

时尚的传播有以下几种分类：根据传播媒体分类，可以分为传统媒体传播、新媒体传播、自媒体传播等；根据传播形式分类，可以分为语言传播、图文传播、影像传播等；根据传播时间分类，可以分为直播、录播、秒播等；根据传播的属性分类，可以分为新闻报道、深度报道等；根据走向分类，可以分为由上而下型传播、自下而上型传播、同层横向型传播。

（三）特征

"不传播，无时尚"，传播带动了流动，时尚在流动中产生。时尚传播有以下几个特征。一是及时性。时尚事物的本身特点决定了针对时尚的传播也必须及时、快速、紧跟。二是专业性。与单纯新闻报道式传播不同的是，时尚的行业跨度大、专门知识多，要求其传播活动尊重专业背景，增强传播活动的权威性和可信度。三是形式多。同样也是由于行业跨度大等原因，时尚传播可采取的形式比较多样，受众结构也比较复杂。

第三章

表象与内涵

文化由人类创造，研究地方文化自然离不开具体地域的人。上海是国际大都市，无论过去还是现在，上海人民创造了许多历史功绩，并在诸多领域取得令人瞩目的成就，特别是在时尚文化领域，上海领风气之先，是全国各地争相模仿和追赶的标杆，并且其时尚文化影响力早已辐射海外。时尚文化，有其表象，也有其内涵。人们往往关注热闹绚烂的时尚表象，很少探寻意蕴深远的时尚内涵。表象与内涵是海派时尚文化研究中一对重要的映射对象，了解了这个部分，可以更好地深入后续内容。

第一节　上海人肖像

关于上海，尤其是对上海人的印象，许多外埠评说往往是正面不足，负面有余。20 世纪 80 年代前后，人们一般对"上海人"的评价处于矛盾状态，嫉妒中颇含向往的意味，虽冠以"排外""精明"等词语，却只要有机会，还是想来上海看看。随着各地参与上海建设的人员与日俱增，人们对上海的看法由表及里地发生了积极的变化，大多趋于正面。即便如此，到了 21 世纪的今天，一些囿于刻板印象的习惯性思维似乎仍然难以消除。

时尚的核心是人，每一个活生生的人聚集起时尚的高塔，有什么样的人，就有什么样的时尚。如果我们把 2 500 万上海市民浓缩为一幅标准而立体的肖像画，通过这个"人"去观察其背后的内涵，就能通过"把抽象表现形象化"的研究手段，更好地了解和体会海派时尚表象之成因和内涵之所在，才能真切理解海派时尚的宏大与精细、本土与多元、吸纳与创新、优雅与淡定等多重文化气质。

一、思维与言语

任何地方的人都有符合该地方独特的文化背景的思想行为模式，上海人说话和办事的思维方式和行为表现，自然有与其他地方不一样的习惯。上海人在遇事或与他人交往时，一般会善加思考，斟酌再三，即便必须表态也会留有余地，决不会一句话说死，以避免伤人。这是上海人受传统文化之"中庸之道"的影响，讲求折中主义的思维方式。

（一）细思周全

相对而言，上海人具有务实守信的传统，通常以连贯的线性方式考量问题，并且沿着一定的连续轨迹寻求问题的解决办法。他们遇事大都会多想、多思、多虑，在细致、严谨上下功夫，尽可能地将问题考虑周全而又细密，"稳"字当头，感性冲动者较少，理性稳重者居多，用肢体冲撞解决争端者罕见，也就是沪语所谓的"稳扎稳打"。由于上海人虑事过周，故而难免会给人一种缺乏胆识、缺乏果敢和决断魄力的感觉。上海人大多是"居家型"，他们以家庭为中心，以照顾好家人为宗旨。上海人中创业者不多，对于没有很大把握的事，上海人绝不会轻易下"水"。

（二）话留余地

所谓说话留有余地，就是话不说满，不轻易说过头话，那种在酒席上拍胸脯的即兴式"承诺"不多见。对上海人而言，这既是一种处事方式，也是一种个性修为。通常，与上海人打过交道的朋友都会感觉到上海人说话、办事自有一套行为模式。若托其办事，没有十分把握他绝不会拍胸脯打包票，这样万一有个闪失，可给自己留下余地，以免朋友因此失望，影响朋友间的关系。此种富有"弹性"的话语表述法，在上海人的生活和工作中十分普遍。上海人的行事风格就是：重在托办之事的圆满兑现。上海人稳重细腻的表现，是一种深入骨子里的务实精神的具体写照。

（三）用语巧妙

巧妙用语是一种说话技巧。上海人的语言运用自有其"海派"特点，如巧借方言语调或外语译音等组词来表达意思。例如，英语"modern"意指时髦，上海人按其音译称之为"摩登"，用来替代"时髦"一词，民国时期也叫"摩登时代"，新中国成立后，其成为领先的代名词。前后两个时期分别产生了许多摩登的人和事，摩登打扮可以说是一种绝对的时尚。又如，英语"face"意指脸、面部、面部表情等，上海人评品他人之"脸"尤其是针对女性，一般不会直接说"脸"，而是以沪语音译"菲斯"替代，避免造成尴尬。另外，英语"roof"是指英国屋顶建筑形式，沪语音译"老虎"。于是，上海人借用其指石库门建筑屋顶阁楼之窗，称之为"老虎窗"（图3-1）。上海话中的"啊""呀""伐"等语气词的使用，具有加强语义的表达。上海人根据说话的场合、时间、对象等不同，通常会变换声音的高低长短，从而产生不一样的含义，如"好"的不同音调之表达，就非常值得玩味。

图 3-1
英国屋顶建筑形式roof 的沪语音译"老虎"，上海人借之指石库门建筑屋顶阁楼之窗，称"老虎窗"

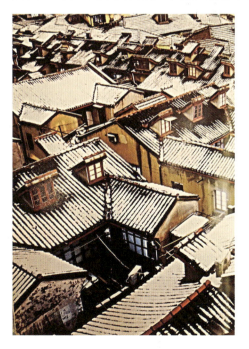

二、情调与喜好

上海人推崇的情调主要是一种通过生活细节透露出来的细腻精致，一种情趣和浪漫的意会，或称之为具有洋派趣味的"腔调"。并且，由此而生发出与之相适应的上海人的"喜好"——小资怡情、精致自然、本色低调。用今天的白话对照，就是正被多地日渐认同的"生活要有仪式感"。

（一）小资怡情

小资作为特指，意为一种比较"洋气"的生活状态。其一般体现在生活的情感或形象上，给人以高于常态的有别于中国传统的生活作风，抑或是具有自我欣赏的意味。其实，小资更多的是指一种处事态度和生活情调。当然，小资情调的生活方式大多是通过外在的衣着、妆容、仪表，以及日常用品等加以显示和点缀。例如，穿戴欧美风格的洋装和服饰品，身处一个配置陈设着一些西式家具的环境里，喝着一杯香气四溢的咖啡，大概就会让人感觉到一种"小资情调"（图3-2）。

图 3-2
从小培养吃西餐及颇具生活情趣的娱乐活动

上海人大多勤俭节约，但是用于穿着打扮上的开支占比略高，平时居家讲求修身养性，陶冶情操，出门在外则体面出行，决不会随意马虎。上海人家待人接物特别讲究"面子"，自尊心较强，喜欢表现出一种别样的风情和格调。

（二）精致自然

精致是上海人精明和雅致的合称。精致化是上海人独特的精神追求和生活要求：既要有文明人的那种自然随意的生活态度，又必须按照高品质的具体要求生活，且在两个日常发展的过程中达到"融合"。这就是上海人在生活中将"精致"拿捏得恰到好处的成功所在。哪怕是对于家里的一个小摆件，也会左观右察，反复更换，直至调整到完全满意为止。因此，上海也就有了无数个分布于市中心幽静马路边上的出售精品家居物件的小店。上海人喜欢闲逛这些精致小店，徜徉其间，不忍移步。这与上海人平时讲究衣着精致得体的喜好同出一辙，能显示出一种紧跟都市时尚的情调。

　　大多数上海人的日常生活还继续保留着老上海人的情趣，即便是打个麻将，也要体面光鲜，咖啡陪伴（图3-3）。追逐时尚，通过精致自然的生活常态和行为约束，用适度的时尚穿着和雅致的生活物品满足自我，换得精神层面上的愉悦。

图 3-3
一场麻将是咖啡与
娱乐的两全其美

（三）本色低调

　　上海人做人做事和考虑问题大多是以"家"为中心。如前所述，女性化城市气质的落点之一就是上海人大都属于"顾家型"。这样的上海人一般在单位"本色"做人，"低调"干事，努力把自身应该承担的工作做好，即使有些成绩也"不张扬""不显摆"，深谙"职场政治"。另外，上海人平时"闷头过日子"，不主动寻事，即便与人产生纠纷，大多也是言语上的冲突，决不会拳脚相向，尽量避免事态扩大。那么，上海人为什么遇事、谋事首先想到家，以及遇事不争不辩，以平和待之？这其实是上海人始终信奉"认可现实，开心生活，等待改善"的生活理念，也是上海人的"中庸之道"（图3-4）。

　　据国家卫生健康委员会2022年7月5日发布的我国人均期望寿命信息，上海的人均期望寿命达84岁，位居全国省级城市之首。除了相对宽裕的经济条件和比较先进的医疗资源等原因，这与上海人低调平和的心态不无关联。

图 3-4
兢兢业业做好眼前的事是上海人的基本底色之一。图为全副武装的烧烤小哥在全神贯注地工作

三、信条与做派

上海人善于学习，讲究规则。上海是一座开放的城市，"海纳百川"既成就了上海的光彩夺目，又使上海人的生活方式差异很大。长期以来，绝大多数上海人的信条与做派就是以诚待人、恪守允诺。在日常生活中，上海人特别重视道德法则，并且善于利用道德法则争取自身利益的最大化。因为上海人深深地懂得：让人敬畏的除了头顶上灿烂的星空，还有就是人们内心必须坚守的道德法则。

（一）契约精神

所谓契约精神，是指商品社会派生的契约关系与内在的原则，是一种自由、平等、守信、救济的精神。在现实生活中，契约可以是合同文书，也可以是口头应允。上海人平时的交往多以口头承诺为主，并受自己诺言的约束。这种契约早已潜移默化地融入了上海人的意识，而且运用于各自的经营活动、社会交往、邻里相处等诸多事宜之中。上海早期租界文化中的行为规则和相对发达的商品经济促成了契约精神的扩散，即便是酒桌上许下的承诺，也不会酒醒后烟消云散。正是因为这种契约精神的代代相传，其已经根植于上海人的基因，深入于上海人的骨髓，成为上海人日常生活中的一种潜意识，也成为外埠人士赞赏和敬佩上海人的重要事由之一。

上海市民的契约精神、规则意识促进了上海城市经济的高效率发展，使上海成为讲求信义的现代化国际大都市。"上海人讲规则"让上海获益颇多，现已成为90％的外来人员选择上海、信赖上海的"文化磁极"。①

（二）追求卓越

在上海人的言行中，追求卓越表现为讲究行为结果的非同一般与好上加好。这是上海人积极向上的自我价值观，体现在生活格调、业余爱好、审美情趣、行为规范等各个方面的适度超越。或许是因为上海工业发达的缘故，上海人在日常生活

---

① 郝洪：《规则意识成上海"文化磁极"》，《人民日报》2017年5月31日第12版。

中也喜欢与技术为伴，哪怕是一种爱好，也要做到极致，拒绝得过且过。比如，在物质供应极大丰富的今天，依然有不少上海人信奉"人生中应该有一个不为谋生的工作"之信条，纯粹出于爱好而喜欢手工制作，降解职场工作压力，远离城市喧嚣浮夸。虽然开设在家里的工作空间不大，却十分讲究工具和材料，追求环境的赏心悦目，拒绝"能用就行"的苟且之说，体现其对卓越的追求（图3-5）。

图 3-5
环境考究的上海家庭木工房

由于历史原因，上海的城市道路不如北方的一些城市宽阔，由于机动车保有量非常大，故上海的城市交通十分拥挤。但是，上海的城市道路管理条理清晰，市民配合度高，"路怒症"极少发生。比如，市民驾车至匝道会合处，一块"交替通行"的标识牌（图3-6）就能让多条车道上的车辆依次并道通过，使交通"堵而不死"，车辆不会集体急躁鸣笛，那种默契度就是市民自觉追求卓越的体现，保持井然的秩序，极大地舒缓了驾驶人员的焦虑心情。

图 3-6
"交替通行"保证了交通的忙而不乱

四、生活与环境

上海人讲究生活质量，衣食住行都会追求一种情趣。例如，有些家居环境虽然面积不大，但也会精心设计一番，布置得井井有条。在日常的生活与环境中，张弛有度、重视私密、巧筑空间是上海人应对生活环境最基本的行为遵循和思想主张。

（一）张弛有度

所谓张弛有度，是指紧张与放松的一种相互转换的关系。张也好，弛也罢，关键在于一个"度"。上海人对工作的敬业态度是世人公认的，其始终处于"团结、紧张"的工作状态，也正因为如此，上海才有了享誉全国的高品质产品和成效卓越的"上海经验"，创下了无数个"全国第一"的骄人成绩。无论工作还是生活，不管繁忙还是松懈，上海人一般会认真应对，努力把控好节奏，将"张"与"弛"的两者关系处理好。上海人的生活节奏快且有条理。虽然每天的工作总是紧张的，加班加点是常态，但是在休息日放松之时，上海人除了做家务，一定还会去逛马路、看电影、游公园、泡书店、听音乐、习书画、品美食、练身体、养宠物，享受美好的休闲时光。纯粹满足爱好目的的音乐、绘画、书法、茶艺、花道等业余艺术进修班非常热门，面向社会的开放大学、老年大学人满为患（图3-7）。

图 3-7
当今上海人非常看重休闲时光，带动了时尚消费。图为结伴古镇游的上海时髦阿姨

（二）重视私密

上海人以往的生活空间大都是小型居室，石库门是其典型代表。石库门本来是一种结构十分合理的建筑形式，相当于现代的联排别墅，但由于上海人口剧增，一个门牌内居住了很多家庭，"七十二家房客"式的居住形态是过去上海人居住的一个缩影。上海人在拥挤的居住环境中门对门、窗望窗、左右邻居隔块板，应该是藏

不住什么家庭"私密"的。当然，这种现象极大地融洽了邻里之间的关系，遇到困难时大家"守望"相助。但这些是物质匮乏时代的无奈之举，如果条件允许，上海人一般不会向外人说叨"私密"，互相之间也不会主动打听别人的事情，视其为个人的隐私。上海人尊重他人的"私密"，"八卦"内容的传播效率相对不高，不常相互串门而阻断了私密内容的滋生，也因此而被外埠人士指责为"人情冷漠"。这可能是受西方文化影响和与市民素质相对较高有关："专注过好自己的日子"。

（三）巧筑空间

住房商品化年代之前，上海人的居家环境通常比较狭窄，一座石库门建筑里可能大大小小拥挤地居住着许多人家。然而，即使再狭小的空间，上海人也会精打细算，布局谋划。如图 3-8 是在房屋空间的高度上做"文章"，将其设计成类似船舱或火车卧铺位的样式，虽是无奈之举，却是上海人善于利用资源，努力实现价值的一种缩影。另外，尽管房间小，但是上海人家常备的家具还是必须妥善置备，安放到位。诸如双人床、五斗橱、大衣柜、吃饭台子等家具，以及"三五牌"台钟、"红灯牌"收音机、"飞人牌"缝纫机等家居配件应有尽有。空间虽然小，布置却颇为用心，大多追求流行之物，体现一种审美趋向，既要美化居住环境，又要丰富生活情趣。

图 3-8
巧筑空间是上海人无奈之下练就的强项

现在，随着商品房的普及和大量旧区改造动迁，上海人的居住条件大为改善，但是上海人巧筑空间的习惯还是一如既往，他们改善"老窠"的兴趣与日俱增。并且，这种修缮不仅针对内部的功能，还注重外表的形象（图 3-9）。

图 3-9
上海家庭装修风格
普遍喜欢经典的欧
美风格。图为时髦
的上海阿姨在自家
餐厅的美式角柜前

五、 衣着与出行

上海人对服饰穿着有自己独到的审美见解和品位讲究，那就是既要美丽、时尚、合体，又必须与自身的经济条件、社会地位相匹配。衣着与出行对上海人来说，是日常生活中非常重要的社会行为，是表现自我的一种形象展示。通常，时间、地点、目的，以及生活习惯和文化取向等是上海人衣着与出行的重要参考值。

（一）整洁为要

上海人的穿着除了讲究美观，还注重得体。即便不是身着"山青水绿"的高档"行头"，也要体现一种落落大方的朴实之美。上海市民的衣着表现：女性打扮入时叫"时髦"，男性穿着时尚叫"腔势"，而整洁得体就是有品位。在富足年代自不必说，此种要求是信手拈来的福利；即使在那些艰难的岁月，上海人依然可以做到"简"而不"陋"，"旧"而不"破"，尽其所有地维护自己的尊严，因为那是社会氛围的规约。其时，无论男女，口袋里都有一块折叠整齐的手帕，家有巧手的，还会在手帕上绣缀图案，以示与他人的区别；出门时拎上一只旧而不破的包袋，脚穿一双打理干净的胶鞋或皮鞋，若是文化人，则在上衣口袋插上一支"英雄牌"钢笔，显得出入整齐。再以上海人在 20 世纪七八十年代国家处于经济困难时期发明的一种俗称"假领头"的"节约领"为例，在其外面穿上毛衫、卫衣，将其领角翻出，既节约了布料，又令人形象整洁，是两全其美的衣着典范（图 3-10），广泛受到当时全国人民的欢迎。"节约领"也成就了上海人穿着文化史上的一段佳话。

图 3-10

经济拮据条件下，
为了整洁而发明的
"节约领""假领头"

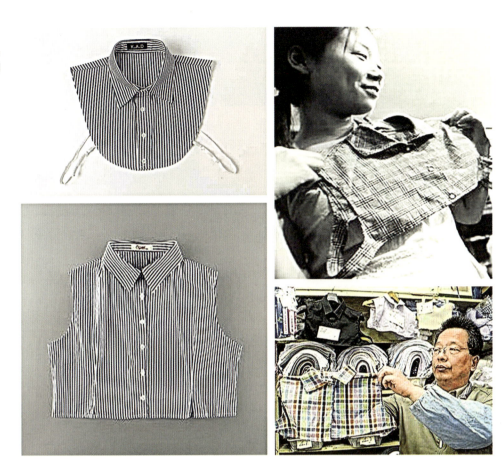

（二）体面时尚

体面是每个文明人的基本象征，也是每个上海人的形象追求。体面分内外两个方面：内是指气质的显示；外是指形象的装扮。一般来说，内心充实是支撑外观丰盈的主要因素。如民国时期，上海女人不做发型就不好意思出门，即便经济条件差的出门之前整理发型也是必须要做的功课，这是上海女性本能的反应和表现，男士则头抹"发蜡"，梳理整齐，以示体面。无论富贵还是贫穷，不管城里或是城外的上海人都十分重视服饰的整体美观。上海人服饰穿戴上的体面是其时尚文化的具体反映。穿着得体，有仪式感，讲究家里家外的区别，是上海人的穿着习惯和自然要求，也是其善于"情绪管理"和控制"随心所欲"的结果。上海人但凡离开居家环境就必须考虑从头到脚干净整洁，衣冠楚楚，否则就是有失"体面"（图 3-11）。"佛要金装，人要衣装"是常理，旧时俗语"只认衣衫不认人"，虽有失偏颇，却说明"衣装"与"体面"的关系。如今，入乡随俗，通过体面时尚的"行头"为自己加分，已经形成现代人的一种行为自觉，同时也是一种穿着上的文化自尊（图 3-12）。

（三）适度个性

上海人讲时尚、追时尚，并以自己富于个性的穿着形式创造新的时尚。众所周知，流行是大众倾向，因为大家都喜欢，所以流行。但是，在流行的同时，个性

图 3-11
梳理穿戴整洁再出
门

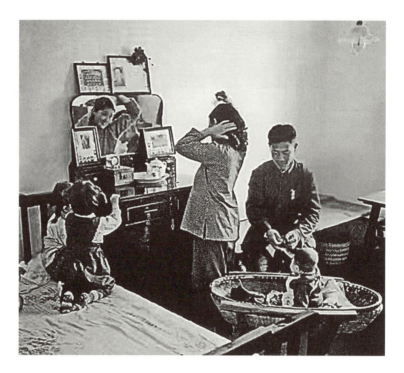

图 3-12
20 世纪 80 年代时
兴男穿涤盖棉服
装,女穿自编手工
毛衣

往往会缺失。上海人善穿着、懂打扮是因为他们熟知服装只有穿在适合它的人身上,才能体现出美的效应。也就是说,流行的服装不是人人可以穿出一种时髦的形象,更何况每个人都在穿的服装一定会让人产生视觉上的审美疲劳。所谓适度个性,就是把握时尚流行的分寸,其讲究"过与不过之间"的拿捏。上海人在穿着上虽较大胆,却有尺度,那些发生在 20 世纪八九十年代嘲讽国人奇葩打扮的笑料,极少能与上海人挂上钩。上海人对时尚十分敏感,能够在时尚流行的表现中保持个性的特点,在平凡的装扮中通过因人而异的巧妙搭配,呈现出一种不平凡的模样,这或许是源于上海人对待时尚流行的比较成熟的态度(图 3-13)。

图 3-13
上海人讲究有分寸
的个性。图为街头
自信而时尚的老人

六、收入与消费

收入与消费的关系就是根据收入安排支出，努力做到量力而行，量入为出。上海人大多数是以工资收入为主的工薪阶层。因而，上海人的日常生活开支一般是精打细算，开销记账，依据轻重缓急安排"家庭经济计划"。

（一）层次分明

由于经济状况各有不同，上海人在收入与消费方面的表现也是千姿百态，居住环境及其生活状况是区分社会层次最简单明了的标志。民国时期的上海，富有者通常居住在洋房别墅，中产阶级大都生活在普通公寓或石库门房子，下层市民则蜷缩在自建的矮房简屋中。新中国成立后，原先富有者的洋房别墅被分配给众多工薪阶层共同居住，私人工商业财产被没收或公私合营，社会贫富差距明显缩小。改革开放之后，社会主义市场经济在一定程度上又拉开了上海人的贫富差距，商场、商品、服务等经济产物都拉开了差距，有些类别的商品价格差距超过了上百倍之巨。

每个时期的上海，人们都可以通过衣食住行和言谈举止判断出各自的阶层属性。不过在上海，无论是社会的上层、中层，亦或是下层人士，他们对时尚文化都有相当的认知，尤其是穿戴方面，在精心搭配之下，不多的花费也能一定程度上物超所值，外人仅从外貌形象一时难以对上海人进行层次上的分辨，此为上海人时尚之层次现象。

（二）善于计划

上海人拥有会"过日子"的美誉。特别是计划经济时代，上海人的日常生活基本上是按计划性需求处理柴、米、油、盐、酱、醋、茶等家庭开支。其实，上海人的经济水平一般，大家的平均收入差不多。那么，为什么人们觉得上海人会"过日子"呢？其中的缘由大概就是上海人善于计划，考虑周全，懂得克制。上海人拿到工资后，首先是精打细算购买生活必需品，也就是"开门七件事"等费用，其次是处心积虑尽可能多地储蓄积累，以应对可能的急需或购置大宗物品，包括一些时尚产品的添加。过去有一件事似乎能说明上海人的"抠门"，在计划经济时期，当时全国各地买卖粮食或粮食制品需要粮票，其他地方的粮票最小面值都是 1 两，只有上海发放有"半市两"粮票（图 3-14）。这从一个侧面反映了上海人计划的精准到位。节约是上海人生活的普遍规则，即便到了物质丰富的今天，上海也是食客在餐馆用餐后剩菜打包率最高的城市。

图 3-14
上海发放的"半市两"粮票

（三）尝鲜消费

上海人的收入虽然不高，但人们对生活质量的要求还是极富"进取心"的。例如，在吃的方面，上海人会紧跟时令，"尝鲜"四季，显示出吃的时尚。每年按照节令赶早消费，踏着节令品尝时鲜，这是上海人的一种传统消费习惯。"尝鲜"价格虽贵，但上海人的这种消费心理却毫不动摇。另外，由"尝鲜"引出的上海人的排队购物现象，被人们戏称为"排队文化"。清明节买青团要排队，中秋节买月饼也要排队，在外面候餐更要排队（图 3-15），凡是看到马路边有人排队，很多人会跟着排进队伍里。"尝鲜"不仅体现在饮食方面，也体现在消费电子、服装鞋帽等时尚

图 3-15
为了一顿美食，慕名而来的上海年轻人可以很有耐心地排队候餐

产品和电影、戏剧、音乐等文化产品方面，通宵排队抢购新手机等情况时有发生。2006 年 2 月，ZARA 中国首店在上海淮海路开业的当天，出现了 200 米长的队伍，当时不得不动用警察维持秩序。

随大流排队，"轧闹猛"购买，是活跃在申城各处的别样风情。作为时尚消费城市，如何树立理性的尝鲜消费观念，值得上海人进一步深思和反省。

七、个性与习惯

类似石库门这样的居住环境造就了上海人凡事"各归各的"个性与习惯。为人处世，上海人信奉"亲兄弟明算账"，彼此之间虽然相互熟悉，但在社会生活中还是讲求"各自经营"，互不相涉。此种个性与习惯催生出上海人面对多元世界的性格特征，即温良恭俭，调高不傲，崇尚美好。

（一）温良恭俭

"温良恭俭"取自《论语·学而》之"夫子温良恭俭让以得之"。温和、善良、恭敬、节制（俭朴）、谦让，原是以孔子为代表的儒家学说倡导的待人接物的准则，后泛指态度谦和、举止文雅。将此移用于上海人的日常处事方式倒是蛮接近的，如讲究个性中和，奉行以和为贵（图 3-16）。

图 3-16
逼仄的空间，当时该有的时髦物品一样不缺，祖孙三代其乐融融

上海是一座经济非常发达的城市，身处繁荣的商业环境中，上海人深得和气生财之三味，说话做事上海人注重"不偏不倚"，很少讲满口话，遇人客客气气，人称其为"精明"或"门槛精"。其实，待人心平气和，遇事"君子动口不动手"等是上海人自我保护的一种方法，而热衷互容共生，办事重在效率，则是上海作为移民城市的一种精神传承。

（二）调高不傲

所谓"调高"，是指一种信心满满的表现和敢于担当的作为。只要是自己认可且能够承担的工作，也就是做有把握的事情，上海人大都会尽其所能，乐助其成。

这同时，其言行上往往也会表现得比较"高调"，显得信心十足，一副舍我其谁、当仁不让的样子。但这个"调高"的过程一般不宜给人留下"傲"的感觉，即做到"高而不傲"。对于如何把握"调高"与"不傲"的关系，关键在于一个"度"字。然而，就常理而言，"调高"难免给人以"傲骄"的印象，或产生说大话、夸海口，甚至是"满嘴跑火车"的那种误解，要做到"不傲"，必须具有"礼让三分"的诚恳态度。上海人对于这两者之间的分寸拿捏有着一种与生俱来的本事，这也是上海人在圆通精明中表现出的一种智慧。被称为"东方女神"的人民艺术家秦怡整整美丽了一个世纪，在日常生活中平和谦逊，从不自傲，是上海女性的典型代表（图3-17）。

图3-17
旧上海永安百货公司月刊封面上的秦怡

（三）崇尚美好

上海是时尚的，也是美丽的，其风光无限的城市形象，得天独厚的都市地位，让众人纷至沓来。置身于上海的大街小巷，你能够处处感受到一种以往的荣耀，一种今时的繁华。上海人长期身处此地，耳濡目染，或多或少地会养成一种崇尚美好的心理素质，并且不可避免地落实在自己的衣着、饮食、家居、出行等生活的各个方面。衣冠整洁、头势不乱、抬头挺胸、闲庭信步是上海人的一种常态，无论身处何种环境，出门即要打扮得体（图3-18）。这是上海人对生活的理想追求——始终希望将自己最美好的一面展示出来。

八、社交与品位

凡是与上海人打过交往的人，大都知道上海人待人接物懂得掌握分寸。社交表示一种人际往来，品位展现一种情趣格调。上海人的社交与品位，讲求礼节有序、理性处世，以及追随国际潮流。

图 3-18

无论身处何种环境,出门即要打扮得体的上海人

（一）礼节有序

在人际交往方面，上海人重视相互之间的礼节性。礼节有序，是指遵守礼仪规矩，以平等的方式，对他人表示尊重。具体来说，就是有礼貌，懂人情，知世故，识大体，明伦理。在日常生活中，上海人做任何事情大都会循规蹈矩，不卑不亢。例如，不管招待什么客人，都不会将过期的食品拿出来；吃饭时间通常不会到别人家去串门，以免双方尴尬；除非事前说好，上海人凡事一般不会不打招呼而自作主张。汉语第二人称中有"你"和"您"之分，在熟络或尊敬的场合中分开使用，但在沪语中，只有"你"，没有"您"的称谓，长幼不分，生熟不论，以示平等，更显实在。"AA制"是风行于上海人之间的支付方式，尤其在年轻人的聚会上，更是习以为常，这种处事方法平等有序，有利于各方长期稳定平等地交往。

上海人的礼节修养构成了海派礼节文化的基本内容，那就是重视礼节周到而不迂腐虚假，即便回礼也要考虑以对方乐于接受的方式进行，一般不会为了所谓的"面子"而去做有违礼数的事情。

（二）理性处世

生活中的理性，意味着某人以客观的理由和冷静的态度对待某个事物现状的能力。初次与上海人接触的外地人，常常会觉得上海人缺乏热情、原则性强、比较精明等，此种印象从某种角度来看，恰恰是上海人理性处世的写照。其实，应该说这是上海人的缺点，也是上海人的优点，是上海这座开放型城市百多年来形成的人文特色。在这个包容的城市里，每个上海人似乎都有自己归属的圈子，如职业圈、朋友圈、亲属圈、学习圈等，各有边界，互不打扰，一般很少越"界"。这是基于对"圈子"文化的认定，"圈子"之间有自己约定俗成的规则和空间，上海人即便在"圈子"内托人办事也十分谨慎，讲究分寸感，不会过于难为人，更不会大包大揽，此为上海人的"人情世故"。

（三）追随国际

上海的国际地位决定了上海人的眼界和心胸必须也是世界性的。向西方学习是上海发展的历史原点。从被迫开放到主动追随，这其中的变化是城市发展的需要。例如，从 20 世纪到 21 世纪，上海引进西方的思想和理念，特别是在文化方面，为上海的城市发展注入了现代的、先进的文化气息。

上海人视野开阔，如今，上海人继续追随国际发展的步伐，更加注重汲取全球文化的精髓，努力熔铸上海的"软实力"。事实上，外面的世界虽然精彩，但是上海今天的繁荣也是大家有目共睹的，于是乎，国外的各方人士也纷纷涌入上海，开始了彼此之间的共同"追随"。

第二节　海派时尚文化之表象

表象具有直观性，是事物不在面前时人们在头脑中出现的关于事物的形象。海派时尚文化之表象涉及面很广，本节就视觉符号、感官体验和风格样式等方面分别阐述，以期透过概括性的表象看到海派时尚文化的实质。

一、视觉符号

上海的一些城市建筑风格、老字号品牌标志，老上海文化名人等，应该是大家耳熟能详的视觉符号。一般来说，城市格局、建筑图像、环境面貌和艺术印象等是构建视觉符号的基础，海派时尚文化的视觉符号也概莫能外。

（一）城市格局

格局是指一种眼光和胸襟。面向世界是上海在历史发展过程中形成的城市格局。进入 21 世纪，上海面向世界的发展力度是全方位的，也是史无前例的。作为上海再出发的引擎，浦东在短短的数十年间，现代楼宇高耸入云，基础设施遍地开花，先后引来了许多世界级的商务、金融、文化等机构纷纷入驻（图 3-19）。与此同步，浦西遵循"区域协同、功能提升、生态约束、交通支撑、以人为本"的思路，对城市的空间布局进行战略性调整和优化。一个人只有看待事物长远才能走得远，一座城市的发展也是如此。根据上海城市总体规划，上海将紧紧围绕"五个中心建设"，在进一步推动集聚和辐射功能的城市发展基础上，全面建成具有世界影响力的国际经济中心、国际金融中心、国际贸易中心、国际航运中心和科技创新中心。

现时，上海的国际化格局吸引了无数的大型国企、外企，国内外各方面的高端人才也争先恐后地选择到上海大展宏图。诚如几年前就来上海担任英国骨科医疗器械巨头施乐辉大中华区总经理的安明德（Alaeddin Ahram）坦言："我们希望搭上中国这艘巨轮并成为其中一员，而上海对我们来说是不二之选。"

图 3-19
美国花旗银行、法国老佛爷百货等知名企业纷纷入驻浦东新区

（二）建筑图像

　　建筑是城市的名片，也是城市的图像符号。上海的建筑形象以海派风格为主线，融合了东西方建筑造型的精华，是名副其实的万国建筑博览群。除了中国传统文化建筑元素，上海建筑还展示了如英国、法国、德国、美国等国的建筑样式，可谓世界建筑图像的整体呈现。就建筑结构来说，从砖木、砖石混合，到钢筋混凝土框架、钢框架等，应有尽有；就建筑风格而论，从哥特式、文艺复兴、艺术装饰，到新古典主义、中式牌楼、后现代等形象各异。"图像"是人的视觉接受的在人脑中形成的印象或认识。许多上海市民喜欢以房屋式样的国家或地域属性来称呼，如英式古典府邸、法国花园住宅、西班牙城堡和上海弄堂房子等。在上海，最著名的代表性建筑当然是外滩建筑群（图 3-20）。除此之外，人们还可以欣赏到其他精彩无比的经典建筑图像，如国际饭店、大光明电影院、诺曼底公寓（今武康大楼）等，它们均是匈牙利籍国际著名建筑设计师拉斯洛·邬达克（Laszlo Hudec）的作品（图 3-21）。

　　另外，作为海派时尚文化的永久"珍藏"，"石库门建筑"是中西合璧的尚实、适用、易居的上海建筑之典范，是上海人百余年情感的体现和见证。特别值得一提的是：中国共产党第一次全国代表大会就是在石库门里举行，就此开启了从石库门到天安门的伟大征程。

图 3-20
外滩金融街上有一批气势恢宏的西式建筑，图为浦东开发银行与和平饭店

图 3-21
匈牙利建筑设计大师邬达克在上海留下了很多作品。图为著名的沐恩堂、国际饭店、北京西路绿屋

（三）环境面貌

上海是有品味的城市，无论从哪个角度观赏，都充满着勃勃生机，极富人文意味。众所周知，城市环境是与城市整体互相关联的，其中包括社会环境和自然环境。经过几代建设者的长期奋斗，上海的城市环境面貌早已翻天覆地，今非昔比。如今，浦江两岸新老建筑错落有致，相互映衬；东西南北地上地下道路阡陌，交通纵横；市区社区家里家外绿化成片，秩序井然，具有"现代化城市生活"的典型标志。除了外在呈现的景象，上海内在的社会文明建设也是成绩斐然，整体的精神面貌更是风清气正，朝气蓬勃，"人人为我，我为人人"已成为上海人社会生活中的一种自觉。

当然，城市的形成、发展和布局一方面得利于城市环境条件，另一方面也受所在地域环境的制约。为此，上海在未来必须赋予城市新的动能，再展城市新的美貌。如可以在黄浦江沿岸设计一些亲水平台，整修步行道，栽植绿化带，供人们游览观光休闲之用（图3-22）。再如，加快旧里和棚户区改造，通过新型住宅小区成规模的兴建，与城市总体形象融为一体，争取让上海的城市环境面貌更上一层楼。

图 3-22
老厂区变身滨江步道

（四）艺术印象

上海美丽的城市形象和浓厚的艺术氛围，使得上海俨然成为一个天然的"艺术城

市"。事实上，作为国际大都市的上海的确是不折不扣的"艺术之都"。例如，上海"建筑艺术"汇聚：无论是外滩百年前的万国建筑，还是浦东陆家嘴现代化的高楼大厦，都是世界建筑艺术中的华彩篇章。又如，上海艺术场馆云集，包括上海博物馆、上海历史博物馆、中华艺术宫、上海美术馆、上海大剧院、上海音乐厅，以及上海纺织博物馆、上海邮票博物馆等，其艺术展览之广泛，场馆数量之众多，名列全国前茅。再如，上海文艺院团荟萃，代表性的有上海歌舞团、上海民族乐团、上海交响乐团、上海芭蕾舞团，还有上海沪剧团、上海京剧团、上海话剧团、上海评弹团和上海滑稽剧团等，其中名家汇聚，明星云集，各领风骚（图 3-23）。

图 3-23
衡复艺术街上的精致店铺，透露出含蓄的艺术感

如果艺术是用形象来反映现实的社会意识形态，印象是客观事物在人的头脑里留下的迹象，那么上海给人的艺术印象就是一个集各种艺术之大成的城市"大舞台"。

二、感官体验

感官体验是用眼、耳、口、鼻、身，对所见事物进行的观察、倾听、品尝、嗅闻和触摸，也是用来体验或验收时尚的最直接有效方式。以下就人们感官印象比较深刻的美容化妆、餐饮美食、居家空间、交通出行四个方面，对海派时尚作简短的体验式阐述。

（一）美容化妆

美容化妆主要是通过护肤和彩妆等产品，对人进行护理、保养，来帮助人们遮盖瑕疵，修饰不足，从而达到美化形象和延缓衰老的效果。爱美之心人皆有之。上海是开放型城市，人们思想解放，比较愿意接受外来的东西。20 世纪三四十年代，上海的女性就开始烫发了（图 3-24）。当时，胭脂、口红等美容化妆产品，以及项链、耳坠、领花、领扣、手镯、戒指等首饰和配饰随处可见。

现在，随着国内外美容化妆产品的不断涌现，人们更是热衷于美化自己，取悦他人。"女为悦己者容"，上海的女性尤其喜欢美容化妆，不管是学习、工作还是会客、游玩，抑或是去菜市场买东西，都要将自己里里外外、上上下下打扮得"山青水绿"，梳理得整整齐齐。平日里，女性之间的交流，说不完的话题可能就是如何美容、如何化妆。精心打扮，仔细涂抹，穿戴得体，是上海女人的"体面"。而上

图 3-24
20 世纪三四十
代女性烫发形象

海的男人对于美容化妆，虽然没有上海的女人那种热情和细致，但也是梳理整洁、衣着考究，特别是"从头到脚"的修饰极其用心，如金刚钻般的发蜡定型、火箭式的尖头皮鞋和西装、马甲、领带等，是上海"老克勒"的形象标配。进入 21 世纪，具有海派时尚风格的美容化妆早已与国际接轨，展示出一种紧跟国际最新潮流的美容化妆新时尚。

（二）餐饮美食

中国素有"烹饪王国"的美誉，海派美食更是闻名遐迩，是每一个到过上海的人都难以忘怀的"舌尖上的享受"。上海美食的特点不在于"专"，而在于"广"，数不胜数的美味佳肴琳琅满目，让人"身在上海，尝遍天下"。寻根溯源，通过一些具有代表性的餐饮饭馆，如上海老饭店（上海菜的发源地）、老正兴菜馆（本帮菜著称）、绿波廊（国际政要的"打卡点"）、王宝和酒家（主营"蟹宴"）、功德林（淮扬素食的鼻祖）、乔家栅食府（菜肴、点心俱佳）便可略知一二。这些店里的美食大多精工细作，烹饪讲究，色、香、味俱全，难怪有许多人见之会久久不愿动筷，谓之"艺术品"，怎么舍得吃呢（图 3-25）？

图 3-25
于细微处见匠心的
海派创意菜肴风头
正健，是时尚餐厅
的标配

美食是不分贵贱的，只要是自己喜欢的，都可以称之为美食。除了昂贵的菜肴，上海的路边小吃也是做工地道。例如，有"小笼馒头""锅贴""蟹壳黄""萝卜丝饼"等干物，有"阳春面""小馄饨""油豆腐粉丝汤"等水物，更有市场名气非常响的"四大金刚"——大饼、油条、豆浆、粢饭，是上海平民百姓日常饮食知足的象征（图3-26）。如今，各种各样的外来食品也在不断涌现，"外地菜""外国菜"等纷至沓来，受到人们的喜爱。新的海派美味，新的时尚佳肴，既触发刺激着上海人的味蕾，同时也显示出上海这座城市的包容性特征。

（三）家居空间

家居是指装家具配置和物品摆放的居所布局，空间是容纳生活和功能规划的三维区域。古语讲："家和万事兴"，这个"家"从空间上理解，就是"居住空间"。上海人的家居空间随着社会发展而变得丰富多彩。以往，由于经济收入不太富裕，居住条件比较差。然而，就是在条件有限的情况下，上海人对生活的热爱和追求也是不变的，那就是高标准、严要求，讲品位、求品质。哪怕是住在"七十二家房客"般的蜗居中，也要做好"螺蛳壳"里的"道场"。例如，在家庭装修上，虽然一家人生活在"亭子间""客堂间""天井"等狭小空间，但也会注意空间的装修分隔，尽可能地保护个人隐私。在家具配置上，居家过日子的家具，如床、橱、柜、桌、椅等是必不可少的，另外还常备缝纫机、自行车、闹钟、收音机等能体现海派时尚的物件。在物品摆放上，家用电器——如彩电、冰箱、空调、洗衣机等，只要条件许可，一定会精心摆放，妥善安置。

21世纪上海人的家居环境已经得到大幅度改善：一是居住面积扩大，装修美观。根据上海社科院调查中心2022年4月发布的住房报告显示，上海人均居住面积为24.16平方米（1980年这一数据是4.4平方米）。二是家具配置齐全，各得其所。三是家用物品（如电器）丰富，摆放有序。事实上，对于上海人而言，现代家庭的居住空间不仅是面积，更是集装饰与实用于一体的海派之家，最不可或缺的家居要素就是空间个性化的诠释。

（四）交通出行

交通在国民经济中属于第三产业。上海交通发达，出行便利。地面，东西南北道路纵横，高架上下阡陌交错，各种车辆熙熙攘攘，川流不息。地下，轨道线路四通八达，地铁运行准时可控。空中，国际国内各类飞机频繁穿行，上天落地分秒必争。另外，黄浦江、苏州河上，大小船舶交替往来，十分繁忙。现在，上海交通的现代化与上海城市的时尚化形象完美地融合匹配，已成为上海不可多得的一道道流动的城市风景。

出行是一种从出发地向目的地移动的交通行为。当下，上海人出行的交通工具发生了巨大变化。从自行车、助动车、公交车到私家车，从地铁、高铁到飞机、轮船，选择自如，今非昔比。据上海市交通委发布的《2021年上海绿色交通发展年度报告》，2021年上海全市轨道运营总里程达831千米、公交专用道达508.5千米，投放新能源汽车67.8万辆，公交到站预报准确率达到97%，全市累计建成各类充电桩超过50万根，处于国内领先水平，已达到真正意义上的出行自由。

未来，我们相信随着科学技术的进一步发展，自驾车、网约车，以及无人驾驶的出行工具（图3-27）和多种便利的交通服务设施，一定会让上海人出去，外地人、外国人进来更加方便，更加自由，真正体验到上海交通令世人惊叹的建设发展速度。

图 3-27
无人驾驶的上海地铁 15 号线

三、风格样式

风格是指有别于其他人的表现和打扮，行为和观念。从风格的角度来研究海派时尚文化的独特样式，即海派时尚文化的风格样式，可以从都会气质、融会中西、市井风尚和吴越遗韵诸点阐述。

（一）都会气质

都会，是都市、都邑、城市的别称，具有商肆货物集聚之通都大邑的意思。按照现在的理解，就是指大城市的工业设施、商业形态、楼宇建筑、人口密度、消费能力、文化娱乐之总和，大都超过周边区域或城市。上海被称为都会城市是当之无愧的，其体量庞大、交通便利、经济发达、商业繁华、时尚文化氛围浓厚等是主要标志。例如，上海的商业自19世纪末20世纪初就开始进入了快速发展阶段。南京路、淮海中路、四川北路、豫园商城等在当年就是比较兴旺的传统商业街市。南京路以西藏路为界分东西两端。东端——南京东路，即现在享誉世界的"中华商业第一街"。 西端——南京西路（旧称静安寺路），民国时期有号称"东方第一舞池"的百乐门舞厅，即今为愚园路218号的"上海百乐门大饭店舞厅"（图3-28）。改革开放后，南京西路率先建起大型的高端商务楼群，先有梅龙镇广场、恒隆广场、中信泰富、久光百货等，后有嘉里中心、会德丰国际广场、越洋国际广场、1788国际中心、静安中心、兴业太古汇（原大中里）等，皆为高大上的购物、餐饮、酒吧、健身、影院等休闲娱乐和商务办公空间（图3-29）。与此同时，这里几乎每天还聚集举办各种不同规模的品牌发布会、时尚秀场，以及音乐会、艺术展览等，尽显都会气质。

图 3-28
旧上海号称远东第一舞厅的百乐门舞厅外景和门檐

图 3-29
南京西路商圈新建的嘉里中心、旭辉天地、恒隆广场、兴业太古汇等商业大厦

此外，威名早已远扬世界的上海港，无论过去还是现在，其货运繁忙之规模世界领先，是名副其实的国际性港口，也是上海连接国内外经济、贸易的重要纽带。截至 2022 年 1 月 1 日，上海港集装箱吞吐量已经突破 4 700 万标准箱，连续 12 年稳坐世界集装箱第一大港的位置。东方大港的气度与大上海商业文化的品格相媲美，它们共同成就了海派都市之不凡气质。

（二）融会中西

海派文化是在中国江南传统文化的基础上，与开埠后传入的源于西方的工业文明融合而逐步形成的具有上海特色的文化现象。

"海纳百川，兼容并蓄"。海派文化尊重多元化，其体现在海派文化的方方面面（图 3-30）。例如，20 世纪三四十年代，居住在虹口的犹太人群体充分发挥经营和管理的才能，通过开面包房、饮料铺、百货店、咖啡馆，以及办学校、开诊所等，使虹口一带成为繁荣一时的商业中心，对海派时尚文化产生了重要影响。另外，各国的文化习惯在与上海本土文化的交融互补中还逐渐形成属地化特征。如当时法租界的西餐馆销售的是标准的法式西餐，俄罗斯人的饮食主要是俄式罗宋汤和黑面包，后来分别形成了具有海派特色的法式菜和俄式菜。其实，海派文化和其他事物一样，是复杂的共同体。上海从各种外来文化中精炼出最值得借鉴的部分，并与传统文化融会贯通，便成了今天上海人引以为豪的风格独特的海派文化。

图 3-30
21 世纪上海有一大批"融会中西、内外兼修"的建筑拔地而起

（三）市井风尚

《管子·小匡》云："处商必就市井。"市井，亦指商肆集中之地，即街市、市场。其是各方人士汇聚交流信息的场所，此处流行的风气和习惯就成了"市井风尚"。引伸为普通人相互交往，具有通俗、质朴、纯真的生活气息。海派文化"市井风尚"，可以从石库门、老弄堂和一些新村旧里中，观察到市民的生活百态，气象万千。如当年走街串巷者的各种叫卖声和某些学校门口极富韵律的呼唤声——卖"棉花糖"、卖"捏面人"等。

过去，上海劳工阶层由于居处窄小，无独立卫浴间，只能去公共厕所、公共澡堂，平时"汰衣裳"也要到公共供水站（图 3-31），但上海人照样乐呵呵地过日子。另外，以往上海人的公共"灶披间"（现在的厨房）是信息汇集所在地，人们一边"大显身手"忙着烹饪自家的菜肴，一边交流着各家的消息，充满着融洽的人间烟火气，邻里之间不是亲戚胜似亲戚。这些都是老式里弄特有的亲情。现在，上海人大多居住在公寓楼房，基本上独门独户，少有往来，老百姓可能会汇聚到就近公

园、绿地、广场或小区居民中心等活动空间交流获取信息，或者是通过网络联系四
方，互通有无。

图 3-31
集体"汰衣裳"

（四）吴越遗韵

吴越，是中国江浙地区的借代词。遗韵通常指前人留下的诗赋，意为前人诗
文的气韵风格。此处所说的吴越遗韵，是海派时尚文化的根基。随着西方列强打
开中国的大门，上海便成为西学东渐的落脚地和中心区域。上海因其地理、交
通、人文、物产等方面的综合因素，通过中西合璧，产生了具有自己特色的时尚
文化。

然而，上海的人文环境虽然比较适应与西方文化融合生长，但上海文化主要是
基于吴越文化而发展的。也就是说，吴越文化是上海的文化之源根所在。从这个意
义上说，上海的社会文明和人文素养是建立在中华传统文化之上的，吴越文化是产
生海派文化的基础。例如，语言是体现传承关系最为直白的。上海人常喜欢用"好
伐"这个词，其可以表示征求意见，显示尊重对方；但有时并非疑问或反问，而是
显示委婉中的肯定，似乎在征求意见，其实是一种"反诘语"。苏州话中也有同样
的表述，如"阿好"就属此意。 相似的语言显示海派文化与吴越文化之间的传承
关系。

上海是一座移民城市，人员构成十分广泛，既有许多外地人，也有大量外国
人。对此，上海人不但不排斥，还以"和""纳"的态度，欢迎大家在上海共同发
展。上海人的这种"谦和"心态的体现，同样源自历史久远的吴越文化，如"泰伯
三让王位而奔吴"，将"和"爱弟兄之精神带到吴地，并延展至上海，成为"海纳百
川"的海派时尚文化的根基。

第三节 海派时尚文化之精神

一、基本理念

海派时尚文化的精神实质是理性而又多元化的都市市井文化，其基本理念可以从包容、扬弃和杂糅三个方面来理解分析。

（一）包容

所谓"包容"就是宽容、接纳、兼容等意思，属于精神层面积极主动的态度，即：面对一切不危害或不影响自身和工作的事物，多采取接受、容忍等方式。今天，上海之所以有世界范围的影响力、关注度、美誉度等，其实就是"包容"二字的成功演绎。

上海能成为国际大都市，虽然有地理位置、历史因素等原因，但最为关键的还是其长期实施开放包容之基本政策的结果，以及海纳百川之城市精神的体现。"包容"使得国内外各方人士纷纷前来，齐心协力共同发展。这其中，"和而不同"反映了上海人的胸怀，也是海派时尚文化发展的前提和基础。诚如上海犹太难民纪念馆的一位讲解员所说："虽然不是一个地方的人，但在上海生活大家都不容易，能帮忙时一定得帮"（图3-32）。

图 3-32
上海犹太难民纪念馆，这里发生过太多的感人事迹

新世纪的上海，随着城市发展规模的继续扩大与延伸，政府制定并推出了许多人才引进政策，为各个领域的队伍扩充、人才集聚提供有力的政策保障。例如，因互联网而产生的时尚业态如电商直播，以其新颖的购物方式缩短了需求方和供应商之间的距离，受到广大消费者的欢迎。于是，上海有关方面以开放、包容的心态将电商行业的特殊人才引入上海，为上海新经济之时尚产业带来更多的人才支撑服务，进一步体现出上海的包容性、多元化和与时俱进的城市风采。

（二）扬弃

扬弃，包含了发扬和抛弃两重含义，是指对原有事物辩证地否定的认识立场，即既要保留和发扬其积极因素，又要厘清和抛弃其消极因素，是发扬与抛弃的统一。事物的发展总是伴随着吐与纳的过程，在吐故纳新中发展壮大起来。所以"扬弃"是相对比传统文化更为活跃的海派时尚文化的日常生态，也是事物发展的必然要求。

上海在长期的时尚经济发展过程中，有成功也有失败。其中，吐故纳新是城市发展的必然过程和基本要求。前文在海派文化对于其他文化在生活方式上的"扬弃"已有表述，此处再以城市产业结构布局为例，了解海派文化中具有的自我"扬弃"精神。20世纪90年代，昔日的纺织、机械、港务、造船、钢铁、化工等一大批曾经为上海打下一片江山的支柱工业，因年代久远、设备老旧、技术落后、地段尴尬和企业规模、产品质量等原因，难以参与国际竞争，根据国家整体规划，上海产业结构必须进行关停并转大调整。当时，上海市政府克服了巨大困难，化解了无数阻力，发扬上海工人阶级的优良品质，舍弃阻挡城市前进的落后业态，毅然诀别，自我"扬弃"，犹如壮士从容断臂，凤凰涅槃重生。扬弃是创新的前提，其为日后异地的共建产业合作区创造了条件。这是在"整体产业链的互动"层面实施的产业优化，借鉴与吸收了国际上的先进经验，为大力推动上海与外地间的园区合作和共建打下了坚实的基础（图3-33）。

图3-33
这里曾是繁忙的上海港区，退役的港机面向黄浦江诉说着昔日的光荣

此外，上海以长三角区域为核心展开"对内走出去"，先后与江苏、浙江等地联合开发共建产业园。如上海宝钢与海门合作建设"海宝金属工业园"、上海纺织集团与盐城大丰合作成立"上海纺织产业（大丰）园区"、上海漕河泾开发区与浙江海宁合作成立"上海漕河泾新兴技术开发区海宁分区"等。形成了总部及研发在上海，生产及物流在外地的"总部经济、异地生产、统一经营"的一园两基地格局。上海产业的异地联动，具有一举三得之功效：一是能破解一线城市的土地等资源瓶颈，二是能有效推动产业结构的调整升级，三是能形成区域一体化的互动结构。其结构性产业转移后产生的社会经济效应，再次证明了"扬弃"的必要性。

（三）杂糅

杂糅原是汉语语法用词，本处借用的意思就是将原本不同的两个或两个以上事物混杂在一起，成为一个相互和平共存的混合体。杂糅有两个特点：一是不十分挑剔杂糅的对象，既来之则安之，因选项不多而促成被选择者很多；二是杂糅体相互并存而不是彼此吞并。虽然杂糅后的事物可能有一定程度的化合反应，但更多的是物理空间的无限接近，本质上依旧保持自我属性。

　　海派时尚文化和其他海派文化事物一样，是复杂的、多元的混合体，人们不应该苛求它的单一性、纯正性或源头性。传统与现代、西洋与本土或者上海与外地，杂糅其间，博采众长，方显海派本色。例如，海派时尚餐饮，不但荟萃了经营川、粤、京、鲁、淮扬等地特色菜系、传统名点的馆堂楼肆，而且汇聚着欧美情调、异国风味的西餐馆、咖啡厅等。再如，海派民俗文化不仅在"理性多元"中保存并革新着传统节庆、吉凶礼俗、民间艺技等显示中华特色的文化，还吸纳并发展着随西洋文明而来的交际礼仪、音乐舞蹈、歌舞戏剧、服饰家具等异域风情……凡此种种，既彰显了"海纳百川，兼容并蓄"的海派时尚文化之精神实质，也是上海杂取糅合国内外各种时尚文化元素的必然结晶。

　　上海豫园的海上梨园地处豫园地区核心，毗邻九曲桥湖心亭，是俯瞰豫园的一处戏台，举头即见陆家嘴金融区现代城景，俯首便可阅尽老城厢市井繁华，古典与现代完美交融，被称为"历史的转角"。作为昆剧发展基地及评弹传承发展基地，海上梨园创新剧目不断，持续打造沉浸式昆曲、国潮舞台剧、越剧、评弹等驻场演出项目，经常举办表演艺术中秋、端午曲会、豫园红楼文化节、国潮戏剧节等活动（图 3-34）。

图 3-34
杂糅了时尚元素的戏剧《红楼梦》成为海上梨园广受老少观众欢迎的保留曲目

二、行为主张

　　行为主张是指受思想理念支配而在外表举止上表现出来的见解或提倡。上海人的举止行动，表现在海派时尚文化上的精神就是"实用为主、适用为度、追逐新潮"。

（一）实用为主

　　实用为主是海派时尚文化之精神的一种体现，与上海人崇尚实际的做派一脉相承。上海人讲究"实用＋理性"，沪语称"实惠"。在经济拮据的年代，即便外观上存在些许瑕疵，只要有实际使用价值的物品，上海人也会接受。锅碗瓢盆、精细日化、服装鞋帽、起居收纳等一些出口转内销的产品在外观或品质上虽有瑕疵但不影响使用的，上海人会争先恐后地购买，因为这些产品的质量比一般内销的产品好，款式也多为"海派洋气"的国外设计，且价钱比正品明显便宜，可谓"价廉物美"。

　　上海人的实用精神主要体现在务实，通常不会去做一些花里胡哨不着调的事情。例如，20 世纪 70 年代前后，上海流行的"三转一响"就是平常百姓最实用、最时尚的用品。尤其是自行车、缝纫机最为实用，深受市民欢迎。前者上下班、购物、逛街等都能用得上，后者在经济困难时期，可以通过自行买布缝制衣服，既合乎心意又节省费用，并且有些零碎布头还可以加工拼合成床罩、枕套、布偶等家用饰品（图 3-35），这些都是上海人精明实在的时尚生活写照。时至 21 世纪，上海人的生活水平有了较大幅度的提高，然而，大部分上海人的时尚生活理念仍以"基本在线"为原则，特别是在衣食住行等方面，还是遵循着经济实惠、实用为主的习惯，只求适合自己，不会人不敷出地盲目攀比。

图 3-35
蝴蝶牌缝纫机为无数上海女性的时尚着装和家庭扮美做出了贡献

（二）适用为度

适用为度，就是实用之外还要考虑适合，其以"度"为检验的标准，以适用为准则。作为海派时尚文化之精神的一种体现，"适用为度"是社会时尚美学追求的基本要求。适用是实用的细分，不是每个实用的东西都是适用的。譬如对上海人而言，"崇洋"不是毫无底线的，虽然心里可能喜欢某件洋物，但如果发现不适用于自己，那么绝大多数的上海人会敬而远之，不会因为营业员的蓄意"激将"或围观者的大加赞美而勉强买下。

此外，在装修新家时，除了实用和美观，上海人大多也会本着"适用为度"的原则，实施居室装潢的各项工程和添置物品。虽然上海市民的人均可支配收入长期排位全国前列，生活相对较为富裕，家里都有相当积蓄，但是在国内此起彼伏的"炫富"暴雷事件中，难觅低调务实的上海人踪影。很少有上海人会大手大脚地胡乱花销，更少有人举债借贷地炫耀消费。事实上，上海人日常生活奉行的行事风格和做人原则，就是追求适用、实用、务实。

（三）追逐新潮

"实用为主，适用为度"与"追逐新潮"并不矛盾。"追逐新潮"是海派时尚文化之精神的一种体现，也是刺激社会经济文化发展的推力。上海是一个讲"新潮"的地方，其发展本身就是一部不断"追逐新潮"的历史。《上海志》曰："他处尤而效之，致有海式之目。""人人追逐新潮，天天变换花样"——这是上海人热衷时尚事物的具体写照。整体而言，上海人追逐新潮是一种本能，是一种发自内心的喜欢。上海人虽然崇尚新潮但绝不盲从，而是希望在追逐新潮的同时不断提升自身的时尚文化价值。且不论海派时尚在旧中国创下的诸多全国第一，仅看数项在新上海创下的世界之最，就可以感知敢为天下先的上海在追逐新潮上的行为主张。比如，世界最高酒店——上海中心 J 酒店、世界最高书店——朵云书店旗舰店、世界最低酒店——深坑酒店、世界最高餐厅——上海天之锦餐厅、世界最大天文馆——上海天文馆、世界最大综合交通枢纽——虹桥综合交通枢纽、世界最快公共交通工具——上海磁浮列车、世界造价最高 F1 赛场——上海国际赛车场等。

跨入 21 世纪的后海派时代，海派时尚文化已是上海社会发展的新引擎，无论对内还是对外，上海始终坚持发展是硬道理的思想观念，继续改革开放的创新步伐，上海的城市经济以"根本停不下来"的速度迅猛发展，努力争取成为面向世界潮流的窗口。"追逐新潮"的本色促使后海派时尚成就不断涌现，以至于拥有"上海设计""上海品牌""上海制造"优势的魔都上海再次成为风靡全国的时尚代名词，成为引进来之多元文化的聚集地和走出去之时尚新潮的发源地（图3-36）。

图 3-36
魔都上海正以她的无穷魅力跨入后海派时代

三、创新基因

上海成长发展的"基因"之一是"创新"。海派时尚文化的创新基因在于求新趋实、信守承诺和重视借鉴。

（一）求新趋实

"求新"是改革发展工作的突破之源。社会的发展需要不断"求新"，也就是变习惯性思维为超前性思维，通过不断改变现状，提出新举措，求得新进展。

一般来说，海派时尚文化之精神实质在于创造新的时尚生活方式，"新"是海派时尚文化发展的基因和源头。例如，从民国时期到新中国成立，乃至改革开放后，各个时期的时尚产品开发设计大都是在继承和发扬海派时尚文化创新的基础上发展而来的，并且每个时期都以新的形象吸引市场关注，获得市场认可。可以说"新"是首要前提，是第一位的。这种观念也根植在企业的创新实践中，比如，海派时尚品牌 JUDYHUA STUDIO 与著名的英国戴森公司（Dyson）跨界合作，于 2018 年为其全球限量版镀金特别款电吹风的上市创作一个系列的时装。设计师华娟以戴森独特的蓝金色彩和手工金箔材质及工艺，以"创新、颠覆、精益求精"之品牌精神完成了这次创新设计。其作品以电吹风的气流为灵感，酷而写意，简洁犀利，造型秉承极简主义，运用 3D 贴金皱褶面料，与戴森蓝金版贴金电吹风遥相呼应。作品多次出现圆润廓形的肩袖、层叠感领口以及不对称设计的元素，隐喻扎哈建筑曲线和气流线条。独具一格的感性视角和先锋设计，将戴森极具颠覆性而又严谨的科技产品和扎哈·哈迪德天马行空的曲线建筑自然融合，将品牌的极简建筑风格和立体实用主义裁剪技术发挥到极致，印证着时尚艺术、高新科技和传统手工艺的完美结合，体现了有态度的当代都市女性轻松自在、享受生活的状态（图 3-37）。

图 3-37
JUDYHUA STUDIO
与戴森的跨界合作
作品

所谓"求新趋实"就是：既要体现"新"的审美要素，又得满足"实"的使用价值。前者要求与国际领先的设计水平接轨，后者要求能脚踏实地地符合人们生活的实际需求。"新"是创造者孜孜以求的，"求"是动态的显示过程。除了"求新"，"趋实"是必须与客观事实相符，"实"是海派文化的时尚核心。

（二）信守承诺

信守承诺，意思就是遵守和兑现与他人的约定。儒家文化认为："人无信不立"。引申而来就是以信立身，以信守身，以信处事。信守承诺必须一以贯之。上海是一个经济发达的商业化城市，商海唯"信"为贵。在日常的人际交往中，上海人普遍认识到"信守承诺"的重要。一直以来,除了直接沉浮于经济波涛中的商界,事实上上海各行各业的许多成功人士几乎皆是"信守承诺"的实践者和维护者。例如,我国首位造船界的中科院院士、"上海市教育功臣"杨槱等一大批上海的科技领军人物,几十年奋斗如一日,默默奉献付出,不计较个人得失。他们既是为国增光添彩的功勋,更是"一诺千金"的模范。

上海是一座以信立本的城市。这种诚信不单指个人诚信,而是体现人和人之间、个人与集体之间、企业与企业之间、民众与政府之间的一种社会信任,上海令人称道的契约精神是这座守信城市的具体表现,或者说,信守承诺是以社会民众广泛的契约精神为基石。虽然现在的社会生活环境、经济商业活动等一切都是为了利益交换,但利益交换的同时,"信守承诺"之契约精神又促进了社会发展的平等。创新成功的重要条件是获取在人、财、物等方面足量的优质资源,这些资源,尤其是人才资源未必全能以金钱获取,却能以信誉换得,因为信守承诺的实质是为人们提供对于未来的安全感,大家在平等的社会发展中可以通过自己的能力来获得财富和信任。比如,上海市政府近年来密集出台的各项人才政策,就为上海快速召集了一大批一流时尚创新人才。因此,信守承诺是上海城市创新的重要基因,体现的是海派文化精神。

(三)精益求精

精益求精是上海城市创新的重要基因之一,这与上海市民早已养成的思维和行为习惯紧密相关。在旧海派时期,这种习惯受当时精致的西方文明影响较大,从租界传出的西方人对事物的思考方式和处理准则,逐渐耳濡目染地植入了上海人的行为规范中。上海人明白了"事情要做就做到最好"的道理,做事立项不求多,只求精,也因此有了后来的事无巨细,唯图"精致、巧妙、时髦"的创新态度,在日后的市政管理、工业生产、商业经营、教书育人、技艺传承、日常生活等各个方面,都有不同维度的体现。

从某种意义上来说,上海已经是一座非常成熟的工商业大都市。城市创新不是简单地大搞城市建设,以高楼、道路、机场等夺人眼球的标志性事物排座次,而是应该用先进的理念、科学的思路、务实的方法,规划与落地并举,建设与管理同步,打造富民强市、利国兴城的软实力。为此,上海市政府在多年前就率先实施"像绣花一样精细管理城市"的工作思路,2021年8月市政府办公厅颁发的《上海市城市管理精细化"十四五"规划》(沪府办发〔2021〕20号)再次十分明确地提出了相关要求。以"数据战术"为例,对于面积6 340平方千米、常住人口超过2 487万、日耗电4.3亿度、日均客运量1 600万人次、日均市民热线2.5万件……的超大型城市上海来说,其城市数据运算精度和数据处理能力必须处于世界顶尖水平,从市民发现反映问题到后台任务派发和解决,上海在追求精确到分钟级的高效反馈及办结速度,用今天的"数据战术"更换过去的"人海战术",最大限度地持续释放人工智能等数字技术能量。

第四节 海派时尚文化之本质

一、经济与社会的聚合物

经济是社会发展程度的检验标准之一。社会的发展有赖于经济的支撑，而经济的有序开展需要以社会稳定为前提。经济与社会相辅相成，相得益彰，相互支持和保障。

（一）"江河"见证海派时尚发展

上海"江河"众多，其中最著名的是黄浦江和苏州河。黄浦江汇入奔腾不息的长江，是上海名副其实的母亲河。上海的"江河"四通八达，纵横交错。黄浦江将上海一分为二——浦西和浦东，而苏州河是分割上海南北的主要河道，至于其他的河流湖泊则遍布上海的各个地方。众所周知，上海是中国门户开放最早的城市之一，中外交流比较频繁。故而，上海的一些江河与对外合作颇有关联，如苏州河的命名就是开埠后，由于外商经常乘船溯吴淞江到苏州开展经营活动，便将载舟之河流以苏州相称。过去，黄浦江、苏州河等江河水路运行发达、便捷，是上海内河最大的客运汇集地，同时也是货运的繁忙之处。例如，来自苏、锡、常，杭、嘉、湖的稻米鱼肉、蔬果食品等都是经苏州河水路到上海，蚕茧生丝、麻棕鬃刷和茶叶等商品经上海出口到海外，而黄浦江上大量的舶来品如"洋油""洋布""洋火"等经海上运输来到上海，卸船分装后，频繁穿行于苏州河等实现沟通交流。因此，上海的江河是承载了维系上海社会正常运转所需物资运输的经济命脉之一。

如今，上海的江河不再是主要运输渠道，而是转型成为城市时尚文化担当，亲水平台、健身步道、游览码头、旅游景点、滨水餐饮、灯光大秀，在黄浦江、苏州河上比比皆是，成为海派时尚文化发展的亲历者和见证者，其间依然活跃着经济因子。真可谓"江河淙淙无言流淌，浦江两岸光彩夺目"（图 3-38）。

图 3-38
苏州河流入黄浦江，暮色中的璀璨灯火见证着上海城市巨变

（二）改革开放促进海派时尚结构调整

改革开放之前，上海是中国社会最富影响力、号召力的工业化城市，其工业产品的研究、开发和制造规模全国领先。与此同时，海派时尚产品因其亲近民生、质量上乘、款式时髦而成为"上海制造"的杰出代表，是人们心向往之的追逐对象，当时上海的纺织、服装、轻工、电子、日化等时尚生活用品曾风靡全国，甚至成为一些地区人们谈婚论嫁时不可缺少的指定陪嫁。

改革开放之后，上海实施产业结构调整，通过企业转型等改革创新求得更进一步的发展，并且期待取得新的辉煌，继续引领全国经济发展的潮流。就本质而言，这也是海派文化发展之大势、时尚创新之大局。例如，在城市规划的引领下，经过"腾、挪、拆、迁、合、补、修、建"一番操作，老旧地块上成片的厂房、民居、公建、道路，化身为外观时尚的餐厅、酒店、影院、咖啡馆、服饰店、家居馆、潮玩店、敬老院、艺术中心、时尚机构以及行业场馆。比如，坐落于莫干山路 50 号的 M50 是上海首个工业创意园区，该园区承载着上海民族工业发展历史之文化价值的再次定位使命（图 3-39）。此处现在已与东方明珠、上海博物馆、新天地等一起被列为上海文化新地标。

图 3-39
上海首个工业老厂房改建的创意园区 M50 一角

改革开放促进了海派时尚文化的进一步发展。然而，企业转型、结构调整、空间改造并不是一蹴而就的，同样充满着矛盾和利益纷争，对此我们必须顺势而行，努力作为，既要看到上海文化创意产业结构调整的成功，也要重视发展中的不足，因为一切新生事物的产生和发展都需要被社会逐渐认可，更何况新时代海派时尚文化的创新实践是前无古人的大胆尝试。

（三）社会发展经济繁荣的引擎

时尚文化作为社会发展的产物，代表了人们的审美趋向，更是当时社会经济的反映，是社会发展繁荣的象征。社会由不同层次的时尚构成，时尚是社会、经济、文化的产物，但人们大多是从经营的角度运作，从审美的角度欣赏，未能上升至社会与经济聚合的文化层面。令人高兴的是，当前有一些现代社会学者已经开始以时尚文化的本质以及社会、经济等为着眼点展开了研究，并且特别注重时尚文化在商业发展中的实践活动。这对于正在加紧改革开放的上海影响甚大，从商品的"时髦"扩散至各个运行门类，社会的各个构成部分都在时尚、时新、时髦上用心、用力、用情。同时，社会经济明显活跃：一边吸引大量的新移民加入创新创业，一边将具有文化影响力的时尚产品传播至四方。时尚产业得到了前所未有的高度重视，上海市政府已将时尚产业作为推动都市经济发展的新引擎，通过时尚产业的刺激和赋能，加快社会经济的转型，逐年稳步提升社会经济增长（图 3-40）。

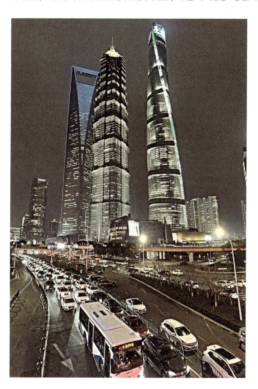

图 3-40
浦东陆家嘴，30 多年前还是一片农田与危房交错的老旧城区，如今车水马龙，一片繁忙。图为矗立在这块热土上的中国最高建筑群

进入 21 世纪，上海的城市时尚化程度越来越高，时尚文化已成为城市繁荣的基础，为社会发展提供源源不断的动力。例如，南京路步行街的时尚领先全国、陆家嘴开发区的"金融＋时尚＋艺术"组合效应促进了硬实力和软实力的结合，从而使上海再次引来世人关注的目光。2021 年 9 月，上海市商务委发布了《上海建设国际消费中心城市实施方案》，聚焦 7 方面、28 项具体任务，其中包括打造全球消费品集散中心、打响本土制造消费品品牌、打造国际美食之都、扩大文旅休闲消费等。据此，我们相信上海经济社会的快速发展是海派时尚文化繁荣的雄厚基础，"魔都"必将焕发和展现出一种新的海派时尚文化魔力。

二、思潮与时代的嫁接点

思潮，原意是指在某个时期内，由一部分人的愿望而引发的反映社会大众思想的潮流，如社会思潮、文学思潮、技术思潮等，其本身具有鲜明的时代特征。一般来说，海派文化语境下的时尚与当时的社会思潮息息相关，并在此基础上产生新的时尚，即在条件、环境等因素适宜的情况下开始嫁接、转换、演变。

（一）文化热点转化为时尚热点

时尚因文化而产生，文化可转化为时尚。文化思潮因其纯粹性和抽象性而不易被大众在短时间内直接感知，当文化思潮转变为文化热点，普通民众才能因其对日常生活产生了一定影响而感知其存在，产生观望、赞同或舍弃等情感抉择，甚至亲身参与其中。此时，如果某个文化热点足够单纯，未受政治、宗教等外力的强大干预，将有可能向社会生活领域蔓延，易转化为参与人数众多的时尚热点。比如，随着《保护非物质文化遗产公约》在2003年10月联合国教科文组织第32届会议的通过，全球掀起了一股保护非物质文化遗产的热潮。中国于2006年11月，由文化部颁布了《国家级非物质文化遗产保护与管理暂行办法》，2012年5月，由财政部、文化部联合颁布了《国家非物质文化遗产保护专项资金管理办法》，标志着中国对非物质文化遗产保护工作的重视。2015年12月上海市政府颁布了《上海市非物质文化遗产保护条例》，至此，上海的非物质文化遗产保护工作全面展开。截至2022年6月，上海共有76项非物质文化遗产列入国家级保护名录，258项列入市级保护名录，这些非物质文化遗产（以下简称非遗）凝聚着海派文化的结晶（图3-41）。

图3-41
海派时尚女装庄容等一批著名海派时尚品牌拥有的传统制作技艺被列入非遗名录

起先，非遗保护只是一个小范围内开展的文化专项活动，随着这项活动的迅速推广，得到了越来越多的社会关注和响应，成为了持续长久的文化热点，绝大部分上海市民十分惊诧自己的身边竟然有如此众多浸润着海派文化精髓的非物质文化遗产，并为此感到骄傲和自豪。保护非遗的目的在于传承，传承非遗的目的在于利用，利用非遗的重要途径之一在于以当代时尚文化视角审视非遗的审美价值和市场价值，开发出符合当前消费者审美情趣和具有使用价值的时尚产品。近年来，市场上出现了大量利用非遗中的寓意、图案、色彩、文字、材料、技艺等开发出来的时尚产品，包括服装、首饰、摆件、文具、饰物、食品、礼品、工艺品等，形成了具有海派文化意味的国潮热。

随着经济建设的快速发展，生活水平的逐步提高，人们对社会文化的关注也与日俱增。一些文化热点往往会转化为时尚热点，引起社会的广泛关注，成为时尚的热点话题。国外动漫文化中的虚拟人物成为现实生活中时尚的"小萝莉""小正太"，"卖萌"之风在 40 岁以下人群中迅速蔓延，宠物行业也乘势而上成为风头正健的时尚热点，用小狗小猫等宠物陪伴时尚富足的人群疗愈心情，动辄上万元的布偶猫被称为"行走的人民币"。

（二）多元时代必备的创新窗口

多元时代，是指一个由丰富多样的多种因素构成的复合时代。这个时代能够尊重不同的标准和理想，容纳不同的生命意义及其存在方式，体现出越来越多样的个体价值需求。海派文化是尊重多元的文化，因为近代意义上的上海市民从一开始就是由多元人群构成的，海派文化的组成元素也是多样化的。进入 21 世纪，海派文化更是国外国内、天南海北般地多元融合，显出多样的姿彩。从创新意义上来说，多元意味着创新形式及其结果的多样化，创新活动存在着更多的可能性，好比就读于国际学校的学生，生活于不同人种、不同肤色、不同国家的学生环境中，听闻不同的故事，使用不同的文字，遵从不同的习俗，自然因见多识广而具有较为开阔的眼界。因此，海派时尚多元化的特点有利于其持续创新和爆发创新，上海是多元时代名副其实的时尚创新窗口。

多元时代关注的重点是人，时尚领域关注的重点是消费者。由于时尚比文化具有更加鲜明的商业化特征，消费者是其利益圈的重要构成因素，因此，关注消费者是时尚事物的必要条件。海派时尚需要关注的是认同海派时尚文化价值观的所有人群，而不仅仅是上海区域的消费者，其中，已被普遍植入多元理念的年轻消费者是其重点关注对象。首先，这一群体是内部高度分化的一代，其多样性已不再适合以往"标签化"认知。其次，这一群体是网络化的一代，高效化、数字化、智能化的社会活动方式和科技手段成为了他们的时尚"驱动力"。另外，这一群体是平等自信国际化的一代，接触到的世界范围内的文化与思想远超他们的长辈。

（三）人心追求美好的本能驱使

爱美之心人皆有之。时尚是人们崇尚美好的外在表现，是追求美好的生活愿景，人们具有追求美好的"本能驱使"。需要指出的是，此处所述的"美好"并非单纯指服饰和美容等人的仪容外表的时尚，还包括生活环境、行为模式、时尚技能、衣着形象、思维品行、社会地位等方方面面的美好，能够体现出气质、学养、观念等内在的精神凝聚和财富、物品、环境等外在的物质拥有，求得精神与物质的平衡，成就其文化定义上的丰满立体的美好之人。如此美好之人，必然成为当下个个效仿的时代楷模和人人羡慕的社会精英。

就此角度而言，人们向往美好成为时尚的本质，不但本身无可厚非，而且具有正面意义。上海是一个时尚起点和文明程度相对较高的城市，人们看待时尚的评价标准自然略高，每个上海人都希望自己生活在一个和谐美好时尚的环境中，在"美好"方面的严于律己，自然也让时尚从业人士看到了自己的职责，明确了未来的目标，进而将其转化为创新时尚的动力。

三、 地域与文化的标志符

地域通常是指因地理、环境、交通等客观因素造成相对独立的居住区域，以及在文化上产生的差异，如方言、习俗、服饰等，这些由古代而来的文化遗产或多或少地还存在于现代人的生活中，即各地的文化遗风，有的还以标志性的符号在人们的生活中发挥一定的作用。所谓一方水土养一方人。地域、文化、标志符，三者涵义互有关联，地域不同，其文化标志符号自有差别。

（一）为地域鎏刻特色文化标签

地域特色的文化标签是该地域的形象聚焦，是引人瞩目的概括表示，是区别于其他地方的特色符号。不同的地域会形成不同的镜子，反射出不同的地域文化。上海特色的文化标签丰富多彩。例如，"红色"文化标签如中共一大会址、毛泽东旧居、陈云故里、宋庆龄故居、鲁迅纪念馆、龙华烈士陵园、淞沪抗战纪念馆等；建筑文化标签如外滩万国建筑群和上海中心、上海东方明珠电视塔以及以石库门为代表的上海民居等；艺术文化标签如上海世博园、中华艺术宫、上海博物馆、上海城市历史发展陈列馆、上海美术馆、上海大剧院等，展现了海内外文艺和博物发展。另外，还有历史文化标签如"豫园""古猗园""醉白池"等景点，以及朱家角、南翔、枫泾、七宝等古镇（图3-42）；海派时尚文化标签如"新天地""田子坊""江南智造"，以及一些老厂改造成的创意园区。

图 3-42
上海有朱家角水乡、南翔双塔、醉白池、七宝老街等一大批具有地域特色的文旅景点

上述富有上海地域特色的"文化标签"，现在基本上是国内外来沪人员必去的"打卡"之地，同时也是上海人工作、学习和休闲之余经常去参观、走访、游览的必到之处。

（二）创意灵感的本土出处

创意是创新意识的简称，是指对现实存在事物的理解以及认知而衍生出的一种新的抽象思维和行为潜能。一般来说，吸引世人关注的设计应具有创意特色，是令人眼前一亮的作品。上海有许多散发着浓郁本土气息的地域文化作品（或产品），其创意灵感大多来自长期实践，并在不断累积经验和知识的过程中出现富有创造力的思路。海派文化的创意元素主要是随着上海的长期发展而逐步积累产生。例如，新中国成立之前，一些老上海风格之怀旧"复古"的建筑设计灵感，既包含中华传统文化理念之婉约意境，又融合了西洋的典雅简约，反映了那个年代上海中西并存的本土特色。另外，海派时尚文化的根基非常深厚，具有传统文化意味的灵感在海派时尚设计创意的过程中起着十分重要的作用。上海市徽的全部设计灵感都取自上海城市文化元素，由市花白玉兰、沙船和螺旋桨组合而成（图3-43）。上海著名的广富林、福泉山、青龙镇等文化遗址的形象风貌都是古为今用，经过发掘本土历史文化元素提炼而成。陆家嘴金融城的标志设计灵感来自陆家嘴代表性建筑，著名的东方明珠电视塔镶嵌其间（图3-44）。总之，灵感具有创造性、时效性和非语言性等特征，理解和应用这些规律，有助于海派时尚文化设计者在寻找本土元素、扩展创造性思维空间的同时，产生新颖独特的创意灵感。

图 3-43
上海市徽

图 3-44
陆家嘴金融城标志

（三）无形价值落地为有形价格

文化作为观念形态的存在，是时间积累的产物，其价值无法完全从商品角度衡量。海派文化的无形价值是人们参与海派文化活动的主要原因，同时也是海派文化经济发展最主要的价值源泉。上海长期发展积累的文化财富是生活在这块土地上的所有上海人共同创造的，属无形价值范畴；受这种文化影响而产生的诸多时尚事项，被市场认可而风行，这是无形文化在时尚方面有形价格的落实，文化的价值在时尚中得以实现。

时尚就是把理性的认识演绎为可听闻、可触摸、可品尝的感性形态,并通过具体的价格出现在市场中。研究地域与文化就必须将海派文化中可持续发展的部分通过新的"标志符"继续发扬光大,以满足人们日益变化的市场审美需求,也就是将时尚文化的核心形象加以体现,经创意设计付诸生产,从而实现其市场价格,服务社会,让消费者得到实实在在的审美感受。

海派时尚文化通过代代传承早已成了人们心目中的仰慕崇拜之经典,分布在上海各处的新老建筑就是它主要的地域标志符号,其无形价值随时可以落地为资源丰富的有形物质,并在市场化的过程中产生价值转移,即有形价格。上海作为国际大都市,它的存在就是标志性符号,是将无形价值落地为有形价格的最为具体的表现。

四、 市民与生活的汇合处

中国的改革开放的目的是图社会发展,谋经济繁荣,让全国人民富强起来,过上美好的生活。海派时尚文化的职责,就是要让上海乃至全国人民"时尚"起来,为中国人民的共同幸福做出自己应有的贡献。

(一)市俗生活的人文寄托

市俗生活就是我们每一个人的日常生活,处于市俗中的人就是每天过着平凡日子的芸芸众生。上海的普通老百姓过着市俗生活,但他们的市俗生活其实并不俗,作为上海人,他们有一种主人翁意识,深知自己身上自始至终肩负着建设上海这座国际大都市的历史使命。

众所周知,上海的城市建设经过几代人的长期努力和不懈奋斗,无论是物质基础还是精神文明都取得了辉煌的成就。而在这背后始终离不开千千万万个普通老百姓的默默奉献。上海人是充满智慧的,其个人价值观一般与市民意识相契合,凝聚着一种开明的社会情怀和人文寄托。他们在乎物质,但也希望在精神领域找到自己的空间。事实上,上海大多数人都有自己的市俗生活方式和人文精神寄托。市民与生活的关系汇合度非常高,那就是一方面朝着自己喜欢的事业去奋斗,另一方面尽情享受生活带来的充满市俗的人文气息。

例如,一些居住在石库门、公寓楼、工人新村等地方的普通上海人,虽然所住境况大多不佳且每天要为生活奔忙劳累,但他们的生活却充满欢乐,家庭和睦,邻里情深(图3-45)。他们业余时间喜欢聊天、上网、听音乐、看电视,自得其乐,各种文化活动丰富多彩,将工作的疲累、生活的烦恼统统抛到九霄云外。

(二)世代沪人的精神屋檐

就精神而言,具体的要通过抽象的来形容,抽象的要通过具体的来体现,并随着人类历史的发展以某种象征而存在,如艰苦奋斗、团结拼搏、勇于创新等具体的精神表现。

上海的城市精神是由生活在其中的人共同铸成,而上海人的精神是城市精神的延续。严格地说,上海的城市精神就是上海人的精神家园。人是需要有精神的,有精神的人才能勇往直前。例如，在上海的社会历史发展过程中，上海人非常重视精神世界之事物的精华和事物的根本。每个人都有自己安身立命的行为准则，要遵守社会规则、道德，要有社会责任感。另外，上海人普遍讲求个人诚信和契约精神，这些具体的精神品质极大地促进了上海社会的平等有序、和谐发展，是沪人的精神屋檐。

图 3-45
上海老弄堂的邻里情

　　精神是人类社会稳定发展的导向。外面的世界尽管精彩，但上海人有自己的活法，有自己的精神追求。这其中，知足是上海人的精神支柱，也是上海人不断进取的原动力。

（三）新上海人的加盟认同

　　"新上海人"这个词出现在改革开放之后。为了缓解人力资源的不足，上海开始大量引进外来人口，特别是高端人才。这其中有一部分人在上海扎根发展，成为上海社会的一股新生力量。

　　认同是通过相互交往而在观念上对某类价值的认可和共享。在"新上海人"眼中，上海是一块干事创业的高地，可以成就事业，是一个凭借真本事就能立身成事的地方，这也是上海最吸引人的亮点。具体来说，首先是上海开放的环境，其次是它多样化的机遇。如改革开放以来，参与上海城市建设的国内外各方人士，大多在这里找到了用武之处和价值所在。他们的加盟为上海的发展和繁荣贡献了力量，同时他们看好并爱上了这片热土，于是自豪地称自己是"新上海人"。

　　"新上海人"认同上海的理由大致有五个。一是都市格局认同。上海的城市规划布局具有国际视野，经济建设、文化发展等与国家战略相互关联。现时，正以"五个中心"为目标，努力将上海建设成为具有世界影响力的社会主义现代化国际大都市。二是时尚氛围认同。穿着是上海行走的时尚风景，建筑是上海凝固的时尚主体，商圈是上海消费的时尚主力，而霓虹灯更是不夜城的时尚象征。三是生活环境认同。上海城市环境优美，是一个十分宜居的城市，其生活质量高，教育水平好，社会保障完善。四是办事态度认同。上海人办事遵守规则，在这里不管办什么事，隐形成本非常少，能真正体现政府"执政为民"的理念。五是城市治安认同。上海的社会治安状况非常好，其日常生活的安全性在全国名列前茅。总之，上海就像是一块磁铁，今后必将一如既往地继续吸引着国内外各地追求更高发展的人们，来实现"上海梦"和"中国梦"（图3-46）。

图 3-46
灿若星河的上海夜景充满魔力与激情,是千千万万上海人卓绝奋斗的象征

第四章

时代与价值

失去了时代坐标，时尚将不复存在。只有将时尚放在某个特定的时代坐标中，才能正确地衡量其应有价值。因此，研究时尚及其价值，必须置身于时尚事物发生、发展的时代背景下。作为独具特色的地方文化，海派时尚的每个阶段都有该阶段的时代背景，属于该时代的产物。与此同时，随着社会的不断发展，海派时尚亦会与时俱进地持续迸发出新的时尚事物，并体现出不同的时代价值。

第一节　海派时尚之时代性

时尚应时而生，有一定的周期性，每个时代都会产生适合自身需求的时尚。由于时尚是随着时代的发展而产生，故新的时尚必然是新时代的时尚表现。一般来说，海派时尚文化自诞生以来，根据社会的发展大致经历了"老海派""新海派"和"后海派"三个时期。

一、"老海派"——成型期

海派时尚之"老海派"，也称"旧海派"，主要是指海派时尚诞生之初至新中国成立，也就是海派时尚的成型期，其中以民国时期的表现最为典型。"老海派"时尚包括社会生活的各个方面，如衣、食、住、行及娱乐等，且形成了自己的特色，其中，在服装方面最具代表性的当属海派女装——旗袍。

旗袍源自满族旗人的袍服，辛亥革命后日渐式微。20世纪二三十年代，一种类似直筒式、倒大袖的改良旗袍问世，也就是后人所谓的"新旗袍"，倒大袖又延伸出独立短款成当年之时尚（图4-1）。尽管以今天的眼光来看有点其貌不扬，过于方正臃肿，但其日后的"风情万种"却由此孕育。例如，后来沪上著名的交际花薛锦园就在该旗袍款式的整体造型上略作修饰，并在四周镶上一圈珍珠花边，顿时

图4-1
左为倒大袖，现代旗袍之雏形，右为倒大袖延伸独立之短款

使其光彩夺目，令人眼前一亮。这种新旗袍被称为"薛锦园式旗袍"，风靡当时的上海滩。之后，以此"新旗袍"为基础，通过袍身、裙衩的改良和穿着配饰上的各种创新，如吸收舶来品之丝袜、高跟鞋的搭配等，女性的整个服饰形象大为改观。从此，旗袍成为海派时尚文化的一种标志（图4-2）。民国时期，旗袍作为流行女装，吸引着人们的广泛关注，无论年纪大小，几乎所有女性皆以旗袍加身为时尚（摩登），同时，上海旗袍也成了中国时尚女装的楷模。另外，民国时期的流行男装——中式袍褂与西服洋装（图4-3），与旗袍共同构成了"老海派"服装穿着的时尚经典。

图4-2
民国时期旗袍风采

图4-3
民国时期的长衫（袍）与西装

　　除了服装，餐饮食品也是海派时尚的代表。上海的餐饮食品，尤其是小吃点心，是经过几代人的传承积累逐渐形成的。民国时期，上海以本土为基础，吸取了苏、锡、宁、甬等众多地方风味的饮食点心之精华，并融合本地餐饮习惯，形成了具有浓油赤酱风味特点的海派餐饮文化。其中传统点心如生煎馒头、蟹壳黄等是上海典型的海派美食。上海人称包子为"馒头"，南翔小笼即为"上海馒头"的代表（图4-4）。另外，由于欧洲人的到来，西餐也随之被引进。其中，罗宋汤受到人们特别的喜爱，几乎每个上海人都有做罗宋汤的经历。如今享用番茄、土豆、香肠等食材做的罗宋汤，与其说是吃西餐，倒不如说是回味一种上海味道。历史悠久的红房子西餐馆、德大西菜社是上海西式餐饮的代表（图4-5）。

图4-4
"上海馒头"的代表
——南翔小笼

图4-5
上海西餐馆的翘楚
——红房子西餐馆

二、"新海派"——蓄能期

　　"新海派"之蓄能期是指新中国成立至20世纪末，这一时期的海派时尚文化发展可谓厚积薄发，经历了一个先抑后扬的过程。新中国成立后，尤其是进入改革开放的年代，上海的国民经济得到了大幅度的发展，人们的生活水平不断提高。于是，上海人对时尚的渴望和追求得到进一步的释放。如新中国成立初期的"革命化"时尚，20世纪六七十年代"文革"时期的"特殊化"时尚，以及进入改革开放时期的多元化时尚，都是人们追求时尚的一种本能反应。改革开放后的上海根据中央的要求，在"发展才是硬道理"的指示下，以加快经济建设为政府各项工作的主导方针，取得了物质文明和精神文明的双丰收。1983 年，使用了近 30 年的"布票"等制度开始被取消，迎来了纺织业（包括服装、服饰业等）的新发展、新格局，上海人的穿着风貌迎来一波新的浪潮，与此同时，海派时尚文化也得到了进一步的发展。"新海派"的时尚形象比较开放、自信。如 20 世纪 80 年代，上海的年轻人将当时还被视作奇装异服的喇叭裤、牛仔服、超短裙等当作时髦，大街小巷到处都能看到此类"引人注目"的装束。与此同时，风靡服装市场的西服、风衣、夹克衫、猎装等西式服装也是上海时尚男女的热衷选择。海派服饰的新时代就此揭开序幕。

值得一提的是，1995 年，上海举办了首届面向全国和世界的专业时尚活动，即"上海国际服装文化节"（图 4-6）。此举为上海时尚文化的发展增添了浓墨重彩的一笔。之后，中外时装设计师发布会、上海国际服装博览会、国际时装学术论坛、服装流行趋势发布、国际服装设计大赛、国际时装模特大赛等系列活动相继举办，它们既是时尚设计师展示才华的难得的平台，又是上海与国内外时尚人士开展交流、切磋的重要窗口。从整个社会效果来看，上海各类时尚文化节等时尚活动不单是内容丰富、形式多样和发掘人才的时尚文化类活动，还有推动海派时尚文化，尤其是上海时尚品牌快速发展的意义。

图 4-6
首届上海国际服装
文化节上的服装秀

除服装之外，"新海派"的时尚文化与工业文明的成果息息相关。如上海人在满足了"三转一响"的基础上（图 4-7），又转而追逐电视、冰箱、洗衣机、收录机，也就是新"四大件"（主要为凯歌、双鹿、申花、红灯等上海品牌）。从此，上海人的时尚追求是全方位、多层次的，人们对时尚文化生活的要求越来越高，开启了海派时尚文化的新时代。

图 4-7
上海妇女中的能工
巧匠很多,学做缝
纫活是她们的必修
课之一

"新海派"月份牌时尚在 20 世纪 80 年代推陈出新。"文化大革命"结束后,脱胎于旧上海月份牌的艺术挂历在上海一经面世就风靡市场,成为开展经营业务的有效融合剂。尤其是香港、广州等地的版本,更深得社会认同,成为送礼佳品。其中热门非卖"艺术品",沪外人士若得之更是视为珍品。这一事物也是值得回忆的"上海时尚形象"(图 4-8)。

图 4-8
当时的艺术挂历是
上海市民购买、交
换和收藏的时髦物
品

《大西洋底来的人》《第一滴血》《姿三四郎》《排球女将》等影视片(图 4-9),及许海峰在洛杉矶奥运会上举枪夺魁打破我国奥运会金牌"零"的历史,这些影视作品、体育赛事、重大文化事件等方面的时尚因素和人物形象,正是唤醒上海人时

尚心理的催化剂，为青涩懵懂的"新海派"走向精彩缤纷的"后海派"储备了能量，量增质加的蓄能期加速了"新海派"提前跨入"后海派"时代。

图 4-9
电视剧《大西洋底来的人》海报

三、"后海派"——升腾期

所谓"后海派"之升腾期，是指 21 世纪以来海派时尚文化的发展期。进入 21 世纪，国家的基本政策和发展纲要对上海的文化发展提出了新的要求，那就是上海要加大城市文化发展的力度，积极开展对外文化交流，以及文化载体的多元化传播和构建文化营销的国际网络。针对国家层面的文化政策要求，上海更加坚定了建设国际文化大都市的决心，特别是海派时尚文化的大发展。现时，上海人的基本生活水平早已今非昔比，人们的社会生活、经济收入、住房条件和生存环境等大为改善，尤其是物质的极大丰富，产品种类的多样令人眼界大开，视野更为开阔。与国际接轨，与科技为伍，成了 21 世纪最基本的时尚要素，是衡量当代上海人时尚与否的新标准。

21 世纪是网络时代，互联网已渗透到社会生活的方方面面，网络平台更是人们日常生活和工作、学习的重要依托。网上可以买卖包括服装、化妆品、日用品、餐饮和食品等几乎所有东西，也可以通过视频、图片等方式展示自己或他人的美好形象，事实上这些网络行为已成为平时生活中的"常规动作"，并且是未来人们表现时尚风貌最为依赖的重要手段。

海派时尚文化的发展必须依靠上海城市的文化建设，只有上海成为国际文化大都市，海派时尚文化才能有更大的发展空间。目前，海派时尚设计品牌正在聚集发展动力，改变原有框架，不断构建和强化品牌效应，以助力上海国际时尚之都的早日实现。作为海派时尚的主力军——服装、饰品等时尚产品，正以创新再造的方式大胆地深入探索，新生代设计师层出不穷，在规范中寻求打破常规，在束缚中寻求自我突破，从而发挥自由的想象力去追求具有海派文化属性的时尚服装（图 4-10）。

图 4-10
2015 上海时装周上
本土品牌金枝玉叶
的秀场

21 世纪初的 20 年，得益于中国社会经济的长足发展，海派时尚一路高歌猛进，纵横拓展，左右逢源，其发展速度和丰硕成果是上海历史上任何时期从来没有过的。从纵向看，原先传统的时尚主体得到了升华，一大批纺织服装上市公司破土而出，无数本土品牌构成的市场体系愈发成熟。从横向看，越来越多的其他行业具备了时尚特征，纷纷加盟并促成了"大时尚"产业，形成了"千军万马奔时尚"的滚滚洪流。从国内看，海派时尚更加增强了城市文化自信，重视了海派文化传承，认清了自身发展目标，被政府认定为城市支柱型产业。从国际看，海派时尚扩大了与世界时尚圈的交流，加大了全球时尚资源的引入，得到了国际时尚产业的逐步认可。随着经济增长方式和城市产业格局的调整到位，全方位立体型的海派时尚文化进入了史无前例的升腾期。图 4-11 中的"800 秀"位于上海市常德路 800 号的上海人民机电厂原址，占地 27 亩，总建筑面积 2.2 万平方米，此类"修旧如旧"的中小型创意园在上海市区遍地开花。

图 4-11
地处上海闹市中心
的 800 秀创意园

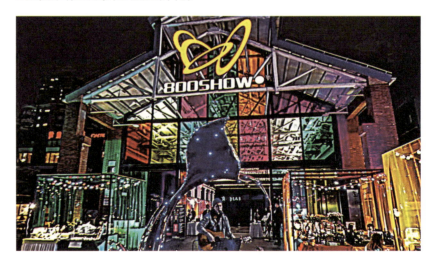

第二节　海派时尚之经典

　　每个时代都有与其相适应的时尚，而每个时代的时尚都会留下一些令人印象深刻的经典。经典积淀得多了，便成了文化的一部分。海派时尚经典遍布于上海市民的日常生活，这些经典的价值在于能够成为人们日后挖掘和利用的文化矿藏。本节将海派时尚生活浓缩于衣、食、住、行、妆、游、养、礼、乐、戏十个片段，一探其中的时尚经典。

一、衣

　　"衣"作为人类文明需求的第一排序，记载了许多文化印记。海派时尚之服装丰富多彩，无论款式，还是种类，人们耳熟能详的经典之作有许多，如旗袍、中山装、唐装等，同样记载了海派文化印记。

　　如前所述，旗袍虽然源于满族旗人之服，但是却因上海而发展成为一种时尚女装。辛亥革命后，由于受外来文化的影响，上海女性通过内外取舍，互为补充，用改良旗袍改变了以往的穿着搭配形式，舍弃传统的肚兜，使用西方女性的文胸、三角裤以及丝袜等。于是，海派之新旗袍摇曳生姿的时尚风采就此开启。20 世纪30 年代，女装的廓型上身平直、下摆宽大，但经过改良，肩、胸、腰等部位处理得比较合身，尤其是旗袍挣脱传统束缚，向着得体迈出了重要一步。后来，旗袍又按照现代人的穿着要求，进行了不断的设计修正，如旗袍的长短、开衩的高低、衣袖的长短和腰围的宽窄等（图 4-12）。

图 4-12
上海的旗袍改良之路百年之前已经起步

　　改革开放后，旗袍再次流行，展示着一种青春之美，一种韶华之丽，并且成为上海乃至全国女性的经典装扮。当然，现时的旗袍样子早已不同往日，其款式造型、工艺制作和装饰搭配正在演绎着一种全新的时尚风貌。

　　中山装作为中国人穿着的经典服装具有一定的政治含义与历史意义。顾名思义，"中山装"与孙中山先生相互关联，传说其为孙中山先生所设计。新中国成立后，随着中国国际地位的提高，以及与世界各国人民的交往日益广泛，许多外国人将"中山装"称为"毛式"服装（以中山装为基型的制式，因毛主席经常穿着而得名），中山装因此备受国际上的关注。中山装的款型构造其实是中西结合，如标准型的中山装是关闭式立翻领、西装式半收腰、装袖、四个大口袋、后背拼缝，以及门襟直线排列七个纽扣等。总的来说，中山装外观端庄、廓形干练、款式合体。所谓"毛式"服装，即以中山装为基型略作改变，如暗兜变明袋，纽扣减为五扣，线条更加分明，穿着更加简洁（图 4-13）。后来，民间出于对领袖的爱戴，以穿着此服为时尚潮流，并改称其为"人民装"（图 4-14）。

图 4-13
"毛式"服装，即以中山装为基型略作改变

图 4-14
出于对领袖的爱戴，城乡居民以穿着此服为时尚潮流，并改称其为"人民装"

　　"唐装"的出现并流行是新时代带来的"新机遇"，也是海派时尚服装走向世界的新典范，值得我们推崇和借鉴。2001 年，"亚太经济合作组织"会议在上海召开，按照该会议传统，与会的各国领导人要穿着主办国提供的具有民族特点的服装拍摄"全家福"。于是，各国领导人穿着"唐装"的照片通过互联网的即时信息迅速传播，在全世界范围内掀起一股追逐中国"唐风华服"的热潮。至此，唐装成了"中国风"走向国际流行的引领者，同时也成为海派时尚之经典服装。

二、食

海派时尚之饮食特色分明，无论菜品，还是点心，令人回味无穷的美味佳肴数不胜数。

本帮菜是指上海本地风味的菜肴，特色是浓油赤酱（油多、味浓、糖重、色艳），比较重视"专味"，常用的烹调方法以红烧、炖煨为主，味道咸里带甜，油而不腻。本帮菜最早是在上海的街头摊贩中买卖出名的，如今这种市井美食早已改头换面，登堂入室，成就了一大批本帮菜饭店（图4-15）。除本帮菜外，通过兼容并蓄，上海不但荟萃了川、粤、京、鲁、淮扬等地方的特色菜系、传统名点，而且汇聚起散发着欧美异国风味的西餐、西点等。

图4-15
创建于1851年的上海杏花楼是享誉申城的十大饭店之一，杏花楼月饼已问世近百年，闻名遐迩

上海人一日三餐，早饭讲究"饱"、午饭注重"好"、晚饭要求"少"。通常，上海人早饭喜欢吃"泡饭"。一是可以节省时间，只需将冷饭用开水一泡，或下锅用水煮一下即成，然后佐以酱菜、腐乳等下饭，清淡爽口；如果将剩饭剩菜一起煮，则谓之"菜泡饭"。二是经济实惠，既节省家庭开支，又不造成食物浪费。梁实秋曾经写过一篇关于"上海人吃早饭"的文字："一根油条剪成十几段，一只皮蛋在酱油碟子里滚来滚去，谁也不好意思去搛开它"，意在讽刺上海人的"小气"。其实，这是上海普通百姓勤俭持家过日子的形象化写照。

上海人的午餐一般比较丰富，其"吃"的原则是满足"口福"，尤其是紧跟时令期待"尝鲜"。如春天的头道鲜"芹菜炒肉丝""荠菜豆腐羹""春笋腌笃鲜"等；夏天的头道鲜"拌香菜""炒鸡毛菜""干煸蚕豆""黄鱼雪里蕻豆瓣汤"；秋天的头道鲜除了炒"茼蒿""花菜"等，非"清蒸大闸蟹"莫属；冬天的头道鲜"菜心炒鲜蘑菇""黑木耳炒西兰花""白萝卜炖排骨汤"等。时时尝鲜是上海人孜孜不倦的饮食追求。上海人的晚餐大多追求少而精，这是健康养生的原因。

海派时尚点心历经岁月的磨合积淀了不少精品、名品，上海的"中华老字号"之"十大著名小吃"受到了人们的喜爱，吸引着世人的味蕾。总之，能够称得上海派时尚之经典菜品或点心的一定是清香可人，味道鲜美，口感脆嫩，风味独特。例如，国际饭店放下"中外酒店白金奖"高级身段，精心制作的蝴蝶酥（图4-16），以及南翔小笼包、小绍兴鸡粥、葱油拌面、排骨年糕、四喜烤麸、鸽蛋圆子、擂沙圆、糟田螺等美食。

图 4-16
清早在国际饭店西饼屋排队购买蝴蝶酥(右)的顾客(左)

三、住

　　海派时尚之居住别具匠心，无论是空间大小，还是装潢设计，大多别出心裁，堪称经典。

　　上海人多地少，长期以来人们的居住环境大多是以石库门为代表的旧式里弄住宅。由于上海人的居住条件大多不太理想，特别是房子逼仄，故人们逐渐养成了一种随遇而安、处世圆通的生存哲学。上海人相信：住房虽然小，但只要精心设计，巧妙布置，就一定可以物尽其用，各得其所，营造出一个舒适怡人的居住空间。例如，在室内加搭一层甚至三层阁楼、把灶披间改为餐厅，至于阳台、天井等都可以充分利用，搭建成为卧室或厨房间、卫生间等。"麻雀虽小五脏俱全"，身处这样的住宅，上海人心目中的"家"才是可以安居乐业的完整的家居。另外，上海人对于家具等物品的选购或自制也十分在意，必须因地制宜，既要美观，又要适合。20 世纪 70 年代，除了橱、柜、桌、椅等必备的家具，许多上海人还纷纷自制喇叭箱、木板床、人造革沙发等。当时上海人尤其推崇"捷克式"家具或组合家具，以及玻璃装饰柜。玻璃装饰柜可以说是那时上海人家里上档次的一种体现，上海话叫"扎台型"。

　　改革开放以后，先富起来的上海人在住房方面更加用心着力，不管是家居装潢，还是房间布置，海纳百川，中西融汇，讲求时尚。如住宅大一点的，门厅要设吧台，客厅要建壁炉，前者不管是否有饮酒的需求（以酒代茶，显然不符合中国人的待客方式），后者由于木炭的昂贵而不常使用，甚至仅仅成为一种摆设（有一些本来就是仿真"壁炉"）（图 4-17）。后来因为上海人讲究实在的思想占了上风，这种不符合实际需要的"装饰"便日渐式微，最终被淘汰。

　　进入 21 世纪，特别是国家有关商品房政策的落实，上海人的居家状态开始旧貌换新颜，许多人买了相对宽敞的公寓楼房等。无论是三房两厅，还是两房一厅，客厅、餐厅、卧室、书房、厨房和卫生间等都分工明确。现如今，上海人居住在功能齐全的"新天地"，生活在环境优美的新社区，拥有与国际接轨的先进的家居科技新空间，正在尽情享受人与社会的和谐共处、与自然的亲密接触。

图 4-17
在上海家庭装修中一度流行过的仿真壁炉

四、行

　　海派时尚之出行交通发达，方便自如，无论是过去的黄包车、电车、轮船，还是今天的汽车、火车、地铁、飞机、磁浮列车，地上地下，水上天上，运载工具应有尽有。

　　说起上海人的出行，不禁让人感叹其"变化超乎想象"。时光倒流，民国时期上海人出门靠步行为主，坐黄包车、三轮车等人力交通工具那是有钱人的享受。1914年，上海有了公共交通车辆——英商电车公司开始运营无轨电车。之后，诸如有轨电车、轮渡船、小火车、小火轮等交通工具相继出现。20世纪60年代，黄包车逐步消失。人力三轮车被改制为机动三轮车，上海人称"乌龟车"（图4-18）。其时，自行车渐渐兴起，成为上海人出行不可或缺的代步工具，几乎每家每户都有。当年如果拥有一辆如凤凰牌一般时髦的名牌自行车，那一定能收获不少羡慕的眼光。车行马

图 4-18
由三轮车升级的机动车，沪语"乌龟车"

路，遇到红灯，路口便马上会形成一溜烟之自行车的"长龙"。上海街头经常出现人流与车流（自行车）互相拥挤的场景（图 4-19）。

图 4-19
上海街头人流与车流（自行车）互相拥挤的场景

上海汽车制造厂生产的第一台"上海"牌轿车诞生于 1963 年，在此后很长的一段时间里，"上海"牌轿车一直是中国轿车工业的一个标志。当一汽生产的"红旗"牌轿车作为国家高级领导人用车的时候，"上海"牌轿车延续了上海产品一贯的"接地气"特点，以规模化产量和出众的性能，成为距离百姓生活最近的轿车。1984 年10 月，由上海汽车制造厂与德国大众汽车公司合资经营的上汽大众汽车有限公司成立，其后来成为我国汽车总产销量排名第一的汽车公司。而在 1991 年 11 月 25 日下午 2 点 30 分，上海汽车厂总装车间举行了最后一辆"上海"牌轿车下线仪式。至此，"上海"牌轿车共计生产了 79 525 辆，自问世以来的 33 年里一直是我国公务用车和出租车的主要车型（图 4-20）。

图 4-20
我国曾经的公务用车和出租车主要车型——"上海"牌轿车

21 世纪初，随着汽车工业的飞速发展和人们生活水平的持续提高，私家车的普及使上海的交通开始出现拥堵现象。经过近几十年的不懈努力，目前上海的公共道路大幅度扩展和延伸，如主干道"四纵四横"，向上架设路桥、向下挖掘轨道等，地上地下，阡陌交错，全市贯通，极大地缓解了道路拥堵的现象。

五、妆

海派时尚之妆容精致典雅，无论是化妆技巧，还是产品使用，其独特的面貌表现在中国妆容美化的历史中留下了浓墨重彩的一笔。

"妆"助容貌之美，以悦爱美之人。上海素有"魔都"称号，而上海女人则是魔都丽人。魔都丽人当然有着区别于其他人的妆容追求，那就是不管你是职场员工还是家庭主妇，在妆容表现上一定要根据自身条件和审美爱好，紧跟时代潮流地"涂脂抹粉"。

一般来说，美容化妆是大多数上海女人都会掌握的技能，她们早上化妆涂抹，晚上睡前卸妆，这成了每天必须完成的"功课"。追求淡雅庄重是上海女人的妆容传统，淡雅可以体现上海女性的柔美气质和干练精神，而庄重则能够体现礼仪之邦的东方文化（图 4-21）。因此，人们在魔都能够看到各种风格的上海美人，通常她们都是有着精致的妆容和靓丽的衣着，以此来凸显自己的身份和品位。

图 4-21
《良友》杂志封面上刊登的是旧上海典型妆容的女子，温文尔雅，贤淑迷人

众所周知，展示妆容之美离不开化妆品，而化妆品的好坏直接关系到妆容的成效。民国时期，西方的化妆品进入中国，随之上海的本土化妆品开始崛起（图 4-22）。例如，雪花膏就是其中使用广泛、效果明显的一种面霜，其吸收性好，如同雪花那

样即刻与脸部皮肤融合，故得名"雪花膏"。1912 年，范和普创立的上海"大陆药房"生产的雪花膏，因为"雅似幽兰，洁同霜雪"，迅速脱颖而出，成为市场热销的护肤品，并且远销东南亚以及欧美国家。20 世纪三四十年代，上海的城市街头到处可见雪花膏广告，当红明星白杨也为之广告，说其是"最为爱美仕女之妆台良伴"。另外，生产商还以名人冠名，如大明星胡蝶之"蝶霜"、著名旅美影星黄柳霜之"黄柳霜"等。除此之外，用于驱蚊止痒的花露水也是当年流行的化妆品，如双妹花露水等，香气清爽怡然，涂抹在身成为海派时尚淑女之象征。

中华人民共和国成立后，上海的妆容护肤品主要是雪花膏和蛤蜊油等（图 4-23）。特别是蛤蜊油，其因价廉物美、经济实惠，滋润皮肤效果明显，深受市民大众的欢迎。21 世纪，越来越多的国外美容护肤产品进入上海，而上海生产的化妆品也是琳琅满目，更加丰富多样，涵盖了美容、化妆、护理、保养等多个领域，著名品牌不胜枚举。总之，美容化妆产品在海派时尚之妆容表现中起着不可或缺的重要作用。

图 4-23
双妹花露水、上海牌蛤蜊油等都是颇受大众欢迎的本土产品

六、游

　　游玩是上海人休闲生活中的一项重要内容，享受美好的惬意时光离不开游玩带来的乐趣。游玩可以陶冶情操，具有诗意般的浪漫，也可以锻炼身体，展开富于刺激的运动，更可以通过驻足名胜古迹，涉及娱乐场所，给人们以美妙的快乐体验。"白相"是上海人口中出现频率比较高的沪语，就是玩的意思。"白相"在大多数时候是有指向性和流行性的，所谓指向性是指除工作、学习之外所有的玩都是"白相"。所谓流行性是指上海人的"白相"有时讲求热点效应，需要跟着"流行"去游玩。例如，民国时期，"白相大世界"是上海男女老少争前恐后热切向往的游乐活动。当年，上海的"大世界"是蜚声海内外的综合类大型游乐场所，其由"游乐世界、博览世界、竞技世界、美食世界"四部分组成，并设置杂耍、曲艺、戏剧、电影等八大系列的娱乐项目。事实上，"大世界"在很长一段时间内，是海派时尚文化之游玩的经典地方（图 4-24）。20 世纪末，上海人的"白相"开始转向逛商场、看电影、游公园等。后来，随着五天工作制和节假日增加等政策措施的实行，人们有了大量的闲暇时间去追求过往难以想象的游玩形式。现在，旅游已逐步发展成上海的支柱产业。从 1990 年开始，上海每年秋天要举办"国际旅游节"，其中花车巡游可谓视觉盛宴，有许多国家或地区积极参与。

　　当然，作为国际大都市的上海，城市处处是美景，其"白相"资源极其丰富。例如，抚今追昔，希望感受老上海风韵的游客可以去外滩、豫园等地方；继往开来，希望感受新上海风貌的游客可以去上海中心、东方明珠广播电视塔、迪士尼乐园等地方。此外，还有充满大自然风情的上海植物园、上海动物园，以及许多古镇等具有标志性的海派时尚游玩景观。近年来，越来越多的网红打卡地相继被认可，不仅有陶冶艺术情操的画展、音乐会、书市，还有各种各样的快闪活动，更有令人放松身心的"减压馆""撸猫馆"等新场所（图 4-25）。

图 4-24
旧上海的大世界门面、内置摩天轮、大戏台；解放初的大世界

图 4-25
上海的时尚街区出现了一批新鲜的游玩去处。图为 Urban Decay 快闪店和不可思议减压馆

七、养

海派时尚之养生十分讲究修身养性，无论是日常饮食，还是保健活动，既各有重点又互相兼顾。

上海人注重养生。虽然上海是一座快节奏的现代化国际大都市，人们平日里承受的工作、学习等压力非常大，但上海人的平均寿命在全国甚至世界位列前茅，这其中的因素有许多，比较关键的一点就是上海人在日常生活中重视养生。养生对于上海人来说，主要落实在饮食、营养和休闲活动等方面。

首先是饮食和营养。上海人的饮食习惯。一是饭菜清淡。上海的饮食受到江南地区的影响通常偏甜，但他们在做菜时一般会控制摄入身体的糖分，除了红烧，所做的饭菜大都味道清淡，控油、少盐，味精等调味品基本不用。二是搭配蔬果。上海人的菜肴大多以蔬菜为主，另外，餐前或餐后要吃水果，因为水果中含有人体必需的微量元素。三是常吃海鲜。由于上海靠近海边，因此绝大部分上海人每天餐桌上一定会有鱼或虾，海鲜中所含有的蛋白质十分丰富。四是喜欢喝汤。上海人几乎每餐都要喝汤，汤中味道鲜美，特别是熬出来的汤一般含有多种营养物质。除此之外，上海人"冬令进补"之习俗壮大了童涵春堂等一批中华老字号国药名店（图4-26）。"冬令进补"即"冬令膏方进补"，就是将一些具有健康养生作用的中药材熬制成膏进食（图4-27）。

其次是休闲活动。上海人讲究劳逸结合，除了饮食养生，很多上海人在空余时间会选择开展休闲活动，如跑步、散步，或者跳舞朗诵、棋牌娱乐等，通过活动放松自己的心情，同时也能够让身体得到舒缓解压。如今，上海人热衷于以健身、健心、健智、休闲为目的的时尚体育，将"健身"作为健康的重要前提和手段，落实在人们社会生活的方方面面。

图 4-26
始建于 1783 年的
上海童涵春堂

图 4-27
丰富多样的冬令进
补膏方

八、礼

　　海派时尚之礼仪别有境界，无论是言谈举止，还是待人接物，都体现着上海人的一种与生俱来的修养。此处所说之"礼"，与礼物无关。

　　俗话说：没有规矩，不成方圆。无论时代怎么变迁，一些老祖宗传下来的规矩，是中华文明的精华，上海人永远不会丢弃。"礼"之所以成为海派时尚的一种表现形式，其与吴越文化渊源颇深。吴越文化是江南文明的源头，历来崇尚"谦和礼让""礼数待人"之古风。上海开埠，江南各地工商业者云集于此，本着"礼字当先""和气生财"的经营理念，迅速发展壮大，应该说上海的繁荣昌盛是以"礼"为基础的。

　　上海人凡事讲规矩，"礼"涵盖了整个社会生活的方方面面，在言谈举止、待人接物、交友处事间，无不体现一个"礼"字。孔子云"食不语，寝不言"，上海人家吃饭时不允许大声说话，以免唾沫飞溅。另外，客人在家，不可以扫地。再如，上海人之待人接物、交友处事注重"以礼相待"。上海人信奉近邻胜远亲，邻居家有事需要帮忙，左邻右舍皆会主动为之。而求人帮忙，上海人的规矩就是不提过分要求，不强人所难，不让人难堪，求人者必须斟酌再三，换位思考。上海人讲究做人要识相，不要随便抢人风头，要尽可能成人之美。礼多人不怪，讲规矩，守秩序有利于人际关系的和谐。《上海市民文明礼仪守则100条》提出的礼仪要求，为上海人在公共场合按下"规矩"的默认键，起到了定分止争的效果。人们常说上海人善于排队，也从一个侧面反映出上海的文明程度。排队可以避免纠纷，虽然排队没有一定之规，但只要大家认同，就是对秩序之井然的默认和肯定（图 4-28）。

　　上海被社会舆论赞誉为国内文明程度最高的大城市。"礼"作为一种文化，是根植于上海人内心的修养，是以约束为前提的自由和美德。比如，2020 年 7 月，上海市政府新闻发布会晒出垃圾分类"成绩单"，居民区和单位团体的垃圾分类达标率均达到 90％以上，实践成效排在全国首位，这一切皆出自"礼"。

图 4-28
平日里秩序井然的
上海街头排队景象

九、乐

　　海派时尚之音乐不同凡响，无论是古典的还是现代的，国内的或是国外的，让人们难以忘怀的典范之作不胜枚举。

　　20 世纪三四十年代，海派音乐文化的发展处于开启阶段之比较活跃的时期，用音乐反映国情民生（图 4-29）。1935 年 5 月，由田汉作词、聂耳作曲的歌曲《义勇军进行曲》第一版录音在上海百代唱片公司录音棚录制完成（此后成为中华人民共和国国歌），反映了当时上海音乐人敢作敢当的爱国情怀（图 4-30）。海派音乐不仅体现在上海市民的社会生活方式上，而且一定程度上也反映在城市艺术的音乐表现中。例如，在"海纳百川，兼容并蓄"中迎来了乡土气息的"紫竹调"、喜气洋洋的"广东音乐"、喧腾激越的"欢庆锣鼓"、回肠荡气的"二泉映月"，以及来自欧美国家的交响乐、铜管乐、管弦乐等，形成百花齐放的海派音乐之"联袂争鸣"。

图 4-29
20 世纪 30 年代是
旧上海歌曲盛行
期,出现了一批歌
曲艺人

图 4-30
淮海中路复兴路口
的街心花园里的人
民音乐家聂耳雕像

音乐是上海人精神生活的重要组成部分。民国时期，一些上海人喜欢西方音乐，尤其热爱爵士乐，如今在上海的娱乐场所，人们经常可以看到"老克勒"们穿着考究地进行出色的表演，这是那个年代海派时尚音乐的一种象征。旧上海的音乐领域"鱼龙混杂"，既有令人怀念的精品佳作，也有颓废的"靡靡之音"。对此，我们应该取其精华，弃其糟粕。

新中国成立初期，上海的大街小巷到处传唱着革命歌曲，人们耳熟能详的有：《没有共产党就没有新中国》《解放区的天是明朗的天》，以及电影主题歌《我的祖国》《英雄儿女》《花儿为什么这样红》等。20 世纪八九十年代，随着改革开放的全面展开，大量的海内外歌曲轮番呈现，在沪上各领风骚，特别是港台的一些流行歌曲风靡整个上海，如《冬天里的一把火》，燃起了人们向着"富起来"的目标奋勇前行的巨大热情。

上海人喜爱经典音乐，这可能与 1904 年中国第一张唱片在上海灌录有关。除了培养顶尖音乐人才，上海十分重视音乐的普及，比如，上海人民广播电台"经典947"是全国唯一一个每天 24 小时连续播放经典音乐的广播频道。普及古典音乐知识，共享世界音乐之美，其"传播经典，品味生活"的口号，几十年如一日地陪伴着一大批经典音乐爱好者成长。在上海，交响乐、室内乐等经典音乐会的演出频次非常高，这是长期普及经典音乐的成果表现。上海之春国际音乐节、上海新年音乐会、各音乐团体音乐会等音乐演出频繁。其中最贴近市民生活的，要数 1982 年 1 月国内首创的"星期广播音乐会"，每周一场如约开场的音乐会至今已经举办了整整40 年。当时的直播资源非常稀缺，音乐会大胆采用广播实况直播，配合现场专业解说，向观众普及经典音乐，"空中乐坛"充分发挥了广播优势，开启了许多人的音乐文化之旅。每一台节目都围绕一个主题系列展开，交响曲、室内乐、电影音乐、轻音乐、声乐名曲、民族器乐、献给祖国、新春专场、个人独唱独奏等系列排满日程，专业交响乐团、学生交响乐队、社区交响乐团、民间音乐歌手等国内外音乐表演者轮番登场，在国内外爱乐者心目中具有不可撼动的地位（图 4-31）。

十、戏

　　海派时尚之戏曲声名远扬，剧种如云，曲目无数，沪剧、越剧、京剧、滑稽戏、独脚戏、上海说唱、苏州评弹等值得人们回味的传世作品众多，尤其是一些艺术大家的精湛表演令人印象深刻。

　　上海是一个戏曲种类全、演出场次多的文化大码头。各剧种在上海皆有地盘，各有拥趸，最受上海市民欢迎的是沪剧。沪剧源于上海浦东的民歌东乡调，清末形成上海滩簧，后发展成舞台剧"申曲"。1925 年后，申曲开始演出文明戏和时事剧。1941 年上海沪剧社成立，申曲正式改称沪剧。同年，美国电影《魂断蓝桥》被改编为同名沪剧，固定剧本、立体布景、油彩化妆、灯光烘托，其效果新奇、洋气，一时成为各种剧团争相效仿的模板。沪剧曲调优美委婉柔和，富有江南本土俚曲气息，表演摒弃动作夸张程式，擅长表现现代市井生活，与海派文化的务实风格一脉相承，是海派文化的典型代表，它从不同角度反映了近现代中国大都市的现实生活风貌，显示出很强的生机和活力，成为第一批列入国家级非物质文化遗产名录的剧种。影响较大的优秀剧目有《阿必大》《罗汉钱》《珍珠塔》《芦荡火种》等。

　　清末民初，上海开创了"海派京剧"，其主要特点是善于吸收新鲜事物，勇于尝试改革创新，及时反映现实生活，打破了"京派京剧"一家独大的格局，给程式化的传统京剧造成很大的冲击，为整个京剧艺术的发展与革新增添了墨彩绚烂的一笔。

　　新中国成立后，上海作为文化重镇，发生了许多对全国戏曲界产生重要影响的事件：拍摄越剧彩色影片《梁山伯与祝英台》；创演沪剧现代戏《芦荡火种》（图 4-32），以及《日出》和《雷雨》等；创演淮剧现代戏《海港的早晨》；创演京剧《曹操与杨修》。另外，上海滑稽戏团创作了《七十二家房客》等。

　　上海人对源自西方文化的舞剧、歌剧、话剧、音乐剧等戏剧体裁也情有独钟，国外高水平表演团体频频到访，上海本地表演团体常演不息。上海人将这些西方艺术样式本土化，创作讲述中国故事的新剧目。整体来说，海派时尚之戏曲，在探索现代戏曲的表演范式、打造戏曲名家、开创海派戏曲新样式等方面，在全国戏曲界起着领先作用，为繁荣戏曲市场作出了卓越贡献。

图 4-32
沪剧现代戏《芦荡火种》

第三节　海派时尚之扩展

社会发展的不同时期产生的时尚特征谓之时尚的时代性，每个时期都有各自的时尚特征。从民国时期到 21 世纪，不同的阶段均出现了具有代表性的时尚表现。与此同时，随着社会生活、文化艺术的持续发展和对外交流的不断深入，时尚的内容和形式也在进一步扩大和延展，一般表现为延伸性、丰富性、跨界性。

一、延伸性

社会是不断发展的，时尚也会随着社会的发展一起处于运动的状态。早期的海派时尚大多集中在穿着打扮和人际交往等方面。之后，因为社会的发展带动时尚的创新，新的时尚层出不穷，其表现范围不断扩大，可谓"延伸性"发展。延伸性大致包括领域延伸、产品延伸、地区延伸。

（一）从狭义时尚向广义时尚延伸

进入 21 世纪，社会发展的速度越来越快，新生事物不断涌现，时尚的内涵与外延因时势发展一定会产生扩张的需要，而这些需要为时尚的延伸发展提供了有利的条件和基础。首先是由狭义时尚向广义时尚延伸。社会在发展，时尚要更新，由穿着打扮等"人身时尚"为代表的狭义时尚，已延伸至更加宽广的领域，如居家装潢、健康保健、休闲娱乐等与社会生活密切相关的方方面面。并且，其影响从上海扩大到周边乃至全国（图 4-33）。如今，海派时尚延伸已经引起人们更加广泛的关注和追随。一个新的海派时尚热潮正在向"大时尚"延伸迈进，文化产业、创意产业与时尚产业往往界域难分，相互渗透，使得时尚产品丰富多样，再加上产品本身的时尚性体验，犹如进入各自边际市场的"准入证"。鉴于此，由于各类时尚的内涵与外延的持续扩大，狭义时尚必然向广义时尚进一步延伸。如体育、游览、音乐等领域，在20世纪下半叶，虽有时髦之名义，可崇尚者人数有限。进入21世纪，这几大领域的时尚人数激增，成为服饰、餐饮之外的后起之新兴崇尚者。角色扮装、电子竞技、虚拟游戏等新事物，更成为驱动青少年热衷的新时尚领域，可谓异军突起。

图 4-33
海派时尚延伸至多个领域，成就了落户于奉贤的"时尚美谷"等时尚产业格局

（二）从时尚产品向其他产品延伸

如前所述，传统意义上的海派时尚产品主要集中在服装、饰品等方面，人们从欣赏的角度评品穿着者的时尚形象，即着眼于看得见的外表风格。然而，随着服装材料的更新、制作技术的改进、时尚理念的变革，以及产品科技含量和内在质量的提高，现在的时尚产品已非"老海派"可比拟，这是其内核能量积聚的结果，也是服装等大众化时尚产品在与时俱进中产生的变化。如毕业于纽约时装学院 FIT 的陈野槐自创 GRACE CHEN 时装品牌，以"静、深、富"为审美哲学，传承海派文化海纳百川、中西合璧的精髓，创造与传播深具中国文化韵味，跨越种族、地域、时空的普世之美，树立全新的来自中国又影响世界的时尚风格，塑造现代中国人的时尚形象，被誉为海派时尚的代表（图4-34）。

就传统产业而言，产品延伸是指企业发展到一定规模时，为获得更大的市场空间和更多的商业利润，进一步利用现有品牌的市场知名度而采取的丰富原有产品体系的经营行为。比如，从时尚服装向功能服装的延伸，可以使原先款式刻板的功能

图 4-34
脱胎换骨于昔日旧上海旗袍的 GRACE CHEN 现代旗袍达到了新的时尚高度

服装变得时尚起来。从传统餐饮向时尚餐饮延伸，可以使原先平常的传统菜品变成摆盘讲究、漂亮雅致的时尚菜品（图 4-35）。

图 4-35
百鲜屋 X 壹厨壹品 2019 年新品发布会推出的创新菜品

（三）从中心地区向周边地区延伸

根据传统的经营方法，生产厂家通常喜欢将产品销售布局在城市中心区域或人流集中的地方，如上海的南京路、淮海路、徐家汇、五角场等商圈是品牌商家争先恐后想方设法要入驻的。即使有时销售业绩不理想，也要尽量保住"黄金地段"的销售柜位，因为其具有一定的广告推广效应。然而，虽然中心区域消费者聚集，商品选择余地比较大，但好地段的竞争也是非常激烈的，尤其是商场租金不菲，经营同样面临着很大的风险。因此，现时有许多商家在不轻易放弃核心区域的同时，开始重视各个时尚街区的经营布局，也就是从中心地区向周边地区延伸，变单点时尚为全域时尚，通过增加商品销售网点，使时尚商品的销售范围得以不断的扩大。例如，上海目前正在大力建设的嘉定、青浦、松江、南汇、奉贤五大"新城"商业圈，正在吸引着越来越多的国内外时尚品牌纷纷前往考察布点，希望尽快将时尚品牌效应延伸至上海城市的周边区域。随着上海下一轮城市建设的全面提速，以及国际时尚之都、国际购物消费中心、国际时尚文化中心等规划实施的逐步到位，海派时尚的延伸扩展必定是未来的一个常态化的课题。

二、丰富性

海派时尚在近几十年来变得更加丰富多彩，尤其是进入新世纪达到了一个非常高的程度。其中，包括海内外各种时尚文化的大量涌入、时尚产品之实体与虚拟的市场竞争，以及由某个时尚行业或企业的单一化向全品类、多业态的扩张等。事实上，海派时尚领域方兴未艾，正在体现着越来越大的市场生命力。

（一）海内外文化的潮涌

上海是一座具有强大国际文化影响力的城市。文化交流作为上海改革开放的基本政策，有着深厚的历史根源和可期的未来前景。文化交流既是一种国际化检验，也是一种文化市场的价值取向，决定着海内外各种类型文化产品的发展方向。经历长时间的磨砺已经在上海成熟固化的各大艺术节庆活动，大多已成为引领上海文化市场发展的标杆，并且在国内外产生相当大的影响。例如，上海国际电影节、上海国际话剧节、上海当代戏剧节、上海国际旅游节、上海国际文化产业博览会等，每次活动都会迎来大批海内外专业人士光临其中（图4-36），或参与表演展示，或进行观摩交流，就如同俗话所说纷至沓来"跑码头"。现在，国内外有许多艺术演出的首演和品牌产品的首推选择在上海，如果在上海没有引起轰动或产生比较大的反响，那么其发展前景就不太妙了，上海可以说是文化市场的一块"货真价实"的试金石。

图4-36
1993年首次举办的上海国际电影节已经连续24届，为中国的国际A类电影节

此外，上海的一些文化类、艺术类博物馆同样是人们争相竞展的场所。如每年一次的上海艺术博览会（上海展览中心、西岸美术馆等）越来越火爆，来自世界各地的艺术作品在2021年的上海艺术博览会上被大量定购。诚如一些艺术评论家所说，该艺术博览会具有国际影响力，大量高品质的作品展示说明其是当代文化艺术交流的重要平台。总之，国内外文化在上海的潮起潮涌，必将促使海派文化进行新一轮的"变异"（图4-37）。

图 4-37
观展是上海市民喜爱的时尚文化活动之一，图为 2021 年上海艺术博览会展厅一瞥

（二）实体产品与虚拟产品

实体产品，指具体可触摸、可品尝、可试用的现实存在物，覆盖了人们社会生活的各个领域，如穿衣、吃食、住房、乘车，以及其他实用产品，属于传统商品的构成体系。通常，人们看到的、可消费的物品，大都是实实在在可立体观察的实体产品。所谓虚拟产品，指无实物性，借助网络流通的数字产品（如计算机软件、股票行情和金融信息，以及视频、音乐、电影、电视等）和线上服务。虚拟产品具有不易损坏、知识存储量高，以及产品内容可改变、可快速复制等优势，是人们目前热衷的新消费模式。现时，全球热点——"元宇宙"即实体与虚拟结合的未来社会的"现实"，它是借助虚拟现实技术打造的一个虚拟但具有沉浸感、代入感等特点的虚拟社会现实。若以最新的 XR 技术即扩展虚拟现实去博物馆参观，人们可以与某位"古人"进行对话交流、互相致意等，感觉非常真实。借助这种能够满足精神和心理需求的虚拟形式研究和开发海派时尚之虚拟产品，形成新时代海派文化的时尚风潮，将是海派时尚文化未来发展的重要内容之一。

（三）由单业态向多业态蔓延

根据品牌发展来看，若企业具备一定的市场规模和品牌声誉，大多会马上着手品牌的市场扩展，并进行业态的开拓和推进，从单业态向多业态蔓延。一般地说，初创业态的主打产品在形成市场规模、收获一定的消费人气后，就可以进一步做大做强企业。同时，企业可以通过扩大市场规模向多业态发展。以商业百货为例，连锁业的迅速扩张大幅挤压了传统百货的市场份额，迫使后者在经营业态上必须改变发展思路，迈出新的步伐，尝试多业态的扩展。例如，上海新世界商城就此进行了成功的实践。上海新世界商城的前身是 1915 年创建的"新世纪游乐场"，2019 年进行了重大的业态发展调整，其重头戏是引入饮食业中的"当红"餐厅进驻。另外，文体商旅的设置体验也十分抓人眼球，诸如世界最高室内攀岩、杜莎夫人蜡像馆、海洋水族馆、溜冰场等，完全脱离了传统的百货业态。再如，徐家汇商圈自 1992 年起步，通过近几十年的扩展延伸，形成了以大商业体为主，多个零散商业点为辅的商业布局，其经营业态齐备，品牌种类繁多，特别是错位经营各有侧重。通过多业态的发展，开辟了新的时尚商业空间。

三、跨界性

跨界是指某一属性的事物进入另一属性的事物，并引起事物属性发生变化的行为。跨界是市场竞争的必然，也是满足消费新需求的产物，它打破了原有格局且能呈现全新的领域。跨界的价值是因为"界"的突破，事物由于跨入了新的"界"而产生了新的价值。这是互联网时代开展最频繁、最广泛，并且市场效益十分明显的创新活动，各独立企业主体间的融合渗透，可创造出新型、具有发展势头的市场元素。这种行为一般要依赖实质性载体实施，而不是停留在名义上。

（一）文化与时尚的跨界

总体来看，文化在内涵价值上与时尚建立联系。文化与时尚的跨界是将文化中的主张、意念、理论、范式、价值等具有文化属性的元素渗透到时尚产业之中。由于文化的概念过于宏大，一般要在某个狭义的文化门类里通过某个具体的文化机构或文化企业落实其跨界到时尚产业的行为。由于跨界的目的不同，即便在相同的文化门类中，其产业化表现也形形色色。比如电影与时尚的跨界只是一种可能的存在，但电影究竟要做到怎样的时尚？是定位为时尚题材，还是开发衍生品？是IP授权，还是直接经营？在实践中，文化与时尚的跨界表现为某些文化机构或时尚企业渗透到对方界别开展经营活动的行为，也可以是双方在一定程度上的合作，利用IP与名人、名牌、名企的联名，探索生动活泼、新奇有趣的"玩法"。在国潮力量的推动下，故宫、敦煌、哪吒、三星堆等中国传统文化IP价值不断提升，时尚产品一经与这些传统文化联合推出，就深受市场欢迎。比如，创建于1931年的上海著名护肤品牌百雀羚，在2019年与敦煌博物馆合作，把敦煌壁画的文化氛围与时尚彩妆结合，成功推出了百雀羚悦色岩彩十二色眼影盘，受到"Z世代"消费者追捧（图4-38）。

图 4-38
百雀羚与敦煌博物馆联名眼影盘

以经营毛线著称的上海恒源祥集团是一家热衷于跨界经营的中华老字号企业，长期主动开展跨界文化领域的经营活动。2009年和2013年，先后成立了恒源祥香山美术馆、北京恒源祥香山画院、北京恒源祥艺术展览馆，成为中国唯一一家拥有南北画院的企业集团。2013年，恒源祥戏剧发展有限公司成立，先后创作上演了

《永远的尹雪艳》《他和她的一儿一女》《大商海》等话剧精品，并于2015年9月成功推出大型原创音乐剧《犹太人在上海》，以纪念中国人民抗日战争暨世界反法西斯战争胜利70周年。作为2010年上海世界博览会战略合作伙伴，恒源祥集团在这一全球文化盛典中，举办了"我看上海世博会"摄影大赛，并为上海世界博览会生产相关礼品，至今为人称道（图4-39）。

图 4-39
热衷于跨界文化领域的恒源祥集团推出了《大商海》等一批文化经营项目

（二）艺术与时尚的跨界

相对来说，艺术在表现效果上与时尚比较靠近。由于艺术有比较具体的样式，其与时尚的跨界比文化与时尚的跨界更易找到具体的落点，并且，这种跨界对时尚具有很大的推动价值。艺术需要设计，时尚也需要设计，两者主要共同点交汇于设计，因此，艺术与时尚的跨界一般都落在产品的外观设计上。例如，美国涂鸦艺术家特雷弗·安德鲁（Trevor Andrew）是知名街头潮流艺术家，也是古驰（GUCCI）的GucciGhost系列设计师，他经常以搞怪的街头涂鸦技法来表现潮流动向，如与"自然堂"联名打造的"国潮涂鸦口红"，在外包装、色号、产品形态三个方面基本上都是全面的新型设计。另外，为"自然堂"炫彩唇膏设计的全新包装，以充满少女心的粉色为底色，融入简单且富有趣味性的如红唇、荷包蛋飞碟、糖果、丘比特箭等街头涂鸦元素，形成时尚与童趣兼顾的视觉展示；不同色号拥有不同主题的涂鸦，意在凸显同类产品；口红顶端包装色号的标签分别有不一样的细节设计，同时将常见的圆和方的唇膏外壳变化为六边形造型，横切面如雪花状。而其爱心限量版的膏体则极富创意地制作成爱心形状，真正体现了街头、涂鸦本身的即兴、随意和自由的本意（图4-40）。再如，艺术家王璜生的大型装置作品《呼吸》，与涂月品牌创始人涂月及设计总监杨盈盈在上海时装周的秀场结合联袂，吸引了时尚圈内外众多KOL及博主的关注，被称为跨界合作的"快闪"视觉盛宴。

（三）商业与时尚的跨界

总体而言，商业在生存方式上与时尚更加接近。这里的"商业"泛指商品经营的销售空间，是以消费者购物为主的营业场所及其营商环境。商业和时尚都是经济的直接产物。商业的营利诉求更为直白，其生来就是直接为经济服务的。时尚则"裹"有文化与生活的外衣，以亲近民众的面目出现。商业不依靠时尚也能存活，时尚则必须借助商业而兑现。在当今的时尚文化氛围下，商品的时尚度是消费的先决条件，销售业绩往往与商品时尚程度挂钩，时尚的商品才是吸引消费者的砝码。

图 4-40
涂鸦艺术家与自然堂的联名款

从一定程度上看，商品的时尚度是商场存在、发展的硬道理。如今大多数高档商楼经多年的拓展已经成为综合性很强的"销品茂"（Shopping Mall），它本身就是时尚载体：购物环境现代时尚，商品类目应有尽有，俊男靓女徜徉期间，吃喝玩乐一应俱全，并以餐饮、游玩、健身、美术、音乐和书店等作为其时尚形态的象征。如南京路新世界城的上海杜莎夫人蜡像馆尚在创设阶段，就通过报刊、电视、广播的报道产生了热点效应，引起业界和广大市民的普遍关注，令人们翘首以盼，此为商业向时尚之跨界（图 4-41）。而位于徐家汇商圈的上海汇金百货引进"上海本帮菜"馆后，更是人气满满，获誉多多。至于老凤祥跨界组建上海老凤祥眼镜公司、上海老凤祥钟表公司，开发"老凤祥贵金腕表"等系列产品，则是上海滩首饰、眼镜、钟表行业联合跨界开发"老字号"的一大创举。

图 4-41
2005 年 5 月开业于南京路上的全球第 6 座杜莎夫人蜡像馆和好莱坞明星蜡像

（四）工业与时尚的跨界

一般而论，工业在生产形态上与时尚颇为一致。在诸多跨界行为中，工业与时尚的跨界是最自然贴切的，事实上它们从来就没有分离过。或者说，两者的跨界由来已久，相辅相成，并且时常合二为一。时尚产业是换了一种说法的时尚工业，至少在英语里面，工业与产业就是同一个词汇，而中文里的工业却包含在产业里。自从有了工业，时尚就获得了如虎添翼般迅速扩展的张力，工业产品的时尚化既促进了消费者的购买欲望，也润泽了工业本身，同时也带动了时尚文化的进一步发展和延续。2019年，海派高级时装品牌JUDYHUA STUDIO与其长期合作伙伴凯迪拉克（Cadillac）合作，于上海西岸艺术博览会期间，呈现了一件充满未来科技感的艺术装置作品——《银翼》，演绎了工业与时尚跨界融合的无限可能。其设计总监华娟以先锋设计语言，在虚拟与现实之间演化出充满未来感的极致美学，以金属镜面呼应钻石切割手法，将棱角分明的建筑主体与周围"流淌"的艺术造型进行对比，镜面金属作为情绪渲染，创作出充满魔幻感的作品。《银翼》于优雅中见磅礴，宛如穿越时空的"天外来物"，用艺术将现实与虚构合二为一，传达了JUDYHUA"创新、颠覆、精益求精"的品牌精神和横跨不同领域之创意创新的非凡能力（图4-42）。

图 4-42
JUDYHUA 与 凯 迪
拉克跨界合作装置
《银翼》

尽管如此，上海依然有不少工业门类唯恐自己不够时尚而专注于时尚化。以汽车工业为例，最初仅为人们代步工具的小汽车，已经演变为既与人们的日常生活密切相连，又与时尚流行息息相关的大件商品。如今在新车型开发时，车企非常关注时尚潮流动向，不仅要满足时下人们生活需求，给汽车添加各种本不属于汽车的功能，还要兼顾汽车外观和内饰的"颜值"，有的车型外观像可爱的玩具，有的车型内饰宛如移动办公室。许多车型自诩"时尚跨界车型"，其跨界融合大都极其完美。根据2017年上海市时尚产业的构成情况来看，在整个城市时尚产业8 232.45亿元的产值中，汽车制造业的产值为6 831.04亿元，占比75%以上，[①]是时尚产业产值贡献力度最大的行业。

（五）教育与时尚的跨界

总体来说，教育在人才疏通上与时尚更加对口。由于时尚知识更新速度相对较快，人才队伍偏年轻化是时尚人才的特征之一，这就更需要加快人才培养的脚步，因而教育与时尚的相互跨界也时有发生。目前，一方面是通过教育机构培养时尚行业专门人才，同时也开发了礼仪、花道、茶道、美食、化妆、手工、书画等许多深受上海市民欢迎的时尚生活类课程，各类时尚培训机构应运而生；一方面是谋求教育方式时尚化，用受教者更加喜闻乐见的方式完成教程。

---

① 张芝萍、胡碧琴:《中国城市时尚指数研究》，东华大学出版社，2020，第55页。

教育向时尚跨界主要发生在非学历教育层面，一般是开设能紧跟时尚产业动态的相关课程，并邀请来自行业的知名专家授课。相对于普通高等教育模式，社会力量办学在内容和形式上都与时尚的距离更近，机制更加灵活，课程更接地气，模式更加多样。互联网背景下教育环境的变化，将教育的目标由传授知识，也就是以教为中心改变为以学（即以能力的开发）为主，在内容和形式这两个方面实现教育与时尚的跨界结合。互联网是一个流量为王的时代，不管是线上还是线下，大多需要以流量作为数据评判的标准，进而证明教育的成功与否。至于教育方式的时尚化，有所作为之处更多，比如云端课堂、互动直播、APP 推送、虚拟展演、实景体验等，学习不受时空限制，一部手机就是一所"口袋里的学校"（图 4-43）。

图 4-43
跨界云端课堂，可以助力海派时尚文化传播

（六）医疗与时尚的跨界

　　不可否认，医疗在业务范围上与时尚一拍即合。医疗与时尚的跨界合作主要体现在医疗美容、健康养生、医护环境等方面。当下颇为时髦的"颜值经济"使得医疗美容市场的发展突飞猛进。根据 Frost&Sullivan 数据，我国在 2018 年已成为全球第二大医美市场，医美服务市场收入占全球医美市场份额的 13.5%，且是前五大市场中增速最快的国家。艾瑞咨询发布的《2020 年中国医疗美容行业洞察白皮书》显示，2019 年中国医美市场行业规模达到了 1 769 亿元，同比增长 22%，医美用户达到 1 367.2 万人。生活水平的提高使得人们因祈求长寿而投资健康养生，"中药 + 时尚"的新潮流模式日趋成熟，如在开发防疫产品、健康日用品等领域，正在形成一种创新的中医药文化传播和实践途径。用时尚化手段提高人们对健康的关注，将是两者结合的重点。例如，从 2020 年开始全世界爆发新冠肺炎疫情，人民群众的健康防范意识空前提高，卫生防疫口罩已成为普通人的随身必需品，时尚化口罩式样层出不穷，给人们佩戴口罩增加了一个理由。医护环境的高端化趋势也少不了时尚设计元素的加入，装修高端的私人诊所、月子中心、康养会所等难计其数，舒适、温馨而新潮的环境令人犹如置身于别具一格的时尚场所。

　　医疗与时尚的跨界一方面是因为人们的审美意识使然，另一方面也是医疗进一步发展的必然。如 2021 年，上海市第六人民医院与专门做女性内衣的著名企业跨界合作，成立了"腾飞科技可穿戴研究中心"，双方形成优势互补，着重研究解决患者在临床医疗中遇到的难点和痛点问题，赋能临床医疗向纵深方向发展提供范本——"穿戴医疗未来大蓝海"项目，共同致力于医疗健康行业的质量、效率，以及规范性、先进性的提高，从而推动智能穿戴行业为人们的健康作出新贡献。面对"穿戴医疗未来大蓝海"项目的前景，海派时尚应该大有作为。

（七）体育与时尚的跨界

通常来说，体育在行为模式上与时尚极为相似。正因为如此，体育与时尚的跨界是一种常态，其中最自然、最直接，并且影响最大的非服装莫属，我国著名体操运动员李宁所创"李宁"牌运动服装即为一例。体育运动与体育服饰关系密切，服装可以助力体育运动成绩的提高。20 世纪 80 年代后，随着体育运动的深入普及，休闲运动逐渐成为城市社会群体的新时尚，与此同时，线衫、线裤、滑雪衫、登山服、游泳装等与运动有关的休闲服装也相继问世，人们穿着这种融便捷性、休闲性、时尚性为一体的休闲运动服装，不但能更加直观地感受到运动的乐趣，而且可以美化自身的穿着形象。运动不仅限于运动场所，时尚也不只走在大街上，休闲运动服装打破了"运动不时尚"甚至两者对立的思维定式。创立于 1927 年的回力鞋业是上海优秀民族品牌之一，1935 年注册"回力"商标，20 世纪 80 年代拥有一双回力鞋是当时青少年的潮人标志，1997 年"回力"被认定为上海市著名商标，1999 年被认定为中国驰名商标。近年来，原本单做运动鞋的回力鞋业跨界时尚，使原来的"臭球鞋"转身为欧美潮人喜爱的"尖货"，售价从 20 元人民币变成 50 欧元，时尚权威杂志 *ELLE* 法国版还诉说了它的前世今生，其"粉丝"横跨演艺圈和时尚圈，创下了中国球鞋跨界时尚的奇迹（图 4-44）。

图 4-44
时尚的回力鞋

进入 21 世纪，体育与时尚跨界更加频繁，已被注入了更多的时尚元素。人们常说，越运动越时尚，越时尚就越有朝气。现在，城市中大多数人的工作强度、生活压力等方面都处于一种高负荷状态，于是，他们更加重视物质之外的精神追求，而体育与时尚的融合既可以满足这份心理要求，也是带动社会进步的标志，是不断追求更高层次之精神理念的具体落实。事实上，体育作为战略性的新兴产业，非专业

竞技性体育早已有了"时尚体育"之美誉，是一种集中反映体育消费和时尚流行相结合的社会心理和价值取向的特定文化现象。

（八）旅游与时尚的跨界

普遍来看，旅游在精神追求上与时尚相得益彰。旅游是精神和体力相结合的娱乐活动，即以审美欣赏的方式达到自我愉悦目的的一种时尚行为。旅游与时尚是相互依赖的社会存在，它与时尚的跨界可以修身养性、陶冶情操，开阔旅游者的眼界。目前，旅游的叙事方式越来越多样，人们既可放眼观看天南地北的自然景色，也能微观感知民间民俗的风土人情。旅游与时尚跨界的关键在于如何体现旅游的时尚价值和时尚的旅游情趣。例如，旅游景点引入一些时尚元素，可以将厚重的历史文化或核心要义，通过创新创意转化为符合现代人审美理念的新的"旅游点"，从而激发人们多方位的时尚游览乐趣。

从产业角度来说，旅游发展的重点应该是生态资源的客观存在与时尚元素的主观感受之间的联姻，如上海的旅游资源丰富多彩，包括：文化名胜古迹、红色革命旧址，以及外滩建筑群、石库门老房子等，特别是展现新时代风貌的各种"网红"地标，都可以成为旅游和时尚跨界联姻的经典范例。

（九）餐饮与时尚的跨界

通常而论，餐饮在功能定位上与时尚业态互补。餐饮聚集的地方引来时尚达人的围观，时尚热点的地方引来餐饮店家的集聚。餐饮与时尚的跨界，意在用时尚的方式，在时尚的环境，让时尚的人享受具有时尚美感的美味佳肴，它是餐饮的经营方和消费者在时尚主题下的互动，前者赢得市场份额及环境升级，后者则是在享受时尚入流的口福，双方均获得时尚氛围带来的愉悦与和谐。

在现实中，餐饮往往主动追逐时尚人流，把餐饮实体店开进百货商场、时尚地标、旅游热点，耐心研究食客口味，专心研究时尚餐品，精心调整环境品位，就是这种追逐的具体表现。例如，沪上餐饮名家"申宴"跨入位于徐家汇商圈的汇金百货，实现了经营效益的最大化。而"新上海味道"代表之一的"小杨生煎"也热衷于与时尚跨界，如与马克华菲旗下潮牌 Reshake 共同推出的联名款街头潮服，令海派时尚别具一番"风味"（图4-45）。此外，歌星、影星、大 V 等时尚达人纷纷扎堆开设对积聚人气有特殊功效的火锅店，也成为时尚向餐饮跨界的集体行动。

（十）家居与时尚的跨界

一般认为，家居在潮流品位上与时尚步调一致。在时尚事物中，家居的时尚化举措更是捷足先登，时尚变幻之快，令人惊讶不已。虽然现代人的家居状况因城市社交隔阂而具有隐秘性，较少有向外人展示的机会，但这丝毫不影响居所主人对其时尚品位的重视。若以单次消费额计算，家居装潢是仅次于购房的第二大消费领域，人们竭尽所能地把自己的居所装修到紧跟潮流的状态，使家居的时尚程度与其主人的时尚品位般配，做到"表里如一"，因为家居是人们最可依赖的庇护港湾。

图 4-45
小杨生煎 & Reshake

家居包括家庭装修、家装材料、家居用品等行业，它们均十分关注时尚动态，比如，为了尽早获取最新流行色彩信息，不少大型家装企业加入了每年定期发布行业流行色的中国流行色协会，该协会还专门下设了家居分会。不少家装企业冠以"时尚装修"之名，兜售家装在造型、色彩、材料、细节等方面的时尚化设计内容。比如，上海每年都有不同单位举办规模不一、次数不等的各种"上海家装博览会"，这些线上线下齐动的家装推荐活动刺激着人们的时尚神经，逛家博会已成为一项市民喜闻乐见的时尚活动，人们在这些活动中参观时尚靓丽的样板房，仔细品味其中的时尚气息，各自盘算着如何马上将其用于自己的家，或干脆数年后，家里来一次彻底的全新装修。因此，家装是重复大额消费的行业之一，人们再次装修主要是因为原先的装修风格落伍，它的推手便是时尚（图 4-46）。

图 4-46
聚通装潢是 1994 年成立的本土著名家装品牌，其成功秘笈之一就是紧紧跟上时尚的步伐

四、增量性

近几十年来，上海城市建设的速度之快可谓"一年一个样，三年大变样"，尤其进入 21 世纪更是日新月异，突飞猛进：无论是关乎社会环境还是涉及市民生活，

都让人刮目相看，赞赏不已。有鉴于此，根据上海加快建设国际时尚文化大都市的政策和规划，上海将进一步以时尚为抓手，促进海派文化的发扬光大，推动时尚产业的增量性发展，并通过产业时尚化、时尚生活化，两者互相促进、共生同荣，造福社会泽被后代。

（一）时尚产业总规模暴增

时尚是现代社会经济发展的重要组成部分。20世纪80年代前后，全国改革开放的建设热潮席卷了各行各业，整个社会处于高速运转的发展态势，其中时尚产业的总规模快速递增，时尚引领行业的作用十分明显。以上海为例，可以毫不夸张地说，上海改革开放取得的巨大成果离不开时尚产业的大力推动。统计数据显示，上海的时尚产业总规模几十年来增量非常迅速。上海的时尚产业发展逐年提升，时尚产品的消费已成为市场的热点。当然，未来上海大力发展时尚产业还必须进一步确立新项目、拓展新市场、创造新需求，最大限度地迎合人们追逐时尚的消费心理。另外，应该指出的是，一些著名的国内外时尚品牌的入驻加盟对上海时尚产业的发展起到了标杆作用，为海派时尚文化的开拓进取凝心聚力。

（二）时尚园区飞跃发展

时尚园区是新时代的产物，其出现本身就是一件时尚的新鲜事儿。事实上，时尚园区是未来承载上海发展时尚事业的希望之地，也是聚合、孵化、辐射时尚产业的基地。前身为上海汽车集团离合器总厂的上海时尚园位于天山路1718号，是上海十大创意产业集聚区之一。2005年，市、区联手，并邀请了中国服装设计师协会等共同把这个早已空置的老厂房改造成一个新颖的时尚文化空间，汇聚了几十家具有一定影响力的时尚文化型企业、创意设计类机构，以及一些时尚培训中心、知名品牌展示厅等入驻。由于毗邻东华大学和上海工程技术大学，该时尚园区具有比较强的"时尚"吸引力，市场亦是人气满满。

截至2021年10月3日，上海各级各类文化创意园区已有169家，各类与时尚文化相关的协会758个，[①]时尚园区在上海飞跃发展，遍地开花。作为老工业基地，上海有许多老厂房面临产业转型改造，如果借助时尚园区的重新塑造，为国内外品牌企业、时尚机构等提供大量的经营和展示空间，一定会加倍筑牢和凝聚上海的文化底蕴，扩大海派时尚的影响力、辐射力。并且，通过"腾笼换鸟"，也能够最大限度地加速上海国际时尚文化大都市的建设的步伐（图4-47）。

（三）时尚人群基数膨胀

上海社会的时尚热情吸引着生活在此的每一个人努力融入其中，进而形成庞大的时尚人群，此乃趋时为尚。由于时尚已成为上海人生活、工作、学习等各方面必备的要素，故而人们社会交往的每个环节都有相对应的时尚要求。从发展趋势来看，时尚是大众社会需求达到基本满足后的产物，也是生活进一步改善或富有人群的必然追求。如此，造成了上海时尚人群的基数不断增加抑或膨胀。如外出旅游和

---

① 数据来源：上海市文化创意产业推进领导小组办公室网站。

图 4-47
上海 8 号桥文化创
意园内的"艺影书
阁"是一个寻觅精
神食粮的时尚家园

购物是上海社会开放的一道独特的时尚风景，尤其是南京路上每天人山人海、摩肩接踵，汇集成时尚的集散地（图 4-48）。据南京路客流监测平台给出的客流数据：2018 年大约 1.5 亿人次，2019 年达到 2 亿人次，即便 2020 年遭受了严重的新冠肺炎疫情，来此旅游和购物等的人数也超过 1.5 亿人次。由此可见上海作为时尚都市，一方面是其魅力无穷，风华天成；另一方面是人们追逐时尚的热情十分浓烈。另外，喝咖啡、看电影或去健身，享受工作之余的休闲时光是上海人的一种生活常态。如电影娱乐这方面时尚人群的基数增长，几乎达到了"膨胀"的程度，观众人数每年大概有近亿人次。现在的上海，随着人们生活水平的不断提高，无论是年轻人还是中年人，甚至是老年人，热爱时尚、追逐时尚已经约定俗成，蔚然成风，而上海时尚人群基数的大幅膨胀，势不可挡，实属必然。

图 4-48
白天的南京路步行
街

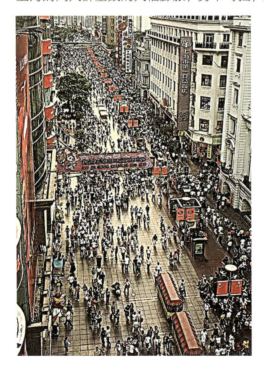

第四节 海派时尚之价值

历经一个多世纪的海派时尚，必然有其存在的价值。时代的不同，衡量价值的标杆也不同，对新时代海派时尚价值的研究，目的在于凝聚上海人的社会意识，反映上海人的时尚审美取向，推动上海时尚产业健康发展。总体来看，海派时尚的价值主要体现在社会价值、人文价值、商业价值、引领价值几个方面。

一、社会价值

海派时尚对于社会价值的贡献，主要体现于对上海及相关地区的社会面貌、群体文化和角色身份几个方面。

（一）社会面貌的体现

从时尚的角度观察，时尚对于一个地区的社会面貌和文明程度之影响十分明显，直接体现在这一地区的物质水平与精神追求方面。根据 2022 年 3 月 15 日发布的 2021 年上海市国民经济和社会发展统计公报，至 2021 年末，全市常住人口为 2 489.43 万人。其中，户籍常住人口 1 457.44 万人，外来常住人口 1 031.99 万人。这些人口构成了上海城市人口规模，只有在时尚润色下，才能体现出鲜活的时代特征。上海之所以受到国内外各方人士的青睐，虽然原因很多，但关键就在于海派文化孕育的社会面貌，其中就包括上海的时尚氛围。首先，上海城市风貌的标志性强，海派文化的印记非常明显，能让人从中感受到上海"前世今生"的社会特征。其次，善于吸纳有为之人是植根于上海人内心的文化基因，也是海派时尚的创新性发展要求。海纳百川、有容乃大的上海城市精神，使得外来者能够很快融入其中。

上海是一座充满活力、富有生气的城市，其社会面貌的体现，既有过往中西合璧时尚浪潮的追逐更迭，也有新时代充满律动感、新鲜感的摩登形象变幻。人们生活于此，或全心全意地服务于这个城市，或享受着这个城市带给人们的舒心惬意，皆是因为这里有"家"的感觉。

（二）群体文化的显现

群体文化是指群体间共有的价值、信仰、习惯和传统。上海是一座移民城市，尊重多元是上海社会的共识。上海人讲究包容性，其城市文化具有一定的群体效应，并且有着鲜明的本地属性。例如，在饮食方面，上海餐饮文化中的"本帮菜"中的不少菜品虽然起源于外地，但融入了本帮菜系，是海派群体文化荟萃的经典表现；在戏剧方面，除了沪剧，上海人也喜爱观看京剧，于是乎全国各地京剧名家轮番来此献艺，最终产生了有别于其他地域流派的唱腔，形成符合上海群体文化需求的"海派京剧"；在绘画方面，"海上画派"的形成是多方联手的群体聚合，各家相互接纳发展，共襄海派绘画，肇始海派文化。

人本来就是多元化的，群体文化更是群体成员经过沟通与互动，逐渐融合而成。因此，海派时尚之社会价值，应该通过群体文化的显现，彼此影响，相互包容，在海派时尚文化的旗帜下，不断发生、发展并成长为特色鲜明的多元地域文化。

（三）角色身份的认同

角色一词本为戏剧用语，指演员扮演剧中人物之形象。如今社会学、心理学等亦常借此概念，谓之社会如舞台，每个人都在其中扮演着自己的角色，置身于上海的每个人也都承担着某种社会角色，需要找到属于自己的族群，才能满足人类社会生活需要的安全感和归属感。因价值观念、审美爱好、经济条件、工作环境等因素的不同，人们对时尚的接受程度也不同，社会人群也因此被自然而然地分为时尚族群的不同等级，表现出不同的时尚符号，并借助这些符号的时尚化程度表明各自的身份，实现时尚角色身份的认同与被认同。

此外，时尚的角色身份还在于人们在时尚建设方面发挥的作用。时尚的角色包括时尚的发起者、组织者、制造者、传播者、消费者、评价者等，构成时尚机器运转的人的因素。上海的城市群体乃至个体都各自扮演着建设海派时尚的不同角色，绝大多数市民是时尚的传播者，同时也可能担任上述其他角色。自觉参与海派时尚建设，接受角色规范的要求，并以此作为自己行为规范的标准，愿意履行角色规范的标准，就是对自身角色的认同。

二、 人文价值

人文即人性文化，以人为本就是以人性为本的价值。人文价值一般尊重以人为本的价值理念，并且非常强调以人为核心的价值体现。海派时尚语境下的"人文价值"，十分重视以人为本、人心凝聚和丰富多样性。

（一）时尚的以人为本

海派时尚是在中国文化近现代转型发展中形成的一种城市化的社会形象，也是海派文化中最接地气的基础部分。其主要围绕"人"的活动展开，取得为世人所认同的价值，具有非常明显的人文特征，并深嵌于上海人生活的各个方面。

时尚的以人为本，一是通过基本的城市设施于细微之处着手，最大限度地满足社会大众的需求。如"15分钟社区生活圈"的探索就是上海更新城市发展模式的最新尝试，该措施既满足人们对美好生活的向往，又使人们的居住环境越来越有温度、越来越有品位。另外，一些开设在著名洋房、价格却格外"亲民"的社区食堂，引来许多"打卡者"的好评。如上海市五星级"一站式"社区综合服务体"66梧桐苑·邻里汇"，原是著名建筑师邬达克设计的历史建筑，现已成为居民群众家门口的党群站、会客厅、托老所、便民点，楼下是街道服务中心食堂，楼上是音乐室、阅览室和多功能活动室等，一应俱全。昔日的老洋房，如今成了对市民开放的共享空间，也是一处"以人为本"的富有人情味的时尚社区（图4-49）。

图 4-49
地处徐汇区天平街
道的 66 梧桐院·
邻里汇是一座文保
建筑,从政府机关
办公用房摇身一变
成为时尚社区

（二）时尚的人心凝聚

时尚使人之美的本性得以释放,是社会某个时期人们喜爱之风尚事物的具体表现。长期以来,海派时尚是人们尽情追逐的对象,也是人性中爱美之心的趋同性凝聚,即古人所说的"性相近也"。众所周知,美是人们追求的目标,时尚是美之形象的体现,也是人文价值的基本显示。海派时尚具有凝聚人们紧跟时代潮流的强大吸引力——改善城市环境,提倡时尚生活是人心所向的社会大同。放眼 21 世纪的整个上海,人们所见所闻皆以"时尚"领衔,如时尚商品、时尚消费,以及时尚信息、时尚话题……人们以"时尚"为美,以"时尚"为荣。现在,围绕时尚已引发上海乃至全国的消费热潮,使时尚成为社会经济发展的风向标和市民大众高品质生活的象征（图 4-50）。

此外,在人们对时尚不懈追求的同时,普通百姓的审美能力也在提高,即个人对美的认识能力的辨识度,促使上海实用美学的深入普及和时尚的人心凝聚力的进一步增强,从而使海派时尚更具向心力。

图 4-50
海派时尚已深入人
心,就连旧书店也
散发了浓浓的时尚
味,粉色调和歌德
名言被用来宣示书
店的主题

（三）时尚的丰富多样性

通常,时尚体现的是一种趋势,是事物发展的某种变化,即时尚的变化无穷是其必然本性。当下，时尚的发展已完全超出以往人们的认知范围，以往存在的穿着、化妆、用品等方面的丰富多样性已难以吸引人们的广泛关注，当时尚成为一种司空见惯的寻常生活方式或市场现象，就不再成为时尚，而是需要寻找新的方式，比如受到年轻人追捧的"剧本杀"之类的新奇娱乐成了一些人"减压"的新时尚。然而，最令人意想不到的是，原本只关注治愈率的医疗行业也"被时尚"了，用时尚"介入"治疗过程而减轻患者的病痛程度。

有鉴于此，时尚的丰富性与"跨界"有着异曲同工之妙（或是"跨界"的另一表现）。时尚几乎涉及社会生活的方方面面，只要是人之所需，人之所用，大凡商品、娱乐、生活、环境、交往、通讯等都会被"时尚""感染"，演绎出某种别样的时尚风情。总之，时尚无处不在，生活酝酿着"时尚"，而时尚的魅力可能就在于不可预测，这是海派时尚丰富多样的性质决定的。

三、商业价值

海派时尚的商业价值主要是满足消费、丰富市场、繁荣经济。由于时尚商品议价空间相对较大，利润率较高，因此时尚商品被人们看作是高利润的来源。长期以来，上海商家的信誉度和时尚商品的丰富性等一直是护佑上海成为闻名遐迩之时尚购物天堂的基本保证。

（一）商品价格的议价空间

议价空间是指价格可以波动的范围。商品的议价空间历来受人重视，特别是时尚商品的议价空间比较大。时尚商品在进入流通领域前，一般在价格上具有较大的主动性，占据着议价权的优势，这是因为时尚商品往往是人们竞相购买的对象，难以"讨价还价"。众所周知，时尚与非时尚产品在进入市场前，其品牌培育、设计、生产等环节的投入是不一样的。时尚产品前期的市场调研所花费的精力通常是非时尚产品的数倍。如服饰奢侈品之所以能卖出"天价"，一方面是前期的大量投入所致；另一方面是品牌的内涵价值所在。由于奢侈品品牌具有"光环"效应，故而在入驻市场时会享有若干排他性的优惠条件，包括价格上浮之弹性，就是"商品价格的议价"。在这个"议价"的过程中，品牌方将掌握"议价"的主动权，即对价格"空间"度的掌控，从而实现其价值的最优化：既以相对合理的价格令消费者愿意接受，又能使其品牌美誉度得到市场保护，最终实现购买者、品牌商、商品市场三方皆大欢喜的利益最大化。

品牌竞争的高级阶段是文化竞争，对文化的深入研究和独特理解可以成为品牌不可模仿的 IP，从而获取应得的商业利润。专注海派时尚文化的品牌"庄容"在这方面做得十分出色，能够对商品赋予文化意味，通过他人无法模仿的耐人寻味的设计和理由充分的差异化商品价格，把文化研究上的投入转化为商业价值的产出（图4-51）。

（二）无形资产的保值增值

毋庸置疑，时尚品牌具有使用价值，包含着"无形资产保值增值"的内涵和效应。如奢侈品之所以能够以比较高的价格在市场上售卖，就是因为其市场知名度和品牌美誉度等"无形资产"具有一定的"保值增值"作用。

海派时尚商品同样有着"无形资产"的"保值增值"功能。例如，人们购买"上海制造"，除了实际的消费需求、使用价值外，更多的是考虑心理上的满足和安宁，因为"上海制造"就是产品质量的保证和海派时尚的象征。另外，大家喜爱上海货的理由不仅仅是时尚、实用、美观，还因为其具有保值增值的功效。如上海牌手表、海鸥牌照相机、永久牌自行车等既是当年风靡一时的商品，也是如今人们热衷于收藏的"珍品"。值得注意的是，时尚品牌之无形资产的价值不是一成不变的，其也会随着市场的某些因素而发生起伏。对此，上海发布了《全力打响"上海制造"品牌 加快迈向全球卓越制造基地三年行动计划（2021—2023）》，希望通过全方位地对时尚商品与品牌实施多重维护，继续保持"上海制造"之无形资产的保值增值，扩大市场影响力、辐射力，构筑起新时代海派时尚商品的战略竞争新优势。

（三）商誉护佑的购物天堂

商誉是商业整体价值的重要组成部分。上海作为国际大都市素来被人们视作"购物天堂"，上海店铺售卖着来自世界各地的货品，从国际顶级品牌至地方特色商品无所不包，使得上海各大商业圈中鳞次栉比的百货商场总是挨肩叠背，人潮涌动，琳琅满目的各类产品，让人目不暇接，流连忘返。尤其是"上海制造"的时尚商品口碑甚佳，令人神往，吸引着全国各地的人近悦远来，如年轻人结婚大多以上海为置办有品质的时尚婚礼用品的首选之地。

当前，上海城市的时尚氛围更趋浓厚，商业结构布局更加合理，商品种类繁多，数不胜数，几乎国内外所有的世界著名品牌都汇聚于上海，其中一些商品甚至达到了"买全球"的程度。故上海又被称为"世界橱窗"。另外，夜市的开设使上海的"不夜城"之名更加名副其实。在流光溢彩的璀璨灯火下，熙熙攘攘的人流逛夜市、赏夜景，汇集齐聚在有着商誉护佑的"购物天堂"（图4-52）。

打造时尚化营商环境，成为新时代上海商誉新形象拓展的必需。如今购物已不再是纯粹的消费性货品的选择和购买，而是常在休闲性的逛街中萌发购物愿望，于是"时尚购物"环境便应运而生。这是品牌和商家携手共同打造的新型的商誉时尚空间。在购物的便捷和商品的全面而丰富得到满足的前提下，就特别需要注重购物过程感官体验的升级，倾向产品之外消费愉悦感的提升。上海淮海路的 K11 堪称代表。从地下三层到地面六层共 40 000 平方米的各个楼层摆放着引人注目的艺术品，或借助符合大众审美的香氛烘托商场气氛，或结合不同区域的消费特征选择合适的背景音乐，凡此种种，契合不同消费层次的时尚烘托，从而强化了上海新时代的综合性商誉，极大地调动了市场消费的积极性。

图 4-52
海派文化支撑城市商誉，护佑无数海派时尚品牌。图为"中华商业第一街"夜市

四、引领价值

引领价值是指海派时尚具有带动其他领域事物向前发展的一种能量。海派时尚凭借在时尚方面的历史地位和最新成就，对周边地域或其他行业都有一定的影响力，在成为地域文化价值楷模、乐于分享海派精髓和以文化力辐射四方三个方面有着独到的价值。

（一）地域文化价值的楷模

地域文化是指源远流长、传承至今的地方文化传统，它包括在这一地域产生的经济体系、社会组织、宗教信仰、民俗传统、价值观念等因素。我国幅员辽阔，地域文化丰富多彩，既各有特色又互相影响。脱胎于吴越文化的海派文化是上海地理环境、历史脉络和经济形态等综合发展而呈现出的一种有别于其他地域文化风貌的文化类型。

社会进步促进经济发展，文化亦同样获得多元的呈现。上海即如此，在城市体量不断拓展的同时，文化建设更是稳步推进，使其价值的差异性和多样性得以实现。浦东大开发时，一座老建筑起初被改造为"陆家嘴开发陈列室"，后改作"吴昌硕纪念馆"，从而留下了地域文化的印迹。朱家角、七宝、南翔等郊区古镇焕发活力，乡土建筑（召稼楼）、街区遗产（豫园）等点缀黄浦江两岸。广富林考古发掘的成果，更是纠正了往日对上海历史的认知（五千年看西安，一千年看北京，一百年看上海）之偏颇。首次出土完整的高 30 厘米的青铜尊，说明作为礼器出土地的广富林遗址并非是一般的村落聚集地，证实松江是上海文化的发源地，这更增强了上海人的文化自信（图 4-53）。

图 4-53
在松江区广富林文化遗址出土的青铜尊佐证了上海的悠久历史

今天，海派文化以城市为载体，以时尚为表象，在社会发展的进程中发挥着不可替代的重要作用。海派文化的价值体现，首先是开埠以来引发的都市商业经济的繁荣，其发展的速度和广度是难以估量的；其次是中西合璧融入的现代物质文明，也就是社会生活"摩登化"。例如，商业经济和物质文明促使海派绘画的适时诞生，新潮的"画廊"替代了传统的"书斋"，终结了文人画者对雇主的依附关系，开启了海上画派"按质估值"的全新模式。这表明海派时尚文化具有站在时代的前沿，体现地域文化的价值。作为地域文化价值的楷模，海派文化对社会的创新性和生活的适应性，以及近百年来成长发展的格局，一直是现代中国的缩影。

（二）乐于分享海派精髓

海派作为一个地方文化流派，是中国近代和现代最具活力的地方文化之一，对中国近百年来的文化与风气有很大的影响与引领作用，并且直到今天依然在影响中国的文化发展。以海派文化精髓之一的"包容"而论，上海之所以能够成为国际大都市，"包容"的城市精神不可或缺。上海城市的"包容"是多层次、全方位的。例如，在城市建设上，浦江两岸高楼林立，虽然中西建筑风格迥异，但是依旧合璧交融，互为映衬，相得益彰。再如，在人员往来上，上海对于国内外来沪人员一律平等对待，"包容"相处，并且持续出台了多项吸纳有为之才的政策措施，欢迎各方人士共建上海、共享海派精华。

从戏剧艺术而言，上海绝对是个包容分享的文化大码头，各剧种都能在上海立足和产生代表性剧目，都拥有广泛而热心的观众。作为海派京剧大本营的上海，

2017年11月上海京剧院在逸夫舞台复排上演了阔别上海京剧舞台近35年的海派连台本戏《七侠五义》(头本),该剧与前些年演出的《狸猫换太子》《宏碧缘》等同为海派连台本戏的代表作。上海京剧院负责人表示,他们有责任、有义务将经典海派剧目继承下来、传承下去,满足戏迷们观剧的心愿(图4-54)。

上海乐于与世人分享海派文化。许多人认为,上海是一个促使人做事的"魔都",在上海做事的人大都能得到各方面的支持。上海著名舞蹈家黄豆豆曾说过,人们在上海用青春去奋斗,慢慢地成长了、成熟了,但这座城市却依然是那样越发展越富有朝气。正是这种"包容"和"朝气",创造了许多"上海速度""上海模式",使得上海能够引领国人分享海派文化之精髓。

(三)以文化力辐射四方

长期以来,上海的文化发展始终是以先进的社会文明和雄厚的物质条件为基础的,具有明显的向周边地区辐射和扩散的影响力。国内有不少城市(尤其长三角一带)被称为"小上海""上海的后花园",其原因是海派文化向这些地方输出,使这些地方多多少少能看到一些与上海相像的影子。

现时,作为国际大都市的上海,其前行的道路充满巨大的活力,洋溢着一派社会主义现代化的蓬勃朝气。2021年,《上海文化发展系列蓝皮书》就上海的文学、文化、文化产业、公共文化服务、电影产业、文化交流、非物质文化遗产等领域进行了系统梳理。蓝皮书指出:上海的文化设施总量位于全国前列。其中,上海的博物馆、图书馆、书店、电影院、艺术演出场所等文化设施的人均拥有量(以百万人计)均远超全国,观展、借阅、电影院入场等动态指标也呈领先趋势。并且,上海公共文化设施建设和上海市民文化需求的目标已基本实现,城市规划的具体落实获市民总体认可的满意度非常高。

由于上海的文化旅游、文化教育、互联网等方面的迅猛发展而构成的海派时尚共同体以及凝聚成的文化合力受到各方的青睐,许多地方将一些时尚活动、商场店号、旅游项目等以"海派"冠名。例如,冰城哈尔滨的"海派旗袍秀"、鹭岛的"厦门融信品牌海派风华时装秀"，还有各地的"海派橱柜""海派全屋定制""海派酒店"等。这些海派文化的"溢出"效应，其实就是海派文化力辐射四方的具体表现（图4-55）。

图 4-55
海派文化如上海的高速道路，深藏于楼宇，贯通于城乡，穿梭于上下，延伸于省际

第五章

结构与形态

上海作为全球化城市典范，在经济、金融、商业、教育、科技、传媒等各方面深刻影响着中国乃至世界。与此同时，上海是海派时尚文化的栖息地、发源地，是国际时尚文化交流汇聚和展示的"大舞台"。本章就海派时尚文化的结构与形态展开分析，重点阐述构成海派时尚文化系统的基本体系、海派时尚业态的文化要素，以及由商圈、街区、园区、社团、教育和活动等共同绘制的"海派时尚文化地图"。

第一节 海派时尚文化之系统构成

海派时尚文化之所以能成为一个相对独立的文化分支，是因为它有一个巨大而复杂的自我运行系统，这个系统由多个分工明确的体系集合构成，每个体系则由各具功能的模块集合构成。粗略梳理一下，海派时尚文化之系统主要由商业、工业、人才、知识、传播、产品、服务、支持八大体系构成。

一、商业体系

文化的商业化是海派文化的主要特色之一。上海经济发达、商业繁荣，市场格局分布周到，非常方便人民群众的各种消费活动。在上海的市区街道，各类商圈经营特色分明，销售网点星罗棋布。往昔，主要商圈集中在南京路、淮海路、四川路和豫园商场，俗称"三街一场"。现今，随着城市的发展、商业模式的改革，商业形态发生了巨变，不但"购物中心"层出不穷，旧貌换新颜，而且各种新业态、新模式加快了融合发展。例如，"商业＋文化＋展览"的合作、零售与餐饮的连接、线上线下的结合，以及食行生鲜、万有集市等"互联网＋社区服务"的竞相登场，使得传统的商业经营形态或深入下沉，或跨界延伸，形成了市级商业中心、区级商业中心、社区级商业中心和特色商业街区"3＋1"的商业体系（图5-1）。

图 5-1
徐家汇商圈树形图

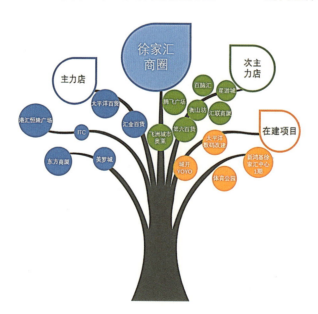

商业体系一般是指产品、服务和信息等互相联系而构成的整体。总的来说，上海的商业体系是全方位、多层次的，既有内在的战略筹划又有外在的长远布局。一方面，中心城区如南京路、淮海路、徐家汇等市级商业中心，通过"脱胎换骨"式的更新改造和业态优化、品牌调整等举措，加快向世界级商圈发展（图 5-2）；另一方面，从中心城区向外延伸，郊区也形成了一批现代化的新兴商业中心。另外，轨交站点型商业中心和商旅文体融合项目的聚集靠拢，再加上社区商业网络的快速建设，促使上海的商业体系逐步呈现精细化、集成化、平台化的发展态势。

图 5-2
淮海路上的 K11 是全球首个将艺术欣赏、人文体验、自然环保完美结合的互动、创意、自由及个性化的商业空间

根据上海市政府《全力打响"上海购物"品牌 加快国际消费城市建设三年行动计划（2018—2020）》，近几年来上海商业的建筑规模稳步前行，具有一种多元整合转型发展的势头，商业网点建筑总量达到 8 700 万平方米。在单体商业面积超 20 万平方米的购物中心中，2020 年度网络评定的十大商家排名如表 5-1，其中的商家都是人们熟悉的多业态集成的大商城。

表 5-1　上海 10 家 20 万平方米以上商家一览表

序号	名称	面积（万 m²）
1	徐家汇中心 ITC	27.9
2	青浦万达茂	24.7
3	LOVE@大都会	22
4	南翔印象城 MEGA	20.6
5	上海环球港	32
6	闵行仲盛世界商城	29.3
7	五角场万达广场	26
8	百联中环购物广场	25
9	江桥万达广场	25
10	正大广场	24.7

首发效应是人气集聚的重要因素。在"三年行动计划"颁布的当年（2018年），就有超过 3 000 个国际国内品牌在上海首发，新进首店超 800 家，国际品牌首店约占全国 50%。并且，上海全球零售商集聚度达 55.3%，位列全球城市第二。上海 800 多千米的轨道交通串联起 50 多个商圈、300 多个城市商业综合体和 20 000 多家连锁网点，给消费者带来极大的消费便利，体现了上海城市建设一体化的整体构想。事实上，作为社会经济的"压舱石"，上海商业正通过经营规划合理的结构布局、完善层次分明的配套功能，引领现代化国际大都市商业体系的可持续发展（图5-3）。

图 5-3
徐家汇是上海商业网点改造的成功案例。商场规模、品牌矩阵、产品门类布局合理，错位经营，任何消费者都能在这里找到适合自己的店铺和商品

二、工业体系

工业体系是指工业布局、行业配套、制造技术与工贸活动等功能模块的有机集合，以及由此形成的整体空间架构，即工业系统的体量规模与内涵构成。从历史上看，上海在这方面有着国内其他地区不可比拟的优势。改革开放以来，为了适应国内转型发展和国际市场竞争，上海的工业建设进行了一系列"壮士断腕"式的结构调整，一些原本占主导地位的粗放型、加工型等行业相继退出了产业体系，建立起以先进制造技术支撑、以新型都市产业为主体的现代化工业体系，其工业产能得到了极大的提升。《新民晚报》2018 年 12 月 13 日的文章《一个个率先和首创从上海诞生　听改革开放亲历者讲述上海工业的激荡时刻》中提到，2017 年上海工业一天的产量为集成电路 6 388 万块、船舶 23 527 载重吨、汽车 7981 辆、家用洗衣机 4 075 台、手机 129 046 台、服装 109 万件……从宏观看，2021 年上海城市 GDP 达 43 214 亿元人民币，位于全国城市之首位，成为第一个跻身世界发达城市之列的国内城市。

这些令人为之惊诧和赞叹的数字，充分说明上海改革开放取得的巨大成就。上海工业体系的转型发展，有利于时尚产业主体功能的升级换代。从微观看，三枪内衣、龙头

家纺、海螺衬衫、华谊固本系列、回力鞋品等海派时尚品牌产能结构调整，使它们在新时代工业体系中的实力与技术同步提升，一方面巩固了品牌影响力，另一方面成就了与时俱进。另外，海派经典时尚产品的定制加工如培罗蒙、龙凤和老凤祥等品牌，经过体制机制的有序改革，可谓亮点突出，引人注目（图5-4）。他们在各自领域特别是工艺技法上进行传承和突破，为海派时尚设计的创新作出了贡献。

图 5-4
培罗蒙和龙凤旗袍分别是上海男女服装的代表品牌之一，拥有辉煌的历史

此外，海派家居行业是时尚工业体系的重要组成部分。长期以来，上海家居品牌占有相当比例的市场份额，保持行业的领先地位。如龙凤床垫、老周红木、亚振家居、左岸艺术、奉威居品等品牌是海派时尚家居的引领者。

三、人才体系

人才体系是指为了充分发挥人的才能而进行人才的选拔、培养、使用和管理等一系列工作的组织、项目和活动的集合。人才工作是任何领域建设工作的重中之重，人才体系在海派时尚文化建设中发挥着巨大的主观能动作用。从这个意义上看，海派时尚文化建设首先是人才队伍的建设，只有有了合适的人才，才能保障海派时尚文化建设体系的正常运行。

首先是人才选拔。为了吸纳服务上海的专业人才，上海相继出台了《上海市人才政策30条》《上海市引进人才申办本市常住户口办法》《关于新时代上海实施人才引领发展战略的若干意见》《非上海生源应届普通高校毕业生进沪就业申请本市户籍评分办法》《关于深化人才工作体制机制改革促进创新创业的实施意见》等人才工作政策，各区、局、委、办也都出台配套措施，在评价人才、落实户口、安排家属、启动资金、科研平台、晋升职称、技术考证、社会保险、医疗保健、惠购住房等方面，为时尚产业的选人、育人、用人奠定了一系列政策支持的基础，创造了良好的人才环境。

上海时尚文化产业也亟需大量技能型人才，政府积极申办并获得了2021年第46届世界技能大赛举办权。世界技能大赛是最高层级的世界性职业技能赛事，被称为"世界技能奥林匹克"，共有包括"创意艺术和时尚"在内的6个大类比赛项目，是上海用来了解世界技能水平、拓展国际技能交流、选拔技能人才的窗口。

其次是人才培养。人才培养分为学校培养和社会培养两个部分。上海的时尚教育层次分明，从大专院校到中专技校，布局合理。专业设置从时尚的设计、生产、

制造，到时尚的营销、传播、管理，应有尽有。尤其是高等时尚教育勇立潮头，教学理念先进，学历结构完整，课程体系丰富，师资力量雄厚，教学环境良好，在时尚教育方面具有领全国之先的示范意义。如20世纪80年代初，上海纺织高等专科学校（现并入东华大学）率先设置"服装设计"和"纺织品设计"专业，该校组建的大学生时装表演队也在1985年面向全国开展了时尚艺术普及教育。进入21世纪，上海时尚教育得到深入延展与扩大：一是国际大都市的建设需要，二是时尚大发展的产业需要，两者共同促进了上海时尚教育。仅以东华大学为例，从1984年全校招收服装专业学生30名，到目前每年招收11个时尚相关专业学生700名，高等院校时尚相关专业设置和毕业生之数量达到了让人难以想象的突破。

社会培训也是人才培养的重要力量，2020年，上海全市补贴性培训176万人次，同比增长175%，其中，时尚文化创意类人才是社会培训的一大热门。

再来看人才使用和管理。上海作为中国改革开放的窗口，坚持海纳百川，兼容并蓄，积极招贤纳才，确立人才引领发展的战略地位，扩大"海聚英才"的影响力。例如，据上海市有关部门统计，2020年底，高技能人才规模达到116万人。仅2021年上海共引进各类落户上海的优秀人才73 128人，是2020年2倍之多。目前在上海工作的外国人达21.5万，占全国的23.7%，居全国第一。同时，上海市人力资源和社会保障局每年修订、颁布和实施《上海市职称评审管理办法》等政策法规，常年对上海的企事业单位、社会团体、个体经济组织以及自由职业者开展专业技术人才职称评审工作，评议和认定专业技术人才的品德、能力、业绩，评审结果既可作为专业技术人才聘用、考核、晋升等的重要依据，也为专业人才带来事业追求的目标和希望。政府还出台了《上海市人力资源服务"伯乐"奖励计划实施办法》等一系列使用与奖励并举的人才管理措施，切实提高人才工作效能。总之，作为海派时尚文化重要的构成部分，人才体系与学校培养、社会培训、实践锻炼、市场发掘、人才引进等方面关系密切，是上海城市建设和发展不可或缺的基本功能模块。

四、知识体系

知识体系亦称知识结构，顾名思义就是指将某一领域内或某些领域间的知识关联起来，继而形成一种结构。知识体系是事物生存的内生力量和精神支撑，合理的知识结构大多包含精深的专业知识，是推进现代社会发展的必要条件。知识体系的形成是一个自然而然的过程，海派时尚文化知识作为一种社会文化精神财富，是中国传统文化中非常重要的组成部分，能够在人们认识世界、改变世界的过程中转化为物质力量，对社会发展产生深刻的影响。

海派时尚文化知识体系来源于江南吴越文化，启发于西方外来文化，成长于海派本土文化，着眼于世界时尚文化，为市民所实践，由大师所发扬，被学者所总结，具有基于上海工商业实力的时尚事业发展需要的全面、合理、优化的知识模块。严格来说，支撑海派时尚文化知识体系的绝大部分知识模块是放之四海皆准的共性知识，可以通用于其他地域文化之中，并无十分明显的海派文化特征，尤其是自然科学类知识和生产技术类知识，更是没有地域标识的人类共同知识。但是，在海派文化地域上产生的知识，特别是社会科学和人文科学知识，将不可避免地带有一定程度的海派文化基因，往往是不可言状却能感同身受。从这个意义上说，海派时尚文化知识在本质上是一种"隐性知识"，有着独特的创造和表达方式。

海派时尚体量日渐巨大，跨界领域众多，根节盘错复杂，时间历练长久，其知识体系非简单统计某些学科专业知识类目即可厘清，简而言之，它几乎涉及人类所有知识门类，是理论知识、实践知识、历史知识、未来知识、科学知识、技术知识、创新知识、领域知识等一系列知识模块的化合反应，构成了维护海派时尚文化健康发展需要的多学科全维度的知识体系。一百多年的实践已经证明了海派文化各知识模块之间具有相互支撑、互为渗透、层次渐进、交叉新生的系统性，能够发挥出知识体系的系统优势。

五、传播体系

传播体系是由传播主体、传播客体、传播载体、传播形式和传播内容等要素构成的信息输送与交流的架构，包括报刊、杂志、影视、音乐等媒介模块，广播站、电视台、互联网和出版社等组织模块，有线、无线、卫星等技术模块。构建现代传播体系，是提高中华文化辐射力的迫切需要，也是加强海派时尚文化影响力的必然追求。

传播力决定影响力。海派时尚文化的影响力不但取决于内容是否具有独特的魅力，而且取决于是否具有先进的传播手段和强大的传播能力。海派时尚文化需要强大的、及时的、多元的、专门的传播系统，才能有效地宣传和传递其价值主张。一直以来，上海的传播体系比较完善，官方媒体是宣传海派文化的主阵地，承担着海派时尚文化"鼓与呼"的社会责任和历史使命。无论报纸、杂志、图书，还是广播、电视、平台，上海信息传播的各种载体始终走在全国的前列，推动着整个社会的发展与进步。上海人有关注新闻的习惯，尤其是广播、电视等官方媒体播报的新闻表明信息的可靠性、真实性，并且具有不可置疑的权威性。往昔，报刊、广播是上海人接收时尚信息最直接的渠道。而今，移动网络平台是上海人最主要的信息来源。依托互联网发展起来的具有传统媒体功能的"新媒体平台"，根据信息发布的形式其可概括为视频、音频、直播、社交、自媒体等类型，各平台特点比较明显，各有自己的受众面。

除了官方媒体，公众媒体因其亲民化、生活化、社区化特点，也是传播海派时尚文化的一方重要阵地，其中视频、语音类平台受众广泛，有直播、短视频、音频等。直播平台如映客、花椒、斗鱼等，它们或实时高清回放，或当红明星入驻，或自制精彩赛事、教育等作为节目的特色。短视频平台如知名度比较高的抖音，通过视频编辑、特效等技术的运用，视频的创造性更具吸引人气之魅力。美拍、秒拍亦是人们喜欢尝试发布的形式。音频平台如企鹅 FM、喜马拉雅 FM 等收听面较为广泛，前者拥有不少青年、老年听众，相互间还可以交流；后者发布的原创或改编的有声作品，在社会上有许多爱好者。

当今世界是信息技术高度发达的时代，谁的传播手段先进、传播能力强大，谁的思想文化和价值观念就能更广泛地流传。自媒体平台属于"个人媒体"，也叫"公民媒体"，凭借个人信誉注册账号发布相关信息，通过网络互动平台把自己做成某个焦点或新闻源，以期获得人们的关注和认可。今日头条、小红书、微博、贴吧、知乎、微信公众号、抖音、大鱼号、百家号、一点号等网络社区皆属自媒体，它们都需要借助各种社交平台落地。这些新媒体的运作证明，视频平台的推广特色已呈现新趋势，如何加快数字化转型，运用先进技术提高文化产品生产和时尚传播效率，增强海派时尚文化的吸引力和影响力，是一个值得人们重视和研究的新课题。

此外，兼具传统媒体和新媒体特色的海派时尚文化之各大专业展会、秀场等也是传播体系中的重要环节。如上海国际商品进口博览会、上海时装周、上海风尚生活节、上海国际美妆节、上海车展等，都是闻名遐迩、影响深远的传播发布载体。

六、 产品体系

产品体系是指设计、制造、消费能满足人们某种需求的事物的服务、组织、观念或它们的组合，其是按照一定的秩序和内部联系组合而成的整体。海派时尚的各个行业都有自己的产品模块，组成了各自不同的产品体系并不断丰富，直至构成面向社会且能融入海派时尚文化的产品系统。一般来说，产品体系的构建是人们从操作角度对产品实行战略层面的文化定位，以及战术层面的使用价值等一系列要素采取的综合架构。上海的时尚产业主要有服装服饰、美丽健康、运动休闲、智能可穿戴等行业系统。

服装服饰产业。海派时尚主要以服装服饰业起步，因此，上海的服装服饰产业发展比较成熟，市场化程度非常高。女性服装服饰占市场主导地位，其营收占比53.2％，男性占比35.8％，儿童服饰和帽饰分别占9.4％和1.6％。根据市场调研，人们发现现时上海人的穿着观念十分独特。特别是Z世代的衣装别具花样。例如，网络平台小红书通过其网上流行趋势得出"无性别主义多元包容审美革命的新风行"之时尚发展判断。它不是"男性女性化"或"女性男性化"的"中性"选择，而是反映弱化性别差别、倡导包容性的文化态度。2021年以来，Z世代网购男女同款服饰的成交额同比增长4.3倍。Oversize风格服饰成交额同比增长1.5倍，其中女性贡献了65％以上的成交额；男性同样喜欢印花图案，成交额中的88％为花型T恤。由此表明，年轻人"对话"世界的方式逐渐改变，性别框架正在被打破，品牌设计的理念应该跟上时代潮流。其实，这种"无性别品牌"服装是上世纪八九十年代港台"花衬衫"在当下的翻版，体现了一种特立独行的时尚导向。

美丽健康产业。近年来，上海美丽健康产业随着消费需求的持续增长而不断发展。2020年该产业的市场规模为631.4亿元。其中，民营企业营收占美丽健康行业总营收的 71.1%，国有企业营收占比为 7.6%，外资、合资企业营收占比为 21.3%。年度比较发现，其市场规模每年都在稳步递增（图 5-5）。上海家化是此中的佼佼者，其历史悠久，产品常新，市场影响很大。美丽健康就产业集聚而言，强强联合研发赋能是其特点。如首批入驻上海奥园美谷美丽健康产业园的蓝鸟生物，已成为国内居前的美丽健康科技融合产业综合体。而奉贤东方美谷作为美丽健康产业的示范园，是上海"颜值"经济持续走俏、美妆产业快速发展的一张产业名片，园中包括百雀羚、珈蓝、上美等著名国货品牌研发生产企业。中国航天员在太空使用的清洁用品和护肤用品全部由上海珈蓝集团研发生产，展现了上海美丽健康产业的深厚底蕴和创新活力。另外，坐落于松江新桥镇的林清轩全新碳中和工厂及其科研中心即将建成，这是一个集数字化、碳中和、高科研的现代美妆科研制造基地。

图 5-5
美丽健康产业的市场数据

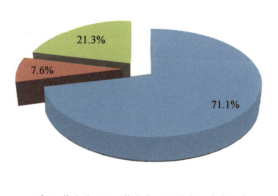

运动健康产业。由于国家政策的支持和市民健康意识的日益增强，目前上海运动健康产业的发展势头强劲，前景光明，市场消费规模不断壮大，且增长速度非常快。2019 年的产业规模达到了 209.3 亿元。其中，运动休闲服饰类企业营收在整个行业营收中占38.7%，健身器材、运动休闲服务紧随其后，营收占比分别为 22.4%

和22.1％；运动营养食品类企业的营收占比为13.7％（图5-6）。体育产业与运动健康密切相关，已成为上海新经济转型升级的增长点，总体发展水平居全国前列。据统计，2020年上海市泛健身类场馆数达6 927家（含健身俱乐部、健身工作室、部分泛健身休闲类场馆），占全国同类场馆数的4.46％。上海的健身活力与运动氛围非常突出。截至2020年12月，上海的健身人数大约268万，约占全国的3.64％；健身人口的渗透率高于全国平均水平，达到11.03％。

图 5-6
运动健康产业的市场数据

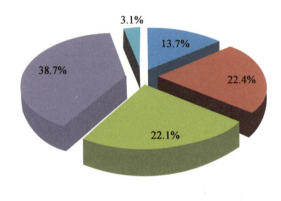

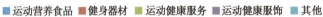

　　智能可穿戴产业。智能可穿戴应用现已成为上海的时尚热点。随着科学技术的进步和发展，人们对消费类电子产品的依赖性越来越高，智能手机、电脑、TWS耳机、智能手表等智能产品已十分普及。统计表明，2020年上海市智能可穿戴行业市场规模为66.3亿元。其中民营企业营收占该行业的87.1％，国有企业营收占1.2％，外资、合资企业营收占11.7％。智能腕带如手表、手环等产品营收占84.3％，其他类智能产品占15.7％（图5-7）。

图 5-7
智能可穿戴产业的
市场数据

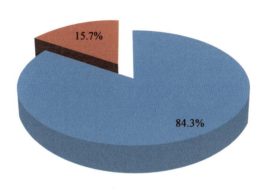

市场的需求促使加盟智能可穿戴产业的企业大幅增加。至 2020 年加盟企业已增加到 162 家，从业人员3.1 万人，正呈现出贴近生活快速发展的态势。例如，拉卡拉推出智能穿戴设备上海版精英手环（上海交通卡）既可以刷卡乘公交，也可以用作银联闪付消费；华为手环 B3 在上海隆重发布。值得关注的是上海高校在智能可穿戴研发方面发挥了主力军的作用，科研成果颇丰。如上海交大原创的"进出口双过滤"低呼吸阻力口罩、复旦大学研发的智能可穿戴之"复旦纤维锂离子电池"、东华大学创新的"科技旗袍"等，显示了上海智能可穿戴产品的开发力度及其品类的丰富性。

七、服务体系

海派时尚文化的快速发展、市场影响力的提升，得益于上海市政府的大力弘扬及其相关职能机构的全力支持促进，每次大型活动相关部门领导都亲临策划指导和协调统一，使活动取得超过预期的成效。而与之相关的公共服务、金融服务、中介服务、咨询服务等机构的有机配合，同样是海派时尚文化快速拓展的得力桥梁。2014 年 5 月 28 日，作为较早的上海服装服饰产业公共服务平台在尚街 Loft 正式启动，包括上海环东华时尚创意产业服务平台等首批成员在内，计有 16 家信息资源、产业要素和技术支持类的专业服务机构被纳入该平台。这些成员企业共同助推公共服务平台的建设，营造良好的服务环境，加快推进上海创意设计产业发展和"设计之都"的建设。

上海服装服饰产业公共服务平台是上海市"设计之都"公共服务平台的四大核心子平台中最早启动建设的，是在上海市经济和信息化委员会与联合国教科文组织"创意城市"（上海）推进办的指导下，受上海时尚产业发展中心委托，根据产业分类的需求建设运营的公共服务平台。东华大学在这方面发挥了公共服务平台引领者的功能。2014年10月"云端时尚"公共服务基地（全称"基于云计算的创意设计公共服务基地"）在该校揭牌。所谓"云端时尚"的"云"，就是以互联网和计算机技术把分散的时尚创意资源整合起来，构成一个巨大的产业资源型服务平台，用户只需轻点鼠标，即可获得所需资讯，开展企划、设计、订货等活动。由上海国际服装文化节延伸的上海时装周，经上海各部委办局及各媒体、企业和国家市场监督管理总局商标局的批准，成为国家注册商标，被视为上海大力保护知识产权，进一步优化设计师创意设计营商环境的重大利好措施。它体现了国家对上海时装周作为中国时尚产业标杆性公共服务平台功能和价值的认可，更充分体现了国家对于知识产权保护工作的重视。如今，上海时装周已经成为上海"四大品牌"建设的突破口，展示上海形象的新名片、都市合作的具体内容，且已纳入"上海文创50条"的重点推进项目中。上海市委十一届四次全会更将上海时装周列入上海面向全球、面向未来，提高城市能级和核心竞争力的重要抓手、上海全球新品首发的重要平台。

金融业的服务更具保障意义。文创产业发展离不开金融机构的支持。近年来，上海的银行等金融机构着力于创新文创的金融服务，文创产业成为金融业业务拓展的重要对象。2021年8月16日，上海市文创金融合作座谈会举行。会上，对接文创企业与金融服务机构的形象平台"上海文创金融服务平台"正式上线，为不同阶段、不同类型的文创企业提供金融帮助。上海市委宣传部、市经信委、市金融办、上海银监局共同签署《关于推进上海市银行业文化创意特色支行建设合作备忘录》，即创立上海市银行业文化创意特色支行。上海银行广中路支行、淮海路支行，浦东发展银行上海静安支行，建设银行上海第五支行，招商银行上海宜山支行这5家首批文化创意特色支行授牌。上海还将择机设立上海市文化创意专营支行，开展更专业更深入的金融对时尚文化发展的支持，打破文创企业长期以来面临的融资难、融资贵的困境。其实，2020年疫情期间，上海就独创并推出文创金融服务即"文金惠"，三年来一大批文创企业、特别是小微企业因此受惠颇多，在其帮助下解决了实际运行困难，并称其为真金白银式的硬核助力。《文汇报》2022年7月12日《0.5%、5%和10 145万元，上海独创"文金惠"为小微文创企业纾困》一文中提到：作为上海市委宣传部推出的文创金融服务，"文金惠"截止到2022年7月上旬，共服务小微文创企业416家，已为20家企业成功放贷10 145万元，为304家企业提供融资咨询服务，69家企业融资服务还在推进中。

八、支持体系

支持体系一般是指人们在社会关系网络中所能获得的、来自外界的物质和精神上的帮助和支援。如果从整个社会层面来理解，完备的支持系统应该包括政府部门、合作伙伴等，当然，还包括各种社会服务机构。海派时尚文化的建设、发展、壮大，离不开政府和社会各个方面的大力支持。

组织机构。为了促进文化创意产业的发展，2005 年 1 月，由上海市经信委、上海市社团局批准设立的"上海创意产业中心"挂牌运行，该中心是促进上海创意产业发展的专门机构。为了加快上海文化创意产业建设进度，2010 年 9 月，上海市委办公厅发文成立了上海市文化创意产业推进领导小组及办公室，该机构的工作目标是全面落实每个《上海文化创意产业五年规划》中的各项任务。2012 年 1 月，"上海市文化创意产业公共信息服务平台"上线，作为面向社会各界提供权威、全面的文创产业领域公共信息服务的市级文创产业公共服务平台，在此前后，上海设计之都促进中心、上海时尚之都促进中心、上海品牌之都促进中心"三大中心"纷纷成立，各区政府也设立了文化创意产业工作职能部门，具体负责本辖区文化创意产业推进工作。如 2020 年，静安区的《静安区关于促进影视、电竞产业发展的实施办法》、徐汇区的《徐汇区关于加快推进文化品牌建设的扶持意见》、闵行区的《闵行区促进文化创意产业发展财政扶持资金项目管理操作细则》、普陀区的《普陀区加快发展数字广告产业实施意见》、长宁区的《长宁区支持时尚创意产业融合发展的实施办法》、嘉定区的《关于加快嘉定区直播和短视频产业发展的若干意见》、黄浦区的《黄浦区文化和旅游产业发展专项资金管理办法》、虹口区的《虹口区加快发展体育产业的意见》、奉贤区的《奉贤区文化旅游事业和文创产业发展"十四五"规划》、青浦区的《青浦区文化创意产业发展三年行动计划（2021—2023 年）》、崇明区的《崇明区促进文化创意产业的扶持办法》、宝山区的《宝山区文创金融工作服务方案》等。在这一系列配套政策、重大项目的支持下，上海构建了一个与海派时尚文化紧密相关的全面支持体系。

制定强化园区管理办法。上海市文化创意产业推进领导小组曾先后发布《上海市文化创意产业园区管理办法》与《上海市创意产业集聚区认定管理办法（试行）》，以及《上海市文化创意产业示范楼宇和空间管理办法（试行）》，前两个是为了建设和完善"产业园区"，后一个是针对"楼宇和空间"的管理。并且，各区都以此制定相应的管理实施办法。"管理办法"的出台，意在管理实施的具体落实，促进"产业园区"和"楼宇空间"的有序运转和实现效益最大化。

新经济增长点。文化创意产业是新时代的新业态、新模式，也是经济上的新增长点。它有机地结合了经济、文化、技术、艺术等领域的交叉共生，务实地展现了历史传承与现代文明的融会贯通。数据显示，2020 年，上海文化产业实现增加值 2 389.64 亿元，占 GDP 比重为 6.1%，占我国文化及相关产业总增加值的比重为 5.31%。其中，文化核心领域创造的增加值为 1 953.99 亿元，占全市文化产业的比重为 81.77%；文化相关领域创造的增加值为 435.66 亿元，占比为 18.23%（图 5-8）。通过各级组织机构的扶持和支援，文化创意产业园区现在已成为上海经济转型、加快城市更新发展、点亮经济新增长点、具有积极引导意义的产业项目。人们有理由相信，未来海派文化创意产业一定会在新的经济环境中再创造、再出发，塑造新的伟业，成就新的辉煌。

图 5-8
2021 年上海文化产业发展报告主要数据统计表

数据来源：上海市委宣传部《2021 年上海文化产业发展报告》

第二节 海派时尚业态之文化要素

业态是行业的经营内容、业务形式和运行状态的统称，特指行业的当前形态。探究海派时尚业态的文化要素，目的是发现海派文化在时尚中的内涵表现和存在方式，需要根据其在各个行业中所起的作用、所处的地位和在整个产业中所在的层次，加以区分和评判。海派时尚产业的行业跨度大、类别多、差异大，行业之间在产值规模、运作方式、经营绩效等方面甚至不具可比性。因此，这里的业态研究宜根据其与"海派时尚"的紧密程度，从核心层业态、中间层业态和外延层业态三个层面展开。

一、核心层业态

上海是时尚文化之都，时尚业态的文化要素已融入上海城市肌体的血液里，具有代表中国参与国际高水平时尚竞争的能力，如核心层业态中必需的服装服饰、美容化妆和珠宝首饰等，海派时尚皆有所作为，处于领先地位。

（一）服装服饰

海派服装服饰是海派时尚文化中具有广泛代表性的产品。其中让海派服装声名鹊起的当属旗袍，说到海派旗袍，绕不过历史久远的"龙凤旗袍"。这个"中华老字号"创建于 1936 年，是上海唯一旗袍类国家级非物质文化遗产。龙凤旗袍曾为许多知名人士（如一些国家领导人的夫人）定制旗袍。如今，端庄大气的高档丝绸旗袍有着某些独特的海派时尚文化内涵，其对传统旗袍"镶、嵌、滚、宕、绣、雕、镂、盘、绘"这九大工艺的领会以及在实践中的匠心独运，使其成为传统而又现代，高贵而不奢侈的新中式经典品牌（图5-9）。

图 5-9
"百年风华"的龙凤旗袍正在焕发新的光彩

现时，海派服装正在重新诠释着融合东方文化底蕴与西方时尚理念的海派时尚风范，一批新海派中式服装品牌在国际大牌云集的上海保持着本土海派时尚服装的魅力。比如，创立于 2000 年的上海瀚艺服饰有限公司，其品牌 HANART 传承苏州织造皇家工艺，以手绣手绘工艺见长，倡导"上海裁缝"品味与工匠精神，让极致的中国工艺以"中国审美"方式走向世界。创立于 2006 年的上海庄容服饰有限公司，以传承、创新、艺术与匠心为基石，以极具文化意味的海派旗袍为特色，作品在海内外博物馆、中国文化中心展出，其作品分别被中国丝绸博物馆、云南省博物馆和台湾佛光山佛陀纪念馆正式收藏。

海派时尚文化的精粹在老字号向"新国潮"转变中发挥了引领作用，这些老字号品牌坚持海派时尚特色，上海各大商场纷纷响应，拿出销售坪效高的场地，积极配合上海名牌的升级转型。比如，上海百联集团旗下第一百货商业中心等黄金商铺，大力支持的"老字号，新国潮"行动（图5-10）。在上海的服饰领域，有着"蓝棠""奇美""博步"等一批令人难忘的鞋类品牌。1948 年创牌的"中华老字号"——蓝棠牌皮鞋，选料优质做工精细，鞋型久穿不变，富有立体感，透着"女鞋皇冠"之浪漫与激情的光彩。在上海各大商场的鞋类柜台，这些各式各样的老字号高档皮鞋十分引人注目。

服饰品在服装服饰系统中占据的份额越来越大。除了纯粹的服饰品公司，服装公司也借助其品牌影响力，开发与其服装风格一致的服饰品。市场调研数据显示，一些国际时尚品牌店铺中的服饰品种类已经超过了服装种类，其产品的利润率也超过了服装的利润率。国内服装品牌也因其品牌影响力日增而着力开发品牌专属服饰品。"上海故事"是一个专门设计生产围巾的服饰品品牌，这个 2003 年诞生于静安区石库门里的品牌，坚持"海派、摩登、经典"的设计路线，以围巾为载体，讲述海派文化故事，带给人们生机勃勃的阳光情怀和自然高雅的生活情调，其"上海之恋""浪漫巴黎""中国水墨"主题系列产品一经上市便成网红，成为当代时尚女性

图 5-10
第一百货商业中心
等商场支持老字号
产品升级换代的新
国潮行动

点缀生活的不二选择。位于南京路步行街的"上海故事"（图 5-11）是其主营丝巾围饰、时尚阳伞及手袋等产品的专卖店，商品虽小，名堂却大，其设计研发融汇了后海派时尚理念，给人以梦幻般的全新感受。公司瞄准上海核心商业圈，多方位传播海派时尚服饰文化。

图 5-11
"上海故事"诉说着
一个个浪漫、妩媚、
婉约的海派故事

　　整体而言，上海在企业经营成本高等不利因素之下，在各大商圈主营高端首发国际品牌的前提下，服装服饰作为海派时尚核心层业态，其现有经营业绩并不十分理想，与其历史上曾经辉煌的行业地位还有不少差距，但令人欣慰的是，这里已经凝聚了一大批在 21 世纪"后海派时尚"中举足轻重的后起之秀，如地素、之禾、莉莉、维格娜丝、素然、尹默、衣架、纳薇等品牌，在品牌知名度、产品时尚度、市场占有率等方面都展示出相当强劲的实力，成为新生的"海派时尚兵团"。比如，创立于 2002 年的上海地素时尚股份有限公司是一家多品牌运作的时尚集团，旗下

拥有三个知名女装品牌：独立率性专属的高街品牌 DAZZLE、年轻奢华的半手工定制品牌 DIAMOND DAZZLE、奇幻复古的混搭潮流品牌 d'zzit。该公司坚持打造自主原创品牌、坚守创新和品质 DNA、不断加强市场推广力度等"内生成长、品类延伸"的品牌战略，从而使品牌的美誉度、品牌力和品牌矩阵多方得以不断提升、日益增强和丰富多彩。这些蕴涵新海派文化时尚元素的设计，深受新时代上海区域消费者的欢迎，也是包括上述时尚品牌扎根上海拓展市场的共同文化信念。

（二）美容化妆

上海的美容化妆始终传承着海派时尚的风貌，紧跟着国际时尚的潮流，并且发挥着海派时尚文化风向标的作用。如美容美发行业龙头——上海华安美容美发有限公司创立于 1921 年，是一家连锁品牌商店，无论美容还是美发，均在业界享有比较高的声誉。南京路步行街上的"百雀羚"售货亭销售的"老字号"化妆品，长期以来一直是普通市民和全国游客喜"闻"乐见的美容佳品，有极具标志性的历史传承意义（图 5-12）。

图 5-12
"百雀羚"南京路步行街售货亭

目前，由于国门的进一步打开，国际上各种化妆品大量涌入，香气满"城"，不绝于"鼻"，令人眼花缭乱。几乎各大商场的中心位置都被美容化妆产品"霸占"。据 2020 年上半年上海代表性购物中心调改时尚零售业态细分，化妆品（美妆个护）在整个购物中心（商场）时尚商品的比重被提高至 23%（图 5-13）。另外，根据市场调研表明，通常商场 1 层以化妆品柜位居多，上海本地的化妆品品牌大多赫然在目，如上海家化联合股份有限公司的"佰草集"（图 5-14）、上海自然堂化妆品有限公司的"自然堂"（图 5-15）、上海林清轩生物科技有限公司的"林清轩"（图 5-16）等。

性价比是当下影响人们消费取向的重要因素，化妆品市场亦如此。过去许多人在购买化妆品和护肤品时喜欢去大型商场选择国际品牌。但近年来，特别是年轻人的消费观念正在悄然发生变化，他们不再以国际品牌为首选，而是更加注重美容化妆的实用性和有效性。在社交平台上，经常可以看到人们在晒产品，聊体验。引人

图 5-13
2020 年上半年上海代表性购物中心调改时尚零售业态细分

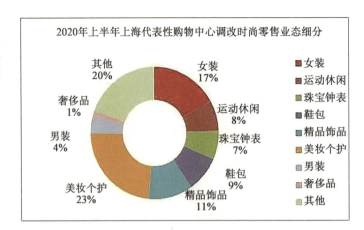

图 5-14
佰草集

图 5-15
自然堂

图 5-16
林清轩

关注的是现在过敏体质的人不在少数，所以人们对化妆品和护肤品的选择尤为讲究，而许多国际品牌的护肤品不太适合国人肤质。为此，上海的一些美容化妆品公司一直关注着医学护肤领域有关中国人皮肤健康的状况，希望从医学角度寻求肌肤问题的解决方案。如上海家化公司与瑞金医院联合研制出的"Dr. Yu 玉泽"品牌护肤品（图 5-17），能有效解决干燥、涩痒、泛红等问题。由于其使用效果明显，加之使用者在社交平台上的广泛交流、口口相传，因而受到不少人的青睐，未来具有很大的发展空间，有人甚至认为它是国货中真正具有护肤价值的"药妆品牌"。

图 5-17
Dr. Yu 玉泽

（三）珠宝首饰

上海是珠宝首饰设计创意和佩戴使用的聚集高地，从时尚品类流行到市场风向趋势，从国际领先大牌到后起新锐品牌，从商品零售遍布到购买人流持续，无疑都表明上海是非常重要的珠宝首饰消费中心。2022年3月"第13届高级珠宝年度设计大赏"在上海隆重举行，国际国内各项珠宝设计大奖相继揭晓。国内品牌如金佰利钻石、老凤祥、老庙黄金、玫瑰印记、TTF高级珠宝、周生生等获得"年度杰出珠宝设计"奖。海派珠宝首饰是其中翘楚，既有历史积淀的厚重，更具传统与现代相糅合的特色。例如，老凤祥是经典中的经典（图5-18）。这个创立于1848年的民族传统品牌，演绎并跨越了三个世纪，且由上海扩展到全国乃至世界各地。中国最早获得的奥运勋章（由时任国际奥委会主席萨马兰奇颁发给荣高棠的奥运勋章），即为老凤祥大师们手工精心打造的杰作。另外，老凤祥还多次与制作体育奖杯（牌）"结缘"。真所谓"梦圆中国，凤祥天下"。

图 5-18
老凤祥外景

珠宝首饰是人们的基本审美追求。海派时尚珠宝首饰在21世纪大有可为，正步入快速发展的大通道，其汇集研发、设计、生产与销售为一体，拥有完整的产业链、多元的产品线，包括黄金、白银、铂金、钻石、白玉、翡翠、珍珠、金镶玉、有色宝石、珐琅、红珊瑚等多品种的珠宝首饰。上海的珠宝首饰市场，除了传统的老牌名店外，新开的珠宝首饰商店也为数不少，大都经营较为强调市场差异化的产品。如陕西北路、新闸路、南阳路等地段的珠宝行，环境优雅，产品精巧，自成体系，既是展示、销售、定制的营业场所，也是聚拢顾客的休闲之处。这种自由灵活的经营形式已成为现在珠宝行业的时尚新业态（图5-19）。此外，还有为数不少的个性化小众定制设计的精致珠宝饰品店，散落在一些老建筑、老洋房和知名旧里等处，它们是独立设计师展示珠宝首饰的艺术空间。如武康路、五原路、延庆路等僻静优雅的地段，云集着设计师们专有的首饰店或买手店（图5-20）。这些可定制的珠宝首饰店虽客流不呈蜂拥之势，但其产品设计简洁，风格精美，大多值得人们细心品味，似更具文化意味。

图 5-19
珠宝行业的时尚新
业态

图 5-20
隐匿于僻静雅致处
的首饰买手店

二、中间层业态

中间层业态主要是针对特定消费者的需求，按照一定的目标有选择地运用商品经营的手段和形式。以下从人们社会生活中涉及的家居空间、文具礼品和消费电子等方面做些观察。

（一）家居空间

上海家居装潢的精彩场景大多来自红星美凯龙、月星家居、金长海家具城和曹家渡家具城等超大型商场，人们浏览于此，品味其中，一定会大开眼界。这里集中展示了许多闻名遐迩的家居品牌，如"龙凤床垫""爱舒床垫"，以及"老周红木""亚振家居"等，它们是海派家居在新时代的新标杆。

老品牌争做新贡献。创建于 1955 年的"龙凤床垫"是上海著名的"老字号"，其以"匠心传承好睡眠"，成为2019年中国国际进口博览会用于接待的特供床垫。而爱舒床垫"来自上海的精致睡眠"的广告语同样令人印象深刻，它以利于睡眠和品质卓越受到广大消费者的青睐。"龙凤"与"爱舒"品牌都主打床垫，产品相同，广告词的内容也接近，但产品造型和品牌风格大相径庭，各有说道。

东情西韵新艺术。1992年"亚振家居"创立，其以"海派艺术家具"享誉上海近三十年，通过店铺布置、商品陈列以及产品介绍等，让人们可以处处感受到高雅、华美的海派时尚元素。"亚振家居"注重富有东情西韵的海派艺术家居之设计与制作。"追求极致，永无止境"是亚振企业作为"上海市著名商标"和"行业名优产品"的经营理念。亚振旗下的三大品牌"卡帝亚""利维亚""乔治亚"，定位高档，联袂钜献，专门致力于为全球用户提供高品质的海派生活方式。"亚振家居"曾荣获上海"金斧杯"家具设计大赛"套房家具"金奖，其新海派书房智能组合获"上海国际时尚消费品博览会"工业设计金奖（图5-21）。

图5-21
信奉"追求极致，永无止境"经营哲学的"亚振家居"书房家具系列

姓氏立名新景象。"老周红木"成立于1997年，是以董事长周仲坚的姓氏为名，表示人生要有愿景，必须怀揣初衷和匠心，以名立命用心服务才能做成"百年品牌"。该公司专注红木家具，讲求纯手工的精雕细琢，并采用传统与现代相结合的先进技术进行生产制作。同时，坚持"诚信至上，品牌典范"的经营理念，逐步树立起"行业标杆"之完美无瑕的臻品形象。至今，"老周红木"品牌已连续十几年荣膺"红木家具十大影响力品牌"的称号（图5-22）。

除此之外，上海的"久典家具"和"左岸艺术"等海派家具，因设计、品质、开发、制造等特色，同样受到社会各界消费者的普遍认可。前者获得年度"中国家具行业十大诚信品牌"称号；后者被顾客广泛赞誉，表示今后会继续看好它们的产品。两者都是新海派时尚家具的重要代表。

图 5-22
新颖时尚的"老周
红木"新中式书房
家具系列

（二）文具礼品

文具礼品是人们社会生活中涉及的独具文创特色的业态代表，它不仅体现了一种文化底蕴，还与人民群众的物质与精神文明密切相关，并且已逐渐呈品牌化、个性化的创新趋势。网络时代，传统的文房四宝正被键盘鼠标取代，然而，文具礼品还是不可或缺，如书写文具、办公用具、文化礼品等，消费升级在所难免。

在电脑普及的今天，传统学习用品的利用率虽大为降低，但在学校教育方面学习用品的使用却有增无减，小学、中学、大学的学习方式虽有不同，各有侧重，但都离不开文具。例如：小学生必备的铅笔、橡皮等；中学生必备的钢笔（水笔）、修正带、圆规和各种尺等；大学生必备的电脑等。上海文具名牌比较多，如晨光、中华、英雄、文正、图强、马利等，都是各界人士喜欢的品牌。上海品牌的文具礼品在脚踏实地确保产品质量的同时，特别讲求海纳百川、开放包容的海派文化的多元性表现，许多品牌的蓬勃发展始终秉承紧跟时代潮流、广纳多方元素、服务人民群众的初心。因此，它们时常把参与有关展览活动看作是接受用户和社会的检测。如2019年在上海举行的"中国品牌日"活动中，晨光文具品牌体验区就接待了2万多名观众，为5 000人展示了一台专业检测仪器——划圆书写仪，有200人参与了绘画及手账体验活动，现场好评不断，广受赞美（图5-23）。根据上海某高校学生会所做的调查发现，晨光文具是最受广大学生喜爱的上海著名品牌。晨光文具具有式样新颖、使用便捷和性价比高等特点。上海乃至全国绝大多数学校的学生都购买过晨光文具，并且有一些同学还热衷于追踪晨光文具研发的脚步，不断购买其新品。另外，海派文具名牌——中华牌铅笔，同样实至名归。如中国第一铅笔有限公司研制的"中华神七太空书写笔"，伴随着航天员实现了中国人首次太空行走。中华牌老字号铅笔"不忘初芯文具套装"，以及跨界炫动卡通哈哈IP联名首发中华哈哈系列文具，既是文具市场的新品，也是海派文具的亮点。

图 5-23

晨光文具展会

文具的外观设计现在越来越得到重视，一些体现社会潮流和海派时尚文化的中性笔、手账本等系列产品，如笔身彩绘水浒传经典人物形象系列，惟妙惟肖，颇具"国潮"意味，大受欢迎。此外，受"盲盒文化"影响而推出的文具盲盒，十分契合年轻消费者追求神秘、新鲜的消费体验。

事实上，文具作为消耗品，随着社会需求量的增大，对社会经济的贡献也有所提高。2017 年，汽车制造业对时尚产业产值占比高达 6 831.04 亿元，占上海整个时尚产业的 75％以上，对时尚产业贡献最大。文教等用品制造业、家具制造业和纺织服装服饰业的产值分别是 385.6 亿元、326.61 亿元、322.87 亿元。文教等用品对时尚产业的贡献是显而易见的。

（三）消费电子

毫无疑问，以电脑、电器、手机、数码等为代表的电子产品是网络时代的热销商品，社会需求量十分庞大。2021 年，京东一年一度的"618"消费报告显示：京东"618"活动期间，上海的购买力位居全国省份排行榜第 5 位，6 月 18 日当天成交额同比增长 35％，表现十分突出。而京东"618"促销活动中，上海的热销产品前5 位分别是办公电脑、家用电器、手机、食品饮料、数码，由此可以看出上海的消费特色是以电器、数码等电子产品为主。互联网时代，人们的生活与电子产品息息相关。爱奇艺、腾讯视频、喜马拉雅（耳朵经济）等视（音）频网站，是人们日常使用范围和频率比较高的选择对象，是人们娱乐生活得以充实以及青年学子校园生活中不能或缺的"陪伴"。手机、平板、笔记本电脑等是大学生电子消费的首选。特别是当前"无纸化学习"的普及，越来越多的学生倾向于选择电子产品，用作上课记笔记和复习课程内容的工具。电子产品的清晰度高、方便文件的保存与编辑整理，再加上学生课余时间喜爱打游戏、看视频和小说等娱乐休闲的消遣方式，使得电子产品已成为大多数学生的消费选择（表 5-2）。

表 5-2　上海某高校电子产品使用调查

品类	种类	名称	偏好理由	大约人数（某大学学院范围内）
电子产品	实体消费	手机	日常通讯及娱乐	500
		平板（以Ipad为主）	1. 设计类专业会用平板完成作品（绘画等） 2. 其余专业以"无纸化"学习为主 3. 画面开阔，线上考试时使用较为方便 4. 休闲娱乐：追剧、剪视频	250
		笔记本电脑	1. Office 软件运用 2. 剪视频、P 图、推文排版等 3. 画面开阔，线上学习、考试时使用较为方便	450
	虚拟消费	游戏产品	以王者荣耀这一手游为代表	150
		视频软件	腾讯视频、爱奇艺、优酷、芒果	200
		阅读平台	晋江文学网站、快看漫画等	60

上表所示，学生使用电子产品一般偏向于游戏、视频软件和阅读三方面。由于参与游戏的需要，不少人会为角色购买"皮肤"，以提高"战斗力"。为增加游戏的刺激性，大多数同学都会对所选择的项目进行追加消费，以满足投入感的需要。视频平台往往为 VIP 设置看全集、抢先看等福利，很多用户会因此而选择充值成为VIP。至于阅读平台，是满足课程学习和补充课外知识的需要。部分电子书必须付费购买才能阅读，也有不少连载小说或漫画可以通过消费虚拟币的方式解锁更多章节。研究表明，男生更倾向于购买数码电子产品。

三、外延层业态

外延层业态主要涵盖家庭日常生活之外的休闲娱乐和健康养生等。下面通过娱乐旅游、餐饮酒吧、音乐影视和医养健康四个方面作具体的阐述。

（一）娱乐旅游

上海是一个充满时尚魅力的城市，其不仅是中国经济中心，也是国内外人士心向往之的旅游城市。上海的都市旅游资源极其丰富。社会上曾流传着这样一句话：看上海——十年看陆家嘴，百年看外滩，千年看七宝。来上海旅游，除了可以感受国际大都市的繁华，还可以领略快节奏的城市生活方式，以及独特的海派时尚文化氛围。上海市统计局数据显示：2015—2019 年上海市接待国内旅游人数159 142.44 万人次，上海市国内旅游收入 19 740.24 亿元；2015—2019 年上海市国际旅游入境人数 4 318.48 万人次，上海市旅游外汇收入 34 483.19 亿美元。人们可以观察到，无论是节假日，还是平常日，上海的各个旅游景点和时尚文化街区到处是熙熙攘攘、摩肩接踵、络绎不绝的各地游客，显示出"魔都"独有的欣欣向荣和繁华热闹之景象（图5-24）。

图 5-24
上海是中国重要的旅游城市，上海在市民倾巢出游的同时，也迎来大量国内外游客。图为2020年上海旅游节期间南京路步行街的外来游客

上海人喜欢旅游众所皆知，在祖国的天南地北，在世界的各大洲，随处都有上海人的身影和足迹。现时，上海人热衷于特立独行的旅游形式，尤其是小众化旅游。如许多年轻人喜欢参加"稻草人旅行"，出游线路专门定制，不走传统的寻常路，虽然费用比较高，但他们希望通过参加"稻草人"的定制旅行结识异性，找到意中人，解决个人的婚姻大事。另外，上海老年人的旅游生活虽没有年轻人那般别出心裁，但同样富有情趣，如结伴逛老上海的时尚文化风景点等，然后拍视频、谈感想，分享朋友圈。当下上海退休老人大多喜欢"农家乐"，享受田园风光，饱览山水之美，一年数次乐此不疲。正所谓：年轻人旅游"开天辟地"打开新思路，老年人旅游颐养天年玩乐新空间。

在娱乐领域，许多上海人对"新花样"充满热情和好奇。一是喜欢追星、追剧、追梦，关注网络契合口味之节目，如一些娱乐公司出品的"吐槽大会""脱口秀大会""冒犯家族""超级故事会"等大众娱乐综艺节目，对顶流明星的崇拜如痴如醉，粉丝新名词"饭圈"由此产生。二是对思想性、艺术性、观赏性皆佳的电影追捧有加，如抗日战争片《八佰》、抗美援朝片《长津湖》、谍战片《悬崖之上》、生活片《你好！ 李焕英》等上架后，获得口碑和票房双赢的佳绩。又如，2021年岁末《爱情神话》的上映掀起如潮好评："真嫉妒，上海可真好看啊！"

上海是现代都市文化的代表，也是大众文化如流行小说、流行音乐、流行戏剧的发源地。从文化生活上看，上海的文化设施种类齐全，总量位于全国前列。每百万人拥有博物馆6.2座，远高于全国每百万人2.3座的平均水平，基本达到发达国家的水平。上海公共图书馆的数量仅次于巴黎，超过伦敦、纽约、东京等，人均拥有藏书量3.3册，位居全国第一。截至2021年12月，上海全市共有386家影院、

2 467 块银幕、33.5 万个座位、24.14 亿元年票房，继续位列全国第一。在新的时代，上海人业余时间普遍喜欢逛博物馆、看音乐剧、听交响乐，或者到大型商场玩剧本杀游戏，并且极其热衷去健身房健身等。

其他如卡丁车、蹦床、密室等新玩法，更受年轻人的欢迎。2020 年发布的《上海五五新兴消费力大数据》显示，新兴玩乐消费在五一期间异军突起，蹦床订单量相比节前增长 620%，密室订单量增长 264%，DIY 手工坊订单量增长 260%，这些体验消费动辄每单数百元甚至上千元，展示出消费力不菲的态势。

（二）餐饮酒吧

上海独有的海派时尚文化气质，使得海派餐饮酒吧别具一格，充满着精致感与品质感。沪上餐饮酒吧大都崇尚"轻奢"，特别迎合年轻一代的吃喝体验。据赢商网数据，46% 的沪上新品牌多从餐饮业切入。越来越多的外地网红餐饮聚集上海落地设店，并且不少跨国餐饮品牌的中国首店或经营新模式也选择从上海开始。上海人对于新鲜事物的认知和经营消费的理念，为上海的餐饮品牌提供了很大的张力与底气。与此同时，上海的餐饮品牌通过汇集本地的优势资源，也在不断地向其他区域拓展。一般来说，上海餐饮行业高档酒店的入住率基本饱和，大多需要提前预定。但是近两年因为疫情，酒店餐饮行业的客流受阻。于是，酒店改变思路积极采取应对措施，推出系列优惠促销服务项目，以此拉动消费。特别是高档酒店放下身价灵活经营，采取优惠套餐、免费娱乐等营销方式招徕顾客。例如，1929 年建成的位于外滩的和平饭店，过去以高端消费闻名于世，现在则经常推出"聚会套餐"的优惠项目：除住房餐饮外可参观和平饭店、和平饭店博物馆以及免费享用健身设施等；晚餐后可以欢聚在和平饭店爵士酒吧，聆听观看享誉国内外的"老年爵士乐队"的演出。再如，浦东的"上海皇廷花园酒店"，因"园林风格环境优美＋套餐人均价格适中＋免费出借旗袍给客人拍照留念"等，深受上海人的欢迎。另外，上海的一些"高颜值"的网红高端星际酒店也纷纷推出家庭套餐、亲子套餐等活动项目，在双休日或节假日同样吸引了不少上海本地人家全员入住，人气爆棚，常常一房难求。如上海外滩 W 酒店、上海佘山世茂洲际酒店、云和夜泊酒店等。

上海的"吧"（BAR）文化"重头戏"似乎是年轻人在"唱"。酒吧、咖吧、茶吧、特色吧、网吧等散布在城市各处，其中咖吧尤其受到年轻人的欢迎。据不完全统计（至 2021 年），上海共有 6 913 家咖啡馆，全球排名第一，远超伦敦、纽约、东京。每万人拥有 2.85 家咖啡馆，每平方公里就有 0.86 家咖啡馆，密度最高的是南京西路，平均每平方公里有咖啡馆 57 家。毫不夸张地说，咖啡馆已成为海派时尚文化的新亮点。其早期的社交功能属性，如今随着时代的变化正在被不断扩展、放大，成为海派时尚产业的一部分。夜幕降临，点缀其间的咖啡馆、酒吧、甜品店、茶餐厅等，为上海这座城市增添了丝丝烟火气，满足了年轻人下班聚会的需要：喝酒聊天、拍照打卡，围在马路周边的商家谈天说地，自由奔放，显示着一种"无拘无束"的青春本色（图 5-25）。

图 5-25
田子坊创意园里的
时尚咖啡吧还设有
现场画像等特色项
目

（三）音乐影视书刊

"上海是写不尽的"——新时代赋予海派文化更加丰富的内涵与外延。"海派"与生俱来就有兼收并蓄、开拓创新的特点，从初时海上画派异军突起、海派京剧独树一帜，到后来的海派文学、海派电影、海派音乐等，它们的来因去果一脉相承，对于推动上海国际文化大都市的建设意义重大。21 世纪，上海商业的大体量、广业态，各种一站式消费中心的服务模式日渐成熟。如今，音乐、影视、书刊等外延层的文化业态也包含其中，除了满足人们采购物质类商品的需求之外，还要充分考虑人们如何享受精神类产品。这是上海经济调整和产业提升而出现的结构性变化，也就是将文化消费服务列入商品经营之中。

上海历来是中国音乐文化重镇，拥有高水准的音乐团体、高素质的观众群和高颜值的表演场所。上海共有以上海音乐学院为代表的 7 所高等院校设有音乐学科，社会力量办学的音乐教育不计其数，为音乐团体和民间演出持续输送专业人才，各类音乐演出情况良好。以音乐剧为例，音乐剧是时尚文化的一部分，也是最为贴近民众的音乐体裁之一。近年来，上海的音乐剧飞速成长，成果喜人，仅 2019 年度就献演了 36 台 95 场原创华语音乐剧，占全国 34％。2021 年上海有 148 部音乐剧上演，其中有不少海派原创音乐剧，比如《赵氏孤儿》《隐秘的角落》《沉默的真相》《南唐后主》《阿兔酱紫》《悟空》等，还有《伪装者》《海上·音》《寒色曙光》《忠诚》《春上海 1949》《2020 好儿女》《丹心绣》等一批红色题材的海派音乐剧在各大剧场亮相，成为一票难求的"票房爆款"，演出场次、观众人次、票房收入均排名前列。上海市演出行业协会在 2022 年初发布的"2021 年度上海剧场演出数据汇总"中显示，即便在疫情因素的困扰下，上海的音乐剧全年观众仍然达到了 52.4 万人次，在所有演出门类中排名第三。在 2021 年上海所有舞台演出中，音乐会演出1 470 场，占比 16.8％，场地涵盖全市 44 个剧场，观众达 80.1 万人次，其中，历史可追溯到 1879 年的上海交响乐团演出首次突破 200 场/年，创高雅音乐演出历史新高，反映出上海观众的审美素质。

影视作品是更为亲民的艺术体裁，拥有极为广泛的民众基础。上海的各大商城几乎都有影院、剧场、歌厅等文化设施。例如，上海市级商圈的徐家汇美罗城五楼就是一个"艺术空间"，其中"上剧场"和"上影影城"等文化业态门庭若市，人气旺盛，人们在此听音乐、观影视，享受着物质与精神融为一体的消费乐趣。尤其是"上剧场"处于购物、餐饮、娱乐等集中汇聚的商场之中，代表和展现了一种全新的消费观念，那就是将上乘的戏剧艺术巧妙地切入到现代都市商业中。而此地的"上影影城"则是电影的专属场所，每天放映着与时俱进的各类影片。

满园春色，书香怡人。南京路上中百一店的"光海书局"是上海"文化进楼宇"活动的重点项目。福州路上的"大众书局"（创立于1927年，当时称"大众书局行印馆"）是著名的老牌书店，历史底蕴深厚。作为沪上首家电影主题书店，其拥有与电影有关的图书上千种，大约占店里图书总量的50%。值得一提的是书店内设茶阁奶茶店、纸品咖啡馆，人们在此阅读、交流，品茗或喝咖啡，享受充满书香的恬静时光，让人有一种不可言喻的惬意。大众书局旁就是上影影城，这是颇有意义的设计布局，两者相互比照印证，可以进一步提高影视艺术的鉴赏水平。另外，南京西路嘉里中心的"现代书店"、上海中心大厦52楼的"朵云书院"，以及吴中路爱琴海购物中心七楼"光的空间"等，也是凝聚海派书香文化的网红打卡地。近年来，就具有海派文化魅力的书店而言，影响力之大当以"钟书阁"为代表（图5-26）。

图 5-26
如今的书屋早已非传统书店可比，"泡书店"也是上海市民的时尚活动之一

此外，"文化思南"品牌出自上海思南公馆的创新打造，是街区公共空间向社会开放的实践成果，已产生了思南读书会、思南纪实空间、思南赏艺会、思南城市空间艺术节、思南书局、思南夜派对等一批文化品牌项目和活动。其中，思南夜派对包含集市、读书会、艺术展、露天音乐、讲座、工作坊等，集文化与生活体验于一体，已成为沪上最知名的周末陶冶情操之地。

（四）医养健康

近几年来，健康理念进入千家万户，上海市民的健康素质显著提高。"美的追求、高的颜值、暖的表情"之理念是上海赋能健康城市的精细化管理目标，彰显着

健康城市的一种独特气质。数据统计显示：2020 年上海市居民健康素养水平指数达到 35.57%，实现了 13 年"连升"，并提前 11 年达到"健康中国行动"2030 年任务指标，领先全国。进入 21 世纪，随着上海人的生活水平继续得到很大的改善，大家已开始把注意力转移到健康保养方面，健康成了广大市民关心的重要话题，人们普遍认为身体好是人生最大的安全保障。

2021 年 3 月 24 日，于上海棋院举行的上海市体育产业工作会议传出，由上海体育学院发布的《2020 上海市健身休闲业数据报告》显示，产业规模方面 2020 年上海市泛健身类场馆数 6 927 家（含健身俱乐部、健身工作室以及部分泛健身休闲类场馆），占全国比重 4.46%，尽管比 2019 年有所下滑，但就全国城市排名来看，上海依然位居广义健身场馆数量第一。健身房数量分布以浦东新区、闵行区和徐汇区为上海市的前三位。再从健身消费角度分析，至 2020 年 12 月底，上海健身人口（数）约为 268 万，约占全国的 3.64%，其渗透率高于全国平均水平。2020 年上海健身俱乐部、健身工作室会员人均年度消费金额分别为 5 582 元和 12 068 元。从健身休闲业趋势来分析，已呈现健身方式居家化、健身休闲智慧化、用户需求个性化这三个方面的特征。由于监管日渐规范化，青少年体育培训日趋火热，为健身休闲储备后续拥趸。

国内医美市场规模前十城市依次为北京、上海、成都、广州、重庆、深圳、杭州、南京、西安、青岛。上海医美市场地位的取得是上海市制定出台相关政策推动的结果。如《上海市非法行医举报奖励办法（试行）》《上海市打击非法医疗美容服务专项整治工作实施方案》《上海市开展促进诊所发展试点工作实施方案》等政策，既对行业实施规范化管理，又推动医美行业竞争主体的多样化（表 5-3）。

表 5-3　上海市医疗美容产业政策概要表

时间	政策	具体内容
2019 年 5 月	《上海市开展促进诊所发展试点工作实施方案》	取消医疗机构设置规划对诊所的限制，将本市诊所（中医诊所、医疗美容诊所、中外合资诊所、港澳独资诊所仍按照现有规定执行）设置审批改为备案制管理
2019 年 11 月	《上海市非法行医举报奖励办法（试行）》	对经核实并查处的擅自开展医疗美容的举报行为进行奖励
2021 年 2 月	《关于本市"十四五"加快推进新城规划建设工作的实施意见》	化妆品加快引进国内外品牌企业，拓宽医美、美容仪器等领域发展，迈向世界化妆品产业之都
2021 年 9 月	《上海市医疗美容主诊医师备案管理办法（征求意见稿）》	提出医疗美容服务实行主诊医师负责制，明确备案以及监督管理工作，质量控制工作的职责分工
2021 年 10 月	《上海市打击非法医疗美容服务专项整治工作实施方案》	提出严格规范医疗美客服务行为，互联网第三方平台不得为医疗机构发布医疗美容服务信息等

资料来源：前瞻产业研究院

上海市民积极参与全民健身活动。现代人讲求时尚健康的生活方式，既要做好单位的本职工作，又要确保自己的身体健康。于是，定时定量的健身锻炼在日常生活中必不可少。体育场、健身房甚至家中，到处都可以看到人们利用碎片化的时间开展"见缝插针"式的健身活动。《2021年上海市年轻人运动健身报告》显示，超过4成的95后、00后偏向于居家锻炼；近5成的年轻人为"摆脱亚健康"而参与运动健身。健身的方法各取所需，各有所长，有的前往活动场所锻炼或自备健身工具居家健身，也有的选择无空间限制的锻炼形式如跳绳等。瑜伽垫、弹力带、健身环、动感单车等健身器材已是沪上当下十分流行的"时尚产品"。比如，作为上海本地成长起来的健身连锁品牌，一兆韦德目前有员工3 000多人，拥有超过100家健身会所，在上海商业中心的服务功能完善中扮演了极为重要的角色。2007年底，一兆韦德黄浦城市会所在外滩CBD核心区域树立起占地3万余平方米的地标式建筑，颠覆了传统"健身房"概念，成为一个大型一站式休闲娱乐运动天地。2015年，一兆韦德荣获上海市著名商标，这是健身行业内首个获得该荣誉的企业。一兆韦德时刻以海纳百川的胸怀面向社会，以强烈的责任感回馈社会，以引领全民健身的旗手标准来要求自己，为业内做出表率。目前，一兆韦德已为社会创造了大量就业岗位，累积服务超过100万会员，每天服务人次超过50 000次。

在全民健身的热潮中，上海的许多企业认识到员工的身体健康是保证企业正常运营的关键，于是也积极参与其中。他们为了健全健身设施，不仅落实健身房和购置健身器材（图5-27），还特地配备健身教练以使健身活动安全开展。正是众企业（含专业运动场馆）的重视，上海健身器材的销售逐年提升（图5-28）。企业重视强身的意识由此可见。总之，个性化、碎片化、随时随地"动起来"是海派健康城市的社会风尚，诚如上海市政府印发《关于加快本市体育产业创新发展的若干意见》（沪府发〔2018〕31号）的通知中指出："将健身休闲产业作为'健康上海'建设的重要内容，培育新供给、促进新消费，提高健身休闲产业发展能级。"海派休闲健身业前景大有可为。

图 5-27
晨光健身房

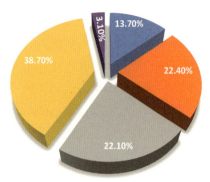

图 5-28
上海健身休闲消费
板块支出比例

运动营养食品	13.70%
健身器材	22.40%
运动健康服务	22.10%
运动健康服饰	38.70%
其他	3.10%

■运动营养食品 ■健身器材 ■运动健康服务 ■运动健康服饰 ■其他

第三节 海派时尚之文化地图

海派时尚经过近百年的开拓和打造，其整体风貌早已深入人心，形象时尚的"景点"更是远近遍布，处处有精彩，时时有惊喜。打开海派时尚之文化地图，沿着海派时尚的路线与足迹探索、寻求、浏览，我们可以真切地感受到上海时尚商圈的繁华、时尚街区的独特、时尚社团的专业、时尚教育的规范，以及时尚活动的丰富。

一、时尚商圈

海派时尚商圈是上海商业持久发展必然形成的，是上海商业繁荣的象征和海派时尚文化的代表。根据商场体量及其商业单位的多少，时尚商圈通常分市级、区级或街区。由于消费对象、消费目的有所不同，时尚商圈之间既有分工又有重合。

（一）概述

目前，上海有大约 70 个市、区两级时尚商圈。总体来说，上海的市级核心商圈是表现与展示海派时尚文化产业的主力军。例如，南京路商圈东西两段。东段为 1999 年 9 月国内最早开设的南京路步行街。这里是上海商业最具人气的繁华路段，汇集了大量的上海"老字号"商店，以及大牌林立的购物中心，是人们领略海派时尚文化的首选地，也是旅游的"打卡点"。而南京西路（静安寺区域）是国内商铺租金最高、也是上海最为奢华的时尚商业街区，此处以奢侈品和高端个性消费为主。淮海路与南京路并肩齐名，其在品位和风格上独领风骚，是上海人公认的集时尚、摩登、优雅、浪漫之有"腔调"的休闲购物商业区。四川北路商业街则调整变身为上海最新潮的时尚文化街区之一。另外，徐家汇商圈等作为市级核心商圈中的"后起新秀"，具有多元化、国际化的商业生态环境，处于海派时尚潮流的"头部"，在当下消费潮流的变革中不断焕新蝶变，迎接着来自四面八方的国内外客流。数据显示，近几年来上海的区级商圈如雨后春笋般茁壮成长，每个区都有若干个时尚商圈引领着商业经济的蓬勃发展。如黄浦、静安、徐汇、闵行各有 8 个区级商圈，普陀、虹口、杨浦、长宁等各有 5～6 个区级商圈，时尚商圈最多的是浦东新区（14 个）。

（二）特色

上海的南京路步行街是举世闻名的老牌商业繁华之地（图 5-29）。国际流行品牌与中华老字号同街竞争——传统和现代各显风采，新潮和怀旧交织成辉，构成了烟火气与亲和力等特色齐全的新型商品体系。从步行街一路朝东直达外滩，既可以一览上海的"母亲河"——黄浦江的风采，也能够欣赏到左右连成一片的"万国建筑博览群"。南京路步行街的街面设施呈不对称布局，具有一定的海派人文情怀。街中 4.2 米宽的"金带"主线，连通贯穿整个步行街，街上有问讯亭、购物亭、电话亭等公共设施，特别是步行街中一些座椅的设置难能可贵，人们在此休息片刻，可以继续观光游览和购物消费。

图 5-29
南京路步行街不再是线状结构，与其交叉的每条支路也已商店林立，分布密集十分成熟，呈紧密相连的"井"字形网状结构

时髦典雅的淮海路是老上海和新青年都十分喜欢的一条马路（图 5-30）：街区两旁高楼大厦耸立，新老商铺遍布，如上海妇女用品商店、光明邨大酒店、上海全国土特产食品商店，以及百盛、环贸、巴黎春天等商城，皆是本土人士购物消遣、悠然闲逛的好去处。现时，淮海路上广受年轻人青睐的"新天地""淮海 755""年轻力中心"等地方是"潮"而有趣的沉浸式游戏体验地。

徐家汇的发展引人注目，作为新兴的商圈，其 30 多年来一步一个脚印，逐步发展壮大（图 5-31）。它的主要特点有三，一是国际化的商业地标、错位互补的购物环境与百货商厦及其商业街区之三位一体商业的优势；二是囊括各种首发店、唯一店、热门店、旗舰店，占据了品牌引领的优势；三是商圈的数字化、智慧化管理，以及徐家汇商业整体营销和组织管理的优势。另外，还有交通枢纽发达、历史底蕴厚重、文化场所众多三大辅助优势。

图 5-30
淮海路商圈示意图

图 5-31
徐家汇商圈

二、时尚街区

时尚街区与市级或区级的时尚商圈相比，无论商业设施的规模还是经营服务的高度都难以相提并论，但其具有邻接社区、数量众多、涉及面广等自身优势。上海绝大多数商业街区在主打品类、区域环境、服务配套等方面都有一定的特点，担负着面向社区、服务大众的基本职责。其中，在各方面成绩出众的佼佼者，尤其是时尚气息凸显的街区，成为人们心目中的"时尚街区"。

（一）概述

时尚街区的出现是城市发展、社会进步、生活改善的产物。上海的 16 个区当前都在着力打造新型的时尚购物环境，对营商氛围和商品展示等方面进行调整与优化，努力形成以购物为主兼营餐饮、保健、游戏等多元化的经营业态，同时致力于以时尚为主要表现方式的街区文化建设，吸引人们逛街购物、游玩打卡，积聚市场人气，带动社区消费。如新天地、田子坊、思南公馆、北外滩"城市集市"和"今潮8弄"（虹口区滨港商业保护中心修缮保护街区）等都是新时代的可持续发展的商业形式。特别是1999年"新天地"的横空出世，打破了传统商业经营模式，成为上海最早进行旧里改造且获得巨大成功的商业综合项目，产生了比较大的社会影响，同时中心城区的示范效应也随之产生。其由思南路扩展到淮海路，并且向市域各区辐射，即城市整体建设开始关注时尚街区的规划布局。这其中具有代表性的成功例子有旧校场快闪街区、大宁国际街区、虹口星乐汇商业街、杨浦大学路创智生活休闲街、宝山诺亚新天地商业广场、浦东佛罗伦萨小镇、中山公园街区（商圈）等。时尚街区大多是综合性商业集群，对于促进购物消费、活跃经营活动等方面，能够发挥积极的推动作用，其是人们日常生活中普遍注重和寻求的消费目的地。

（二）特色

上海的时尚街区具有分布广、数量多以及商业形态各异等特点。如果归纳一下，大致有以下几种类型。

怀旧型。以上海老年消费者为主，他们喜欢传统的"老字号"商品和过往的一些销售方式。如淮海中路上海全国土特产食品商店，为了迎合老上海人喜欢腐乳、酱菜以及自带盛器购买的习惯，坚持"零拷"服务至今；而北外滩来福士商场B2层"城市集市"则以近乎逼真的复制，还原当年上海的弄堂生活场景，吸引众多市民前来怀旧体验消费。

Z世代型。以时尚的年轻人为主，他们喜欢时髦、讲求潮流，其朝气蓬勃的青春洋溢着时尚的活力，他们是当今海派时尚风情的实践者、推动者。如号称上海最时髦的聚集地——"巨富长"街区（位于静安区的巨鹿路—富民路—长乐路），以及TX淮海|年轻力中心等。这些地方潮人云集，潮牌荟萃，以其特立独行的新鲜感、稀缺性，成为Z世代年轻人心向往之的时尚街区。

小众型。小众虽小，有容乃大。如五角场太平洋森活天地的NOYA街区、地下潮流街区等地，到处分布着各种时尚与流行的元素。整个街景中的人气咖啡店、潮牌店、健身房、酒吧等宛如一个个"童话"背景，非常适合人们在消费之余拍照留念。比如，上海时尚之都促进中心的"时尚体验＋"项目以发布特色主题、特色街区消费地图，发售相关电子消费卡券的形式，集中展现上海各街区独具特色的时尚消费新体验，同时集结网络媒体新势力，助力推动时尚新热点。2020年12月23日发布"时尚体验＋"ד上海咖啡文化周"联名消费卡，该跨界项目通过集结徐汇区周边代表性的咖啡店，主推咖啡店和文化场馆共同推出的优惠体验套餐以及周边十余家咖啡店推出的缤纷消费礼遇。消费者通过时尚消费和现场打卡，开启促进时尚经济跨界新模式。

休闲型。休闲型时尚街区追求恬静悠闲的消费氛围。如思南路街区以环境优美的思南公馆为代表，是神秘感极强的时尚打卡地（图5-32）。而南昌路"活着"的历史街、长宁ART愚园生活美学街等皆是注重优雅精致的好去处。

图 5-32
闹中取静的思南公
馆是富有神秘感的
时尚打卡地

综合街区型。所谓综合性街区大都集电影、演出、展览、集市（包括吃喝玩乐）等于一体。如"今潮 8 弄"是虹口区最具特色的地标性时尚街区——修旧如旧的 8 条里弄、66 幢老建筑保存完好。这里处处包含历史，时时彰显文化，为多种时尚元素交汇融合之地。

近期，文化和旅游部公布了第一批国家级夜间文化和旅游消费集聚区名单，上海有 6 个时尚街区上榜，它们是夜上海人气最旺的地方：外滩风景区（黄浦区）、新天地—思南公馆地区（黄浦区）、徐家汇源·美罗城（徐汇区）、衡复音乐街区（徐汇区）、南京西路商圈（静安区）、五角场地区（杨浦区）。其中五角场—大学路入选首批上海地标性夜生活集聚区之商业地标，排在"上海 Top5 新兴玩乐消费地标"第一位，成为上海新兴文旅消费的"澎湃心脏"。

三、时尚园区

时尚园区主要是利用因企业转型、置换、搬迁等因素而空置的老厂房、老仓库等老建筑资产，经过创新改造重新赋能，在新时代再起步，发挥新的作用，产生新的价值：通过吸引国内外相关机构入驻开展一系列经济活动，特别是创意产业的开拓与发展，最终形成颇具时尚特色和溢出效应的新业态，或称源自时尚园区的新兴产业，为上海社会经济水平的进一步提高作出应有的贡献。

（一）概述

时尚园区是新生事物，上海的时尚园区经历了自发租赁、统筹规划、专业机构调控、政府部门推进等几个发展阶段。最初，相关建筑空间的规划设想主要是对老工业基地稍加改造整理，然后出租给经营需求者，两者之间是房东与房客的租赁关系，不涉及经营内容的合作联系。1999 年，上海开始尝试老厂房之创意产业的全面规划。试点项目是由台湾设计师登琨艳领衔设计的南苏州河路 1305 号约 2 000 平方米的旧仓库改造工程——"创意仓库"，吸引了国内外许多知名设计公司入驻。此种颇具艺术特色的创意构想，引起人们的广泛兴趣，并且得到政府相关部门的重视，进而引发组建专业管理机构的设想。前文提到的"上海创意产业中心"在此情形下于 2005 年应运而生，成为推动上海创意产业发展的专门常设机构。

如今的时尚园区已不单是提供房屋租赁之类的简单模式，而是已经开始自己的内容产出，提供产业政策咨询、智能信息网络、设置物流网点、组织项目申报等配套服务，将经济、文化、技术和艺术等有机结合起来，为入驻企业主动提供多元化服务，进入了一种新型时尚园区业态，体现了传统与现代、知识与智慧的融会贯通。现时，在上海市委宣传部与上海市经济和信息化委员会等党政部门的指导下，经过多年的探索和开拓，时尚园区已逐渐形成别具上海特色的新经济模式，即从单个创意企业到集聚成封闭创意园区再到开放式创意社区。并且，通过创意产业化和产业创意化的经营迭代，其形式和内容取得了双突破，成为上海经济转型、加快城市发展的新增长点。

（二）特色

上海的时尚园区基本是由老厂房改造而来。例如，"天山路1718号"原是搬迁郊外的上汽集团离合器总厂的老厂房，经过改建拓展，如今以时尚的格局布置创新重显。园区内店铺林立，许多大牌企业或机构纷纷入驻，每年举办各种艺术、文化、娱乐等活动。由于其与东华大学比较近，故双方经常联合开展时尚活动，社会影响逐步扩大，现已成为长宁区第一批被授予"上海市创意产业园"的时尚园区。

上海规模最大的时尚园区当属位于杨树浦路2688号的上海国际时尚中心，前身为上海第十七棉纺织厂，其东望复兴岛（内陆岛），西临杨浦发电厂，南依黄浦江，北至上海蜜蜂毛衣厂原址，占地13万平方米。经过长期规划改建，上海国际时尚中心已成为实体性空间建筑形态的时尚园区，涵盖了时尚多功能秀场、时尚接待会所、时尚创意办公、时尚精品仓、时尚公寓酒店和时尚餐饮娱乐六大功能。另外，上海国际服装文化节、上海时装周、高校毕业设计秀等常常在这里举行和发布。市民与游客可以漫步亲水平台，欣赏浦江美景。上海国际时尚中心是当下观光游览和购物消费的理想之地（图5-33）。

图5-33
上海国际时尚中心园区内的购物广场"精品仓"，汇聚了众多时尚品牌

位于杨浦区的五角场是上海四大城市副中心之一，也是上海十大商业中心之一，因邯郸路、四平路、黄兴路、翔殷路、淞沪路五条发射状大道交汇于此而得名。其南部环岛商业商务区的规划占地面积约1平方公里，总建筑面积达到140万平方米，是一个集甲级办公楼、商务、餐饮、娱乐和休闲于一体的高端商业建筑综合体（图5-34）。五角场有一个号称"上海第一精致艺术区"的800艺术区，是全上海第一个以购物中心的理念规划管理经营的艺术区，也是一个市民领略艺术时尚的集聚地。

图 5-34
杨浦区五角场

由上海春明粗纺厂改制更名为"上海M50文化产业发展有限公司"，简称"M50创意园"，其占地面积36亩（24 000平方米），以品牌价值为核心，努力打造具有"艺术、创意、生活"意味的时尚高地，吸引了一大批在文化创意领域有影响力的单位入驻。苏州河畔浓厚的艺术情调与创新的时尚产业，使得这里每天都有国内外众多的收藏家、知名人士、艺术爱好者、市民和游客慕名光顾。同属该区域的"上海纺织博物馆"和"顾正红烈士纪念馆"是红色文化的经典传承地。位于宝山的金色炉台·中国宝武钢铁会博中心，由原上钢一厂2 500立方米高炉改造而成，成为了全新的公共天地（图5-35）。总之，老工业基地的遗存保护和空间资源的再利用，具有深刻的历史意义与现实的经济价值。

图 5-35
金色炉台

四、 时尚社团

时尚社团在上海的存在历史悠久，其在海派文化的形成和发展中功不可没。事实上，上海的文学、艺术、商业，以及一些行业机构等的发展都或多或少地得到过时尚社团的帮助和支持，进而不断成长和壮大。

（一）概述

客观而言，海派文化能有今天的发展成就，与上海的时尚社团所做的努力和紧密的配合息息相关。时尚社团长期以来积极参与海派文化的推广与普及，发挥着"鼓与呼"的作用——传播文化、繁荣市场、愉悦大众。

根据上海市社会团体管理局的相关规定，按照社团的性质和任务，时尚社团分学术性、行业性、专业性、联合性四大类，并以各自的专长发挥引领时尚的社会职能。如上海服装行业协会、上海美容美发行业协会、上海餐饮行业协会等在海派时尚之服装、美容、餐饮的发展过程中，以行业特色为主起着积极的社会引导作用；而上海国际时尚联合会、上海国际时尚中心等则以综合性、联合性的社团服务形式，扩大和提高海派时尚文化的传播功能。另外，也有一些生活爱好类民间社团，以绘画、音乐、戏剧以及海派旗袍等艺术形式为载体，成为宣传海派时尚文化的公益品牌，比如"上海市静安沪尚墨缘书画文化公益中心"（简称"沪尚墨缘"）开展的文化艺术交流，包括举办公益讲座、艺术展览等，丰富了海派时尚文化的内涵，扩大了社会文明的影响力（图5-36）。

图 5-36
上海有一批沪尚墨缘书画文化公益中心之类的爱好时尚文化的民间社团

（二）特色

上海时尚社团组织的日常工作主要是围绕党和政府的中心任务以及社会热点、时尚话题、行业调研等展开各种活动。与此同时，在做好时尚社团相关工作的基础上，还要主动承担起连接企业与政府有关部门之间的"桥梁"作用。例如，上海时尚社团自1995年以来每年举办的"上海国际服装文化节"，其内容丰富形式多样，社会影响比较大，被专家们认为是"推动上海时尚文化发展的重要力量"（图5-37）。上海时尚社团数量众多，特色各不相同，结合自身优势资源，开展诸如中外时装设计师发布会、国际服装博览会、国际服装学术论坛、国际服装设计大赛、国际时装模特大赛等与时尚相关的主要活动。比如，上海国际时尚联合会作为发起方和主办方，在政府各部门支持下，于2014年搭建了中国第一个致力于推动高级定制事业的推广与展售平台——上海高级定制周（简称：高定周）。经过多年的打磨沉淀，高定周已经发展成为高级定制的孵化与推动平台，聚合高定的产业、人才、品牌，输出团体标准等。高定周倡导"东方生活美学"宗旨，为中国高定产业发展明确市场方向，通过"品牌发布""静态展售""主题沙龙"等为主要途径，进一步实现高定品牌打造、高定品牌集聚落地、高定人才培育、助力构建高定品牌经济与运营模式等，积极推动上海文创产业发展（图 5-38）。再如，上海美容美发行业协会旨在美容服务，自 2002 年以来持续举办"上海国际美发美容节"（原为"上海国际美发美容邀请赛"）和"上海国际美发美容化妆品博览会"，这些活动以新科技、新潮流为主题，涵盖美发美容的多方面特点，被人们称之为"美博会"。

图 5-37
上海国际服装文化节以"放眼国际时尚，推动服装行业，丰富市民生活，弘扬海派精神"为宗旨，是重要的海派时尚 IP。图为霆晨实业在服装节秀场上发布的以丝路为主题的作品

图 5-38
第十届上海高级定制周主场秀

此外，因互联网而产生的微信群、朋友圈，聚合组成了一些专业性社交群体，同样在为海派时尚文化的发展作贡献。如以纺织面料、技术、染织、质检、绿色环保等形成的"织聊"群体，专门针对行业热点组织专题讨论，为企业解疑释难。该时尚社团已连续四次于每年12月组织研讨会，颇受相关企业的欢迎（图5-39）。

图 5-39
"织聊"第四届研讨
会后合影

五、时尚教育

与时尚产业不是某个单一的特定行业一样，时尚教育也不是某一个特定的专业，而是一个与时尚相关的专业群的集合。海派时尚教育的发展具有浓厚的社会基础和市场氛围，上海的时尚教育大致分为高校、高职、中职等学历教育，以及各类职业培训、知识普及等非学历教育，虽然功能各不相同，但殊途同归，共同承担着海派时尚的教育职责。

（一）概述

上海的高校改革始终与时俱进。除了学校数量逐步增加扩充，专业设置也更加齐全细化，当然对国家人才培养所做的贡献也在不断提高。20世纪80年代初，东华大学借助该校纺织学科传统优势，在上海率先开设了服装本科专业。几十年来，上海大学、上海工程技术大学、上海戏剧学院等10余所大学都相继开设了时尚类相关专业，从最早的东华大学首届仅招收30名服装本科学生，到目前每年全市高校时尚类相关院系共招收约5 000名本科学生，另有更多时尚类相关的高职、中职学生，足见发展速度之迅速。由于受海派时尚文化的熏陶，它们的课程设置、教学安排和实践活动等，都非常自觉地紧密联系本土文化动态和国际时尚信息，主动对接社会生活和产业需求。

20世纪90年代初，上海的大学数量和学生人数其实都比较少，至90年代中期才陆续开始增加学校数量与扩大招生规模。时尚相关院校在上海院校中占有较高的比重，为上海的时尚城市建设，进而迈向国际时尚之都做了必要的人才储备。

（二）特色

如前所述，上海高等院校的时尚类专业教育起步早、种类多、比例高，还有多家中外合作办学的时尚艺术类院校，如上海工程技术大学的中法学院、中韩学院等。除了学历教育以外，也有主要面向社会的时尚教育，如已经成为苏州河文脉时尚景观之一的上海国际时尚教育中心等。上海时尚类院校的社会影响和专业能力各有千秋，皆有所长。总体来说，上海时尚教育特色在于保持与国际时尚教育理念接轨，以教学成果能够实现商业转化，真正体现为产业服务的教育理念，时尚类专业建设相对比较低调务实，而不是某些地区热衷的"以赛代教""无限创意"的教学模式，这刚好与海派文化的精神内涵十分契合。其中，东华大学、上海大学、上海应用技术大学有一定的代表性。

东华大学的纺织学科领先全国，时尚产业基因深厚，除了率先开设服装设计、服饰设计等处于时尚产业核心层的专业，还设置了与时尚相衔接的专业及研究方向，如纺织品设计、产品设计、环境设计、会展设计、时尚管理、时尚传播、服装表演等，包括了学士、硕士、博士三级学位点。整体来说，东华大学的专家学者教学能力强、学术水平高、社会活动广。1995 年开始至今，东华大学每年承办上海国际服装文化节国际服装论坛，加强和促进海派时尚文化的国内外交流合作。2014年，其与上海市长宁区人民政府签约共建"环东华时尚创意产业集聚区"，时尚文化的溢出效应十分明显。另外，东华大学与社会各界合作创建纺织服饰博物馆，在提供教学与研究的同时服务整个社会。

上海大学时尚氛围浓厚，艺术成果丰硕，是上海地区在时尚创意领域实力雄厚的高校之一，设有美术学院、音乐学院、电影学院、巴黎国际时装艺术学院以及公共艺术协同创新中心等教学研究机构。近年来，上海大学加强了时尚类专业的学科建设，特别重视影视专业的教育投入以及与国内外相关机构的紧密合作。如创建宝山区环上海大学国际影视园区，即以全球化电影后期制作为核心的影视产业集聚区。

上海应用技术大学是国内最早以"应用技术"命名的一所上海市重点建设高水平应用创新型大学。2021 年 11 月，由上海应用技术大学时尚科研团队研发的全球首个"化妆品专利创新指数"正式发布。作为量化评估化妆品产业技术创新发展的综合性指数，其旨在客观记录全球化妆品企业创新水平和相关技术热点的发展动态，为行业、企业等提供非常有效的价值导向和审美需求，并且为我国化妆品产业快速发展提供数据参照和支撑，帮助化妆品产业进一步高质量发展。

六、时尚活动

上海作为国际大都市，一直以来，富有文化活力，充满时尚情调。特别是其独树一格的时尚活动每年吸引着成千上万的各方人士纷至沓来。进入 21 世纪，因为互联网科技的"魔力"，时尚活动的形式早已日新月异、今非昔比——传统的时尚活动通过"互联网＋"展现着其活力四射的时尚魅力。

（一）概述

上海的城市活力来自海派文化的包容性和多样化，以及风靡国内外的各类时尚活动。由于社会氛围始终处于追逐时尚风潮之中，故上海人几乎每天被各种时尚活动所包围。例如电影、出版、艺术、戏剧、音乐、服装、美容美发、美食、家装、花卉、茶叶、电竞、动漫等领域，每年都有各自的节日和展会，不断地刺激着人们的时尚神经。上海的市、区两级商圈经常会有各自的时尚活动表演和商品信息宣传，时尚街区也有应时而生的相关信息发布。上海作为国际大都市，天天讲时尚，周周有活动，这大概就是"魔都"的城市魅力。新的活动不断增设，比如，除了已经连续举办四年的全球性"中国国际进口博览会"，还有面向长三角辐射周边区域的"上海五五购物节"，作为大型的全市性活动已连续两届与广大消费者见面，其销售、口碑双双获得好评。购物节期间，上海时装周、上海设计之都活动周、"上海制造佳品汇"与上海"品牌100＋"等活动也同步展开，使得上海的时尚活动创新叠加、人气叠加、效益叠加，成为上海建设国际时尚之都至关重要的推进器。据中国银联旗下大数据资讯机构"银联智策"数据监测显示，上海时装周期间，相关活动所在商圈整体客流提升、外籍消费者人数增长、时尚和餐饮消费显著增长、高端酒店（4星级和5星级）预订数量显著增长。时装周对区域经济与产业带动作用日益显著。

（二）特色

上海时尚活动的特色之一是所有活动以"政府搭台、经济牵线、文化助力、企业唱戏"为宗旨，以拉动产业发展为目的，因而具有顽强的生命力。比如，在社会影响、参与人数、行业涉及等方面均位列前茅的上海时装周，虽然受新冠肺炎疫情蔓延影响，但因其在时尚领域的特殊地位，依然得到国际时尚界的重点关注。在2021秋冬上海时装周开幕之际，新华社发布的全球时装周活力指数表明，上海时装周迅速崛起，已跃居世界第四，与巴黎、米兰、伦敦、纽约时装周同属世界时尚产业第一方阵。这是2001年开创至今20年来，上海时装周通过不断进取、不断扩展、不断提升而得到的世界最高认可。上海时装周的主场发布地——太平湖畔毗邻中共一大会址，人称"新天地绿地秀场"，近年来，其由"水上秀场"发展成红庭和兰厅双秀场，周边配套齐全的商业集群已融合成一个时尚生态圈。2021秋冬发布会实现了诸多新的突破。如"设计师品牌"主题开始唱主角，并且各场次本土设计师品牌累计占比75％，标志着本土设计在创意引领度和商业成熟度等方面实现了新的超越。"秀场"也是"市场"，必须下沉到"大众消费"：前者为专业区域展开订货活动，后者使市民从"专业观众"下沉到大众消费者。秀场发布与市场购买同步，既发挥了引领市场潮流的职能，又持续引爆高端消费市场的新热点。

上海时尚活动的另一个特色是以创建国内大循环中心节点链接国内国际双循环战略高地为全新使命，为中国高水平的改革开放当好开路先锋。比如，首届"上海时尚生活嘉年华"活动在南京西路"嘉里中心"开幕，其在全网平台线上进行新品发布："秀"出新势力，"展"出新商机，"坛"论新发展，"跨"出新领域，"购"享新生活。而2021"海派风尚节"的举办地选择在上海著名的花园饭店，为人们带来一流水准的风尚盛宴，通过高定沉浸秀、盛装舞会、海派文化沙龙、古董摩登家具展、海派名家摄影展、港台明星听赏会等活动，在好玩、好看的过程中传承和发展海派时尚文化，使海派风韵席卷申城（图5-40）。

图 5-40
2021"海派风尚节"
上的海派家居展示
和活动现场

　　作为上海"五五购物节"的重要组成部分，"上海制造佳品汇"已成功举办两届。2022年7月15日，由市经信委联合市商务委、市市场监管局主办的2022"上海制造佳品汇"正式拉开序幕。本届活动被纳入工信部推出的全国性稳增长促消费系列活动"三品"全国行中，以"制造XIN声"为主题，从"吃穿住行民生需求"出发，聚力推进时尚消费品产业高质量发展，激发市民群众消费热情。上海时尚之都促进中心融汇众多时尚消费品牌，聚力推进活动高质量发展。本次活动围绕着上海制造时尚消费品，聚焦"时尚八品"，遴选展出了20余家经典、优势、新锐品牌。线上线下联动，邀请拼多多、阿里巴巴、小红书、得物、哔哩哔哩、抖音等在线新经济平台，开设"上海制造佳品汇"销售专区、设计了独家线上专区和直播活动，开展"上海制造"产品线上线下促销，助力"上海制造"品牌销售增长。

第六章

镜鉴与启示

上海打造国际时尚之都，必须向国际时尚的领先者学习和借鉴，特别是世界五大国际时尚之都的发展和成功经验。之所以研究它们，一是可以取其之长补己之短，避免走别人走过的弯路；二是通过分析它们成功的原因，尤其是发展过程中如何克服遇到的困难与曲折，可以作为上海建设世界时尚之都的关注点、突破点。本章着重就地域文化之于时尚、地域时尚文化之国际标杆、国际时尚之理论流派三个方面展开探讨。

第一节　地域文化之于时尚

地域文化是指在一定地域与环境融合，经过长时间的积淀，具有相对稳定性并留下强烈地域烙印的一种独特的文化。它是时尚产生的核心基础，乃至其要素流行的介质。这里的地域是指文化形成的地理之背景、范围之大小、根系之深浅、基质之厚薄，无一定之规，只要能形成比较有特色的文化影响力。时尚是文化的产物，体现的是文化的特色。如同俗话所说，一方水土孕育一方文化，一方文化造就一方经济，一方经济成就一方时尚消费。国际时尚之都的打造，地域文化对其具有十分重要的和必然的支撑性影响。

一、地域文化之于时尚的重要性

毋庸置疑，地域文化对时尚的产生和发展至关重要。下面从地域文化的角度，通过贴标、浸润和纠偏三个方面分析其对时尚的重要性。

（一）贴标

时尚具有不可磨灭的地域特色，地域文化往往凝聚于时尚，全球各地的风尚大都带有浓郁的地域文化特色，这就为时尚贴上了地域文化的标签，也称"时尚的贴标"。世界五大时尚之都皆以此地域特色发展各自的时尚商品，进而形成举世闻名的时尚产业，且历久弥新。例如，从法国路易十四时期开始，巴黎就成为欧洲的时尚中心，那时人们大多期盼着来自巴黎的时尚"木偶匣子"。巴黎之所以具有如此大的吸引力，就在于其地域文化的魅力。如著名的巴黎圣母院、凯旋门、卢浮宫、凡尔赛宫和埃菲尔铁塔等，都是世人敬仰的时尚建筑。据有关资料显示，目前巴黎受保护的建筑数量多达 3 115 座，除上述之外还有雨果寝室、巴尔扎克小花园、莫奈睡莲池等，每一座建筑都在为巴黎增光添色。再看英国伦敦，同样有着数量众多的名胜景点和古老建筑（如威斯敏斯特宫）。伦敦人个性沉稳，绅士风度显著，并以此奠定了男装高级定制的标志性风格。如果说巴黎的浪漫是文化特色在时尚产品中显示出或浓或淡的地域印记（图 6-1），那么伦敦的地域文化则是关乎差异化竞争的制胜法宝（图 6-2）。现时，人们之所以第一眼便能辨别出欧美等时尚品牌的"出身"，就在于其非常鲜明的地域烙印。而这地域"烙印"还须再细分为"元素"——落实和体现在造型、图案、色彩、材质等产品设计最小的构成单位。这

图 6-1
法国巴黎市中心鸟瞰

图 6-2
英国伦敦市中心风光

些是每一个时尚品牌都非常重视的设计细节，时尚产品的系列开发必须遵循这一原则，其以整体性（指产品形象的完整度）、条理性（指产品推出的有序感）、搭配性（指系列内外相关产品的互换）和计划性（指设计之系列在年度间延续）为主要特征。

（二）浸润

地域文化是某个地方文化的"根"，也称"根文化"。对时尚特色而言，"根文化"一定需要有适量的表现或显示，它有利于市场明白其来路和出处，从而获得消费者的广泛认同。诸如设计灵感、审美趣味、形象体现等方面，皆会受地域文化的影响，可以称之为时尚思维的定根水，属根髓性文化底蕴的市场反映，即地域文化渗透浸润如入骨髓之影响。由此可见，地域文化将影响时尚创作思维的走向及其含量，如世界五大时尚之都的时尚设计者、制造者一般都会下意识地受各自"根文化"的影响。除此之外，作为出产时尚物品的地域，其配套生产所需的设备、匠作、维护等也会逐步完善。如服装方面的第一要件是生产面料，然后是坯布处理之染色、整理，以及服装生产的放样、裁剪、缝纫、质检等工序。伦敦、巴黎、米兰、纽约等城市的时尚生产都有自己的地域特色。例如，伦敦的珍妮纺织机（图 6-3）于1760 年问世，其具有织布的速度加快、产量提高、品质提升等优势，明显带有工业革命成果的印记；巴黎早期的时装生产方式集"设计、生产、推广"于一体；米兰的时装生产以小企业为主，并通过大中小企业密切合作来构成完整的产业链，创造了"意大利制造"的优质品牌。

图 6-3
1760 年英国詹姆斯·哈格里夫斯发明的珍妮纺织机

（三）纠偏

由于地域文化成了具有一定特色的地域标志，便有了一定的可参照性，这就等于为该地域时尚发展指出了文化意义上的方向，能够在理论研究和社会实践中起到纠正偏差的作用。通常，在市场机制的作用下，行业的发展往往不以人的意志为转移，容易偏离既定轨道。在包含地域文化的时尚产品问世后，必须认真面对各种市场因素的客观存在，平衡市场走势影响地域文化的不确定性：或发展趋势向好，或遭遇市场冷淡，或不温不火前景难测，尤其是市场营销的作为和市场导向的宣传。一般来说，时尚产品进入市场需要推广介绍，通俗的说法叫"吆喝"。中国的各行各业都有自己的"吆喝"法，外国也是如此。例如，巴黎的服装推广最初是将时装木偶装匣分送各地展览销售，后来沃斯（著名服装设计师）用真人模特进行时装发布，最终促使"模特行业"的问世。而英国首创的万国博览会（图 6-4），则是一场先将各种商品集中展览，然后分门别类进行销售的大型商业推介活动，这种营销形式对时尚业的发展影响极大。另外，法国的凡尔赛宫也是一个聚合的"时尚殿堂"，法国的时尚由此扩散到欧洲，甚至更远的地方。其他还有报纸杂志、广播电视，以及车辆、橱窗等载体也兼有"广而告之"的功能，是时尚推广的重要途径。

如今，世界五大时尚之都每年都要举办各种类型的时尚活动，其中既有时尚产品的展示推广，也有一些有关时尚设计、时尚理念、时尚生活等热门话题的讨论和分析，包括城市景观、文学艺术、美味佳肴、娱乐游玩，当然，最重要的还是服饰穿着、美容化妆等。时尚活动是"推广"城市文化的载体：或无声的静态"推广"，或有声的动态"推广"，或动静结合的多元"推广"。21 世纪是互联网时代，随着现代传媒业的发展壮大，未来的网络平台必将成为时尚"推广"最广泛也是最有效的渠道。

图 6-4
1851 年创始于英国的第一届万国博览会

二、地域文化之于时尚的必然性

产生于地域文化的时尚，有其人文历史积淀、杰出人物引领和技术高地溢出三方面的必然性。

（一）人文历史积淀

地域文化之于时尚有人文历史积淀的厚度，也有成长发展时间上的长度。分析当今国际五大时尚之都的成功经验，可为海派时尚发展之镜鉴。

在国际五大时尚之都中，时尚发展最早的当数意大利米兰。大约 11 世纪时，米兰人就热衷弄潮时尚文化，展开诸如化妆品、珠宝首饰、精细纤维、奢侈品等的设计与制作。兴盛于 15 世纪前后的文艺复兴运动，通过反映社会生态的绘画，一定程度地传播了当时的意大利时尚文化。另外，法、英两国的时尚历史也比较悠久，长期的文化积淀成就了以法、英为代表的欧洲时尚，是它们"横行"国际时尚界的历史"资本"。如 17 世纪，法国人在巴黎大规模地开拓时尚产业，发展时尚文化，著名的建筑、装饰、艺术、香水等相继问世。18 和 19 世纪，随着英国工业革命的兴起，纺织业得到了飞速发展，英国人创造的流行织物引起人们的竞相仿制，使伦敦的时尚时代得以开启，其棉纺织类时尚产品畅销到整个欧洲。由于米兰、巴黎、伦敦之地域时尚文化形成的时间漫长，故具有相当厚重的历史感。于是，国际上称它们为"老牌时尚之都"。第二次世界大战后，美国的国力大增，人们的生活质量急需改善，促使纽约的时尚设计和制作发展迅猛，成果斐然，特别是其简约休闲的时尚风格备受国际青睐。20 世纪七八十年代，日本的纺织时尚业取得长足进展，尤其是东京的成衣行业规模庞大，极具市场影响力，使其跻身"国际时尚之都"。纽约、东京因为时尚发展的时间比较短，所以许多人称它们为"新兴时尚之都"。上述情况表明，国际时尚之都的形成需要一个累积的过程。只有文化积聚到一定的浓度，时尚才会被催生而出（图 6-5）。

（二）杰出人物引领

任何事物的兴盛都离不开人的积极参与和主导。地域文化对于时尚的隆兴，因杰出人物的引领会使效果叠加。例如，法国在路易十四亲政后，在政治、经济、军事等方面取得了很大成就，于是巴黎大兴土木建造凡尔赛宫，吸纳和鼓励

艺术等各方面的人才积极参与设计和创作，使之成为全欧洲最受人仰慕和仿效的人间天堂。后来，随着世人的广泛宣传和追捧，法国巴黎的凡尔赛宫便成了全世界包括服饰在内的时尚发源地。英国的露西尔（Maison Lucile）是英国历史上非常有眼光、有魄力的企业家和女装设计师。她在其伦敦的服装店开张并稳固之后，便即刻进军巴黎、纽约等地开设分店，同时创建服装企业，专注于改革和"解放"伦敦及世界各地女性的时尚穿着。其为戏剧《风流寡妇》女主角莉丽·艾尔西设计制作的大帽子戏装（图 6-6）曾风靡欧美，成为一代人的时尚记忆。再如，摇滚乐朋克（Punk）教母薇薇恩·韦斯特伍德（Vivienne Westwood）对朋克服装的兴起、扩张以及时尚传播模式的改变功不可没，其革新常规的设计操作是她对时尚形式的进一步探索和发展（图 6-7）。新颖的设计，别样的时尚不但吸引了众多年轻人，而且获得范思哲（Gianni Versace）等一些大牌时装设计师的青睐，轰动了整个国际时尚界。另外，作为意大利全国时装协会创始人之一的贝贝·摩德尼斯（Beppe Modenese）被誉为意大利的"时尚教父"，他以独特的眼光，组织创办了举世闻名的"意大利米兰时装周"，从而引导和推动意大利时尚产业走向世界，真正跨入国际时尚的最前沿。

（三）技术高地溢出

地域文化之于时尚有其必然性，其中技术高地溢出十分关键。法国时尚的发展壮大离不开技术的支撑，法国人重视技术的程度可以用"痴迷"来形容，历史上有一些君主（包括拿破仑）甚至亲自研究面料的制造技术。如路易十四时期，当时的"时尚都市"还属西班牙的马德里，但路易十四热衷于时尚，继位后马上优先发展纺织、家具、珠宝等行业，鼓励朝臣和民众积极参与其中。而路易十六王后玛丽·安托瓦内特，更是巴黎时尚真正的实践者和推动者。每年她定制的礼服达 300 多件，所需面料本来就数量庞大，再加上许多贵妇争相仿效，使得面料

图 6-6
露西尔为《风流寡妇》设计制作的大帽子戏装

图 6-7
薇薇恩·韦斯特伍德设计的朋克服装

的需求量就更加惊人，必须随之建设大量的面料生产基地。资料表明，当时大约有 1/3 的巴黎工薪阶层从事纺织、服装及相关行业。由于国家领导者的重视和提倡，法国很快就在时尚领域超越了西班牙。如今，夏季的丝绸服装和遮阳伞、扇子，冬天的皮草服装、斗篷等是法国人随季节而变化的时尚用品，与之相对应的面料、辅料、饰品等必须提前问世。于是乎，巴黎成了应时而生之纺织面料的生产制造和集散中心，并且每年春秋两季举办"法国巴黎纺织面料展览会"（TEXWORLD PARIS）。

其实，技术运用装备的制造，已是国际时尚领先城市的重要共识。我们看到，因为时尚技术的不断革新和拓展，意大利的高级面料制造，使得米兰成为高端成衣的发布地；美国的高科技应用，使得纽约的休闲装、运动服等风行世界。上海也是一块集全产业链之大成的技术高地，泛时尚产业及其他产业的高技术溢出效应，皆可为海派时尚产业所用。如，上格时尚科创先锋榜（UPSTYLE AWARD）于2017年发起，是一场遍及时尚生活领域，以科技创新为主题，旨在"汇聚全球智慧，推动时尚设计，引领前卫智造，共享科技成果"的业界盛事，在全球范围内征集、遴选与科技创新相关的时尚创意作品，涉及服装、饰品、箱包、体育、医疗、电器、玩具、电竞、装修、广告、家居、休闲、文创等行业。至2022年，已举办五届赛事的上格奖，往届共发出逾3 700份参赛邀请，传递"时尚＋科创"的大赛理念至1 998家企业及个人，共征集到2 995件时尚科技融合作品，报名作品来源于17个国家组织，由30位行业专家组成大赛国际评审团，UPSTYLE AWARD上格奖官方网站浏览量达21 400人次，近80家初创创新企业携手参加了12场大型展会，通过现场体验展出300多件时尚科技作品，共吸引超过12 000人参观，活动支持媒体超过170家，发布活动稿件数量达700余篇，成为上海地区最具影响力的跨界时尚创新活动之一（图6-8）。

图 6-8
上格奖活动现场及奖杯

三、 地域文化之于时尚的支撑性

时尚需要基础深厚的人文土壤、丰富多彩的艺术氛围和经济领先的空间环境的有力支撑。

（一）人文因素

社会因素包括历史因素和人文因素两个大类。历史因素中有时代因素、民族因素、地域因素，这些因素比较稳定；而人文因素则是社会因素中最活跃的也是经常变化的因素，其包括习俗性格、宗教信仰、文化素养、审美观念等。

地域文化孕育着时尚的发生、发展和繁荣。欧洲气候温和，降水分布均匀，种族构成比较单一，语言种类十分丰富，城市人口占大多数。以意大利米兰为例，除了自然环境、生产制造之外，这个城市拥有西方典型的社会生态、艺术空间、风土情怀等人文环境，一直是时尚的缔造者，创建了一系列时尚活动，拥有大量文化艺术机构，正是丰厚浓郁的人文因素促使米兰成为世界时尚中心、世界设计之都、世界历史文化名城，以及世界奢侈品的主要诞生地。

　　人文因素是时尚艺术产生的基础，国际时尚之都的人文因素值得我们重视。优渥的城市人文环境易使人们产生比较超前的文化素养和审美观念，适合从事各种艺术创作活动，必然催生时尚产品不断出现，巴黎、米兰等国际时尚之都的许多文化遗产从一个侧面印证了其先人在此生生不息的辛勤劳作和创新发展（图6-9）。

图 6-9
时尚文化发韧于厚实的人文基础。法国卢浮宫集古代艺术与现代文化于一身，其收藏的无数艺术品至今仍是时尚文化重要的灵感来源之一

（二）艺术氛围

　　艺术氛围对时尚具有极其重要的意义，或可称之为地域文化之于时尚的后盾。凡是时尚业发达的地域，艺术氛围一般都十分浓厚，其多样的品种、优良的品质有效地支撑了时尚业的持续发展和长久繁荣，乃至获得国际性的辉煌业绩。

　　欧洲的文艺复兴是一场科学与艺术的革命，也是人类文明史的伟大变革，成为时尚后盾的莫过于巴洛克和洛可可时代的艺术氛围。巴洛克风格是在男性处于权力中心的影响下产生的，在文学、艺术、建筑以及服装等方面表现出一种强烈的男性特色（图6-10）。洛可可风格则表现出精致、优雅的艺术特色，华丽优美、精致繁复的装饰手段显示了女性的甜美气质，轻柔而富于动感的丝绸面料以及各种缎带、花边、褶皱的巧妙运用体现了当时社会的经济水平（图6-11）。事实上，时尚来源于社会文化和现实生活，艺术氛围是时尚强大的推动力。时至今日，巴黎仍然充满优雅、浪漫、个性的艺术氛围，吸引全球的设计师为高级定制女装服务。如来自日本的三宅一生、川久保玲和山本耀司等一些独具风格的时装设计师，以及薇薇恩·韦斯特伍德、约翰·加里亚诺、亚历山大·麦昆、侯赛因·卡拉扬、"安特卫普六君子"等天才设计师，纷纷通过巴黎这个舞台向全世界展示了他们的杰出才华。

图 6-10
巴洛克风格服装
(左图)

图 6-11
洛可可风格服装
(右图)

（三）空间环境

　　空间环境指城市建筑构成之环境，是人们赖以生活、工作、交往的空间，是城市吸引人的客观因素。世界时尚之都之所以能够吸引人，除了其时尚产品的知名度外，还在于这些城市的空间环境极富个性特点，令人难以忘怀。例如，巴黎的城市建筑规划严密，布局适度。其以塞纳河为城市主轴线，沿着成网的河流干道向城市四周延伸发散，形成一个多中心的城市空间环境。无论是埃菲尔铁塔、荣军院、卢浮宫、巴黎圣母院等各个时期不同风格的标志性建筑，还是协和广场、星形广场，以及凯旋门、纪功柱等里程碑式的纪念性建筑，相互之间虽看似独立，却让人感觉到有一股无形的内在张力，使它们彼此关联。大多数到过巴黎的人都有一种深刻的印象：巴黎城像是个永不闭幕的巨大建筑博览会组合而成的空间环境。

　　巴黎、米兰、伦敦、纽约、东京等时尚之都令人流连忘返，不管是外部环境，还是内部空间，它们都有其抓人眼球之处。如巴黎的凡尔赛宫，外部环境宏伟壮观，内部空间精美华丽：富丽堂皇的宫殿布置，以油画、雕塑和挂毯等为主，辅以美妙绝伦的雕刻装饰、工艺精湛的家具陈列和来自世界各地的珍贵艺术品，令人眼花缭乱，美不胜收。图 6-12 为全长 72 米、宽 10 米、高 13 米，连接两个大厅的镜廊，是凡尔赛宫内的一大名胜。又如，意大利的米兰大教堂以 6 000 多尊雕塑衬托起内外空间，精彩绝妙，奇特无比，那是历时五个世纪，凝聚着多个国家的艺术家、工程技术人员心血的传世佳作（图 6-13 ）。

图 6-12
法国凡尔赛宫气势
恢宏的镜廊

图 6-13
意大利米兰大教堂
的精美雕塑

第二节 地域时尚文化之国际标杆

　　标杆即样板的意思。所谓地域时尚文化之国际标杆，就是以国际五大时尚之都为学习的榜样，借鉴它们的先进经验以弥补自身的不足，从而提高上海城市时尚文化竞争力。下面通过介绍巴黎、纽约、米兰、伦敦、东京五大城市的概况、特点和时尚的表现、现状，了解时尚之都的文化传承与时尚风貌。

一、巴黎

　　巴黎获得的城市荣誉主要有：2018 年，巴黎被全球化与世界级城市研究小组与网络（GaWC）评为 Alpha＋级世界一线城市。2018 年，第十七届"全球城市竞争力排行榜"，巴黎排名第四。2019 年，巴黎位列世界旅游城市发展排行榜第四名。

2019 年全球可持续竞争力 20 强，巴黎排名第六。2019 年，巴黎位列全球城市 500 强榜单第四名。2021 年，巴黎入选《全球电竞之都评价报告》中的全球电竞之都，排名第三。

（一）概况

巴黎是法国的首都和最大城市，位于法国北部巴黎盆地的中央，横跨塞纳河两岸。巴黎有大小之区分。 小巴黎指大环城公路以内的巴黎城市内，面积 105.4 平方千米，市区人口大约 224 万；大巴黎指城市周围的上塞纳省、瓦勒德马恩省、塞纳-圣但尼省、伊夫林省、瓦勒德瓦兹省、塞纳-马恩省和埃松省 7 个省共同组成的巴黎大区（古称"法兰西岛"）。巴黎的气候条件属于温带海洋性气候，下辖地区包括第 1 区、第 2 区、第 3 区等。 其城市交通发达，出行便利，汽车、火车和地铁在地上地下频繁穿行。 机场有戴高乐国际机场和奥利机场。另外，塞纳河上大小船舶交替往来，十分繁忙。

巴黎有众多人们耳熟能详的名胜古迹，如巴黎圣母院、埃菲尔铁塔、凯旋门、卢浮宫、凡尔赛宫等。巴黎著名的学府主要包括巴黎高等商学院、巴黎高等师范学院、巴黎综合理工学院、巴黎大学等。

（二）特点

巴黎历史悠久，人杰地灵，经过一千多年的不断发展，其享有文化之都、艺术之都、时尚之都、浪漫之都等美称（图 6-14）。作为首都，巴黎是法国的政治、经济、文化和商业中心，分布着大量的博物馆、图书馆、影剧院、音乐厅，以及科学机构、研究院所等；涌现出许多著名的文学家、艺术家和科学家等，如世人熟知的大作家巴尔扎克、司汤达、雨果等都曾经生活、工作于此。

图 6-14
巴黎是全球公认的五大国际时尚之都之首

巴黎是著名的世界艺术之都，也是印象派绘画的发源地，芭蕾舞、电影和时尚模特等多种艺术样式的诞生地，以及欧洲启蒙思想运动中心、现代奥林匹克运动会

的创始地。值得一提的是举世闻名的卢浮宫就始建于 12 世纪初的巴黎。卢浮宫初为金碧辉煌的王宫，后专门收藏各种艺术品，如今宫殿内收藏的各种艺术品琳琅满目，数不胜数，大约有 40 多万件。此外，国际奥委会已经宣布，巴黎将成为 2024 年奥运会的主办城市。

巴黎是法国最大的工商业城市。城市北部诸郊区主要为制造业区。最发达的制造业有汽车、电器、化工、医药、食品等。产品有贵重金属器具、皮革制品、瓷器、服装、饰品等。外围城区专事生产家具、鞋子、精密工具、光学仪器等。大巴黎都会区的电影生产量占法国电影生产总量的四分之三。同时，巴黎还集中了法国多数大型集团公司和金融机构。

（三）时尚之都

巴黎是世界公认的五大国际时尚之都之首，也是历史文化名城。其丰厚的历史文化积淀使其成为国际时尚设计师的云集之地。巴黎的时尚从 17 世纪开始，经过几代人的奋发努力，不断积攒而成。必须指出的是，法国的宫廷服饰是巴黎时尚的源头，也是现代时装的雏形。例如，从路易十三到路易十六，法国的几代君王、王后都是时尚的支持者、实践者，尤其是拿破仑身体力行的大力倡导，使得法国持续涌现出许多世界顶尖的时尚设计大师。如查尔斯·弗雷德里克·沃斯（Charles Frederick Worth）、保罗·波烈（Paul Poiret）、克里斯汀·迪奥（Christian Dior）、香奈儿（Gabrielle Bonheur Chanel）等，并且这些设计大师们几乎都创立了属于自己的誉满全球的时尚品牌。时至今日，巴黎的时尚活力依然不减，继续引领着国际时尚的发展，为 21 世纪的世界时尚增光添彩，展示着无与伦比的时尚魅力，迪奥、香奈儿等一大批高级时尚品牌一如既往地成为巴黎、法国乃至世界时尚的代表。

巴黎的时尚专业管理机构众多，为行业的健康发展做出了贡献。例如，早在 19 世纪末巴黎就建立了致力于将巴黎打造成世界时装之都的行业协调指导机构——法国时装协会，其行业地位至今坚如磐石，无论是制定行业规则，抑或是帮助新入行的设计师展开工作，还是每年组织协调巴黎时装周的举办，法国时装协会都会尽心竭力，务求完美。这是法国文化的一种延续，也体现着法国人的激情、持久和执着。

巴黎重视设计人才的力量，尊重个人才能的自由发挥。查尔斯·弗雷德里克·沃斯（图 6-15）是法国高级时装的奠基人，26 岁便参加了 1851 年在英国举办的世界博览会并获得女装一等奖，1855 年又在巴黎的全球博览会上获得金奖。之后，沃斯在巴黎开设时装店，专为上层女士定制服装即“高级定制”，因此被称为“高级定制女装之父”。沃斯首先主张“时装沙龙”与宫廷缝制分离，并将个人签名标签缝在衣服上，维护作品归属（知识产权）之商标形象。另外，其聘请真人担当模特展示服装，使得“时装模特”这个行业由此诞生，从而使现代意义上的服装设计得以完善。

图 6-15
查尔斯·弗雷德里
克·沃斯

二、纽约

纽约获得的城市荣誉主要有：2018 年，纽约被 GaWC 评为 Alpha＋＋级世界一
线城市。2019 年，世界旅游城市发展排行榜，纽约排名第一。2019 年，纽约位列
"全球城市经济竞争力 20 强"第一。2019 年，全球可持续竞争力 20 强，纽约排名
第三。2019 年，纽约位列全球城市 500 强榜单第一名。2022 年，第 31 期"全球金
融中心指数"，纽约位居榜首。

（一）概况

纽约位于大西洋沿岸，是美国第一大城市及第一大港口。纽约的城市总面积
1 214.4 平方千米（包括海域），人口约 862 万。纽约的气候条件属于温带大陆性气
候。纽约的下辖地区包括曼哈顿区、皇后区、布鲁克林区、布朗克斯区、斯塔滕
岛。其海陆空运输系统强大，是重要的铁路枢纽，拥有肯尼迪国际机场、拉瓜迪亚
机场、纽瓦克自由国际机场；市内公交、渡轮和地铁四通八达，特别是地铁有
1 000 多千米，居世界之首。

作为美国的经济"首都"，纽约人的生活水平非常高，其人均 GDP 居世界城市
第一名。纽约有许多知名的科研机构以及著名的大学，如哥伦比亚大学、纽约大
学等。

（二）特点

纽约是世界最顶级的国际大都市，包括联合国总部在内的很多国际机构和跨国
公司及银行的总部都设在纽约。其直接影响着全球的经济、金融、媒体、政治、教
育、娱乐与时尚界。例如，纽约时报广场（图 6-16）位于百老汇剧院区枢纽，被称
作"世界的十字路口"。

纽约作为世界的经济中心，其与伦敦、东京并称世界三大金融中心。世界

500 强中有 56 家的企业总部在这里。曼哈顿是纽约的心脏，也是世界上最大的 CBD 及摩天大楼集中地。纽约作为世界上摩天大楼最多的城市，以建筑本身作为城市亮点的高楼大厦当然就不在少数。如帝国大厦、克莱斯勒大厦和洛克菲勒中心等。

纽约是世界娱乐产业的中心之一，亦是美国文化、艺术、音乐和出版中心，有众多的博物馆、美术馆、图书馆和娱乐中心，美国三大广播电视网和一些有影响的报刊、通讯社的总部都设在此地。由于纽约 24 小时运营地铁和从不间断的人流，所以纽约又被称为"不夜城"。

（三）时尚之都

纽约是世界公认的五大国际时尚之都之一，拥有大量的时尚文化机构，每年通过时尚文化展示吸引世界各地的人士前来观光，与此同时，世界上几乎所有著名的时装公司都在此设立经营机构。纽约的景色赏心悦目，其中包括时尚的人流、新潮的服装以及个性化的商店，乃至顶级品牌旗舰店。

由手工缝纫转化为以机器制造为主，是纽约成就世界时尚之都的关键。例如，男装的标准化生产和机械缝纫机的发明替代了手工缝纫，使纽约的服装业成为增长最快的行业之一。缝纫针、制衣工这两座矗立于纽约曼哈顿岛的塑像（图 6-17），就是向世人昭示服装业对纽约城市发展作出的贡献。

纽约善于抓住各种机遇促进城市的发展。例如，第二次世界大战的爆发切断了纽约与巴黎的联系，使纽约的买家将目光投向了本土，侧面促成了纽约的时尚产业不断进步，同时本土时尚设计师快速成长，如有"运动服之母"称誉的克莱尔·麦卡德尔（Claire McCardell）等。而欧洲的一些设计师和时尚业高级人才为躲避战乱来到纽约，带来了时尚理念和技术，助推了著名的纽约时尚品牌蔻驰、雅诗兰黛等的诞生。

图 6-17
矗立在纽约街头的
缝纫针、制衣工雕
塑

　　纽约的高级成衣闻名遐迩。纽约人早期多自己做衣服，富人和上流社会大多通过手工定制满足平时的衣着需求。20 世纪五六十年代，设计师开始立足于宣扬纽约的生活方式，随之大量的时尚设计问世，其崇尚实用的服装设计和穿着原则。事实上，功能性、实用性和舒适性是纽约女装的重要特征，并且至今仍然是纽约服装风格的象征。据此，纽约的时尚发展非常成熟，有了自己的时尚设计语言——"纽约设计"，当地早就开展基于消费者细分的多品牌战略，比如，卡尔文·克莱恩（Calvin Klein）就是典型代表，拥有 CK Calvin Klein（高级成衣）、Calvin Klein Jeans（牛仔时装）、Calvin Klein Underwear（内衣）、Calvin Klein Performance（时尚运动）四大品牌。

　　此外，传媒的加盟，如《时尚芭莎》（*Harpers Bazaar*）、《女装日报》（*Women's Wear Daily*）、《纽约时报》（*The New York Times*）等，以及纽约时装周的举办，共同为纽约的时尚产业造势，强化了纽约时尚的市场声誉，纽约时尚之都的基础才得以牢固。

三、米兰

　　米兰获得的城市荣誉主要有：2018 年，米兰被 GaWC 评为 Alpha 级世界一线城市。2018 年，米兰获得第四届广州国际城市创新奖。2019 年，米兰位列全球城市 500 强榜单第 34 名。

（一）概况

　　米兰位于意大利北部，是伦巴第大区和米兰省的首府，下辖 9 个行政区。米兰的中心城区面积达 181 多平方千米，常住人口大约 137 万。米兰的气候条件属于地中海气候，城市道路阡陌，交通纵横（图 6-18），并拥有马尔本萨机场、米兰利纳特机场等 4 座机场，其中马尔本萨是欧洲最大的机场。

米兰有意大利"经济首都"之称，米兰市区的生产总值占意大利国内生产总值的 4.8%，是世界最发达的地区和 GDP 最高的地区之一。

米兰的风景名胜数不胜数，如米兰大教堂、斯卡拉歌剧院等。著名学府有米兰理工大学、博科尼大学、米兰大学等。另外，米兰还是世界著名的足球队——AC 米兰和国际米兰足球俱乐部，以及米兰奥林匹亚篮球俱乐部的所在地。

图 6-18
米兰大教堂是米兰市的象征

（二）特点

米兰是历史悠久的古城，曾是西罗马帝国的都城。作为世界历史文化名城，其拥有世界百分之四的艺术珍品，包括达·芬奇的著名壁画《最后的晚餐》等，拥有收藏文艺复兴时期世界名作的布雷拉美术馆和被称为"歌剧的麦加"的斯卡拉歌剧院。米兰大教堂、维多利奥·埃玛努埃尔二世长廊、20 世纪博物馆、米兰当代美术馆、米兰国立图书馆、米兰展览馆、威尼斯大街等景点营造了浓郁的艺术氛围，是熔铸米兰时尚之都的文化基因，也是全球艺术家和设计师心向往之的艺术圣地。

米兰是意大利最重要的工业中心，也是与巴黎、伦敦和柏林齐名的欧洲经济中心。米兰地区为意大利经济最发达的地区，工业领域宽广、制造行业齐全，主要有金属机械制造、航空、冶金、化学、制药、化学纤维、纺织服装、皮革、制鞋、橡胶、农产品加工、食品业、酿酒业、木材、造纸业、出版业、建筑业、建材业、采矿业和玻璃陶瓷等，是世界著名的阿尔法·罗密欧汽车的产地，意大利许多服装品牌上标注的是"米兰制造"，而不是"意大利制造"，可见这一地区爆棚的优越感。意大利许多著名的集团公司如蒙特爱迪生化纤公司、皮雷利橡胶公司、斯尼亚化纤集团等都将总部设在米兰。

此外，米兰是大型国际活动和展览的常驻地，如米兰时装周、米兰国际家具展、米兰设计周、米兰国际电影节。并且，米兰分别于 1905 年和 2015 年举办了世界博览会。

（三）时尚之都

米兰是世界公认的五大国际时尚之都之一（亦有人认为米兰应该位居"世界时尚之都"之首），其以时装工业著称，被称为"时装首都"。米兰拥有世界半数以上的著名时装品牌，几乎所有知名的时装企业均在此设立机构，并且是半数以上奢侈品牌的诞生地和时装大牌公司的总部所在地。

米兰成为世界领先的时尚城市，一是依托其占据世界纺织服装市场的绝对优势，获得国际社会普遍认同的市场地位。例如，第一位真正意义上的意大利成衣设计师沃尔特·阿尔比尼（Walter Albini）将时尚带到米兰，创立以自己名字命名的服装系列且轰动世界，其华丽与时髦、经典与创新的设计吸引了全球的目光。二是设计师与生产商通过各自的创造性能量得到彼此的认可，进而实现和提高设计产品的附加值，从而让米兰的国际影响力得以大幅提升和扩大，激发着各地设计师来此创业的热情。1974 年，意大利大多数女装展都汇聚到了米兰，其中乔治·阿玛尼的首场时装发布赢得了世界范围的如潮好评，使得米兰时尚之都的地位得到进一步彰显。

如今，国际上的时装、高级成衣、时尚产业等皆以米兰的设计引领市场，其原因在于通过需求的敏感性来预测市场心理，通过创意的别致性来影响时尚领域，如"抓住"买手创造神话，米兰吸引买手的数量世界第一。另外，远近闻名的米兰时装周已成为世界各国服装企业家之间相互沟通的桥梁，被誉为"城市的钥匙"和"城市之窗"。

米兰时装的设计宗旨：设计的独创性＋技术的先进性＝成衣时尚。而米兰的时尚成衣具有高级时装平民化的特点，是享誉世界的"意大利制造"高品质的代名词。

四、伦敦

伦敦获得的城市荣誉主要有：2018 年，伦敦被 GaWC 评为 Alpha＋＋级世界一线城市。2019 年，新华-波罗的海国际航运中心发展指数发布，伦敦位列全球第三。2019 年，伦敦位列"全球城市经济竞争力 20 强"第二位。2019 年，伦敦进入全球可持续竞争力 20 强，排名第四。2019 年，伦敦位列全球城市 500 强榜单第二名。2022 年，第 31 期"全球金融中心指数"伦敦排名第二。

（一）概况

伦敦位于英格兰东南部，是英国的首都、世界金融中心、欧洲第一大城和最大经济中心。伦敦的城市面积达 1 577.3 平方千米，常住人口约 890 万。气候条件属于温带海洋性气候。伦敦的下辖地区包括伦敦金融城、威斯敏斯特市等。其交通设施齐全，出行自由方便，以地铁和公共汽车为主要交通工具。1863 年，世界上第一条地下铁道在伦敦通车；1897 年，伦敦的公共汽车开始运营。伦敦拥有希思罗机场、盖特威克机场、斯坦斯特德机场，其中希思罗国际机场（图 6-19）是世界上最繁忙的国际机场之一，而伦敦港则是英国最繁忙的港口。2020 年伦敦的地区生产总值大约 6 500 亿美元，是世界上最富裕的地区之一。

图 6-19
伦敦希思罗国际机场

伦敦的历史名胜景点非常多，如白金汉宫、大英博物馆、大本钟、伦敦塔桥等。世界排名前 100 的大学位于伦敦的有 7 所，如伦敦大学世界排名第八、帝国理工学院世界排名第九，其他还有伦敦政治经济学院、伦敦国王学院等。

（二）特点

伦敦是一座全球领先的世界级城市，是全球最富裕、经济最发达、商业最繁荣、生活水平最高的城市之一。其在政治、经济、文化、教育、科技、金融、商业、体育、传媒、时尚等各方面影响着全世界，是全球化的典范。伦敦作为与纽约并列的世界第一大金融中心，控制着全世界几乎一半的外汇交易和黄金、白银、原油等大宗商品定价权，也是全球最大的银行、保险、期货和航运中心。世界 500 强的企业中，大约有 20 家的总部坐落于此。在福布斯全球城市影响力排行榜上，伦敦是全世界最具影响力的城市，并且击败纽约，成为全球第一大财富中心。

建城于 2 000 多年前的伦敦是历史悠久的国际文化名城，拥有世界上藏品最丰富的大英博物馆、闻名遐迩的威斯敏斯特大教堂，以及世界知名的皇家歌剧院、伦敦交响乐团、英国国家剧院等。另外，还拥有专门演出莎士比亚戏剧的环球剧场等。事实上，伦敦是全世界博物馆、图书馆和艺术场馆、体育场馆数量最多的城市。

（三）时尚之都

伦敦是世界公认的五大国际时尚之都之一。伦敦的时尚拥有浓郁而丰厚的文化历史和艺术根基，是在工业革命、商业创新、定制产业、时尚教育以及朋克风格等的共同影响下发展而成的。例如，珍妮纺纱机的发明和瓦特改良蒸汽机是工业革命开始的标志，机器替代人工极大地提高了纺织生产的效率，英国经济由此打开通路，为伦敦的国际时尚地位奠定了扎实基础。同时，纺织与服装两大行业为时尚产业的共生共荣培育了大批积极参与消费的中产阶级，如哈罗兹百货、玛莎百货（图6-20）等成为伦敦百货业的典型代表。

20世纪四五十年代，伦敦为了奋发图强，开始筹划伦敦西部的开发，其为后来伦敦时尚产业的再次崛起在客观上创造了条件，扩大了基础：从服装、饰品延伸到音乐、电影、广告、媒体等，涵盖了所有与时尚产业有关的行业，由此诞生了"创意产业"概念。20世纪80年代，"创意产业"发展计划的实施，不但加速了时尚创意设计和时尚产品的市场化，还提高了时尚设计人才的培养效率，使伦敦成为国内外创意人才的成长基地。伦敦时装周秉承创新性、多元性的特点，特别设立普林格设计大奖、英国时尚大奖等奖励机制，吸引四方贤才，储备人力资源。其实，伦敦的时尚设计教育世界领先，早在19世纪三四十年代的工业化时期，时尚艺术设计类的高等教育就开始为社会培养出大量的时尚设计师。著名的伦敦艺术大学之中央圣马丁艺术与设计学院、伦敦艺术学院、英国皇家艺术学院等为伦敦国际时尚之都的可持续发展保驾护航。

图 6-20
创立于 1884 年的玛莎百货在全球共有 600 余家分店，员工 7.5 万人

众所周知，伦敦是世界男装高级定制的"圣地"。英式绅士男装风格的形成，受惠于英国著名的"纨绔风"教主、皇家衣着顾问乔治·布莱恩·布鲁梅尔（George Bryan Brummel），他以独特的穿衣之道引领了男士时尚。以手工制作为主的伦敦顶级西装定制代表主要集中在萨维尔街（图6-21）——19世纪初这里便开始集聚起一大批世界顶尖的裁缝师。如今萨维尔街是世界各地社会名流时常光顾的地方。

图 6-21
萨维尔街是定制西
装的代名词。图为
萨维尔街上的定制
店铺外景、店内定
制服务和身着其定
制服装的绅士

图 6-21
萨维尔街是定制西装的代名词。图为萨维尔街上的定制店铺外景、店内定制服务和身着其定制服装的绅士

五、东京

东京获得的城市荣誉主要有：2018 年，东京被 GaWC 评为 Alpha + 级世界一线城市。2018 年，第十七届"全球城市竞争力排行榜"发布，东京排名第三。2019年，世界旅游城市发展排行榜发布，东京排行第二。2019 年，全球可持续竞争力 20 强，东京排名第二。2019 年，东京位列全球城市 500 强榜单第三名。2022 年，东京入选"全球最具未来感十大城市榜单"，排名第四名。

（一）概况

东京是日本的首都，也是日本最大的经济中心、世界金融中心城市之一。其位于日本列岛中心，面向东京湾，是东京都市圈的中心城市。城市总面积 2 187 平方千米，人口大约 1 350 万。东京的气候条件属于亚热带海洋性季风气候。东京下辖23 区、26 市、5 町、8 村。由铁路、公路、航空和海运等组成的交通网秩序并然，相互兼顾，著名的东京新干线与日本各地相连。东京拥有成田国际机场和羽田国际机场。东京的综合实力评价为亚洲城市第一位（图 6-22），国际社会常常将其与伦敦、纽约、巴黎并列。

东京闻名遐迩的景点有东京塔、银座、东京巨蛋、东京晴空塔、秋叶原等。著名的高等院校有东京大学、早稻田大学、庆应义塾大学等。

（二）特点

东京的金融业和商业发达，为日本政治、经济、文化、交通等众多领域的枢纽。20 世纪 60 年代，日本进入经济的高速发展时期。这期间，随着技术革新与新产业、新技术的导入，电视、冰箱、洗衣机等家电产品以及化纤开始大规模生产，

图 6-22
1869 年由江户改名的东京是亚洲第一大城市

东京人的生活发生了很大变化。1964 年，奥林匹克运动会在东京举办，这是亚洲城市首次举办奥运会。为了迎接奥运的到来，整个城市掀起大兴土木的建设高潮。现时，东京通过国际化和信息化实现了经济的飞跃，成为一个社会安全、科技领先，充满文化活力与时尚魅力的具有代表性的国际大都市。

东京是日本的经济中心，日本的主要公司大都集中在这里。主要工业有钢铁、造船、机器制造、化工、电子、皮革、电机、纤维、石油、出版印刷和精密仪器等。与此同时，东京还是世界时尚文化的栖息地、发源地，而素有"东京心脏"之称的银座，更是国际时尚流行的汇聚和展示之地。

（三）时尚之都

东京是世界公认的五大国际时尚之都之一，属于时尚之都中的后起之秀。第二次世界大战后，东京积极恢复民生，大力开展生产，通过政府的政策扶持，在纺织、电器和电子工业中寻求出路，取得了一定的经济成效。20 世纪 70 年代，日本进入工业化的成熟阶段，成为世界上举足轻重的经济大国，随后就开始重点调整与时尚相关的工业产业结构，提高这些企业的国际竞争力，使一大批日本时尚企业快速成长。特别是具有经济支撑作用的纺织、服装，以及电器和电子产品等令世界瞩目，赢得国际市场的广泛重视和追捧。另外，日本的动漫创作和影视作品也让人刮目相看，在世界范围有着巨大的影响力。有鉴于此，东京当之无愧地跻身于国际时尚之都的行列。

东京成为国际时尚之都主要有两个原因。 一是重视时尚设计产业教育。20 世纪八九十年代，日本在发展基础教育的前提下，特别强调时尚设计和职业技术的教育。例如，1994 年，日本培养的时尚设计人员（设计专业毕业）数量世界第一，并且 90％以上后来以各种时尚设计为职业。几十年来，大量毕业生分布于各个时尚领域，充分发挥着设计的重要作用，演绎着"设计就是生产力"的真谛。二是政府政策扶持。1971 年，日本政府的产业结构规划对东京的时尚工业，如高级服装、高级家具、电器音响等影响颇大，促使其进入结构性调整，提高产品档次。于是，各类工业制造企业、贸易公司、百货商店等开始积极引进国际品牌，并将其定为"高档品牌"在市场上与消费者见面——通过引导人们对产品品质的重视，提高大家时尚审美的眼界。

此外，日本学习西方时尚的长处，除了引进来，还注重走出去。如在服装方面的设计师"西行运动"。早在 20 世纪 80 年代，日本的设计师就进入欧洲，开始时尚国际化的探索——森英惠（Hanae Mori）、高田贤三（Kenzo Takada）和三宅一生（Issey Miyake）等逐渐登上巴黎的时装舞台。"传统派"代表森英惠是西行运动的先驱，她经过十多年的不懈奋斗，于 1977 年正式进入巴黎高级时装设计舞台，凭借以蝴蝶图案为标志的和服设计参加了"高级定制"发布会，赢得了"蝴蝶夫人"的美称。"生活派"代表高田贤三以东方风情的印花图案之变幻莫测获得时装界的"雷诺阿"之称，其品牌 Kenzo 亦卖给了 LVMH 集团。"现代派"代表三宅一生对面料的设计使用别出心裁，犹如魔术师一般变幻莫测，在面料与人体之间塑造一种服装形象。其在开创性地研发出著名的褶皱面料"一生褶"后，又推出了副线"Pleats Please"（三宅褶皱）。

第三节　国际时尚之理论流派

时尚产业是一个实践性很强的事物，需要在经过一段时间的实践发展以后，进行理论总结，寻求理论指导。进入新世纪，如果上海要"再立新功"不断发展，就必须与时代相匹配，在理论和实践上有所突破。同时，要进一步向国际时尚学习，借鉴国际时尚理论，认识和纠正自身的发展问题。国际时尚理论流派众多，如法兰克福学派、伯明翰学派、齐美尔时尚理论、罗兰·巴特时尚理论、鲍德里亚时尚理论等，有些理论虽貌似年代久远，却仍然不乏海派时尚实践可以借鉴之处。

一、法兰克福学派

法兰克福学派（The Frankfurt School）是由德国法兰克福大学"社会研究中心"的社会科学学者、哲学家、文化批评家组成的学术性社群，创建于 1923 年，属西方社会哲学流派，是 20 世纪西方马克思主义的代表性学派。其曾对资本主义社会进行过全面而深刻的理论批判，在西方思想界引起了巨大的反响，具有比较深远的理论价值和历史意义。

（一）起源

大众文化批判理论是其批判理论中最富有特色的主题之一。法兰克福学派经历了初创、变革、发展、鼎盛（揭示现代人的异化和现代社会的物化结构）、衰落五个时期。代表人物及其主要著作：马克斯·霍克海默（Max Horkheimer），德国社会学家、哲学家，代表作《艺术和大众文化》《作为文化批判哲学》；西奥多·阿多诺（Theodor Wiesengrund Adorno），德国社会学家、哲学家，著有《论流行音乐》《文化工业再考察》等；赫伯特·马尔库塞（Herbert Marcuse），美籍德裔哲学家，著有《单向度的人》《文化的肯定性质》等；尤尔根·哈贝马斯（Jürgen Habermas），德国当代最重要的哲学家之一和最有影响力的思想家，法兰克福学派第二代中坚人物，其一生著述丰富，从 20 世纪 80 年代开始，我国先后出版的哈贝马斯著作主要有《哈贝马斯文集》（六卷本）、《交往行为理论》，以及《事实与价值》《后形而上学思想》《公共领域的结构转型》和《认识与兴趣》等。

（二）主要时尚相关理论

法兰克福学派之文化批判理论。霍克海默和阿多诺合著《启蒙辩证法》中提出的重要概念——"文化工业"，是凭借现代科技手段大规模地复制、传播商品化了的、非创造性的文化产品的娱乐工业体系，其具有四大特点：金钱驱动、技术程序化、内容世俗化和形式强制性。文化工业导致的结果是人的异化：人们的自主性在无所不在的文化潮流中遭到消解，享乐主义消磨了人的斗志，使人在一种舒舒服服、平平稳稳、合理民主但不自由的发达工业文明中成为"单向度"的人。

法兰克福学派文化批判理论的修正主要有两种说法。一是斯图亚特·霍尔（Stuart Hall，英国文化研究的杰出代表之一）的编码/解码理论。其代表作《电视讨论中的编码和译码》认为，受众对媒介文化产品的解释与他们在社会结构中的地位和立场相对应。二是让·鲍德里亚（法国哲学家、现代社会思想大师）在其代表作《消费社会》中对大众文化所持的辩护态度：大众文化与其说将艺术降格为商品世界的符号的再生产，不如说它是一个转折点。

（三）启发与借鉴

法兰克福学派文化批判理论的学者们论述"文化工业"的资本逐利最大化所产生的这种现象值得重视，我们在"海派时尚文化"建设中必须引以为戒。如对"双十一"及其促销活动中某些负面影响的重视，有利于社会正能量文化的积聚，也有利于时尚文化的进一步传播，即包含海派时尚文化之销售活动的尝试。

二、伯明翰学派

伯明翰学派（The Birmingham School）发端于 20 世纪下半叶的英国，是西方马克思主义流派中的一个重要分支，以马克思主义的方法论，从社会存在与社会意识的关系入手展开对文化的研究，从而被称之为全新的"文化马克思主义"的研究。

（一）起源

伯明翰学派属于西方当代文化批评及美学学派。20 世纪 60 年代中期，其围绕英国伯明翰大学文化研究中心而形成，以研究通俗文化和媒体而著称。前期的伯明翰学派，由于成员大多出生于中下层或工人家庭，所以采取与以往精英知识分子不同的态度去对待、研究通俗文化，力图重估其价值。

（二）主要时尚相关理论

文化是生产和消费的前提。伯明翰学派纠正了原先对马克思主义教条化的研究倾向，以唯物主义语境对以大众的平民主体性为主展开考察，赋予文化以新的内涵，认为文化是一种整体的生活方式，应从物质生产的过程中强化对文化的理解。该学派将斯图亚特·霍尔借鉴安东尼奥·葛兰西（Antonio Gramsci）的"接合"理论（"接合"是在差异中寻求统一）运用于文化与经济的"接合"关系（而非文化与经济的决定关系），即强调文化与经济创造性联结的动态过程，从而形成了伯明翰学派文化研究中的关键主题：文化生产与消费。大众消费的其实并不纯粹是商品，还包括文化产品。消费前者是在追求商品的实用价值，消费后者是在追求文化产品的象征意义。因此，伯明翰学派也就有了"文化唯物主义"的别称。特别是霍尔"编码/解码"理论的提出，使大众在解读文本中的主体性突出，即作为受众在对文化产品的消费过程中，具有主观判断能力。不仅如此，受众还可以成为文化生产的传播者，更能创造属于自己的新文化，这就是伯明翰学派的生产性受众观。文化权力运作的批判性分析，为伯明翰学派所重视的研究主题。斯图亚特·霍尔认为大众文化是实施霸权和反抗霸权的场所。诚如有论者提出生产性文本概念：受众眼中文本的价值在于其可利用性与多元性，其阅读方式与消费模式同样多元，恰如"一千个观众就有一千个哈姆雷特"。所以，文化的生产者就需要创造出能衍生出多元意义的动态性文本，使受众便于拼装，即对文化商品的再组合和再创造，这种对受众"拼装"能力的分析，凸显出英国伯明翰学派对受众的文化创造性的理性认知。

文化研究的必要。英国伯明翰大学于 2002 年 6 月关闭了该校的"文化研究与社会学系"，伯明翰学派随之日渐式微。该学派虽受法兰克福学派影响很大，但"它们的角度有很大不同"，"主要表现在历史的语境上"。它们对"文化工业更感兴趣。文化工业成为一切政治形态的核心，它们非常强大。"

（三）启发与借鉴

物质越丰富就越需要对文化进行研究。伯明翰学派的文化传统是思考普通百姓的生存状态和他们对生活的反应。伯明翰学派认识到，人们在消费物质性商品的同时还在消费其中的文化意义。如今，对于商品人们更多的是消费其中蕴涵的文化涵义，也就是现时海派时尚的文化魅力及其文化特质在消费中的体现。

文化研究在当今媒体汇聚的时代，比以往任何时候都更加需要和重视，因为我们可以从中悟出社会经济所需要的时尚，或找到能够引导时尚发展的某些基因。海派文化虽是多元和包容的，但并不是泛滥和无序的，在自媒体兴盛的时代，人们以某种名义随意制造和廉价抛售的观点，中间或许有一定的文化意味，但也不可否认地存在不少文化垃圾，比如一些以丑为美、以恶为善、以假为真的"诗歌、散文、评论、画作、视频、游戏"等，将会不可避免地泥沙俱下，反映于时尚产品中，进而一定程度地影响时尚产业的发展。普通受众若缺少识别能力和判断能力，易在羊群效应下迷失方向。此时，时尚评价应当及时大胆地发挥其批评和纠偏功能。

三、 齐美尔时尚理论

齐奥尔格·齐美尔（Georg Simmel），德国社会学家、哲学家。其《时尚的哲学》比较集中地阐述了时尚的理论，对现代社会的时尚研究具有非常重要的借鉴意义。

（一）起源

齐美尔的时尚理论著作除《时尚的哲学》外，还有《时尚心理的社会学研究》《时尚》等。这些论著对时尚进行了丰富的描述和精到的分析，至今还在时尚的社会学研究中具有十分重要的参考价值。齐美尔探讨的现代生活风格的转变（或称之为变化）对个人主体及其扮演社会角色的影响；时尚是既定模式的模仿，时尚会演变成一种价值的概念；"女性坚持时尚的程度特别强烈"，以及"如果我们觉得一种现象消失得像它出现时那样迅速，那么，我们就把它叫做时尚"等评述，[①]都是值得我们现在继续探讨的话题。

（二）主要时尚相关理论

时尚是一种社会的需要产物，其虽然具有随意性但又与社会相关。齐美尔所言："有时丑陋或令人讨厌的事物居然会变成时尚，似乎显示了时尚期望通过驱使我们只是因为它是时尚而去接受最痛苦的事物来展现它的力量。时尚以随意的态度在此情况下推崇某些事物，在彼情况下推崇某些古怪的事物，而在别的情况下又推崇与物质和美学都无关的事物，这说明时尚对现世的生活标准完全不在乎。这意味着时尚与其他动机有关，也就是全然地与正式的社会动机有关。"[②]同时他认为，时尚的本质总是被特定人群中的一部分人所运用，"他们中的大多数只是在接受它的路上"。甚至重复道："时尚是既定模式的模仿，它满足了社会调适的需要；它把个人引向每个人都在行进的道路，它提供一种把个人行为变成样板的普遍性规则"，满足对差异性、变化、个性化要求上非常活跃的变动，以今天的时尚区别于昨天、明天的时尚的个性化标记，从而使自己凭借较高阶层的时尚等级与较底阶层区分开来。而当较底阶层开始模仿较高阶层的时尚时，较高阶层就会抛弃这种时尚，重新制造另外的时尚。这就是齐美尔时尚理论的主要观点——特定人群始终处于引导时尚变化的主力。

（三）启发与借鉴

上述齐美尔理论的两条"路"值得人们重视。其一是"他们中的大多数只是在接受它的路上"；其二是模仿时尚的"行进的道路"。齐美尔所言"女性坚持时尚的程度特别强烈"是海派时尚大有作为的理论依据，且已为早期的上海人所证实。将"丑陋或令人讨厌的事物变成时尚"（齐美尔语），即不被重视、也不引人瞩目地在极为平常普通的事物中发现或发掘时尚的细枝末节而创造时尚，并且以"奇思妙想"引发一波又一波的时尚风潮。

---

① 罗钢、王中忱：《消费文化读本》，中国社会科学出版社，2003，第 249 页。
② 罗钢、王中忱：《消费文化读本》，第 244—245 页。

四、 罗兰·巴特时尚理论

罗兰·巴特（Roland Barthes）作为法国思想家、社会学家、社会评论家和符号学家，出版了《神话：大众文化诠释》《流行体系：符号学与服饰符码》《时尚的系统》等著作，后因其独特的理论改变了时尚研究的走向，故被称之为"时尚思想家"。

（一）起源

罗兰·巴特主要是从关注日常生活的各方面着手研究，他试图发掘隐藏在日常生活表面以下的深层意义，并揭示出这些意义究竟是如何被包含在统治结构和权力关系之中的。他以资产阶级意识形态为研究背景，向这些看似单纯的表征和行为的作用发起深刻剖析，以生动而朴素的语言，得出一系列引起世人警觉的结论，其对文化研究的早期发展具有特别重要的影响力。

（二）主要时尚相关理论

巴特对时尚的研究首先是基于人们每天穿着的真实的服装，其次是言语和视觉的时尚修辞和时尚传播。他指出，如果没有话语，时尚便会失去精髓，不再完整。其是巴特时尚观点的核心，时尚在于传播及其传播的加盟，即时尚话语权的掌控和运用。

巴特认为时尚的系统是一组或一套关联的物质（或非物质）形成的复杂整体，是将不同元素组合成相互依存关系的过程。他以"真实的服装""虚拟的服装""穿着的服装"这些概念，来构建时尚系统的复杂性；并通过实验发现，现代时尚系统的首要任务是要在"真实的服装"和"虚拟的服装"这两种服装形态上建立层次关系，也就是谁先发生，即如今话语时尚萌发的基础。

巴特作为结构主义的重要代表，将瑞士语言学家索绪尔的语言符号学理论运用于法国大众文化的分析，他认为，在对符号学的研究中，无需考虑材质与界限，所有文化现象都可以成为符号学的研究对象。诸如时装、饮食、家具甚至体育竞技的摔跤等，都可以纳入符号学的研究范围。

（三）启发与借鉴

巴特对资本主义强大的大众传媒相当期待，宣称这些强大的系统有它们独特的构造与运作方式，有利于时尚工业的发展。如今，我们所处的网络信息时代已远非巴特时代可比，故而海派时尚的创建一定会更加出色、更加完美。

巴特关于现代时尚系统之"真实的服装"和"虚拟的服装"，这两种服装形态层次关系中谁先发生的思维方式值得人们继续探讨。我们认为，海派时尚服装的产生是从"现实的服装"中获取灵感，转而进入构思阶段，展开"虚拟的服装"的设计。

五、 鲍德里亚时尚理论

让·鲍德里亚（Jean Baudrillard），法国哲学家、现代社会思想大师、后现代理论家，其有知识的"恐怖主义者"之称。20 世纪六七十年代，他在著作中指出，当代资本主义社会已从生产社会进入到消费社会，进入以消费符号为主的商品社会，从而引起当时社会的极大震惊。

（一）起源

鲍德里亚认为，物的丰富使消费成为整个社会的主导。1968 年，鲍德里亚出版了《物体系》，书中有关"分析当代社会文化现象、批判当代资本主义"等方面的论述在理论界产生了巨大影响，引起了"鲍德里亚效应"，鲍德里亚就此成为享誉世界的法国知识分子，及至 1996 年更被称为"现时代最重要和最具煽动性的作者"。1970 年，鲍德里亚在其新出版的《消费社会》中宣称"当代资本主义社会已从生产社会进入到消费社会"，从而引起社会震惊。该书的开篇写道："今天，在我们的周围，存在着一种由不断增长的物、服务和物质财富所构成的惊人的消费和丰富现象，它构成了人类自然环境中的一种根本变化。恰当地说，富裕的人们不再像过去那样受到人的包围，而是受到物的包围。"

（二）主要时尚相关理论

鲍德里亚的时尚理论有几个方面，第一是关于时装定义。鲍德里亚指出：时装代表着最难以解释的东西——实际上它代表着自己所展现出的更新符号的责任，代表着意义的不断生产（而且是看似随心所欲的意义），代表着迫使他人接受意义，代表着它在现实中循环的神秘逻辑——所有这些都代表着那一时刻社会的实质。

第二是关于追求个性满足的符号导向。面对物质（即商品）的极大丰富，人们开始以符号为表征来追求个性的满足，符号成为引导消费的导向，也是区分阶层的标志；由物质的需求到意义的需求，即追求符号背后的象征意义。他明确指出，消费不仅在于物质，而且在于集体和世界，它既是一种积极的建立人与社会关系的方式，也是一种系统的行为和总体反应的方式。整个人类文化体系正是基于这种方式而建立起来的。

第三是关于符号的意义。鲍德里亚坚持认为人们从来不消费事物的本身（即事物的使用价值），相反，人们总是把广义角度的物质用来当作能够突出自身的符号，或让自身加入视为理想的团体，或参考一个地位更高的团体来摆脱本团体，即借助物质消费背后的文化含义而突出消费者自己。

第四是关于消费行为是符号的社会化交流。鲍德里亚说："从前，出生、血缘、宗教的差异是不进行交换的：它们不是模式的差异并且触及本质。它们没有'被消费'。如今的（服装、意识形态、甚至性别的）差异在一个广阔的消费集团内部互相交换着。这是符号的一种社会化交换。并且一切之所以能够这样以符号的形式相互交换，并非归功于某种道德'解放'，而是因为差异是依照将它们全部整合成为相互承认的符号的那种命令被系统地生产出来的，而由于这些差异是可以互相取代的，因而它们之间并没有比高和低、左和右之间更多的紧张或矛盾。"①

---

① 让·鲍德里亚：《消费社会》，刘成富、全志钢译，南京大学出版社，2001，第 5—89 页。

（三）启发与借鉴

鲍德里亚的关于人们开始用符号来追求个性的满足，以及消费社会的最终实质，即以广告、品牌为传播媒介的一种文化的消费，而人们消费的是追求其符号背后的象征意义等理论上的见解，恰好表明了消费者借助商品的时尚性向其向往的时尚阶层靠拢这一普遍的行为目的，隐藏在时尚文化表皮下的这一消费者原始动机足以促使时尚文化获得足够的动力。无论是在品牌建设，还是在海派时尚文化的推广宣传中，我们应该更深层地研究、挖掘和利用人的这种内在渴望，为海派时尚开拓永无止境的发展空间。

六、 克鲁伯时尚理论

阿尔佛雷德·克鲁伯（Alfred Kroeber）是 20 世纪美国人类学的领军人物，以颇有难度的"服装定量研究"著称，其研究成果因更具有操作性而有利于指导实践，这是克鲁伯时尚理论的主要特点。阿尔佛雷德·克鲁伯的成就得到业界同行的赞许，认为他的专业研究已经超越了社会现状数十年，因而更具有先锋精神。

（一）起源

克鲁伯以数据统计的方法揭示社会事件的文明真相，剖析时尚事物的文化事实，其目的是力求研究结论的客观性，故意避开某些时尚的模仿、竞争等假说而展开研究的结果。比如，他曾选择西方女裙进行测量、分析，得出时尚是"文明社会秩序"和"文化秩序"的象征等论断。

（二）主要时尚相关理论

一是时尚显示社会秩序变化。克鲁伯以人文视野研究组成人类社会的"文明秩序"，以及"形成秩序的原则"的产生和作用。他以能够看到或触摸的时尚对象展开研究，深信数据统计对人文学科的作用，坚持用统计学的方法揭示社会和文化之间的关系，几何化的曲线可以推测事物的社会化现象。克鲁伯所写的论文《时尚作为社会秩序更迭的例证》就是该观点的集中表述。

二是时尚依据文化规则而发生改变。克鲁伯以测量所得数据，得出"社会改变的规律受到最初现象的影响，周期性极为重要，它们影响着任何个体的着装变化"的结论。其在意识到文化漫长发展历程中"上升和下降"，诸如起源、成长、高潮、衰落等运动形式后，选择时尚可为"文明社会秩序"的例证：时尚能够论证，它是文明社会的驱动力之一。由于时尚的可变性，只能用定量测量的方法进行研究，以探求其潜在的规律。

三是定量研究方式。该方式选择以人造物品为媒介，精确测量且依照物品承载的功能及其形式改变痕迹进行记录。他常以时装作为最为合适，也就是可触摸、可眼观、可综合描绘的物品开展量化研究，但因时装具有太多的主观因素（也可称文化因素）而导致研究非常困难。因此，克鲁伯以存在百年的杂志服装插图（包括时装研究论文）为依据，用工具卡钳进行精确的测量，发现除有些图片模特太高不具参考价值外，其他比较理想的时装图片都很有价值，反映着人们对文明的理解。

（三）启发与借鉴

克鲁伯的研究方式值得借鉴。如认真测量时装的尺寸，重视外形测量正确的统计，而对色彩、图案、面料、装饰、裁剪则不作统计。通常，每个时代研究的重点可能有所不同，但穿着时装的基本要求是其与形体的配合度，中外对物品造型的重视应该说在认识上有着高度融合，那就是寻找时尚永恒变化中的关键点。

海派时尚在民国时期就有一定知名度，特别是其对时尚女装的市场影响力，我们可以开展专项而又细致的研究，从中发现时尚发展的规律，挖掘出新的时尚元素，指导时尚流行趋势预测，这是上海时尚界人士必须做的"功课"。例如，像克鲁伯那样对历史上的时装作耐心和持久的研究，可以让今天的设计师数据库更充实、思路更开阔、方法更多样、途径更多元，为海派时尚产业助力，为上海经济的繁荣尽心尽力尽职。

七、贝尔时尚理论

昆汀·贝尔（Quentin Bell）是英国著名的雕塑家、画家、作家和艺术批评家，曾任苏塞克斯大学历史与艺术理论教授。昆汀·贝尔自小就生活在著名的布鲁姆斯伯里文化圈。其父克莱夫·贝尔是"艺术是有意味的形式"理论的倡导者，其母奈萨·贝尔也是该文化圈中著名的美学家和画家。由于受自由主义意识浸润，贝尔成长为布鲁姆斯伯里想象力丰富的第二代艺术家。

（一）起源

贝尔成长的布鲁姆斯伯里文化圈是由一批居住在大英博物馆附近的知识分子组成的一个松散但经常聚会的群体。成员们的住处环境非常安逸，他们经常聚集在一起，展示的才华、激情或者傲慢皆为时人熟知。布鲁姆斯伯里文化圈里的画家、美学家特别多，政治学家、经济学家、文学家中为中国人所知晓的有《雾都孤儿》《双城记》等名著的作者 G.L.狄更斯、因"凯恩斯革命"而被后人称为"宏观经济学之父"的梅纳德·凯恩斯等。

（二）主要时尚相关理论

昆汀·贝尔的主要著作有《论人类服饰》《设计院校》《罗斯金》《维多利亚时代艺术家》《布鲁姆斯伯里》《弗吉尼亚·伍尔芙传》等。或许是与他从小成长在思想大咖成群的圈子里有关，他的研究往往着眼于人类的思想史，其理论总结一般都是极为精简的浓缩。

在《论人类服饰》中，贝尔以一个章节来谈论"时尚的理论"。他认为时尚理论的提出必须合乎事实，这恐怕是其受到思想史研究的影响。因为事实先于理论存在并且理论可以解释它们，且事实独立存在于用来解释它们的理论之外，是为了更胜于理论的产物。另外，贝尔围绕"是什么在推动巨大的、令人难以置信的时尚运动、又是什么在维持和增加时尚的变化速率"进行了具体展开，并设置将时尚看作个体劳动和人性的产物或时尚是政治和精神事件的"反映"，以及暗示有一种"更高级力量的干涉"这四种类型加以解释时尚的变化发展。这种多角度地探究时尚理论的方法，让他发现了"事实"并不符合一些所谓的"理论"，因为前三项时尚发展的缘由皆不能成立，时尚不是"个体"和"人性"所能左右的，"个体"实际上不能逆流而行（指时尚流行）。至此，贝尔再引用德国历史学家赫德（Gerald Heard）的理论，认为时尚的变化来自"更高级力量的干涉"。因为他将时尚讨论与"进化的过程"结合起来，人们想到时尚必定与其最后的效用密切相联。贝尔据此将时尚定为"品味的主要发动机"，即"品味"和"发动机"理论。这是关乎时尚的市场前途，即消费动力或称市场前景的时尚理论。

（三）启发与借鉴

贝尔没能完全证明"更高级力量的干涉"究竟指的是什么，这一论断放在今天来看，显得更容易理解一些，比如人的欲望、社团力量、市场暗流、资本推手等等，不过真要厘清这些"更高级力量"，还需要更深入的理论研究。至少，这一理论观点留给我们更多的念想，值得我们在当今时代重视、借鉴和运用。上海应该组织多种高水平的市场营销、商场促销和购物节等活动，促进和提振人们的消费热情，并尝试将"品味"和"发动机"的理论融入到以内循环为主体的中国消费"双循环"大格局中。

八、莱弗时尚理论

詹姆斯·莱弗（James Laver）是英国著名诗人、时尚服饰史学家、艺术史家和预言家，1921 年赢得牛津大学 Newdigate 诗歌奖。其主要著作有《品味与时尚——英国服饰史》《服装与时尚》《诺查丹玛斯或将来的预言》；诗歌有著名长诗《大宇宙》（Macrocosmos，又译《宏宇》）。詹姆斯·莱弗是 20 世纪关于女装和时尚研究之非常多产的时尚理论研究者，其风尚演变时间表至今被认为是经典的时尚理论。

（一）起源

1933 年，莱弗发表题为《时尚的胜利》的论文，认为时尚更能显示出时间的优越性。1937 年，《品味与时尚》一书的出版被认为是"时尚研究的范本"，莱弗将时代精神和服装样式两者之间的关系视为全书的精华：时尚与品味关系密切。服装形式是人们对社会生活改变能力的体现。特别是自 18 世纪晚下半叶以来的男装已成为不变的"化石"，而女装则不断变化前行。经过对百多年的服装时尚的研究，其归纳出女装的变化规律，即"莱弗法则"（或莱弗定律）。该理论试图就服装循环样式的感觉进行分类，认为时尚和服装是思想的一种体现。

（二）主要时尚相关理论

在 1950 年出版的《服装》中，莱弗将其学说建立在一系列人类的"需要"上。他总结前人的时尚理论并进行重新定义，使之条理清晰便于时尚产品的设计开发、投放市场和流行识别，特别是针对女装时尚提出了著名的"三个原则"理论：等级原则、吸引原则、效用原则。概括来说，他认为只要女性的社会经济地位（等级）不变（指依附男性而缺乏经济保障），这种"吸引原则"或"夺目理论"就决定了一切，也就是抓眼球的时尚理论（效用）就不会改变。

"莱弗法则"的通俗说法是：

一件衣服在流行的那年穿出，你很时髦。

流行前 1 年穿出，你非常大胆。

流行前 5 年穿出，你下流无耻。

而一件衣服在流行后的 1 年穿出，你落伍过时。

流行后 5 年穿出，你荒唐老土。

流行后 100 年、150 年穿出，你不但浪漫还很可爱。

虽然以上的时间年限只是一种粗略的假设，文字表述也有些调侃，但值得注意的是，关于时尚风行这个定律在当今时代意义仍然极具现实意义，时尚行业决策者必须认真研究。

（三）启发与借鉴

莱弗对历史服装的比对研究可以借鉴，其有利于海派时尚文化通过系统的整理和归纳，从男女老少的各种时尚中找出具有规律性的时尚节点，以引导时尚设计、引发市场消费。同时，人们从更为实际的物的角度（包含一切时尚物品及与此相关的时尚事物），可以寻找新世纪海派时尚及其发展趋势的一般规律，从而更好地引导海派时尚的发生、流行和消费的生态。如全职太太的出现是个新现象，针对她们的时尚需求，应该进行专题的调研并提出适合市场的应对方案。另外，莱弗关于男女相悦而使服装特别是女装得以不断发展的理论，是否可以反用其意？现在，上海需要继续努力做好女装的设计调研，通过开发海派奢侈品满足特殊群体的需求。

第七章

传承与创新

文化是民族的根，是一个民族生存和发展的重要基石与推动力量。文化承载并维系着国家的过去与未来，只有让文化的传承和创新相得益彰，才能真正发挥出文化的活力。2017年春节前夕，中国共产党中央委员会办公厅、中华人民共和国国务院办公厅出台《关于实施中华优秀传统文化传承发展工程的意见》，首次以中央文件的形式专题阐述了中华优秀传统文化传承发展的工作。2021年4月，中央宣传部正式印发《中华优秀传统文化传承发展工程"十四五"重点项目规划》，强调从记忆、传承、创新、传播四个方面着力，为传承和发展中华优秀传统文化指明了科学方向和具体路径。

时尚作为海派文化的重要分支和表现载体之一，是上海这座城市历久弥新的活力所在，也是上海重要的文明符号和窗口平台。刘易斯·芒福德（Lewis Mumford）在其著作《城市文化》中指出："城市是文化的容器，专门用来储存并流传人类文明的成果。储存文化、流传文化和创造文化，这大约就是城市的三个基本使命。"对于上海来说，传承并创新符合新时代需求的海派时尚文化是这座国际大都市发展的基本使命之一。

第一节　海派时尚文化之传承

海派时尚文化的内容既包括了实际的时尚产品，也涵盖了其精湛的技术与工艺，而更为重要的是海派时尚文化是一种凝聚着海派精神与价值取向的时尚文化结构与思想意识。对于海派时尚文化的传承，应当总结、挖掘能体现其价值原则和思维方式的文化产品、技艺和思想观念，令其传递和扩散到更大的范围，并促成进一步的文化交流和理解。

一、传承原则

（一）文化自信原则

文化具有共性也具有个性。首先，海派时尚文化的传承要尊重个性，要对自身的文化有强大的信念与信心，但不自傲。其次，对海派的优秀时尚文化要有礼敬和自豪感，对海派时尚文化的生命力和发展前景要有坚定的信念。至于坊间对海派文化仍存在的一些误解，如认为海派文化的历史不长，没什么根基；海派文化只是局限于长三角地区，比较西化才出了名，这便是对海派文化的历史不了解、不自信、不尊重的一种表现。事实上，海派文化在西学东渐的过程中担当了"桥头堡"的作用，近代上海早已成为中国工业产品的生产中心、人才中心、创新中心和中华艺术的展示中心。[①]具体说来，文化自信原则主要表现在以下两个方面：

---

① 熊月之：《上海历史文脉与海派文化》，《上海艺术评论》2018年第1期。

1. 文化自信应当具有包容性

对外来文化采取包容、借鉴的态度，是对自身文化自信的一种表现。一个国家、民族、地区对自身文化越是自信，就越善于与不同的文化展开交流与学习，通过借鉴和吸收，取长补短，兼容并蓄，才能焕发出自身文化的活力与生机。海派文化具有与生俱来的包容性，这一特点是有历史根基的。开埠前的上海从属于吴越文化，吴越文化是一种水文化，包容而又动态，善于吸纳新鲜的文化因子。开埠后，没有历史"包袱"的上海在此基础上又注入了西方文化的色彩，"洋气"是人们对海派时尚的共同感受。例如，开埠后出现的石库门是一种融合了西方文化和中国传统民居特点的新型建筑，成为了海派文化特色重要的物质载体之一（图7-1）。2022年8月1日，中共一大纪念馆的"一大文创"携手海派高端护肤品牌"林清轩"首次跨界美妆领域，是红色文化赋能时尚产业的文化自信典型案例。"印象石库门口红联名礼盒"和"印记山茶花礼盒"的设计灵感源于中共一大会址标志性的石库门，描绘了"石库门前山茶花开，兴业路上繁华盛开"美好景象，展现了"时尚之都""上海创新"魅力。作为一张对外名片，林清轩发扬中国珍贵植物与东方养肤之道，在Z世代中掀起"文化自信"浪潮，将中国护肤文化推向国际舞台（图7-2）。海纳百川、洋为中用、多元融合、开放创新，这一系列的词汇表达展现了海派文化不拘泥于一隅的气度。

2. 文化自信应当坚守初心

海派文化糅杂了中西文化，也常以崇洋的面貌示人。在这种背景下，海派文化的传承更应当坚守初心，要秉持自身文化的性格和魅力，不能因为吸纳西方的时尚而舍弃了原本的特色。在开展时尚文化活动的过程中，讲好我们自身的文化故事非常重要。自信源于热爱，只有发自内心地尊重和热爱自己的文化，才能担当起文化

图7-1
庄重经典的石库门，融合了西方文化和中国传统民居建筑的特点，成为海派文化特色重要的物质载体之一

图 7-2
"林清轩"与"一大文创"联名款的产品设计既保留了石库门的装饰特色，又在外观形式和图案上表现出新时代的文化自信特色

传承的重任。例如，创始于 1896 年（清光绪年间）的老牌海派黄金珠宝品牌"老庙黄金"发源于上海豫园老城隍庙地区，历经国内黄金停售期后，于 1982 年有幸成为首批由国务院批准的金银饰品企业，在城隍庙大殿隆盛营业。20 世纪 90 年代，被纳入豫园品牌矩阵的"老庙黄金"进入稳步发展期。2018 年，"老庙黄金"重新定位，承袭好运文化，明确以"福、禄、寿、喜、财"为核心的"五运文化"作为品牌根基，将一二线城市的年轻消费者作为目标人群，通过"产品革新"和"渠道拓新"的"国潮革命"，把"老庙黄金"蜕变成为年轻消费者热捧的黄金珠宝品牌，让每位首饰佩戴者既臻享现代珠宝之美，又感受好运祝福和传统底蕴。在天猫发布的 2020 年"国货之光"中国品牌榜单上，"老庙黄金"当选为"95 后最爱老字号"之一。"老庙黄金"备受年轻消费者追捧的秘诀，在于其产品革新中秉持的"遵古与创新，传承与新潮"之间的平衡。近几年来，正是因为其坚守了对中国传统文化之初心，生动塑造了具有中国特色的时尚首饰，从而受到了消费者的广泛喜爱（图 7-3）。

图 7-3
坚守中国传统文化的"老庙黄金"历久弥新，成为容光焕发的"中华老字号"

（二）精选化原则

　　精选化原则是一种面对浩瀚的原始事物精心挑选后留存其中部分事物的态度。文化的传承不是原封不动地取用，而是一个由简到繁、由粗朴到精致、由不够完美到逐渐完美的过程。海派文化是在吴越文化中产生的，她的发展又离不开民国时期上海的租界文化，其中小资情调的生活方式曾让人数十年后背上"家庭出身"不好的名声，但在不断批判和发展的过程中，上海扭转了残留在人们印象中的一些诸如"崇洋媚外""明哲保身""斤斤计较"等负面形象，转而以"洋为中用""务实守信""精益求精"等新面貌树立起城市的人文品格。海派时尚文化亦是如此，面对浩瀚的海派文化素材，在去粗取精、去伪存真的同时，应该准确地选取其符合新时代背景的文化价值及其相应载体。

1. 文化精选需要科学地辩证

　　弘扬和传承文化需要过滤和精选，以务实的态度继承文化是非常必要的。文化精选的政策不能实行一刀切，不能以其是否完美、是否有用等作为评判标准，而忽略了那些看起来比较冷僻或过时的传统技艺和文化。中国的传统文化大多有着悠久的历史脉络，能够持续地留存下来，就证明了其本身具有强大的生命力。例如，上海青浦传统的民俗"阿婆茶"文化自古延续至今，是老年妇女饮茶聚会的一种休闲方式。一碗阿婆茶，配上几道腌制的当地小菜，如菜苋、萝卜干、酱瓜、雪菜等，成为能够交流思想感情的当地风俗礼仪，构筑睦邻和谐友情的文化风尚。但是，往往传统文化的历史越悠久，存在的矛盾和问题也越多。对于确实不适应未来社会发展需求的陈腐文化及陋习，应当予以抛弃；对于过度、盲目信奉一些所谓"优秀"文化的现象需要商榷；对于看起来无人问津的"老土"文化则要有足够的宽容度。文化的精选不能只有一个标准，而是需要科学地评判，只有经过充分审查和论证的文化，才是真正有价值的文化精髓（图 7-4）。

图 7-4
以茶为礼、以茶待客的上海青浦"阿婆茶"

2. 文化精选要注重时代性

　　文化本身没有优劣，都是多年积累而成的社会价值取向，但文化具有时代性。同样的文化放在不同的时代和不同的社会发展背景下，其对个体和群体产生的影响就会不一样，这是因为文化的产生本身就具有时代印记，每个时代都有自己的文化需求和文化特色。比如老北京的大院文化是计划经济时期的产物，而敦煌文化起源于古代十六国的前秦时期等。此外，有的文化历久弥新，传承千年仍有着现实的价值和意义，但有的文化因不适合社会的发展、制约了人们的思维和行为方式而被逐渐舍弃。当传统海派时尚文化与现代社会生活方式和时尚产业需求不相匹配的时候，其生存的土壤就会愈来愈贫瘠。如何系统地传承和延续海派时尚文化遗产，需要我们关注其时代性转化与发展的必要性和可能性（图7-5）。

图 7-5
以新中装见长的瀚艺 HANART 在 2017 秋冬上海高级定制周发布的作品在保留中装文化的同时突出时代性

（三）易接受原则

　　对于不少传统文化和艺术来说，年轻人的接受度不高是影响其传承的一个重要原因。文化如果只是在学术界传承，没法引起广大群众的认同和关注，就很难有生存的活力和发展的生机。一般而言，传统文化无法传承的原因是因为难以引起当下族群的共鸣，或是因为过于高深或偏门，或是缺乏有效的传播媒介……文化的符号化具有两面性，在传承的过程中，不断衍生出更易被人们接受的形式与内容是文化传承的重要原则。

1. 传统文化应当具有互动性

在万物互联的时代，互动性是事物得以存在的主要表征之一。传播和继承海派时尚文化需要增加传统文化与受众的互动性，打破封闭、孤立的传播方式，实现多方互动，让更广大的群体能体验并参与到传统文化的塑造中去。例如，"中国非物质文化遗产传承人"研修研习培训计划是由国家文化和旅游部、教育部、人力资源和社会保障部联合行动，为提升非物质文化遗产传承人群当代实践水平和传承能力，促进非物质文化遗产融入现代生活而推行的一项关于非物质文化遗产保护和传承的重要政策。非遗文化本身就是有一定仪式性和互动性的文化，往往通过带有展演性、参与性的方式呈现出来。在传承的过程中，通过非遗进校园、非遗与旅游活动、非遗的数字化传承与互动相结合等方式，积极加强非遗文化与人们的互动，激发人们对非遗文化更多、更真切的感受和体验（图7-6）。通过"非遗在社区"等系列活动让非遗项目与市井生活"无缝对接"（图7-7）。这些传播方式在传播者和受众之间构建了平等交流和互动的平台，让非遗文化更加贴近群众，更易被大众接受。上海的非物质文化遗产非常丰富，截至2021年，上海市已有63项非遗代表性项目入选国家级非物质文化遗产名录，市级非物质文化遗产名录项目共计273项。

图7-6
东华大学连续多年承担了国家非遗项目，图片为部分非遗文化活动情况

图7-7
绒绣是上海浦东的8个国家级非物质文化遗产项目之一，其非遗传承人扎根社区，长期开展非遗传承活动，逐步推进绒绣培训进入浦东地区各街镇社区文化活动中心，传承推广浦东绒绣非遗技艺

2. 重视文化的教育与传播

传承海派文化必须高度重视教育与传播的力量。教育是一种具有选择、传递和创造文化的能动性活动，先进的教育理念和有效的教学方式能提升海派文化的易接受度。在教学方式上，我们需要多增加一些关于海派文化的讲座、社团、兴趣班或者相关课程和活动等。例如，近年来，上海积极推广和普及沪剧进校园，并举办上海市校园沪剧大赛，积极带动学生们传承沪剧的热情。从基础教育到高等教育阶段，要按照不同的年龄梯队制定海派文化的学习内容，实现从培养兴趣、深入内涵、理论研究到创新创意再到应用转化等不同层级的转化，使得海派文化有一个逐步被理解、被认同、被接受与被传播、被应用的过程。同时，在开展海派文化的教育和传播中，要用时尚、轻松、文艺的方式，使得海派文化的精髓深植年轻人的心灵，成为不可抹去的文化积淀，并努力让这种教育与传播方式本身成为一种时尚。始发于2006年的上海"建筑可阅读"活动从"扫码阅读"的1.0版，到"建筑开放"的2.0版，再到"数字转型"的3.0版，实现了三次迭代，范围拓展至全市16个区，开放建筑1 037处，已成为都市旅游的千万级流量入口，是教育和传播海派文化一大IP。据统计，仅武康大楼街区周末每日接待游客就超过4万人次，相当于上海迪士尼乐园的单日游客量。2022月1月10日，上海广播电视台纪录片中心在东方卫视播出百集微纪录片《建筑可阅读》，作品每集用时90秒，以创意微纪录片的方式带领观众阅读建筑、讲述故事、漫步街区，展示了上海最具魅力的优秀历史建筑（图7-8），构成了一档教育与传播"时尚之都、魅力上海"的时尚创新节目。

图 7-8
宋庆龄故居（左）、武康大楼（右）等一大批海派历史建筑成为《建筑可阅读》中的网红景点

二、传承要点

（一）用市场激活造血机制

经济是文化繁荣的基础，社会经济实力是文化发展与传播的后盾，文化的全面建设有赖于经济的可持续发展。文化在经济上的自我造血机制是其赖以长久传承的基因，依靠来自外界短期保护的文化样式终将因经济上难以为继而快速凋谢。海派时尚之所以生机盎然，是因为上海有强大的城市经济实力支撑。从文化市场和文化消费领域出发，有不少学者强调了传播受众对文化的反塑造作用。英国人类学家丹尼尔·米勒（Daniel Miller）在《消费与其后果》中指出，文化存在于主体与客体的

动态互动之中，存在于主体与客体的"外化—内化"构建过程中。文化可以形成消费，消费本身也可以再产生文化，进而形成循环往复的生态。同理，时尚是消费的结果之一，消费的动向催生了时尚。

1. 增强文化的市场吸引力

每个地区通常会从政策层面对地域文化的传承和发展进行扶持，以促进文化的繁荣。但文化的持续发展仅仅依靠政策的倾斜是不够的，而是应当形成良性的自我造血机制，通过营利性的文化产业和文化活动增强文化的市场吸引力，形成经济与文化的良好互动。例如，2021 年 12 月 8 日浦东机场首家自营文创店"东曦"正式亮相，"东曦"文创店采用了"机场自主运营＋品牌合作代销"的经营模式，文创产品以别样的精致设计充分展示海派文化的匠心工艺，激发海派文化产品和国潮消费市场新活力。试想，一场无人愿意观看的戏曲，一部没有票房收益的电影，一个缺少观众的艺术展，即使具有再深远的文化价值和思想含义，但它们失去了市场的吸引力，也就丧失了传播的前提和意义。因此，只有当文化在经济市场上得到认可，才能从根本上保证文化价值的有效传播，并通过经济的反馈和市场的力量不断推进文化的发展和繁荣。

2. 增强文化产业的竞争力

城市是文化产业发展的土壤，文化产业是城市发展的核心竞争力，两者相辅相成，互为助力。海派时尚文化是以上海为核心的特色地域文化，发展海派时尚文化产业、不断提升产业竞争力是激发文化创新活力、推进上海建设国际时尚之都的重要途径。推动海派时尚文化产业的发展，应当健全产业体系和市场体系，促进文化消费的升级和文化产品供给侧结构性的改革。只有文化竞争力的提升才能带来文化消费的活力和长效的消费机制，并进一步反哺文化的传承和发展，增强文化的软实力。文化产业总的核心竞争力由每一个文化分支的核心竞争力构成，因此，增强文化产业竞争力的落点是增强每个文化分支的核心竞争力，再进一步细分的话，是增强每个具体的文化项目的核心竞争力，聚沙成塔，汇流成海。以海派音乐产业为例，上海曾经是中国乃至整个远东的音乐产业中心，但是，音乐产业必须拥有的国际化音乐文化土壤、原创音乐人才、文化资本市场、音乐消费市场等因素，已在其他城市逐步完善，上海音乐产业独有的核心竞争优势已有被其他城市超越的趋势。在互联网时代，上海的数字音乐企业为数不多，对音乐创作和表演的数字化平台支撑不足，音乐版权代理机构有限，对当代流行音乐不够重视，凡此种种，使海派音乐缺少了核心竞争力，直接影响着上海音乐产业的发展水平。为此，上海应该在海派音乐文化历史资源的挖掘、原创音乐版权代理平台的建立、数字音乐产业龙头企业的培育、院校音乐人才培养专项的扶持、音乐产业发展资本机构的引入、音乐产业链及衍生产品的延伸、音乐文化时尚化展演的尝试等方面发力，形成海派音乐文化的核心竞争力，巩固海派音乐文化的领先地位。

（二）培育海派时尚的流量

传承海派时尚文化要注重培育海派时尚的流量。流量是互联网时代的最典型特征之一，是信息数据聚集数量和使用频次的直观反映，[①]也是特定对象在网络空间所获注意力的数据表现形式。吸引流量的方式丰富多样，可以是受到极大关注的网络红人，可以是引起社会热搜的聚焦话题，也可以是天猫等购物平台上的大热单品……传承海派时尚文化尤其需要流量的加持，这与时尚产业的商业特性密不可分。具体说来，流量对海派时尚文化传承的作用包括以下两点：

1. 通过流量的培育深耕海派时尚文化的影响力

有意识地培育海派时尚文化的流量担当，可以加强人们对海派时尚文化的认知与了解，对文化传承和影响力的扩展是显而易见的。当前，海派时尚文化中具有极大影响力的流量担当并不多，这也导致了人们提及海派时尚时，总有一种模模糊糊、雾里看花的不确定感，往往被历史上的海派时尚印象覆盖。反观其他地区，例如英国就滋生了非常多不同类别的流量担当，通过下午茶、皇室、英超、摇滚乐队、福尔摩斯、绅士、风衣、苏格兰裙等文化符号，借助不同的载体，从各个维度塑造出立体而丰满的文化形象。上海是各种有形和无形资源要素汇集、碰撞、融合的超级枢纽，应当充分利用好扶持政策和流量平台，挖掘、培育能够吸引年轻一代的时尚文化素材，可以通过咖啡文化、戏曲活动、影视剧目、文化红人等取得一定的成效，如上海沪剧院的青年演员徐祥，在抖音平台上以诙谐的表达方式开展上海话教学，吸引了164.5万的粉丝。粉丝中有不少本地出生的年轻人已经不怎么会说沪语，或者是直接放弃了用方言交流的方式，这个创意重燃了年轻一代对沪语的热情，让他们从会心一笑、由衷自豪，到阿拉学讲、坚持使用，还吸引了一批决心扎根上海的新上海人，蔚然形成一股沪语回归的时尚风气（图7-9）；而由上海市委宣传部主抓的改革开放40周年献礼剧《大江大河》，其好口碑和高收视率更是获得了现象级的反馈，这一"上海出品"体现了上海文艺创作的高度和深度，令人们对海派影视文化的认识也更加多元。

图7-9
徐祥（右）和"上海小马哥"（左上）等创作者通过在抖音平台上发布诙谐有趣的视频内容意外出圈，变成了流量红人，并借助抖音平台传播沪语，推广上海语言文化

---

① 刘威、王碧晨：《流量社会：一种新的社会结构形态》，《浙江社会科学》2021年第8期。

2. 通过流量的贡献反哺海派时尚文化经济

对于商业市场来说，流量起着信号指示的作用，反映了人们在不同时期内的关注领域和消费需求，也是文化作品传播力和影响力最直观的指标。流量可以变现，通俗地说就是流量可以把产品或服务转化为经济效益，因此，有效地利用流量的贡献，能够反哺海派时尚文化经济。2020 年 11 月 11 日，摄影师胡波在抖音平台上发布了一个有关四川甘孜藏族小伙的短视频，田野男孩丁真凭着一脸灿烂、阳光、天真的微笑"出圈"了。丁真走红后，各省的文旅官博纷纷下场，发起了"抢人大战"，这一抢人大战的背后即是流量经济的巨大威力，是一场借助丁真为自己的家乡应援的营销大战。丁真的走红拉动的不仅仅是其家乡四川省理塘县的旅游热度和经济收益，更是掀起了各地的文旅消费热潮。海派时尚文化同样也是如此，通过流量的培育，可以进行多维度的流量变现。比如将流量嵌入文创文旅产业链中，围绕"海派流量明星"开发衍生内容和产品等，最终实现对海派时尚文化经济的反哺。有了这样的流量，被称为"魔都"的上海，不仅会成为顶流，也会更加有"魔"有样。

流量经济的近义词是流量型经济，流量型经济当中的"流"主要是指人流、物流、信息流、技术流、资金流等，旨在流动中创造经济要素汇聚的价值。比如已经在上海连续成功举办多届的中国国际进口博览会，就是流量型经济的典型代表。即便受疫情影响，按一年计的累计意向成交额仍然从第一届的 578.3 亿美元上升到第四届的 707.2 亿美元，充分显示了流量型经济的强大实力。

（三）制作适时的体裁和形式

对于海派时尚文化的传承来说，需要坚守文化的脉络和本质特点，用人们喜闻乐见的打开方式，尤其是要满足新一代年轻人个性化、多样化、希望参与其中的需求。原汁原味地传承的确能够很好地体现文化的精髓，但一成不变只会使文化缺少时代感，无法与受众产生共鸣，此状况在时尚文化这一特定领域显得更为明显，因此创造适时的体裁和形式显得尤为重要。

1. 借助流行化表达寻找与新一代的共情

海派时尚文化需要借助流行化的表达方式是与其商业化的特性密不可分的，融入流行能够使其传播方式更加多样，更容易贴近大众的生活，引起新一代的共情。比如，如果海派时尚文化仅通过传统的学校课堂、博物馆进行传播，其受众面未免会受到局限，不利于更广泛的人群了解、喜爱和接受海派时尚。如果通过影视剧、文化节、旅游节以及影响力重大的策展与活动，借助新媒体平台以及更受到年轻一代喜爱的游戏、动漫、话题和快闪等方式进行流行化表达，可以吸引更多的人。再如，上海纺织服饰博物馆与腾讯游戏跨界合作，以高沉浸互动游戏的形式演绎了一场"画罗·寄心——中国传统服饰展"。该活动选用了备受新一代年轻人喜爱的《光与夜之恋》游戏中的顶级设计师"齐司礼"作为男主角，在 9 月 1 日"齐司礼"的生日当天，由他身着传统海派服饰，带领"玩家"线上参观上海纺织服饰博物馆。此次跨界活动通过角色设计，用适合年轻的 00 后、甚至 10 后的语境去演绎传统服饰文化的内涵和技艺，拉近了传统文化与新一代年轻人的距离（图7-10）。

图 7-10
博物馆借助游戏和动漫形象拉近了传统文化与新一代年轻人的距离

2. 因地制宜开发海派文化资源

文化传承应当是一个内容和形式协调共进的过程。文化的内容可以通过多种形式表现出来，如语言文字、宗教信仰、生活习俗、建筑与家居、艺术活动、旅游、品牌效应等。具体侧重于什么内容并选择合适的形式，需要因地制宜，发挥各种长处。对海派时尚文化来说，时髦、商业化和创新仿佛是刻在这座城市骨子里的基因，上海在海派时尚文化资源的开发过程中充分做到了因地制宜，并以其特有的开放性、国际感、包容性吸引和聚集了全球大量的时尚公司和海量的专业人才。上海及长三角地区时尚产业规模的完整性和不可替代性让上海始终握有产业优势，并通过加深产业参与者之间的协作，建立起庞大的时尚产业网络。比如，为加强上海时尚的导向力，传递"大时尚"概念，上海时尚之都促进中心打造了短视频节目《时尚200秒》，以200秒短片的形式，从酒店、餐厅等10个维度精心组织，全网多渠道同步投放。以优质的短视频传播影响力，全方位布局的新媒体矩阵传播，助力展现"大时尚"风采。《打响上海文化品牌工作创新案例》一书中收录了该节目项目资料，这本书也得到了上海市政府的高度肯定。截至2021年12月31日《时尚200秒》共发布154期，各平台播放量总计超300万次（图7-11）。当下，上海的时尚产业更是与科技创新、人工智能、5G等融合，不断迎接新的挑战与机遇。比如，东华大学结合大数据的相关理论和研究方法，针对海派时尚市场的特点，对依托大数据基础的海派服装智能趋势预测模型进行了探究，建立海派服装流行数据库，开展海派时尚数据云端智能分析。

图 7-11
《时尚 200 秒》短视频项目收录于《打响上海文化品牌工作创新案例》

三、传承方法

传统文化的延续，离不开全新的表达方式，在以内容为王的时代，艺术性、观赏性、文化性、互动性、趣味性等都有可能成为促进文化传承的有效因素。这些因素通过各种传承方法，表现出传承形式与创新形式交融的多样性。

（一）嫁接与混搭配合

文化的跨地域流动决定了文化资源的世界流通性，与此同时也可以推动不同地域的文化资源创新。将本土文化与外来文化进行嫁接和混搭可以开拓新的传承思路并取得意想不到的效果，这一点对于海派文化的传承来说是非常重要的。从其他地区的经验来看，即使是文化资源相对薄弱的地区，也完全可以从全球文化的流动中获益，并形成自己特有的文化现象。海派时尚文化在传承的过程中适时地融入外来题材或文化样式，通过嫁接和混搭的方式，同样能够让传统的海派时尚文化焕发新生。

（二）解构与重生并用

解构一词来源于德国 20 世纪存在主义哲学创始人和主要代表之一马丁·海德格尔（Martin Heidegger）所著《存在与时间》中的"deconstruction"一词，原意为分解、揭示等意。海派文化在传承过程中，势必会伴随着某些元素的解构，即消除一些与社会发展不相符的陈旧元素，并在逐步发展的过程中重新建构某些新的元素，以促进自身的文化本体符合社会发展的客观规律。[1]以现代的目标和时代的需要对传统海派文化进行内容与形式的分解，去除不符合当下时代发展的落后理念、价值观念和外在形式，可以实现海派文化的重生。上海牌手表，这个创立于 1955 年的新中国手表品牌研制出了第一只国产细马手表，预示着新中国钟表工业就此展开

---

① 李璐：《新常态下中华文化的解构与建构》，《文化学刊》2016 年第 7 期。

全新历史篇章。怀着"制造见证珍贵时刻的腕表"的品牌初心和作为时代创历者的先锋精神，上海表在近七十载的荣光与沉浮中，历经枯荣。2019 年，上海表开启品牌全新征程，解构其原有产品技术矩阵，让留存的海派意蕴元素重生，不断自东方美学与哲学中汲取设计灵感，用"It's Shanghai Time"全新解读新时代的生活和美。2022 年上海表全新推出"致敬、大都会、复兴、FAB 及大艺术家"五大系列，甫一推出，即获好评如潮，重新找回了文化自信，再次获得了市场尊重，在时间艺术殿堂中镌刻属于品牌的未来新精彩（图 7-12）。

图 7-12
解构重生后的上海牌手表赢得了往日的尊重

（三）提炼与活化共存

提炼是凝聚事物本质并无限接近概念化，活化是增加概念事物的灵动性、趋时性和变通性。鉴于文化的时代特性，其在传承过程中需要不断地提炼更加符合时代需求和活力的文化资源。在提炼过程中，要鉴别一切束缚文化发展的思想观念、做法、规定和体制机制性障碍，挖掘具有普遍性的真理，抽取出鼓励人们积极向上的合理内容。既要传承传统的精华思想，也要开放式接受当下的新潮流；既要面向文化层次较高的受众，也要兼顾文化层次较低的受众需求；既要有助于精神文明的持续建设，也要考虑当下的实际状况，促进有利于海派文化产业的发展。梳理和提炼传统文化资源，是为了将其中的精华部分"拯救"出来，并对其进行补充和完善，建立一个与时俱进的文化体系。"WJX 婉珺玺"是由摩登新中式风先行者叶青创立于 2012 年的年轻化海派服装品牌，该品牌以东方美学为基石、海派文化为底蕴，以摩登时尚的设计语言解构复古情怀，从当代女性视角出发，融汇东西，传承非遗，在探索艺术与市场结合的同时，对文化符号的提炼与活化进行了有益的尝试。"上海小囡"是一个地域文化意味浓郁的文化符号，近年来，该品牌一直在打造与"上海小囡"IP 相关的文创衍生品，如上海小囡系列表情包、定制 T 恤和口罩等，希望把"上海小囡"文化做一个全面的诠释，用一种特别而美的方式呈现在大家面前。多年的坚持，终于获得了相应的回报。2019 年"上海小囡"在上海设计周上首次发布，同年"上海小囡·从时光中走来"系列在上海高级定制周上发布，2020 年"上海小囡"系列跨界创意海派旗袍礼服入选上海时尚之都促进中心组织的"2019—2020 年度上海设计 100 ＋"名录，2022 年"上海小囡·格桑缘"系列在"中国设计大展"上展出（图 7-13）。

图 7-13
"WJX 婉珺玺"品牌
的部分"上海小囡"
系列产品

第二节　海派时尚文化之创新

文化创新，是指在文化实践和传承过程中，对已有的文化产品、工艺技能或方法以及价值理念加以创造性地改造、更新和诠释，使其适应时代和社会的新需要。[①]海派时尚能否塑造新形象，不再以旧的文化面貌呈现的关键就在于文化创新。发挥创新对海派时尚的机能作用，能最大化体现海派文化的魅力，对推进城市文明发展、释放文化活力有着十分重要的战略意义。

一、创新原则

（一）结合性原则

1. 守护传统与创新发展相结合

文化创新不能忘本。海派传统时尚文化承载着上海这座城市的精神、文明、荣耀与梦想，也是进行海派时尚文化创新时弥足珍贵的财富与资源。文化创新要以传统为本，时代为轴。时代性可以为传统文化带来新的生命力和活力，但也面

---

① 刘研、马晓英、刘坚等：《文化理解与传承素养：21 世纪核心素养 5C 模型之一》，《华东师范大学学报（教育科学版）》2020 年第 2 期。

临着挑战和风险，例如，可能造成人们对海派传统时尚文化的质疑甚至全盘否定。因此，要积极探索传统文化与现代文化的对接和融合，将守护传统与创新发展相结合，用新的载体、内容、形式和体验，激活海派时尚文化的基因，令其再次获得活力、焕发生机。这一点在不少老上海品牌的转型中得到了具体体现。上海拥有不少富有人文积淀的历史街区和人们耳熟能详的老字号品牌，它们在悠久的历史传承中形成了独特的技艺、文化、产品和服务，具有深厚的文化背景和历史底蕴。在文化创新的浪潮下，不少品牌勇敢地探索着资源活化的新途径，利用文化传统的优势构建新时期的核心动能，做到了传统与创新的有机结合（图7-14）。

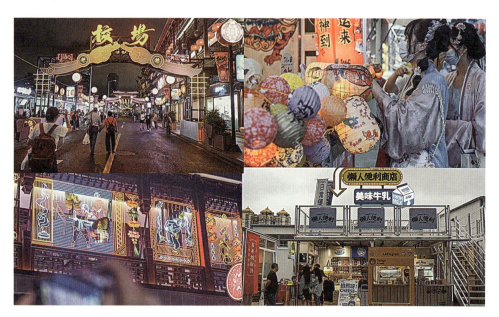

图7-14
豫园商城快闪街区：30家新国潮品牌"校场"打擂，极具张力的全新购物场景是传统街区与创新业态的融合

2. 地域特色与外来文化相结合

海派时尚文化的创新要坚守明确的地域特色和城市特色。当前，从地域性的城市文化发展来看，"京派文化""海派文化"和"港派文化"仍然彰显魅力并具有一定的文化主导性，但更多的城市文化则表现为乏善可陈，"千城一面"的同质化发展导致其地域特色文化概念非常模糊。海派时尚文化在主动走向世界的过程中同样也会面临这样的问题，因此，海派时尚文化的创新既要做到地域特色与外来文化相结合，又要保证其不在全球一体化的大潮中丧失文化的地域性、时尚的本土性和地域的人文性。

（二）生活化原则

生活化原则强调在文化创新的过程中需要多挖掘海派时尚文化的现实价值，应当坚持贴近生活、贴近实际、贴近大众的方针，创造更多符合人们不断增长的文化需求之内容。2017年，中共中央办公厅、国务院办公厅发布的《关于实施中华优秀传统文化传承发展工程的意见》中就强调，优秀传统文化要"贯穿国民教育始终""滋养文艺创作""融入生产生活"。如何将海派时尚文化融入当代社会生活的大背景，渗透到人们的衣食住行中，使其成为人们日常生活的"必需品"？文化生活化能够使其获得扎实的民众底盘，坚持文化创新的生活化原则可以提高创新结果的成活率，是连接传统海派时尚文化与新时期时尚创新转型的重要桥梁。

1. 从高深向通俗化转变

一般而言，海派文化与其他文化比较，相对更容易贴近大众，但其在凝练和发展的过程中仍不可避免地以精英话语、学术话语或政治话语等面貌呈现。人们在对其进行创新性发展的过程中，变高深为通俗，通过受民众喜欢、更易理解的通俗方式促进海派文化核心价值观的生活化，并转化为大众认同的行为习惯。关于这一点，在不少传统文化的创新发展中得到了印证。例如，将中华文化与重大节庆相结合，抓住春节、元宵节、清明节、端午节等契机，因地制宜地举办一系列非常接地气、有生气的"我们的节日"主题活动。又如，中国经典民间故事动漫创作工程推出《大禹治水》《愚公移山》《杨家将》《大运河奇缘》《百鸟朝凤》等弘扬传统文化的动画片；"中华精品字库工程公益应用计划"免费提供字库公益授权，让书法经典"用起来"，让精品字库融入大众生活。

始于1855年的湖心亭茶楼是上海现存最古老的茶楼，原是明代嘉靖年间由四川布政使潘允端构筑，清咸丰五年即1855年起开设茶楼。百余年来，湖心亭始终以特色经营和弘扬茶文化为宗旨，为广大消费者提供优质好茶。早在1990年春，湖心亭就成立了上海第一支茶艺表演队。从此，湖心亭每年都会举办几场富有特色的茶会，如春天的龙井茶会、秋天的乌龙茶会，每逢中秋，还有"竹丝茶艺赏月会"等围绕湖心亭品牌而开展的文化活动。茶楼以其独特的历史价值，成为接待英国女王伊丽莎白二世等元首级国宾的特定场所，蜚声海内外。2011年被国家商务部认定为"中华老字号"（图7-15）。

图7-15
湖心亭茶楼成为茶艺爱好者品茗听曲的海派时尚文化场所

2. 从抽象的理论向具体的实践转变

实践是文化创新的源泉、动力和基础。德国哲学家、文化现象学奠基人埃德蒙德·胡塞尔（Edmund Husserl）曾提出一个"生活世界"的理念，其目的是为了批判欧洲自近代以来在实证主义精神主导下，心理学、生物学、社会科学、哲学等学科体系因将世界事实化、抽象化、理念化而遮蔽了原真世界的做法。生活世界的哲学理论为其他学科提供了一个观察点，一种原真性的思维方法。按照这种思维方法，我们在认知、传承、创新海派文化的时候，必须要更多地回到人的本体上来，不仅要有抽象的理论，更要注重具体的实践。比如，2021年6月15—18日，上海国际时尚联合会举办的首届"海派风尚节"在上海花园饭店进行。以"推动上海海派城市文化不断更新和发展"为宗旨的海派风尚节，围绕"衣、食、住、行"四大领域，汇集了海派摩登古典家具鉴赏、高定生活方式精品展售、海派文化沙龙、高定服装服饰沉浸秀、盛装舞会等。海派风尚节作为一个彰显海派文化底蕴、品味海派生活方式的节日，它让更多生活在上海的人们关注海派风尚，同时也为众多具有东方美学文化底蕴的时尚品牌提供依托与载体，进而以创新赋能，精耕品质，让艺术更时尚，为生活所用，令生活更美，是一场富有推广意义的从抽象理论转变为具体实践的活动（图7-16）。

图 7-16
将推广海派文化付诸实践的"海派风尚节"

（三）可评价原则

正确有效的评价体系是引导文化发展和文化繁荣的基础和前提。通过构建富有特色、符合时代发展的评价体系，旗帜鲜明地展现支持什么、鼓励什么、提倡什么，并在此基础上以合理的方式予以支持与鼓励，才能确保海派文化的传承和创新沿着正确方向行进。[①]

学界对于文化的评价已经形成几个典型主张，如"科学—进步"实践论、"马克思主义"指导论、"解构分析"扬弃论、"理性洗礼"论、"优秀文化特征"论等，以

---

① 谢惠媛：《传承弘扬中华优秀传统文化的逻辑进路、视域选择和实践原则》，《学术研究》2018年第12期。

上理论均可以为海派文化创新过程中的评价机制提供可参考的依据和方法。海派时尚的创新需要上海有一批创新型时尚企业，而要做到时尚创新，首先是企业自身文化的创新，找到时尚创新的契机，融入海派文化精髓，带动海派时尚的创新（图7-17）。

图 7-17
2015 年起，上海连续开展年度企业创新文化品牌展评活动，让优秀的企业创新工作成为引领行业发展的文化品牌

二、 创新要点

（一）坚持海派文化价值观

价值观是文化的内核，是城市文化的根基。如同每一个民族都需要有民族精神，城市精神对城市的发展也同样重要，它彰显了这个城市的特色风貌，对外能塑造城市特色，对内能凝聚人心。对于上海的城市精神与城市品格，我们已经有了广为人知、广泛认可的概括，即"海纳百川、追求卓越、开明睿智、大气谦和"的城市精神，"开放、创新、包容、诚信"的城市品格，以及"职业道德、契约精神、谨慎行事、理性思考、精致生活、典雅形象"的个性画像。海派文化的创新发展应当坚守海派文化的价值观。尤其在全球化的语境下，地域文化已然融入世界风姿，在这一背景下，坚守价值观能有效地回答海派创新在全球化中将走向何方，并实现转化型创造的问题。无论是"走出去"，还是"请进来"，我们只有秉承文化自信与文化自觉，把握好海派文化最核心的内容，才能推动海派文化中最本质、最优秀的部分以新的方式呈现出来。中国复星集团于 2018 年收购了创建于 1889 年的法国 LANVIN，目前该集团已拥有"法国高级时装屋"Lanvin、"意大利顶级鞋履品牌"Sergio Rossi、"奥地利奢侈亲肤衣物品牌"Wolford、"美国经典针织女装品牌"St. John Knits 以及"意大利高端男装制造商"Caruso，全球时尚界关注着这些被"请进来"的品牌的未来。当这些品牌遇到海派文化，会开出怎样的花朵，是摆在复星集团面前的创新课题（图7-18）。

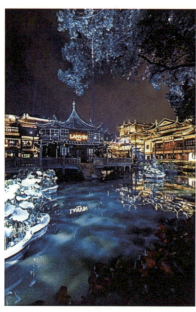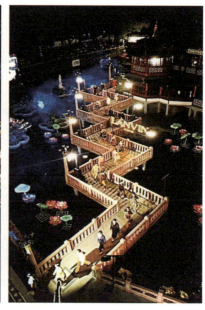

图 7-18
LANVIN 在上海豫园九曲桥上展示了令人耳目一新的2021春夏新品发布会,该系列即命名为《豫园》,有着400多年历史的海派文化地标——豫园,再次成为时尚潮头

(二) 融合新海派文化特色

从本质上说,海派文化的特质不是固守,而是革新。在创新的过程中,如果始终用老海派的固有印象作为标尺和规范,海派文化就会变得僵化和割裂,失去创新的活力。因此,应当不断融合新海派的文化特色,创造新时期的海派时尚文化。

1. 突破文化的"定格化"

无论是上海人还是外地人甚至外国人,提到海派时尚文化,无疑都会想到老弄堂、老洋房、石库门、张爱玲、香烟牌、旗袍……似乎只有20世纪二三十年代的上海才是纯正的海派文化,再往后一点也就是节约领、两用衫和一系列品质优良的老国货品牌能被人津津乐道。即使在当前的文化宣传背景下,不少海派品牌和活动仍然以这些文化符号作为塑造和推广的亮点,虽然特色有余但不禁让人有一种海派时尚文化自此之后就再也没有发展的直观感受,在人们脑海中留下了一种刻板印象。任何文化都是时代的产物,新海派文化也应该是现代上海城市不断发展下的集中表现和社会需求,能体现当下上海最持久、最核心、最难以替代的竞争优势,而不能仅仅定格在历史层面上对文化符号进行不断的重复。应当重新挖掘海派时尚文化的价值,提炼新时代海派文化的特质,厘清新时代海派文化的核心特征和外在体现,在海派文化中融入更多新时代的文化基因,打造新海派文化符号系统。例如,梳理大世界层叠的历史含义,将大世界打造成以海派青年为受众的文化场所;对百乐门进行重新释义,借助品牌效应使其变身为"最美海派文化空间"。近年来正在践行的"夜市文化"就是突破海派文化定格化的积极尝试,上海市区已经形成了具有一定规模的"夜市文化"并将这种新模式拓展至枫泾古镇等郊县地区,可期成为一张鲜亮的海派文化新名片(图7-19)。

图 7-19
"夜市文化"在枫泾
古镇唱响时代歌声

2. 塑造文化新 IP

传承是创新的基础，创新是传承的目的。文化新 IP 的塑造有利于为海派传统文化添加新的特色，实现海派文化的创新。而文化新 IP 的打造离不开"破圈"，"破圈"意味着一种意想不到的反向文化输出方式，是主流文化向非主流文化、年长人向年轻人输出等模式之外的逆向输出。对海派时尚来说，关注更加年轻的 Z 世代的兴趣和需求，激发能引起新一代族群认同的文化理念和现象，对于新海派文化特色的拓展和创新突破非常重要。例如，电竞文化是上海塑造的新 IP。电竞相对于其他文化来说是比较典型的亚文化，在不少人的眼中电子竞技其实就是打游戏，是不务正业的娱乐行为，根本谈不上是一种文化。但事实是，电子竞技已经成为体育竞技项目之一，受到了广大年轻族群的追捧与认同，成为一种新的海派时尚。在 2017 年"上海文创 50 条"和《关于促进上海电子竞技产业健康发展的若干意见》中更是明确提出上海将加快"全球电竞之都"建设。近几年来，上海加强电竞基础设施建设，发展电竞产业集聚区，打造了多层级的赛事体系模式，积极塑造上海电竞的品牌识别力和产业竞争力，以形成新的有影响力的文化 IP。

一兆韦德自 2001 年起作为上海本地成长起来的优秀健身品牌，时刻以海纳百川的胸怀面向社会，拥有超 100 家健身会所，已经发展成为国内乃至亚太地区最著名的健身连锁品牌。由一兆韦德和国家体育总局水上中心、上海市体育局等联合举办的"中国陆上划船器公开赛"自 2014 年在上海首次开赛以来已举办九届，皆以外滩、东方明珠、南京东路等上海核心地标为举办地，超过 10 万中外运动员参加该赛事，受到国际以及国内广大运动爱好者和竞技者的密切关注，已然成为上海一张国际城市名片，同时也成为了国家级全民品牌赛事之一。线上观看人次突破千万，被列为"2021 中国·上海国际大众体育节品牌赛事"。2021 年赛事升级，一场六城联动的时尚科技趣味性"云竞赛"在北京、广州、深圳、杭州、宁波、上海在线"云"展开，成为规模空前盛大的海派文化新 IP（图 7-20）。

图 7-20
以上海外滩为背景的"中国陆上划船器公开赛"不仅提升了健身趣味,也为上海打造了新的文化 IP

(三) 文化可嫁接时尚产业

作为巨大而复杂的社会系统,城市文化是社会经济重要的支撑要素,也是一座城市最根本的精神特质。在经济社会里,狭义上的文化事物会因离开经济基础而难以存活,至少会因缺少资金支持而不能得到良性发展。时尚本身来自与民生相关的各个产业部门,且往往因市场追逐效应而使得它的经济效益高于一般民生产业。因此,文化主动嫁接时尚产业,既能从时尚产业中获得自身成长必需的经济基础,也有利于时尚产业获得文化的滋养,这是一个两全其美、相得益彰的明智举措。

1. 将时尚产业作为城市文化建设的重要组成部分

《中国时尚产业蓝皮书 2014—2015》指出:"时尚是指在一定时期和特定的社会文化背景下,流传较广的一种生活习惯、行为模式以及文化理念。"时尚理念和时尚需求催生了时尚产品,当时尚产品实现工业化生产时,就会进而形成时尚产业。纵观伦敦、纽约、巴黎、东京等城市,均是文化城市和时尚创意城市的结合体。时尚产业是引领这些城市发展的最重要产业之一,文化产业和时尚产业的有机嫁接和融合,能有效增强该地区在文化、科技、设计创意等方面的软实力。[①]

时尚产业是一种跨行业、跨部门、跨领域重组或者创建的新型产业集群,是在对各类传统产业资源要素进行整合、提升后,加入不断产生的时尚消费元素而形成的产业集群,具有高附加值、涉及产业链长、覆盖行业面广等特点。海派文化和上海这座城市孕育了上海的时尚产业,而时尚产业也赋予了这座城市丰富的生活内涵,利用时尚产业强大的资源优势和广泛的社会效应,促进海派文化快速、全面地传播,让人们进一步关注和深入其传播的内容,达到更好地传承海派文化的目的。因此,在制定海派文化发展规划时,其创新要点是以时尚引领为手段,将发展时尚产业作为上海城市文化建设的重要组成部分,不仅能够促进新型文化业态的发展,丰富文化产业的多样性,还能够扩大文化市场板块的规模,提升海派文化建设的内涵。同理,上述创新要点在制定某项狭义的文化活动计划时也一样受用。比如,起始于 1994 年的上海国际茶文化节已近而立之年,为推广茶文化做出了巨大贡献。从成绩单看出,该节前期除了茶叶相关产品交易带有经济内容,其他诸如茶趣征文、吟诗会、书画展、茶艺交流、茶具博物馆、知识讲座等主要活动大都属于文化活动内容,难觅时尚企业或时尚相关活动加入的踪迹,如能把时尚产业有机地引入

---

① 薛鹏程:《全球化背景下城市文化与时尚经济相关性研究》,《中国市场》2019 年第 12 期。

该节，作为茶文化建设的一部分，必将使该节的体量倍增，效应持久。

2. 利用城市文化特征塑造特色鲜明的时尚经济

从社会学意义上看，文化是特定时期、特定区域，以及社会价值观念、社会情感、社会兴趣等多种社会心理因素的集中体现，也是决定时尚标杆高度的深层次原因。每个城市都有其自己的文化特征，让人印象深刻的城市往往是因为该城市的文化特征非常鲜明，"千城一面"的城市则多是因为该城市的文化特征十分模糊。即便如此，这种无特征或少特征也是一种"特征"，当然，这将成为十分不利于时尚生存的贫瘠土壤。

城市文化特征对应的是城市的经济特色。由于经济不可能脱离文化而独立存在，时尚经济又是文化成分较多的一种经济类型，因此，时尚经济的肌体里吸收了大量城市文化的营养成分，有什么样的城市文化就有什么样的时尚经济，即在特定经济体内呈现不同的城市文化熏陶结果，从而形成该地区较为突出的时尚特色，引发基于这种时尚特色的时尚经济。以上海文化时尚产业聚集地长宁区为例，长宁区拥有上生·新所、ART 愚园生活美学街区、锦辉·可当代艺术中心等时尚地标，同时，汇集了大量原创设计力量的平台型企业和时尚设计教育资源为时尚创意产业提供新鲜的设计力量，使其时尚经济体现出设计开发与人才培养为重点的特色。再如，杨浦区是上海历史中的产业集中区，在上海的工商业城市建设中留下了自己的文化印记。杨树浦路 2866 号的上海第十七棉纺织厂，一个 1921 年建成的百年工厂直接与时尚挂钩，改造为上海国际时尚中心园区，保留的原工厂红砖墙、大烟囱等风貌特色，与新建的多功能秀场、创意办公区、精品仓、酒店式公寓、餐饮娱乐及游船码头六大功能区交相辉映，处处透出时尚气息，为百年老厂房注入了海派时尚新活力，呈现出集研发、展示、贸易、休闲于一体的时尚经济特色（图 7-21）。

图 7-21
百年老厂——上海
第十七棉纺厂华丽
转身，化身为上海
城市文化建设中的
时尚地标

三、创新方法

（一）内容创新

在当今文化创意领域，"内容为王"是颠扑不破的真理。这里的内容是指海派时尚中包含的实质性事物，也是受众最有收获的硬核部分，包括精神内容和物质内容。在时尚文化建设中，内容由受众的需求决定其取舍，既可以被淘汰，也可以被新增，或被修正后保留。内容的创新除了要在数量上满足市场需求，还在于其质量的提升，优质的内容才是受众买单的对象。

女装设计中很少出现"船"的题材，庄容品牌把旧上海黄浦江上常见的"船"具有的乘风破浪、高远志向的象征，以及其谐音为"传"——"福泽绵延，代代相传"的美好寓意，用于其女装设计，进行中华传统图案内容上的创新。其"扬帆"系列以珍贵文献史料为基础，在设计师与工艺师的精心创作下，华丽地再现了古代航海的辉煌场景。该系列的图案纹样选材于史料所著的外访、民俗、商用等三大领域的代表船只，从多层面反映了中华民族海洋文明的悠远与伟大（图7-22）。

图 7-22
庄容品牌的"扬帆"系列寓意着"福泽绵延,代代相传"的美好祝福

（二）技术更新

技术为内容服务，技术更新与其面对的内容有关。利用新技术唤醒传统文化，能够为海派时尚的创新带来全新的启示。借助高科技手段的快车道让宝贵的传统文化资源以最亮眼的形象驶入公众的文化生活。计算机技术、媒体传播技术和通信技术深刻影响乃至重塑着时尚文化的发展形态，数字化成为新发展格局下时尚产业可

持续发展的必由之路，在这一背景下，可以利用科技手段构建并提升海派文化符号的认知度，并通过新媒体打破原有媒介之间的区隔，实现多渠道、多平台、多终端的个性化、高精准度的海派时尚文化产品输出，促进内容的多样化表达，使时尚产品更加轻松地落地，从而拉近时尚文化与消费者之间的距离。

作为内容创新的典范，豫园股份旗下的豫园文化商业集团对豫园这个传统文化 IP 进行文化内容上的创新商业运营，以为全球家庭客户提供最具特色的文化商业空间和体验为愿景，依托豫园商城与大豫园片区，以国风国潮、江南文化、民俗非遗为体验内容，创新演绎在地文化，营造地标空间场景，打造极具东方美学神韵魅力的全球时尚文化秀场，使古老的传统海派文化景致承载起当代海派时尚文化内容，创造了卓越的城市文化名片。"豫梦微缩世界·魔都四百年"是豫园文化商业集团推出的成功案例，位于豫园商城天裕楼 B1、占地 1 000 平方米的展馆内含 7 000 个微缩小人、500 个微缩场景，演绎了 1559—1937 年（豫园建园到抗日战争爆发阶段）约 400 年的上海故事。该项目首创了以"数字科技 + 微缩建筑 + 机械交互"装置打造城市级别的文化展览展示创新业态，是 2021 年度上海市文化创意资金项目第一名（图 7-23）。

图 7-23
技术的更新可以深化内容的挖掘

（三）商业加盟

时尚产品是时尚文化创新的重要载体。作为传递文化符号、时尚潮流和生活方式的消费品，时尚产品不仅具有文化属性和经济属性，更应具有商品属性。对于生产时尚商品的时尚品牌来说，应当充分发挥资本和商业的作用，增强金融资本纽带在时尚产业发展中的增值作用，推进文化资源和金融资本更高效地对接于时尚产业，实现时尚企业热衷于高质量地开发时尚产品的格局。[①]

时尚文化需要商业的加盟，作为国内热衷于时尚文化产业的复星集团，"蜂巢城市"是其核心代表作之一。复星集团投资兴建的 BFC 外滩金融中心是一座位于上海外滩金融集聚带核心位置的全业态沉浸式商业地标。BFC 外滩金融中心由英国传

---

① 张牧：《我国文化品牌创新发展路径探析》，《长白学刊》2019 年第 5 期。

奇建筑事务所 Heatherwick Studio 和 Foster + Partners 联合打造，以"时尚·艺术·设计"为三大核心元素，涵盖办公、购物、艺术、酒店、健康管理等五大业态。BFC 外滩金融中心两栋 180 米高层双子塔楼刷新外滩天际线，约 190 000 平方米宽敞空间提供灵活舒适的办公环境，荣膺美国 LEED 铂金级认证、中国绿色建筑三星认证及金钥匙国际联盟授权等殊荣。BFC 外滩金融中心内含充满艺术气息的体验式购物空间，聚集众多国际品牌概念店、美容护肤沙龙、精彩的艺术活动和周末限定市集"外滩枫径"（图 7-24）。

图 7-24
业态跨界的 BFC 外滩金融中心双子塔楼和美轮美奂的复星艺术中心

（四）市场护航

市场是一种确保多方利益公平共赢的行为机制。把海派时尚的创新活动纳入常态化的市场行为，按照正常的商业规律办事，本质上是把创新过程可能遇到的不确定因素明朗化、法制化、公平化，这样可以消除创新活动中的风险因素，反而使创新活动变得有据可依、有章可循。除了有为着实现共同的时尚创新目的而走到一起的商业加盟，还需要与时尚创新相匹配的市场渠道，确保兑现创新计划中的商业利益（图 7-25）。

图 7-25
时尚事物的健康成长需要公平、公开、公正的市场机制护航，上海街头随处可见的时尚小街，是这种机制作用的结果

（五）形式跨界

就经济的角度而言，跨界与产业融合有着密切的联系。产业融合是现代经济发展的主流现象和趋势，为时尚与科技等领域的跨界聚合提供了新条件，是跨界的内

在驱动力。时尚产业与相关产业实现形式与资源的跨界，能够突破行业壁垒，激发创新思维。形式跨界能够产生新的感官体验，比如，打着"时尚餐饮"旗号的企业是把时尚元素揉入餐饮，除了菜品口味的研发，不仅在菜品的摆盘形式上让食客有惊艳的视觉享受，还在餐厅主题、待客方式、上菜程序等形式上创新，甚至加入5G技术、全息影像、4D空间、视觉结算、机器人、手艺人等跨界元素，为顾客提供沉浸式用餐体验。

上海时尚之都促进中心的工作任务之一是打破行业界限，促进跨界联合，共创时尚新生事物。2020年9月19日，由该中心承办的"松江优品"酷移快闪秀活动在九亭金地广场拉开序幕。该活动汇聚"松江优品"中的20个优秀品牌，行业跨度从家具到环保、从休闲器材到居家零食、从有机种植到优级养殖，产品品类从实木沙发到全屋净水设备、从智能点唱机按摩椅到美味零食、从松江大米到牛奶，多家企业通力打造集新式客厅、餐厅、厨房、卫生间、SHOWROOM于一体的沉浸式会客厅。通过"松江优品"酷移快闪秀，以"松江制造"助力"上海购物"，构建"松江制造"品牌矩阵，跨界合作再掀消费新高潮（图7-26）。

图7-26
"松江制造"活动场景

（六）资源整合

资源整合可以充分利用现有资源和预期资源，补齐短板，形成产业融合，是时尚创新的重要方法。例如，2019年抖音平台推出的"非物质文化遗产合伙人计划"，是短视频产业与时尚文化产业的资源整合与共享。在这个平台上，用户可以在话题"非遗合伙人"下发布视频，鼓励非遗传承人、从业者和社会各界用抖音记录和传播非遗；观看者通过点赞、评论、转发的方式进行话题上的互动、情感上的交流与体验上的沟通；抖音作为官方平台，也会及时回复用户的评论。从平台到视频发布者再到"围观者"，都能借助平台实现有关非遗文化创新的实质性互动与交流，并进一步推动时尚文化的再创造。

丝绸曾是上海高端工业产品之一，具有深厚的产业基础。为了做好海派丝绸文化，2012年上海丝绸集团文化发展有限公司诞生，依托上海丝绸集团的家底，整合各方相关产业资源，创建了代表当代丝绸发展水平的创新性品牌——"海上丝韵"。该品牌继承和凝聚了数百年来上海丝绸产业及商业文明的精华，自诞生之初便定位于一个传承丝绸文化工艺的全产业链时尚丝绸轻奢文创品牌，一个专注海派时尚的服饰和丝绸礼品定制平台，含工艺品、丝巾、饰品、家纺、服装等多个产品类别，连接文化传统和现代生活，借文化艺术之力创发产品。近年来，该品牌通过自主研发和与国内外各大机构合作，打造了一批传承经典的高端定制和面向现代生活的文创设计，多次圆满完成国家级、市级重大项目的设计、研发和生产任务，多项文化产品成为各级企事业机构的礼赠佳品和倍受市场青睐的时尚之作。从社会反响强烈的上海APEC会议领导人服饰面料到代表目前国内顶级织造水准的丝羊毛交织长巾，"海上丝韵"推出的一批精心之作获得了来自海内外的众多赞誉（图7-27）。

图7-27
"海上丝韵"精心之作："蝶恋花"宋锦旗袍和真丝织锦《千里江山图》

（七）热点制造

时尚往往依靠热点维持曝光率。从这个意义上说，时尚产业也是"热点产业"，没有热点，就没有时尚。热点不会长久存在，需要不断地有计划地人为制造。时下常常有人提及的文化资源"活化"，即要让传统文化以全新的方式呈现，推动其在不同文化语境中被喜爱、被接纳。2021年，中国人民大学文化产业研究院依托对年度文化产业热点关键词的传播力和影响力的大数据分析，提出了包括元宇宙、NFT等在内的文化产业"十二大"热点现象（表7-1），其中有不少传统文化已经借助热门话题和创新科技引发全民的关注热潮。如2021年，"三星堆遗址考古新发现"连续占据社交媒体的数条热搜，而融合了变脸、茶文化、蜀绣等川蜀文化元素和极具世俗烟火市井气息的三星堆"川蜀小堆"盲盒，以及"三星堆摇滚盲盒"等文创产品借助三星堆热潮引发了全民的持续关注（图7-28）。时尚产业作为一个与多个学科和产业相融相通的产业，可以非常有效地制造热点话题、热门业态，塑造海派时尚新生态，开辟时尚文化新语境。

表 7-1　2021 年度我国文化产业"十二大"热点现象

序号	热点话题	说明
1	元宇宙	互联网及文化产业的下一个成长空间
2	NFT	文化产业新模式
3	文化振兴乡村	焕发乡村文旅新活力
4	数字文化	构建文化产业新生态
5	传统文化"活化"	彰显文化自信魅力
6	虚拟数字人	创造偶像文化新经济＋
7	直播电商	后疫情时代的常态消费模式
8	游戏电竞	助力游戏产业高速发展
9	沉浸式娱乐	文化场景的创新热点
10	亚文化"破圈"	Z 世代引领新消费浪潮
11	快文娱当道	年轻一代的文化消费新主流
12	私域流量	品牌营销新阵地

图 7-28
三星堆文创产品

（八）流程再造

流程再造的目的是突破现有流程的瓶颈，提高工作效率。流程再造需要强大的全产业链支持，上海依托在国际国内长期积累的科研、制造、人才、资金、供应、物流、行业等方面家底，具有为创新海派时尚文化的流程再造提供支持的天然优势。在此条件下，上海积极抓住热点要素，培育经济与文化的新动能。比如，"元宇宙"成为了 2022 年上海两会关注的焦点，上海大力引进和培育元宇宙新基建头部企业，并加快了应用场景的建设。为了迎合年轻人的喜好，毗邻前滩 CBD 的苏宁易购将启动全面改造，未来将以"元宇宙"商场 BIU 购物中心的形象全新亮相。届时，顾客可以在商场里的大小屏幕上看到虚拟管理员 AI 形象；注册成为会员后，还会获得一个虚拟形象，可以在会员世界中闲逛购物，甚至养宠物；商场里投放的机器人会变成消费者的数字分身，根据指示虚拟逛、远程购，让消费者在家也能逛商场。此外，商场内还将融入共享直播间、艺术体验、文化集市等特色业态，以沉浸式、互动性、参与感为特点，为消费者带来多元化的创新体验，成为集"科技、艺术、数字化"于一体的购物中心（图 7-29）。

虚拟管理员小biu

第八章

评价与监督

评价是一个笼统的概念，类似的有评估、评比、评审、评论、批评等活动。

评价活动有两个主要结果，好的结果得到赞扬，差的结果遭到批评。当然，两者中间也可能会有几个好坏参半的结果。广义的评价还包括评论、建议与批评，其中，最难能可贵的是正面批评，即公正的、善意的、积极的批评。为了海派时尚文化的健康发展，应该对其实践活动开展评价与监督。2021年，上海市委办公厅、市政府办公厅正式印发《上海市社会主义国际文化大都市建设"十四五"规划》。其总体目标是："到2025年，城市文化创造力、传播力、影响力持续提升，市民文化参与感、获得感、幸福感不断增强，传承优秀传统文化、吸收世界文化精华、彰显都市文化精彩、发展社会主义先进文化的城市文化特质更加凸显，加快建设成为更加开放包容、更富创新活力、更显人文关怀、更具时代魅力、更有世界影响力的社会主义国际文化。"[①]在这一背景下，如何合理评估文化资源的开发价值，评价文化传承与创新政策及其实施效果的有效性，引领和充实海派时尚的创新，促进经济效益和社会效益的增值，实现文化产业的可持续发展，已经成为海派时尚迫切需要的热点课题。

第一节　评价的必要性

评价是指为达到一定的目的，利用特定的标准，采用规定的方法，对事物做出价值判断的一种认识活动。文化评价作为文化活动的重要内容，指的是一定主体对某种文化现象、文化模式、文化形态具有怎样的价值、意义以及价值、意义的大小作出判断和估量。[②]随着社会的消费需求越来越转向时尚与文化领域，人们对时尚文化的需求和评价也就越加迫切。一般来说，评价具有四种基本功能，即判断功能、预测功能、选择功能和导向功能，这其中导向功能最为重要。具体说来，对海派时尚文化实践活动进行有效的评价有着成长过程的导向、生存发展的纠错、前瞻未来的引领三种作用。

一、成长过程的导向作用

由评价的目的性可知，主体实施评价的目的是使客体的活动有利于主体的设计目标的实现，这主要体现在评价标准的采用之上。由于选择的评价标准是完全不同的，因此这些标准本身会形成导向。[③]甚至，面对同一个评价对象，如果选择了不同的评价标准，将有可能得到完全不同的结论。即便是评价主体明确自己的目标所在，评价结论也会由于评价的指标、流程、方法、数据的不同而不同。因此，选择正确的观察角度、制定科学的评价标准、执行准确的评价过程，对于评价对象获得

① 一图读懂《上海市社会主义国际文化大都市建设"十四五"规划》，2021-09-02，https://www.shanghai.gov.cn/nw12344/20210902/7a86f7fe7e5b4ffdb567e91239680bac.html。

② 周正刚：《文化哲学论》，研究出版社，2008，第275页。

③ 吕斌、李国秋：《信息分析新论》，世界图书出版公司，2018，第488页。

正确的评价结论来说，显得十分关键。

在海派时尚文化的评价中，人们对文化内涵、时尚产业、时尚品牌等要素所做的价值判断，大都是根据一定的评价目标和评价标准进行的，而这些评价的目标和标准起着指挥棒的作用，为海派时尚文化的发展指明方向。海派时尚文化的各个要素通过达成不同阶段的评价指标，从而不断接近目标、实现目标。在这个过程中，"评什么""谁来评""怎么评""怎么用"非常重要。如何紧扣更多维的评价标准、更多元的评价主体、更多样的评价方式和更多赢的评价结果，对于建立科学合理的海派时尚文化建设评价机制、用好时尚文化评价这把尺子有着极其重要的意义。

二、 生存发展的纠错作用

在海派时尚文化的生存和发展或者实现某个创新项目中，因客观环境或主观因素经常会发生预料之外的变化，比如产业政策调整、竞争格局改变、社会经济恶化、企业运转受阻、天灾人祸肆虐等，难免出现一些与预定路线或正面或负面的偏差，需要及时做出适当的调整，纠正在之前执行过程中发生的错误，确保之后的运作能够精准地实现既定目标，这一调整应该建立在能够客观真实地反映现实状态的科学评价基础之上。

构建完整的海派时尚文化评价体系，对海派时尚文化建设现状进行科学、客观、综合的观测、总结和评价至关重要，能够及时发现当前海派时尚文化建设中存在的一些问题。在评价过程中，实施有效的监控，并根据预设的目标和一系列效果标准（如效率、效益、可持续性等）来判断海派时尚文化发展的情况，将有利于发现问题并及时作出调整、创新和改革，从而保障海派时尚文化建设的各阶段目标的落实。同时，目标的达成和评价结果公开，能够使相关组织（政府、时尚文化产业的各类机构、时尚文化企业）和个人（专家、消费者）之间的对话成为可能，并协同合作改进不足，为下一阶段的发展提供科学依据。

三、 前瞻未来的引领作用

看待事物的发展应该带有一定的前瞻性，不然其最多只能做一个无限接近当前现状的追随者，而不可能成为一个敢于奋起超越现状的引领者。关于这一点，天然带有时间概念的"时"尚事物尤甚，某个时尚事物即便花了百倍努力达到了预定目标，也极有可能因起初的眼界低而被瞬间超越。至于该事物是不是具有前瞻性，可以通过权威、科学、严谨的评价得知。

众所周知，海派时尚文化的创造性转化和创新性发展是有明确的内容与取向的，也就是古为今用、以古鉴今、推陈出新，使传统的海派文化、海派时尚与当下及未来的时尚文化、时尚需求相融相通，共同服务于以文化创新和发展为目的的时代任务。当然，这种创新和发展不可能从传统的海派时尚文化中去求得，而是需要基于过去、重视现在、着眼未来。在此背景下，评价提供的是强有力的信息、洞察和指导，旨在促进与完善其对海派时尚文化未来的引领作用。2018 年 11 月，在对全球时尚高级定制行业整体研究的基础上，面对蓬勃兴起的高级定制行业各种现象，东华大学海派时尚设计及价值创造协同创新中心与上海国际时尚联合会合作，共同评价上海的高级定制行业现状与未来方向，在当年的上海高级定制周期间，以蓝皮书的形式，联合发布了《上海高级定制行业发展战略报告》，内容包括全球高级定制行业发展概况、营运特点、发展趋势，上海高级定制行业营运现状、行业痛点、品牌建设、产值分析、存在问题、创新手段、未来五年的发展战略和重点工作等，为基于海派时尚文化的上海高级定制行业起到了摸准需求、认清现状、前瞻未来的理论引领作用（图 8-1）。

图 8-1
东华大学和上海国际时尚联合会共同发布的《上海高级定制行业发展战略报告》

第二节　评价的可行性

　　评价活动应该具有可行性，才能使评价结果真实有效。对于时尚文化的评价，可行性主要在于以下几个方面，一是要有被用来评价的清晰的标杆。标杆是用来对照和比较的准则，缺少了标杆，评价活动将失去方向；二是要有能胜任评价工作的专业人才。专业人才的水平和能力对评价标准的制定和评价结果的判定至关重要；三是要有能达到基本要求的被评价对象。由于评价的标准一般是针对某些被评价事物群体制定的，过高或过低于某一标准的被评价对象将不适合被评价。为了使评价活动顺利展开并达到预期目的，一般来说，整个评价工作需要具备以下几个条件。

一、　时尚标杆清晰可参照

　　不同的评价活动有各自的评价目的，要针对不同的评价对象，制定不同的评价标准，按照不同的评价程序，选择不同的评价机构，搭配不同的评价专家，才能开展有序、合理、公正的评价工作，因此，在开展评价工作之前，必须明确每次评价活动的目的、对象、标准、程序、机构和专家，才能使得评价工作切实有效。其中，最为重要的是，必须有清晰的可参照的时尚标杆。

（一）目标任务清晰

发展海派时尚文化的目标是什么？上海市政府为此指出了明确的方向。例如，2015 年上海市政府与中国纺织工业联合会签署《共建上海国际时尚之都战略合作框架协议》；2017 年，上海发布《关于加快本市文化创意产业创新发展的若干意见》（简称"上海文创 50 条"），明确指出在上海深化国际创意设计高地建设的过程中，设计之都、时尚之都、品牌之都的建设是一个整体。这其中，设计之都是手段、是基础；时尚之都是定位、是形象；品牌之都是目标、是引领。由此可见，海派时尚文化作为上海重要的城市文化之一，当下最核心的目标即推进上海国际时尚之都的建设，树立"大时尚"产业。如上所述，发展海派时尚文化是上海市政府的工作目标之一，也是上海时尚产业的最大心愿。在此背景下，针对海派时尚文化开展的评估有着明确的指向性，应该分类、分级、分时段、分行业地设定更为清晰可操作的目标。

评价目的根据评价活动发起者需要解决的问题而设定，评价任务是评价目的和工作内容的具体化，评价目的明确之后，其任务可自然分解。任何一次评价都是有目的的组织行为，因评价活动发起者的地位属性、行业领域、职责范围等因素而异。地位属性既有政府部门，也有行业协会，还有研究机构，乃至企业团体；行业领域则包罗万象，分布于关系时尚生活的各个领域；职责范围是指评价活动发起者有无相关业务及评价资质或授权（企业自评活动除外）。据此，评价目的多种多样，比如，为了表彰先进还是为了找到差距、为了宣传推广还是为了激励创新、为了找到决策依据还是为了寻求解决方案等，不一而足。

评价目的清晰是设置评价标准的基础。评价标准依照评价目的和评价对象的实际情况而设定。所谓标准，按照《国家标准 GB/T 3935.1—83》定义，是指对重复性事物和概念所做的统一规定，它以科学技术和实践经验的结合成果为基础，经有关方面协商一致，由主管机构批准，以特定形式发布，作为共同遵守的准则和依据。时尚的评价标准通常没有这么严格，一般是在事先调研评价对象的基础上，根据评价活动的目的，结合时尚标杆的先进性内容而设定，一事一议。

（二）树立时尚标杆

在时尚评价活动中，时尚标杆是评价的参照物，如果缺少了参照物，评价工作就失去了依据。标杆的各项指标越清晰，评价的结果越精准。因此，正确选择时尚标杆非常重要，它能对评价标准的设定起到示范和引导作用，过高或过低、偏左或偏右的标杆都不利于时尚评价工作获得令人满意的效果。比如，从宏观上看，巴黎、纽约、伦敦、米兰是全球公认的世界四大时尚之都，之后崛起的东京是被普遍认可的世界第五大时尚之都，海派时尚文化究竟是以巴黎为标杆，还是以米兰或其他城市为标杆，其参照物将对海派时尚的未来走势产生很大影响。从微观上看，哪个品牌才是真正能起到标杆作用的竞争品牌？哪个产品才是最具有发展前景的后起之秀？现实中，一些起步不久的品牌往往或是把头部品牌当成竞争品牌，或是把国外淘汰产品当成自己的新产品开发样品，这显然是认错了标杆。当然，树立标杆不是对参照物照搬照抄，它应该根据实际情况进行改变、迂回、创新、超越。

除了国际上最顶尖的时尚之都，世界上其他一些时尚城市或国内一些出色的时尚城市也能成为评价的标杆。国内外均有不少城市或地区在积极塑造各自的时尚特色，以此来提升文化影响力并促进时尚产业的快速发展，力求打造下一个世界级时尚之都。现时，许多专业机构也在依据不同的标准不断推出新的时尚之都候选城市，并对现有时尚之都的排名进行动态更新。例如，美国全球语言监测机构（The Global Language Monitor）便连续数年根据全球时尚权威媒介的时尚报道流量，进行全球时尚之都榜单的评选和公布。许多地区在时尚之都的发展建设中，北京、香港、深圳、广州等城市也在积极争当下一个国际时尚之都，一些比较完善的评价体系业已形成，可以为海派时尚文化的评价提供颇有价值的参考依据。

（三）基于自觉意愿

任何评价活动都必须有评价对象。评价对象也称评价客体，即被评价的事物及其相关构成要素，包括事件、活动、团体、个人、产品等。评价对象根据评价目的在身份符合的被评价者范围内设定，其数量的多少或等级的高低等因素在一定程度上影响评价活动的规模大小、起止时间等情况。

根据评价活动的要求，评价对象可以分为自愿和强制两种。自愿评价是指评价对象主动自觉地申报并参加对应的评价活动，主要体现的是民间的、市场的行为，具有选优功效，比如品牌排行榜、产品设计大赛等。自愿评价参与者的配合度高，积极主动，能使评价活动较为顺利；强制评价是指评价对象被要求必须参加评价活动，主要体现的是国家的、政府的意志，具有监督职能，比如企业减排达标评价、食品卫生评价等。强制评价参与者比较被动，配合度低，评价过程往往一波三折。2022 年 8 月，由上海市委宣传部及上海市文化和旅游局指导、上海市文化创意产业促进会和上海第一财经传媒有限公司共同主办的第四届"上海文化企业十强十佳十人十大文化品牌"活动正式启动，评选工作针对不同性质、不同类别、不同发展阶段的文化主体，设置五个奖项：上海文化企业十强；上海文化企业十佳；上海文化企业十大年度人物；上海文化企业十大创新人物；上海十大文化品牌。该活动的评价工作有条不紊地展开，参加者皆为自愿参加，报名十分踊跃（图 8-2）。

二、 时尚基础较为完备

当前，上海在国际时尚之都建设的投入与成效上已有了一定的基础，无论是政策配套、产业资源、时尚布局、品牌扶持、项目申报还是人才培育、奖励先进、鼓

图 8-2
第四届"上海文化
企业十强十佳十人
十大文化品牌"活
动宣传海报

励创新、市场转化等方面，都积累了可进行评价的数据和资源。例如，上海市经济和信息化委员会专门设立了"上海市促进文化创意产业发展财政扶持资金项目"，鼓励企业和院校，以及一些研究机构创办创意时尚企业，进行专项课题公关，营造政策、经济、技术、社会和竞争环境。①在这些项目完成之时，本来就需要对项目完成情况进行验收，对项目的建设成效做出正确的评价。

海派时尚文化事业的大力发展，加速了时尚创意名地、名企、名品、名人的集聚，形成了海派文化特色鲜明的时尚基础。上海各区根据各自的区位优势和历史积淀，在时尚创意产业的不同细分行业中精耕细作，错位发展，各显其能。其中，上海中心城区重点布局创意设计类的高附加值产业，郊区重点布局文旅、美容康体等泛时尚产业（表8-1）。当然，完备的时尚基础远不止这些，还包括一些与时尚事物非直接相关的社会因素，如城市的人口结构、教育水平、就业情况、配套产业等，它们是开展精准时尚评价的重要条件，保证评价者可以从容地进行逐级选拔，从中选优。

表 8-1　上海重点区域时尚产业布局

	时尚产业布局	区位优势
黄浦区	主打时尚消费、时尚设计	中心城区、核心商务区
长宁区	时尚设计、全媒体、娱乐演艺、会展、影视服务	环东华时尚创意产业集聚区、海派文化艺术街区、虹桥舞蹈演艺集聚区
静安区	影视产业、电音产业	上海文化广播影视集团旗下的一系列资源
徐汇区	艺术演绎、影视传媒	众多的演艺场馆、美术馆和文化体验中心
杨浦区	现代设计产业集群	环同济知识经济圈、中国工业设计研究院等资源
浦东新区	影视产业、文化旅游业	迪士尼、丰富的土地资源
奉贤区	美容康体养生	东方美谷

① 袁龙江、谢富纪：《上海建设国际时尚之都的对策》，《科学发展》2017 年第 12 期。

三、时尚机构与媒体众多

    上海的时尚机构、专业媒体和时尚文化人才众多，能够充分发挥时尚创意产业专家智库的作用，具有进行评价的人员基础，并可以通过以下三种形式开展海派时尚文化的评价和推进：一是通过专家评审的形式，进行创新团队选拔；二是通过时尚创意产业扶持专项资金评审筛选项目，发现优秀产业人才，评选建立人才梯队；三是通过时尚评论，辨明新时期海派时尚文化的典型特质。

（一）非营利性时尚机构

    为了推动上海时尚创意产业的发展和"时尚之都"建设，在上海市经济和信息化委员会的指导下，上海已成立了多个非营利性的有关时尚文化发展的社会组织。例如，上海国际时尚中心、上海时尚之都促进中心、上海设计之都促进中心等，承载着时尚产业以及相关产业链的资源整合、评价与推广等服务工作。这些平台和中心在聚焦上海时尚产业、构建时尚文化地标、打造时尚品牌、创新时尚产品、营造时尚事件、培养时尚高端人才、营造新时期时尚文化等方面做了大量工作，成绩斐然。比如，"时尚100＋"是一项由上海市经济和信息化委员会、上海市文创办指导，上海时尚之都促进中心主办，各区协同发布，涉及范围广、影响力大的时尚活动，在大时尚领域内认定100家（位）具备时尚属性、且有行业引领作用的单位或个人。从2017年的"时尚先锋大赏"起步，经过四年多的探索和发展，在业内外受到了大量关注和一致好评。2021年1月24日，2021"时尚100＋"征集活动获奖榜单重磅发布。本次征集活动共有267家单位或个人报名，140 221人次进行投票，投票总数达2 988 290。"时尚100＋"征集活动不断整合自身资源，打破物理属性边界，与若干时尚品牌推出了跨界联名款时尚产品，这既是对"时尚100＋"品牌打造的全新尝试，也是"时尚100＋"跨界合作的崭新开端（图8-3）。同时，参与上海"时尚之都"建设的有许多行业组织，如上海服装行业协会、上海服装设计协会、上海工艺美术协会、上海黄金饰品协会、上海室内设计师协会、上海时尚产业发展中心等，还有一批以推进海派时尚发展为主旨的跨行业组织，如上海国际时尚联合会、上海服饰学会等。以上海国际时尚联合会为例，在文化自信不断增强的背景下，该联合会成立了时尚研究中心，建立了时尚设计、时尚管理等教育模块，为产业与市场输出优秀人才，推出了"上海高级定制周""海派风尚节"等一系列海派时尚相关活动，助力上海建设成为国际时尚中心（图8-4）。

图8-3
在"时尚先锋大赏"基础上发展起来的"时尚100＋"取得了卓越的社会反响

图 8-4
上海高级定制周

（二）专业时尚媒体

时尚评价需要专业时尚媒体的推波助澜，才能将时尚评价这一亲民性强的活动过程和评价结果晓知于众，否则，时尚评价将成为自娱自乐的业内活动。从地域的分布来看，北京、上海和广东是中国时尚传媒的聚集地，此三地的时尚刊物总和大约占全国的一半之多。例如，上海星尚传媒有限公司下属的《星尚画报》，以及上海译文出版社与法国桦榭菲力柏契出版社联合出版的《ELLE》与《名车志》等杂志在全国都有广泛的读者群。[①]除传统媒介之外，越来越多的时尚评论开始转向声音、视频、活动体验等传播形式，年轻人接受时尚信息的渠道不再仅限于传统的头部媒体。在网络视频和生活方式领域，上海拥有哔哩哔哩、小红书、抖音等现象级的流量平台，不仅入驻了大量 KOL和时尚 UP 主，也在吸引着众多对时尚现象、对评论观点感兴趣的人群（图8-5）。因此，上海具备了时尚评价必要的媒体条件。

图 8-5
时尚博主在一系列极具话题性的视频中，输出他们对于秀场发布以及品牌历史的见解

（三）专业院校与人才

上海目前设立与时尚有关专业的高等院校有 15 所之多，其中包括同济大学、东华大学、上海交通大学、华东师范大学、华东理工大学、上海大学、上海工程技术大学等。这些高等院校除了拥有大量时尚相关专业的老师和学生，还有许多专门从事时尚研究的专家学者，他们承担着与时尚文化相关的科研项目，拥有丰富的理论知识和实践经验。对时尚文化作出完整、深刻、全面的综合评价，还需要社会学、人类学、历史学、心理学、民俗学、传播学等学科领域的专业人才，时尚文化底蕴深厚的上海拥有上海社会科学院、上海文化研究中心、上海文旅产业研究院、

---

① 王梅芳、艾铭、程沛等：《发展中的中国时尚传媒状况分析》，《现代传播（中国传媒大学学报）》2015 年第 6 期。

上海海派城市经济发展规划研究院等一批官方或民间研究机构，储备了充足的专业人才，他们经常出现在政府或企事业单位发起的文化创意项目、时尚设计大赛、传播媒体的海派文化专栏、节目、评论和社区组织的时尚文化活动当中，对时尚评价起到了积极作用。例如，在 2022 年 1 月 22 日，上海市社会科学界联合会和上海博物馆联合主办的"江南文化讲堂"中，专家们围绕"江南文化与海派旗袍"主题，分别以《相互成全的江南——从海派旗袍看江南文化》和《海派旗袍中的摩登韵味》为题展开了演讲。

第三节　评价的原则

评价原则决定了评价内容指标的设定和权重的分配，并对评价实施的效果产生重要的影响。对于海派时尚文化来说，其评价体系的塑造需要基于三大前提：一是能够体现海派时尚文化产业的特征；二是能够反映海派时尚文化对城市经济、社会面貌、文化艺术、科技信息等领域发展的贡献；三是应当结合合理、有效、科学的统计方法和数据，设定评价因子和权重系数，建立评价体系，保证评价的科学性、客观性、公平性、准确性和可实施性。

一、文化性原则

时尚文化产业与其他产业最显著的区别在于，时尚文化产业是一种以内容为先导的产业，其输出的既具有生活层面的物质属性，又具有精神层面的文化属性。在强力推进时尚文化产业发展的过程中，产业为城市带来的巨大效益很容易让人们聚焦其所能达到的经济目标、消费目标、就业目标等，而忽略了对文化目标的设定。但文化发展能力恰恰是海派时尚文化产业的核心基因，是上海作为行为主体的核心竞争力，是在获取时尚文化资源、推动地区时尚产业可持续发展、提升国际化大都市形象、推动上海进行国际时尚之都建设等方面最为关键的独特能力。具体来说，文化性原则可以围绕吸引力、创造力、竞争力三个方面展开。

（一）海派时尚文化的吸引力

吸引力主要为基于海派时尚文化基因的独特魅力和城市对海派时尚文化的投入而带来的各方面的关注度。吸引的对象可以是外埠的企业、社团、资本，也可以是城市的居民、游客，还可以是时尚文化品牌与人才等。吸引力可以通过城市在时尚文化政策、配套设施、资金投入等方面的成效进行评估。

（二）海派时尚文化的创造力

创造力是海派时尚文化的内生动力，是将文化资源、科学技术和社会资本转化为生产力的最有价值的体现。海派时尚文化的创造力可以通过文化理念创新、产业结构创新、文化环境创新、文化技术创新、时尚文化品牌和时尚产品创新等层面进行评估。

（三）海派时尚文化的竞争力

竞争力是一个复杂的综合系统，在这个系统中，人文生态建设、公共文化设施、公共文化供给、公共文化参与、文化市场营销、文化经济发展等与其他众多的文化要素和文化环境子系统将以不同的方式存在，竞争力是城市文化综合实力的集中体现。①

二、商业性原则

文化评价的商业性原则与文化的"滞后认同"特征密不可分。人们一般不会平白无故地对一种文化感兴趣，其感兴趣的文化往往是那些能够引领社会发展、促进经济繁荣的文化。②中国文化能受到世界的普遍关注，最根本的原因是中国经济的高速发展带来的话语权的提升及文化价值的被认同。海派时尚文化亦是如此，依托海派经济的强势发展，海派时尚产业日趋繁盛，将带动海派时尚文化的繁荣昌盛。综合来说，经济硬实力是文化软实力的发展基础，并能深刻影响软实力的发展程度。法国社会学家皮埃尔·布迪厄（Pierre Bourdieu）早在 20 世纪 80 年代就提出了文化资本理论，即文化本身具有价值，并可以进行资本运作。③实践证明，上海文化市场的繁荣兴旺早已验证了该理论的正确性。

海派时尚文化作为文化资本具备文化与经济双重功能，其自身承载了文化价值，也蕴含了经济价值，具有资本增值和转化的特征。在此背景下，针对海派时尚文化开展的价值评估应当充分考虑其创造的经济价值，并可以从时尚产业的经济效益、时尚消费力、时尚商业潜力等方面进行评价。国内外享有盛誉的上海博物馆是上海的文化圣地，馆藏文物 102 万件/套。上海博物馆开设了一家自己经营的"文化商店"，这家 600 平方米的特殊商店专营中国古代文物的复仿制品、文创产品和文物图录、艺术书刊，还承接礼品设计开发、文物修复、字画装裱等特色服务。浓厚的文化底蕴和丰富的文化商品就是其品牌 IP，吸引着客人们在其店内赏玩购物，其人均驻留时间远超其他同面积的商店。上海博物馆商店还成功地实现了品牌扩展，开出了新天地分店、浦东机场分店、虹桥机场分店、东方明珠分店。这些商店是上海博物馆文化的组成部分，也是文物陈列开放的延伸，所有展销商品坚持传统文化、艺术品鉴、时尚经典和精致生活融为一体的文创产品设计理念，让文化价值在担负承载历史、教化育人使命的同时，既"圈心"又"圈钱"，可以转变为经济价值（图 8-6）。

---

① 徐剑：《国际文化大都市指标设计及评价》，《上海交通大学学报（哲学社会科学版）》2019 年第 2 期。

② 贾磊磊、张国祚：《文化产业与文化软实力》，湖南大学出版社，2015，第 32 页。

③ 卢杰、李昱、项佳佳：《非物质文化遗产濒危评价及数字化保护研究》，华中科技大学出版社，2018，第 31 页。

图 8-6
上海博物馆商店是
一家特色鲜明的
"文化商店"

三、 社会性原则

　　社会性原则强调了海派时尚文化在展现和保持上海这座城市的时尚活力与秩序方面的作用。对时尚文化的开发和运营可以创造出可观的经济效益，而对时尚文化的保护和利用则可以产生巨大的社会效益。从文化城市发展的角度来看，文化的经济效益和社会效益不是完全对立的，注重发挥文化的社会效益并不等于否定文化的经济效益，只是当二者发生矛盾时，社会效益的重要性应当大于经济效益或者说商业利益。考量海派时尚文化的社会效益时，其主要表现为文化的影响力，并可以从文化参与度、文化形象、文化氛围等维度进行衡量。

（一）时尚文化参与度

　　时尚文化的参与度可以用以下变量衡量评估：

　　1. 时尚类文化活动的举办频次

　　2. 时尚类文化活动的参与人数

　　3. 时尚类文化活动的受众层次

　　4. 时尚类文化活动的辐射区域

　　5. 公共文化设施的总流通人次

　　6. 公共文化设施的人均资源量

（二）时尚文化形象

时尚文化形象是社会公众对城市时尚程度、时尚环境表现、文化价值理念、文化行为及文化水准的总体感知，往往通过形象的鲜明度、丰富度、认知度、扩散度等维度展现出来。时尚文化需要公众参与，一个地区的时尚人群基数越大，其时尚文化的社会化基础就越广，参与时尚事物的公众也越多。一个再高级再顶峰的时尚事物，若是参与人数极少，实际上等于背离了时尚的基本概念而不成其为时尚，这种成为少数人独乐的"高端隐秘事物"对城市时尚文化形象产生不了多大影响。因此，时尚文化形象的社会性因素是时尚评价中必须考虑的一条原则（图8-7）。

图 8-7
宛如仙境的南汇海昌海洋公园具有美好的时尚文化形象

（三）时尚文化氛围

时尚文化氛围是一个城市的时尚文化沉淀、文化品格、文化标志的表达，也是城市精神的外在演绎。建立与时尚文化氛围内在规律相适应的评估体系与平台，能更好地实现文化氛围的拓展。时尚文化氛围评价体系可以包括时尚历史积淀、城市顶层设计、时尚政策支持、时尚载体建设、时尚活动推广等。

时尚文化氛围不仅有数量上的差异，还有品质上的差异。前者主要表现为时尚事物或时尚人群的基数，后者主要表现为人们的时尚趣味。这种差异不仅发生在不同城市之间，还会出现在同一城市的不同区域当中，其原因主要是与构成该城市或该区域的时尚文化的成分、比重、显示度等因素不同有关，这种差异在一定程度上可以看作是时尚的多样性，也有可能因此而出现所谓时尚"鄙视链"。

四、可量化原则

尽管上海时尚文化产业的发展越来越迅猛，但追踪、评价它的发展轨迹却并不容易。针对海派时尚文化的评估不仅要囊括物质层面的水平，还要涵盖精神层面的效能。物质层面的评价可以直接通过客观具体的指标进行测量，但精神意识却很难具备可测量的标准，其形而上的特点或多或少地排斥了量化解读的可能，因此需要转化为现实存在的具体指标进行间接衡量。

所谓可量化，是指评价指标可以用具体的、能够进行定量分析的数据来表示。只有把评价指标转变成可量化读数，才能准确反映评价对象的客观现状，使得后续分析言之有"数"，评价结果才更为精准。

评价对象不同，量化的方法和精度也不同，有时，量化的结果可能是风马牛不相及的。比如，量化一场现场音乐会的观众感受和量化一家时尚商品店铺的销售业绩，只能从两种完全不同的角度进行，而无法在同一个评价活动中得到真正公平的结果。这就牵涉到评价对象应该具有相对一致性，也就是可评价性。虽然人们都能懂得这一浅显道理，但在现实中，即便是同一行业内的评价，实际情况也会很无奈。假设某主办方在举办"上海十佳男装品牌"评价活动，尽管在文件上一一列出量化指标并不困难，比如主办方为了鼓励更多企业参加评比而设定了一条较低的入门线"年销售额 1 000 万元以上"，但当一家上百亿元年销售额的男装品牌和另一家仅 1 000 万元年销售额的男装品牌同时报名，就会使评价工作显得非常尴尬，因为后者在企业管理、社会贡献、品牌价值等很多方面根本无法与前者进行量化比较，但有些方面如企业人均收入、人均创收、产品库存率、品牌口碑等数据可能优于那家大企业。在此情况下进行可量化评价将会变得比较困难，或许这样的评价或设定的底线将会失去实际意义。因此，虽然评价指标是可量化的，但在实践中，如何量化又是一道值得认真对待的课题。

五、 可获得原则

在进行海派时尚文化评价指标设定的时候，还需要注意选取的指标应当是可度量且可实际获得的数据。有些评价指标虽然在理论上可行，但缺乏数据的来源或可信度比较低，类似这样的指标需要尽量避免。这一原则在实际操作时，我们还需要注意以下几点。

（一）全面性

评价体系应当是一个多要素的综合体。评价体系的选择应该能够全方位地反映时尚文化产业创新绩效的客观现状，因而应该考虑到方方面面的影响因素，各个指标之间必须是互相补充的，能够形成一个整体。同时，全面性也包括反面评价，忠言虽逆耳，功效却远大于顺耳的媚言，这需要戒除浮躁，营造宽松虚心的民主氛围。

（二）层次性

评价体系应当是一个多层次的复合体。评价指标的设置需要按照层级的高低和作用进行细分，并对每个层次设置若干可量化的指标。这样一方面可以使得评价更加简明而有逻辑，另一方面也可以了解海派时尚文化在各个层次上的竞争力情况，以及与其他评价对象之间的差异。

（三）可操作性

评价体系建立时，必须充分考虑指标的可操作性，如果指标的设定是比较科学的，但是却因为涉及商业机密等难以获得相关的数据资料，则指标的应用范围将受到极大的限制。与此同时，指标的设定还应当便于操作，过于繁杂、冗长和琐碎的操作过程也会给评价工作带来不必要的麻烦。

六、可比性原则

通常，我们在谈到海派时尚文化的创新能力和竞争能力等时，应当注意到这些是相对的概念，因为任何一个城市文化的强弱只有在与其他城市文化的比较中才能显示出来。为了便于在不同城市之间进行有效的比较，一般评价体系的目标、范围、指标的概念乃至资料获取的渠道都应当尽可能地保持一致，这样才能更客观地评估所比较的城市文化之间的强弱关系，了解评价目标的相对优势和劣势，明确和其他比较对象之间的差距在哪里[①]。在实际操作中，目前已经有了不少成熟的评价体系和研究成果可供借鉴，如针对文化（创意）产业竞争力指数的研究方面，联合国社会发展研究所和教科文组织的《针对文化和发展的全球性报告：建立文化数据和指数》；加拿大商业创意专家理查德·佛罗里达（Richard Florida）的《创意阶层的崛起》中构建的创意产业指数框架，及其他后来与意大利经济学家艾琳·泰内格莉（Irene Tinagli）合著的《创意时代的欧洲》中提出的"欧洲创意指数"（ECI）[②]。

七、本土化原则

在注重可比性的前提下，我们还要注意对本土化的侧重，这是因为文化评估的一个重要任务就是考察当地文化脉络中的主流成分及现实状况，来自国际的或外埠的评估体系反映的本土以外的情况，不完全适合用来评价具有地域特色的本土时尚文化现状。由于海派时尚文化探讨的是在地方语境下发展的时尚文化和相关产业的问题，故而对于海派时尚文化资源的评估，以及对其核心价值的探讨都应当充分考虑地域性特色。

本土化是时尚文化评价中一个永恒的主题，也是一个永远不缺内容的主题。尤其对一个正在建设的新兴国际时尚之都的评价过程中，更应该在理解和看准国际时尚标杆的同时，坚持时尚的本土化原则，讲好海派时尚的故事。事实上，由于综合地缘因素差异化严重，即便想完全按照某个国际标杆照猫画虎，也不可能描摹得像，反而可能失去自我。因此，在设定海派时尚评价标准时也是如此，要考虑到地方文化资源的独特性与比较优势的倾向性，注意体现对上海本地核心价值资源的探测与深入挖掘。上海有自己的本土特征，有时这些特征未必是某个领域之最，却仍然有自己的时尚特色。比如，上海陆上最高峰是海拔仅 100.8 米的佘山，这个在无数外省高山面前"羞于启齿"的高度，只能是"土丘"级别的存在，但它建有佘山

① 徐桂菊、王丽梅：《城市文化竞争力评价体系的构建》，《山东经济》2008 年第 9 期。
② 王文锋：《文化产业竞争力评价模型及指标体系研究述评》，《经济问题探索》2014 年第 1 期。

圣母大教堂、秀道者塔、佘山地震基准台、佘山月湖、佘山天文台、上海欢乐谷、森林白鸟苑等景点，是上海著名的自然山林胜地，已形成集游乐、观光、会务、休闲、度假、民宿等多功能综合型旅游度假区，受到上海人的钟爱，照样成为上海的时尚地标之一，年均客流量超过180万人次（图8-8）。

图 8-8
灵秀、洋气的佘山座落在上海松江区，是上海时尚打卡地之一

本土化原则还需考虑细分地域的特殊性，即便是同一座城市，不同细分区域的时尚事物也有可能因各种先天条件而造成一定的特殊性，不可采用简单的"一刀切"评价。比如上海各大时尚创意园区都有不同的历史背景，园区规模、产业布局、功能设置、环境风格等各不相同，体现出局部区域的"本土"特色（图8-9）。

图 8-9
特色鲜明的田子坊时尚园区

八、监督性原则

　　评价本身不是目的，而是改进工作的手段。改进工作的第一步是要知道问题出

在哪里，这可以从评价结果中获得。因此，评价工作具有一定的监督作用，在一些项目检查、项目验收等评价中，尤其是对项目周期较长的阶段性评价，其监督作用更加突出，更能及时发现问题，提出整改意见。在此方面，评价工作的指导思想是"以评促建、以评促管、评建结合、重在建设"。

"以评促改"，就是通过评价工作的自查外评，更新观念使其符合当代时尚文化，优化和完善海派时尚产业的结构体系，更新和修订建设规划和方法，推动海派时尚文化的传承创新。"以评促建"，就是以评价工作带动海派时尚文化的各个层面，大力加强行业基本建设，包括顶层设计、行业调整、产业融合、落实创新、营造环境、资源配套等，在现有基础上改善外部条件，为进一步提高海派时尚文化水平提供保障。"评建结合"，就是将评价工作与海派时尚文化的宏观目标与当前局部建设的微观事务一并考虑，统筹兼顾，以评价促进建设绩效，以建设提升评价水平，评建共进。"重在建设"，评价是手段，建设是关键，提高海派时尚整体水平才是最终目的。以评价工作带动建设工作的规范化、制度化、科学化、信息化、国际化，提高海派时尚所有相关利益方的整体素质，顺利、提前实现上海国际时尚之都建设目标。

九、公正性原则

为了评价活动能够在最大范围内获得应有的社会效应，需要有一个广泛的民众参与基础，这个民众基础包括评价对象和参评公众，尤指评价对象。评价对象范围是否够广、报名数量是否够多，一定程度上决定了评价活动的水平等级和社会效应，包括其权威性、代表性、影响力等。由于评价活动的结果会把评价对象分成金字塔式的高低不等的层级，或得奖或淘汰，就必然会出现"有人欢喜有人悲"的局面。如果导致这种悲喜结果的评价方法和操作过程是公正的，则无论结果好坏，绝大部分评价对象都能够接受，或自叹不如，或虚心接受，或自勉奋发，评价活动就会得到正面的、激励的、示范的预期效果，才会有连续举办和规模扩大的可能性。反之，一旦因为少数人随意把控评价结果而导致某个评价活动变异，这一评价活动就失去了公正性和生命力，也会伤害一大批申报者的参评积极性。因此，任何评价活动都应该重视事先制定和严密论证评价规则以确保其公正、透明，严格督察评价活动实施过程和参与评价活动各方的职业道德，防止数据造假、恶意拉票、上级授意、暗箱操作等不端行为发生。

第四节 评价的内容与流程

时尚产业的评价体系应该客观地评估城市文化之间的各种关系，要了解评价目标的相对优势和劣势。这其中，评价的内容与流程十分重要，其涵盖了城市时尚化发展需求的各个方面。

一、 海派时尚的评价对象与维度

根据上海自身的产业特征和资源禀赋，上海时尚之都建设主要是树立"大时尚"产业及时尚消费概念，其涵盖了服装服饰、家具家居、工艺美术、健康运动、美容保健、餐饮服务、旅游休闲、电竞游戏、时尚社区、时尚传媒十大主要行业，通过时尚化消费需求倒逼消费品等传统产业转型升级，并通过科技、资本与时尚产业相互融合，推进消费品行业"增品种、提品质、优服务、创品牌"。事实上，除了时尚行业本身以外，所有与时尚相关的各个方面都可以列入评价对象，如监管机构、营商环境、城市配套、民众基础等，因为这些方面的情况会影响时尚发展的方向、速度与成效。在此以上述十大主要行业为例，讲述如何从以下四个维度分级展开评估（图8-10）：

图 8-10
海派时尚文化评价
对象与维度

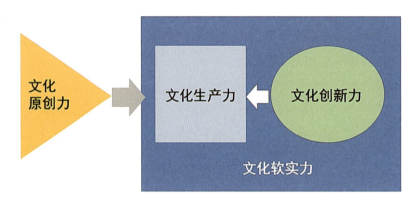

（一）海派时尚文化原创力

原创力是基于创新活动的根本价值。作为文化发展最初始的基本能力，海派时尚文化的原创力强调海派时尚文化的原发性和本真性，需要反映的是海派时尚中最有特色的文化底色。一般来说，针对原创力的评价活动可以从时尚文化资源（历史资源和区域资源）、首先创新情况、时尚文化标识等几个方面展开。

（二）海派时尚文化生产力

生产力是确保市场供应的物化保障。生产力主要对标海派时尚产业发展能级，是衡量海派时尚产业化发展水平的重要象限。海派时尚文化生产力的衡量，可以从时尚经济市场规模、时尚产业从业人数、生产能力技术等级、相关产业链配套情况、时尚产业商业潜力等几个方面展开。

（三）海派时尚文化创新力

创新力是时尚文化发展的智力保证。海派时尚文化创新力推动了海派时尚产业和经济的持续发展，要考核文化内涵渗透到时尚产业的情况，反映出创新的范围、题材、频次、强度，可以从时尚文化的创意、时尚科技的创新、时尚品牌的创新等几个方面展开。

（四）海派时尚文化软实力

软实力是城市时尚文化的底气所在。海派时尚文化软实力推动了海派时尚文化各个层面的融合发展，它既有内在表现，也有对外表现。对外的软实力表现在海派时尚文化的吸引力和传播力，其交流越频繁就越能为海派时尚文化带来持续不断的新鲜血液和活力；对内的软实力包含了时尚文化布局的顶层设计、政府部门的政策和财政支撑、顶尖时尚人才的积聚和构成、时尚活动举办的频次和等级、时尚文化教育的层次和规模等。

二、海派时尚的评价内容组成

评价内容的组成与评价目的和评价对象有关。通常，评价内容根据实际开展的时尚评价目的和评价对象的行业属性的不同会有所调整，总结起来，现有的评价目的主要集中在对文化产业竞争力的评价、文化创意产业发展指数的研究、时尚文化品牌价值的评价、时尚文化产业园区等级的评价等方面，每个评价可分为一级、二级、三级评价内容和若干个观测点，其中不少二级、三级评价内容或观测点虽然在不同的评价体系里也会出现，但会依据一级评价内容的不同而被划归到不同的层级中。这里以时尚消费力指数评估为例，具体说明评价内容的组成。

（一）时尚消费实力

时尚消费实力是了解当前时尚市场规模的指标，也是判断未来时尚市场潜力的基石，与居民收入水平、城市经济水平以及消费升级背后聚焦的时尚需求密切相关。可以通过衡量城市的居民经济实力、生活状态和消费水平，重点考察其时尚消费占总体消费的人均额度，来反映城市居民的时尚消费能力。

（二）时尚商业潜力

商业潜力奠定了品牌和商业体对该地区时尚的信心，它与城市整体的基础设施实力、商业体质量、品牌矩阵和营商环境密切相关。大多需要评估城市的综合商业环境，特别是零售环境的发达程度，包括商业资源、交通便利性以及时尚品牌的青睐程度。

（三）时尚文化魅力

时尚文化魅力必须综合评估城市的时尚文化丰富度和时尚文化生活活跃度，尤其要考虑具有前瞻性的文化表现，包括电影、电视、音乐、戏剧、曲艺、游戏、美术、美容、体育、养生、旅游、美食、文玩、群文、社区、环境等领域的文化内涵及其规划、设计、生产和消费情况。

（四）时尚创新人才力

时尚创新人才力可以衡量城市的时尚创新能力，是时尚文化创新的基础。主要考察城市时尚新业态与创新人才的配比情况，以及时尚人才的培养、引进、从业和保有情况，包括人才的来源、数量、年龄、分布、学历、资历、薪资、聚集等现状及其未来发展趋势。

（五）时尚发展力

时尚发展力需要考察城市的可持续发展水平、金融实力、产业链完整度、上市企业聚集度、地方财政收支等情况，评估当地政府对发展时尚产业和建设时尚文化体系在政策、资金、物资等方面的综合扶持力度。

以上这些评价内容，只要有针对性地调整具体指标，或有目的地增减部分条目，就可以适用于对单个时尚事件、单一时尚企业乃至单款时尚产品的评价。

三、 海派时尚的评价流程

时尚的评价分为定性评价和定量评价。无论是定性评价还是定量评价，其评价流程都是一系列复杂的统计活动，具体的评价流程可由以下几个环节组成：

确定评价目的。具体包括评价目的的提出、讨论、审核等环节。

建立评价指标体系。具体包括评价目标的确定与分解、指标的初拟与筛选、体系结构优化、主观指标量化等环节；

选择评价方法。具体包括评价方法选择、权重构造、评价指标体系的标准值与评价规则的确定；

实施综合评价。具体包括指标体系数据搜集、数据评估、必要的数据推算、评价模型参数求解等。

数据整理归纳。具体包括对评价结果进行评估与检验，以判别上述环节是否有误。若有误，则需要返回修改。

撰写评价报告。具体包括对照评价目的，根据整理后的数据和评价指标体系，分析评价结果，撰写成规范的评价报告。

考虑到时尚产业的特殊性，在开展海派时尚文化的评价前，大多会邀请业内专家对评价思路、编制方法、权重测算等进行论证，提出相关建议。此处可参考全球时尚产业指数·时装周活力指数编制委员会发布的"2020年全球时尚产业指数·时装周活力指数报告"的编制思路和研究路线，作为海派时尚文化评价体系的一般流程（图8-11）。

第一步，理论研究。通过梳理相关文献资料和专家走访，全面了解海派时尚文化的基础理论和发展现状，以及海派时尚文化在时尚产业链中扮演的角色和作用。通过对高校学者、业界专家及行业人士等深度访谈，听取指数的编制方法、思路及其指标选取的建议。

第二步，模型设计。构建指数指标体系，组织专家委员会进行论证。

第三步，数据采集处理。完成指标数据采集工作，同步做标准化处理。

第四步，建模计算。在前期理论研究及评价模型的基础上，根据指标间的关联性建立计算关系，测试并修正计算结果。

第五步，报告撰写。在专家委员会的指导下，完成评价报告的撰写及修正。

第六步，报告发布。选择适当的时间、场合、媒体、受众，发布评价结果。

图 8-11
海派时尚评价的一般流程

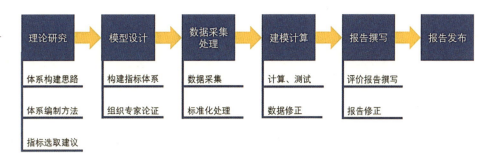

理论研究	模型设计	数据采集处理	建模计算	报告撰写	报告发布
体系构建思路	构建指标体系	数据采集	计算、测试	评价报告撰写	
体系编制方法	组织专家论证	标准化处理	数据修正	报告修正	
指标选取建议					

第五节 评价的方法

海派时尚的评价方法可以有多种选择，但整体来说，其评价的方法主要包括公众评价法、专家评价法、层次分析法等。

一、公众评价法

公众评价法，也称群众评价法或民意测验法，即通过公众问卷及抽样调查等方式，获取具有重要参考价值的证据信息，来评价目标在公众心目中的形象如何，了解目标在实施过程中存在的问题以及公众对其期待的方法。公众评价法一般用于无法直接用指标计量其效益或程度的评估，可以采取问卷统计、测评等方式面向公众进行评选或调查，还可以通过召开公众代表座谈会、深度访谈等形式来进一步确认评价细则。该方法具有民主、公开、广泛的特点，通常作为专家评价法的补充，可以根据公众和专家在某一评价活动中的重要程度，事先为双方的评价结果设计一定的权重，一般以专家的评价结果为主，公众的评价结果为辅，加权后得到最终结果。例如，上海时尚之都促进中心开展的"时尚100＋"活动就采用了公众评价法作为其中的一个评选办法。该评选采用推荐选送（包括各区级主管部门、行业协会、相关高校、行业组织、产业园区和集团企业等广泛发动，推荐本区域、行业、系统内单位积极申报，并鼓励为申报单位填写推荐意见）和线上提交申报材料的方式，接受社会各界监督，并且以"网络平台票选＋专家甄选认定"相结合的评定方式进行榜单人选的评估与遴选，热心时尚的公众参与热情很高，能够通过参与这样的公开评选，了解发生在自己身边的时尚相关事物，有助于促进海派时尚的传播（图8-12）。时尚评价也可以直接以公众评价结果作为最终的评价结果。

二、专家评价法

专家评价法是指通过邀请在某一方面具有特长的若干专家，对考察评价对象的方法、权重等方面进行评价后，再汇总分析专家意见的一种评价方法。在海派时尚文化评价的过程中，衡量评价的结果是否科学、有效，既取决于数据的真实性、科学性和评价标准的合理性，更取决于是否能找到合适的衡量与评价方法（图8-13）。

图 8-12
"时尚 100 + "的公
众网络评价部分让
公众了解了发生在
他们身边的时尚

图 8-13
上海时尚产品继承
了"上海货"品质优
良的传统,拥有一
大批质量过硬的时
尚企业。图为以中
式女装著称的上海
蔓楼兰企业发展有
限公司荣获 2017 年
度"上海市质量金
奖"

其具体流程包括:

第一步,选择专家。专家水平的高低将直接影响评价的结果。一般情况下,应当选择本专业领域中既有渊博理论知识又有丰富实践经验且人品端正的专家,并征得专家的同意。

第二步,发放评价材料。将待确定权重的指标、相关资料及确定权重的规则发放给各位专家,使其独立地给出指标的权重。

第三步，回收专家的评价结果。按照事先设定的计分规则计算指标的权重均值，应该有标准差。

第四步，将计算结果及其补充资料反馈给各位专家，重新确定各指标的权重。

第五步，重复第三至四步，直到得到满意的指标权重，指标权重与其均值的离差一般不得超过预定标准。

三、层次分析法

层次分析（AHP）法是美国著名的运筹学家萨迪（T. L. Saaty）于 20 世纪 70 年代提出的一种定性分析与定量分析相结合的多目标决策分析方法。[1]其特点是：首先，通过把复杂问题中的各种因素划分为相互联系的有序层次并使之条理化。其次，根据对客观现实的主观判断，将专家意见和分析者的客观判断结果直接而有效地结合起来，对同一层次元素两两比较的重要性进行定量描述，然后再利用数学方法计算出反映每一层元素相对重要性的权重（优先程度）。

具体步骤包括：

第一，分析系统中各个因素之间的关系，对同一层次各元素关于上一层次中某一准则的重要性进行两两比较，从而构造两两比较的判断矩阵。

第二，用判断矩阵计算被比较元素对于该准则的相对权重，并进行判断矩阵的一致性检验。

第三，计算各层次对于系统的总排序权重，并进行排序，最后得到各方案对于总目标的总排序。

---

① 许珂：《"双创"发展评价指标体系构建及应用评估研究》，东南大学出版社，2019，第 105、106 页。

第九章

思考与展望

众所周知，海派时尚文化源自中西方文化的交流融合，扎根于近现代城市文明的土壤之中。无论过去还是现在，其始终是上海城市的精神写照，彰显着一种无与伦比的城市品格。现时，在新的历史条件下，如何进一步继承和保护海派时尚文化，如何进一步发展和繁荣海派时尚文化，值得我们深思。

第一节　海派时尚文化之当代思考

　　跨越世纪的海派文化，经历岁月淬炼和沉淀的时尚，自改革开放进入新时代以来，已内化为上海城市精神和城市品格的重要体现。《上海市国民经济和社会发展十四个五年规划和二○三五年愿景目标纲要》已将海派时尚产业列入上海"六大产业"之中，由原来的都市型产业升级为上海的支柱型产业。面对这样一个难得的历史机遇和巨大的市场发展空间，当代海派时尚文化将如何以更坚定的态度和创新的运作回馈社会，不负历史使命和责任担当，是每一个上海时尚从业者应该积极思考的课题。

一、升华上海城市精神

　　城市精神的升华意味着城市精神从原有层面跃入更高的层面，上海城市精神的升华是当代中国核心价值观和世界文化精华有机结合的现实需要，也是海派文化崇实精神与都市文化内涵深层交融的具体体现，在指日可待的时间内，将以与上海这座城市相称的文化姿态和时尚身份，充满自信地问鼎国际时尚生态圈（图9-1）。

图 9-1
上海黄浦江东岸璀璨迷人的灯光夜景，蕴含着生生不息的上海城市精神

（一）海派文化与当前核心价值观
　　一个城市的精神基于这个城市的文化，因此，在一定程度上，城市精神的升华就是城市文化的升华。进入 21 世纪的海派文化，应该与时俱进地为上海城市

文化的提升、扩充增加新的精神内涵，从而升华为符合当代城市精神的"新海派文化"。在新时代中国特色社会主义思想的指引下，追求和践行"富强、民主、文明、和谐、自由、平等、公正、法治、爱国、敬业、诚信、友善"的社会主义核心价值观（图9-2、图9-3）。这是国家层面的价值目标、社会层面的价值取向、公民个人层面的价值准则，其简明扼要的概括，揭示了社会主义核心价值观的基本内容。

图 9-2
私家车礼让行人已成上海市民文明习惯

图 9-3
法治城市是上海城市建设与管理的核心理念

海派文化作为上海文化的代表，显示的是上海城市建设的"软实力"，即"让核心价值凝心铸魂，让文化魅力竞相绽放，让现代治理引领未来，让法治名片更加

闪亮，让都市风范充分彰显，让天下英才近悦远来"。以上概括的六个"让"，来自
2021年6月22日上海市委召开全会审议通过《中共上海市委关于厚植城市精神彰
显城市品格全面提升上海城市软实力的意见》，是上海提升软实力的核心目标的重
要指引。让海派文化助力上海城市的伟大，使其成为具有持久吸引力、影响力和独
特魅力的"魔力"城市，并呈现出国际大都市应有的作为。海派文化背后凝练的是
上海这座城市特殊的精神品格——海纳百川、追求卓越、开明睿智、大气谦和，以
及开放、创新、包容，这其中蕴藏着上海能够不断创造当今奇迹的全部密码，也是
提升上海城市"软实力"的最坚实的基础（图9-4、图9-5）。

图9-4
石库门是海派文化
典型标志

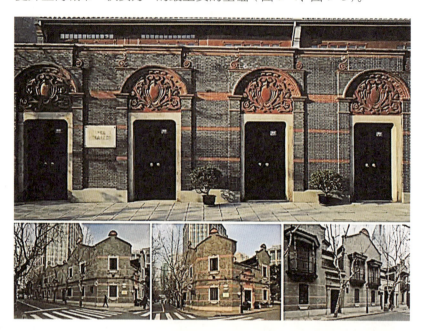

图9-5
一扇海派文化的窗
口：上海新天地

（二）海派文化与世界文化精华

海派文化原本是在吴越文化与西方文化的交融中逐渐形成的。现时，我们在

贯彻践行社会主义核心价值观方面要加大落实力度、厚植城市精神、彰显城市品格，在全面提升城市软实力的同时，继续向世界上其他优秀的文化学习和借鉴，特别是要对以下诸点加强研究和重视：世界文化的生态化，即城市规划与人居环境的生态化趋势，以及将文化遗产作为重要的文化资源加以保护的认识，对此海派文化还有进一步提高优化的空间；学习国际文化产业竞争向高科技领域渗透的经验。高科技含量的背后是以高文化支撑作"背书"的，且已形成新的文化产业形态，即高科技看好高文化的具有强势竞争力和高利润的产出。未来，文化在综合国力竞争中的作用将愈发突出，而占据文化软实力高地是关乎未来竞争的关键。

我们知道，世界文化有两个"人本化"的趋势：一是西方后现代主义建筑文化理念；二是世界文化大都市推进现代化，开始关注城市本身的人文品味和魅力。"人人都是软实力，人人展示软实力"，这是非常有意义的落实城市软实力建设的形象描述。面对世界文化多元化的今天，我们更要发扬和传承中华民族优秀的传统文化（图9-6、图9-7），特别是在与他国的文化交流中，要坚持马克思主义历史文化观，积极吸收他国文化的优点或长处，防范西方文化霸权的影响，丰富和发展自身优秀的文化传统，继续为上海发展城市软实力打下坚实的文化基础。学习与借鉴是辩证的关系，是我们在时尚实践中必须充分注意的，也就是在向他国学习时勿忘自己的传统文化，促进海派文化在正确的道路上得到升华（图9-8、图9-9）。

图9-6
发扬和传承优秀传统文化也是海派时尚职责所在。图为非遗文化：滚灯

图 9-7
非遗文化中饱含丰富的可利用文化资源。图为非遗文化之沪剧《雷雨》剧照

图 9-8
坚持文化自信,开展国际交流。图为常驻上海的中国国际进口博览会

图 9-9
用足够的实力与世界文化平等交流。图为 2010 年在上海举办的世界博览会

（三）崇实精神与都市文化内涵

　　"崇实精神""经世至用"是上海城市发展的基石。新中国成立以来，崇尚实干的上海就是以务实精神收获了一个又一个辉煌成就，从而赢得世人的尊敬。"低语调、做实事"是上海人崇尚的城市精神，它成就的"包容大气""转化落实"这些上海城市基因中最值得重视的"遗传密码"再次得以释放。在上海，政府实施的每个计划，上海人都会去"做实"。例如，不少城市在"争创文明城市"活动中，把夜市当成避之不及的"城市牛皮癣"，精致务实的上海人却能大处布局细处落子，将夜市的网点选址、营业时间、品类规划、物流配送、环境卫生、人流引导、现场管理等因素调整到最合理状态，以迎合上海人的生活习惯，使城市夜生活红红火火，人群熙来攘往秩序井然，把夜市做成了令各方高兴的"办实事"的最佳案例，体现了典型的上海都市文化内涵（图 9-10、图 9-11）。

图 9-10
锦江乐园夜市

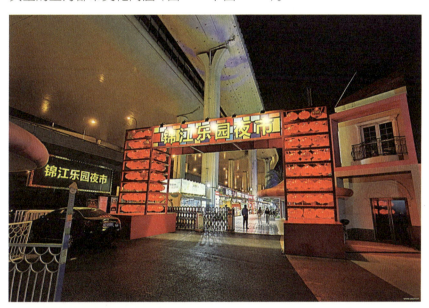

图 9-11
七宝夜市

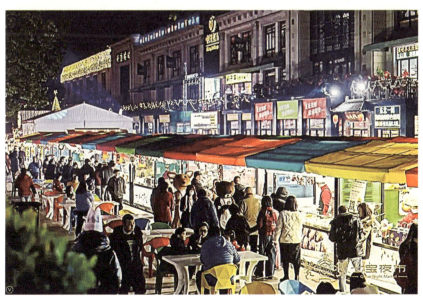

新时期，上海都市文化还应走上一个新台阶，务实与创造联动，传统与创新共进，精致与大气同在，求同与存异并举，内生与外援互助，褒扬与鞭策皆备，规划与落地齐行，现实与梦想合处，使上海都市文化向着愈加亲民、多元、人性、温暖、优雅、时尚、卓越、深邃的高度升华。

二、补齐时尚产业短板

当前，中国正处在各行各业全面向前向上发展的盛世，居安思危是一个优秀民族的基本品质，我们要时刻抱有危机意识，在安逸中思危难，在危险中求机遇。时尚业是一个以"快"制胜、以"动"制静、以"新"取巧的产业，因而更需要在明确海派时尚发展目标的前提下，寻找和发现产业自身的不足之处，获得和利用其他产业的优质资源，弥补和消除目前存在的产业短板，并对此要有一个充分的认识和整体的把控，及早制定解决方案，高效落实计划措施。

（一）时尚短板危机意识

从时尚的角度来说，"短板"等同于"危机"，时尚对社会经济的贡献越大，就越应该居安思危寻找"短板"，这就是危机意识。美国管理学家劳伦斯·J.彼得（Laurence J. Peter）的"木桶理论"指出，一只木桶能装多少水，取决于最短的那块木板的高度。任何个人或团队都有可能存在拖后腿的"短板"现象。改革开放以来，上海在各方面取得了不凡的业绩，2021年上海的GDP超过4万亿元，说明上海的经济实力在世界范围内已不容小觑。

盛名之下，各行各业都存在不同程度的发展瓶颈，作为晋级上海市"六大产业板块"中的时尚产业，制约海派时尚向高端发展的"短板"处处可见。比如，我国在支撑时尚产业发展高度的高科技新材料、先进制造技术、高端芯片技术、人工智能技术、信息处理技术等方面没有明显优势，再加上原始创新能力不足、人口红利优势不再、综合成本居高不下、内需消费提振不力等原因，将在不同程度上形成制约时尚产业健康发展的"短板"，更需要我们谨慎用心，寻找短板，勇于担当，互助合作，共享资源，盘活存量，开拓增量，积极创新，迎接挑战，让处于国际产业竞争前沿的上海能够完全胜任"中国时尚产业发动机"的重担，完成海派时尚产业的历史使命，续写海派时尚文化的崭新篇章。

（二）时尚产业顶层设计

"顶层设计"一词首次出现于官方文件是中共中央关于"十二五"规划之建议，它预示着中国改革事业进入新的征程。新时代的上海时尚产业同样需要高起点的顶层设计，从上海社会与经济发展全局的角度，灵活运用科学系统的方法论，透彻分析国内外环境和市场竞争格局，综合统筹和协调各类时尚相关资源，以"总体性、前瞻性、长远性、可行性"为原则，对时尚产业中长期发展进行预见性系统化规划，寻求包括建设目标、发展战略、政策支持、资源配置、实施步骤、计划重点、时间节点、阶段成果等要素在内的解决问题之道，从而实现立足国际视野，传承海派文化，促进时尚消费，提升民众幸福，在最短的时间内把上海建设成为国际时尚文化之都。

开展重振海派时尚文化的"顶层设计",需要弄清六个重点:一是战略目标的定位,即"做成怎样";二是发展模式的选择,即"如何去做";三是组织架构的搭建,即"谁来做";四是分配机制的设计,即"如何获利";五是运行机制的设定,即"怎么操作";六是建设阶段的管控,即"怎么监管"。要做好顶层设计,还应该遵循海派文化脉络,立足本土时尚需求,融合国际时尚文化,对标国际时尚之都,追踪时尚产业前沿,背靠各类时尚企业,借助时尚节庆活动,联合大专院校、时尚研究机构、时尚活动机构、时尚社团组织,听取各方正确意见,共同面对国际时尚产业动向,强化敢于挑战的胆识。

(三)发挥产业整体效应

产业整体效应是对以往时尚概念的补充和扩大,也可视作新时代时尚产业的扩容。现时,大多数人对海派时尚的理解仅停留在服装、美容、美食、轻工产品等以往的认知范围,即传统的海派时尚领域。然而,21 世纪的海派时尚必须要有根本的突破,需要扩大到人们社会生活的一切可能的方面,才能无愧时尚引领者的地位。传统时尚早已不能满足并且也代表不了新时代的社会风尚,这就意味着需要全行业的整体的时尚领域的开发。

就上海而言,无论是从宏观的产业战略规划、网点布局,还是微观的创新设计、市场营销,各行业都要尽可能地加强海派时尚文化理论研究,运用海派时尚文化元素,推出彰显新时代海派时尚的新气象、新产品、新服务、新形象。与此同时,还需要传统产业之外如文、体、游、食、乐、医、养等行业的加盟,推出时尚文化、时尚艺术、时尚体育、时尚旅游、时尚游戏、时尚餐饮、时尚娱乐、时尚医养乃至时尚科技等产品及配套服务,在整个社会系统的参与和协调下,开展海派时尚元素的研究、整理、挖掘和运用,逐步形成时尚化的多行业、多层面、多形式的产品与服务的覆盖和交叉。另外,跨界合作是海派时尚前景宽阔的蓝海,研究国际跨界时尚的成功经验,鼓励时尚关联行业跨界合作,促进新的时尚内涵不断拓展,将使全社会进入时尚化的运作状态,最终,一个有深度、有宽度、有广度的新海派时尚文化必将亮相国内扬眉世界。近年来,挖掘中华传统文化元素的国潮时尚已成一定规模效应(图 9-12),服装、服饰、文旅、民俗等许多新老海派行业已在新时代发扬光大再铸荣光、创新发展,一定会在世界的时尚文化中占有一席之地。

三、 圆梦美好生活愿景

时尚直接服务于普通市民百姓,拥有广泛的民众基础,是人们向往美好生活的一种表现。对未来生活方式充满梦想的人愈多,时尚就有愈发厚实的发展基础。因此,新时代海派时尚文化应该发力未来生活方式研究,激发民众圆梦人生的愿望,提振民众追求美好的信心。对于普通民众而言,时尚的目的是为了美好地生活。因此,美好生活愿景也就是时尚愿景。

图 9-12
具有浓郁中国风格
的国潮文创新产品

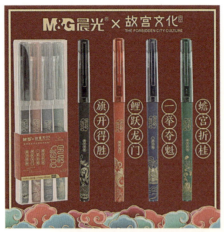

（一）愿景的文化意义

生活愿景是一种人们关于未来生活情景和未来发展预期的意象描绘，它会引导或影响组织及其成员的行动和行为。时尚在其中占据着非常重要的分量，生活愿景为已经时尚化或尚未时尚化的人们提出的中远期时尚导向。时尚文化是人们生活质量和精神追求的物化形态，人们的美好生活愿景就是党和政府的工作目标。经历了改革开放，无论是商业建筑的购物场所，还是时尚地标的文化空间，上海发生的巨变使穿行其间的人们无不感受到时尚美的视觉冲击；上海的城市环境被绿化植被和花木盆景烘托出一种生态美（图 9-13），各种星罗棋布的网红打卡地显示出城市的宜居性特点和动感魅力（图 9-14、图 9-15）。这些变化使老上海人由衷地感到生活在上海的那种舒适和惬意（图 9-16），也使新上海人乐于安心在上海学习、工作和生活（图 9-17）。新老上海人对上海未来的期待是上海一切工作都围绕"人"展开的重要内容。

图 9-13
临港新片区的一抹
绿

图 9-14
大悦城霓虹街

图 9-15
网红打卡地:武康
路

图 9-16
老上海人的退休生
活

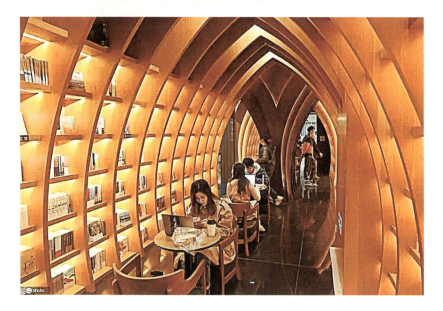

图 9-17
新上海人在钟书阁
汲取精神"养料"

圆梦海派时尚的美好生活愿景，需要把时尚文化建设活动聚焦在创新新时代海派时尚的目标上，使相关组织及其全体成员在面对国内外各种不确定因素时，努力克服存量要素的结构惯性抗力，坚持依照海派时尚主张的目标、方向与计划前进，有效地培育与激发系统内部所有成员的职能提升，促使个体成员竭尽全力，保持增量的速度与品质，实现群体满意的时尚建设目标，体现美好时尚生活愿景的文化意义。

（二）愿景的市场意义

愿景的市场意义在于利用人们期待未来生活美好的"希望效应"，刺激市场保持持久的活力，拉动一定程度上的超前性内需，满足人们用时尚事物为生活添彩的美好愿望。市场是经济活动的重要窗口和工具，衡量市场活力的重要指标之一是市场的体量。社会的发展需要新的市场。时尚与生俱来的新鲜活力使其拥有创造市场的基因，美好的愿景给了改造和提升市场的理由。一般来说，层出不穷的时尚由头是活跃市场的具象代表，而激励时尚商品持续足量地供给市场，是落实美好愿景的具体体现。

时尚是"喜新厌旧"的事业，"五花八门""奇出怪样""标新立异""劲爆大胆"是时尚的个性标贴，只要不与社会主义核心价值观相抵触，任何一种时尚都会在市场收获各自的拥趸，其后由裂变效应裹挟着的新时尚还会不断地问世。在规划美好生活愿景中，海派时尚有强大的上海商业板块为依托，市场结构体系功能齐全，人均拥有商业面积位居全国前列，时尚产业链配套体系完整，国内外人流大，中产阶层人口众多、消费力强、时尚品位高。凡此种种，上海天生具备时尚高效率商业转化的条件，因此，上海拥有能够乐观、自信、充分地规划进取型时尚愿景的现实基础。为了应对疫情对城市经济的影响和排解市民心情的压抑，2020 年 6 月上海启动首届"上海夜生活节"，围绕"夜购、夜食、夜游、夜娱、夜秀、夜读"等主题，推出上海酒吧节、深夜食堂节、深夜书店节、购物不眠夜、夜上海 LIVE 秀等 180 余项极具时尚意味的特色活动，打造具有烟火气、上海味、时尚潮、国际范的夜上海新形象，取得了非常积极的成效（图 9-18）。

图 9-18
2021 年的上海夜生活节

（三）愿景的国际意义

一座能代表国家水平的城市，其时尚程度将影响这个国家的国际形象，上海就是这么一座能代表国家时尚水平的城市。从某种程度上看，一座城市的时尚愿景也是其时尚主张的宣示，海派时尚愿景宣示的是基于上海这座城市的文化的时尚主张，突出了时尚文化与生俱来的地域性，强化了海派时尚在地域文化圈中的标识性，能够因坚持文化自信而获得对方的尊重，这样的"愿景"对国际市场的重要程度不言而喻。某种时尚在国际上获得成功，代表了一个国家或城市文化软实力的成功。

世界公认的五大时尚之都，时尚成长背景和城市地位各有不同，有巴黎、伦敦、东京这样的国家首都，有纽约这样的经济重镇，有米兰这样的工业大市，其共同点是它们都是国家的绝对主力城市，都能以出色的时尚愿景影响国际时尚界。上海作为中国最大的工商业城市，其时尚愿景的达成，首先是能够左右中国时尚的走向，其次是可以影响国际时尚的格局，对内能够帮助上海夯实国际大都市的内涵，增加人们对美好生活的获得感，对外可以使上海站上一流国际时尚平台，为中国的国际形象加上文化软实力的高分。近来，上海推出的一系列符合国际惯例的先行先试制度，已得到国外投资者的好评。有鉴于此，海派时尚文化只要在国际视域下强化自己的"愿景"，就能兼顾国际和国内两大市场的需要，这就是海派时尚文化的市场影响力：满足国际要求的外循环，融合国内市场的影响力，促进和加快上海国际时尚之都的建设步伐。

四、担当世界时尚领袖

世界时尚领袖是全球时尚话题的制造者，在时尚圈有着一言九鼎的话语权，是全球时尚领域内争相膜拜的对象。衡量世界时尚领袖的重要标志是一个城市是否被公认为国际时尚之都。由于叙事口径不同，"时尚之都"有四大、五大、十大之说，各种"全球时尚城市指数"评价指标体系不一，各家评价结果不同。时尚之都的名号是时尚产业发展的历史积淀结果，约定俗成的业界口碑比一家之词的机构发布更具实际意义。除了传统意义上的国际时尚之都，多国时尚后起之秀城市的实力不容小觑。作为历史上的远东第一大都市，上海历经了 40 多年的改革开放已经发生巨大的变化，其世界性都市地位不容置疑。时尚领袖的加持，需要文化领袖、都市领袖和创新领袖的支撑。

（一）时尚文化领袖担当

海派文化是起源于上海的一种独特的地方文化符号，它是吴越文化与西方文化碰撞、包容、扬弃和融合的产物，积淀了丰厚的近现代文化财富，凝聚了海派城市文化精神。上海的文明建设、城市管理、文化教育、科学技术等方面的文化成就，是上海作为文化领袖担当的底气和实力，是以海派文化为核心的时尚影响力的体现。与时尚领袖相比，成为文化领袖的难度更大，而文化领袖成为时尚领袖则顺理成章。

担当新时代的时尚领袖，必须注入新的文化内涵，才能永葆时尚活力。21世纪的海派时尚文化，迎来了深化改革开放的大好机遇。上海的时尚城市建设，不仅要着眼于时尚产业，还要溯源而上，从城市文化建设抓起，落点于时尚文化，树立"大时尚"概念，展露时尚文化领袖之格局，肩负起时尚文化领袖的实力担当。由上海国际服装文化节开启的时尚文化活动已经蔚然成风，出现了上海市民文化节、上海时装周、上海时尚文化节、上海国际艺术节、上海艺术博览会、上海国际花卉节、上海国际电影节、上海之春国际音乐节、上海国际音乐烟火节、上海国际茶文化节、上海国际美容美发节、上海海派旗袍文化节、上海旅游节、上海国际家装文化节、上海潮流文化节、上海夜生活节、上海桃花节、上海全民健身节等一大批文化节日，充分表明上海是时尚文化之都，强化、加速、优质地持久开展各种海派时尚文化活动，践行着时尚文化领袖担当之使命和责任。

（二）时尚都市领袖担当

时尚文化无一例外地以城市为主要载体发扬光大。纵观全球时尚都市，在本国都是排名靠前的大都市，在世界上也颇有影响力。因此，要成为世界时尚领袖，其首先要成为国内时尚都市、国内时尚都市领袖，再发展成为世界时尚都市、世界时尚都市领袖。目前，尽管影响世界经济发展的不确定因素增多，但是争夺世界时尚都市领袖的热潮依然不减。除了传统的国际五大时尚之都，国外有洛杉矶、悉尼、柏林、巴塞罗那、莫斯科、多伦多、罗马、哥本哈根、里约热内卢等城市，国内有香港、深圳、北京等城市，它们的共同目标是争当世界时尚领袖。都市是物质和文化两个方面都能满足社会需求的现代人居环境，上海是物质和文化两者发展都较快且声誉卓著的城市。

近一个世纪以来，上海担当着引领全国经济发展的重任，"上海制造"饮誉国内，开发开放成果斐然。目前，上海的工业、交通业、物流业、金融业、商贸业、会展业、教育业等百业俱兴，高档商务区、网络科技、文化园区、体育设施、新闻传媒、高端人才储备等投资环境持续升级，空气、河流、绿地、出行、住房等生活环境大为改善，打造头部经济，集聚首发经济，全方位吸引世界高端时尚品牌入驻，新的都市风貌已然形成，是国内持久保持国际化程度前列的超级大都市，能够开展各种领域的经营服务活动，已经成为世界经济的热点（图9-19）。环上海卫星城、3小时经济圈、长三角城市群的扩容，使得上海成为能够更上一个层级的领袖型时尚都市的条件已渐成熟。在天时地利人和的条件下，上海担当时尚都市领袖的工作思路可以有以下思考：做好顶层设计，配套政策力度；拓宽开放思路，坚持轻装上阵；盘活现有家底，开拓新增资源；健全法律法规，保护知识产权；优化营商环境，做好产业配套；加强队伍建设，引进高端人才；树立家国情怀，明确责任担当；创新激励机制，优化组织结构；正确目标引领，实施小步快跑；包容实践试错，落实过程监管。

图 9-19
实力强劲的浦东张
江高科技园区

（三）时尚创新领袖担当

创新，关乎思维活动，特指利用有别于常规方法或普通思路的见解，通过领域、方法、路径、工具、产品、材料、技术、环境、渠道等方面要素的重组，突破性地改进现状或创造新的事物，并能获得正面结果的行为。在"以快见长、以新取胜、以变为上"的时尚活动中，创新因其饱含特殊的思维成份而显得更加难能可贵。一座城市要担当时尚创新领袖，必须在时尚创新方面拿出比其他城市更多更新更有效的创新成果，才能取信于世人。许多年来，上海在时尚领域开风气之先，以时尚领袖担当为己任，向全国乃至世界展示海派时尚文化的魅力。

创新活动必须有创新思维的人，才能有创新成果。要使上海成为世界时尚创新领袖，时尚的各个细分领域必须拥有一大批实力雄厚的世界级高端创新人才。上海拥有相对优越齐全的基础条件和适宜创新思维自由生长的肥沃土壤，城市建设、营商意识、市民风采、交通出行、街市环境等，无不散发出浓郁的时尚气息，使得高端创新人才近悦远来，济济一堂，创新主题时时出新，创新领域行行出彩，创新成果层出不穷。获得创新人才主要通过招募、培养和共享三个途径。招募人才是快速高效地聚集人才的主要途径，创造物质条件、平衡分配机制、尊重多元需求是招募创新人才的通常办法；培养人才是按需设计自主产出人才的主要途径，重视情感关怀、描绘美好愿景、帮助人才落户是培养人才的通常办法；共享人才是不拘形式地高效利用人才的主要途径，实行目标考核、包容过程差异、灵活变通形式是共享人才的通常办法。

第二节 海派时尚之升级

海派时尚升级就是将海派时尚的整体构成要素从原先较低能级提升到较高能

级，特指产业的升级，包括生产要素整合、产业结构重组、生产效率增速、产品质量提高和产业链升级。在宏观方面，产业升级是产业结构的升级，即海派时尚经济增长方式的转变，比如从劳动密集型向资本密集型、知识密集型产业转变。从能级上看，包括低端业态的升级、高端业态的生成、全新业态的萌发。在中观方面，产业升级是提高产业中产品的平均附加值，表现为同一产业链中各个企业在技术等级、管理模式、产品标准、生产效率、社会责任、同业关系等方面的提高。在微观方面，产业升级是提高企业中产品的附加值，表现为生产技术、管理模式、产品质量、生产效率、品牌形象、客户关系等方面的提高。如上节所述，通过升华上海城市精神、补齐时尚产业短板、圆梦美好生活愿景和担当世界时尚领袖四个方面的海派时尚文化之当代思考，得出海派时尚各方面能量已高度积聚，及时升级海派时尚整体能级已势在必行的结论。本节在升级的目标、方法、领域和步调等方面进一步研究和探讨，为海派时尚升级的到来，提前做好必要的理论支持和思想准备。

一、升级的目标

从宏观上看，海派时尚升级的总目标是把上海早日建成全球公认的世界时尚之都。这个目标的最初提出，可以追溯到 2000 年 10 月，当时上海国际服装服饰中心针对这一目标成立了专家委员会，由时任上海市政府秘书长黄奇帆向专家委员们签发了聘书。20 多年过去了，上海的时尚产业获得了长足进展，但离开这一目标的完全实现尚需一定时日，海派时尚升级总目标需要继续认定这一目标，结合实际，从长计议，细分目标，逐步实现。

通过文化与产业升级，全方位提高海派时尚的段位和能级，拉动国内时尚经济，关键在于时尚产业要以海派文化的国际化程度等作为升级的主要目标，提升上海在国内外的产业地位。

（一）时尚引擎拉动国内经济健康发展

国际时尚之都建设的经验表明，时尚是拉动社会经济发展的重要引擎。上海时尚产业要当仁不让地承担引擎作用。首先，建设上海时尚消费中心城市，让上海商业的创新活力得以不断释放，成为长三角乃至国内新零售的"策源地"和"竞技场"，逐步引领全球时尚消费的潮流和发展趋势。胡润全球独角兽企业排行榜显示，上海消费的相关类独角兽企业数量位居全球城市第二。而第一财经·新一线城市研究所发布的"2021 知城·夜生活指数"中，上海夜生活综合指数稳居全国首位。其次，上海的首店首发效应明显。2021 年上半年，上海新设首店达到 513 家，其规模创下历史新高，且落地首店中海外品牌占比达到 15%。越来越多的国际品牌包括某些国际知名品牌纷纷来到上海举办全球首发新品活动（图 9-20、图 9-21）。这表明上海商业拉动经济发展的引擎作用重大，时尚产业作为新兴业态其发展势头方兴未艾。此外，文旅娱乐是时尚社会中不可或缺的重要的休闲消费。因此，商业繁华、创意产业、文旅娱乐这"三驾马车"，是拉动上海乃至全国时尚经济健康发展的重要引擎。

图 9-20
"上海首发"已成为
时尚圈新的共识。
图为美国时尚品牌
"蔻驰"在上海首发
的 2019 早秋系列

图 9-21
打造上海全球新品
首发地

（二）时尚产业全方位提高段位和能级

　　拉动国内经济，使之健康发展需要我们全方位地提高时尚产业的段位和能级。上海从提升时尚产业主体的能级入手，扩大内外销产品"同线同标同质"的实施范围。外贸企业自主品牌建设，是促进外贸转型升级和推动贸易高质量发展的重要举措。2020 年上海百家外贸自主品牌示范企业获得授牌表彰，此举正是品牌建设提升企业综合实力的重要举措，从而能实现向产业链价值链高端延伸的战略目标。在外贸企业打响自主品牌的同时，本土品牌将引领性地打造和完善自己的品牌，进商场、上平台、入驻特色主题街区，即销售渠道拓宽升级。例如，深化老字号"一品一策一方案"（图 9-22），支持发布"国潮新品"，加快产品更新迭代，如伴手礼、时尚款、定制款等各类新品的不断推出和升级（图 9-23）。

图 9-22
跨界合作已融入老
字号品牌的常态化
经营活动。图为
"三枪"品牌发布的
跨界新品

图 9-22
跨界合作已融入老
字号品牌的常态化
经营活动。图为
"三枪"品牌发布的
跨界新品

图 9-23
国潮伴手礼已成为
时尚热点产品

　　从经济实体层面看，时尚产业提高段位和能级，首先是企业升级，其次是行业升级，最终表现为产业结构升级，其中的主要抓手是以提高产品附加值为目的的产品升级，进而带来与之一体的品牌升级。无论宏观、中观还是微观，产品附加值提高都是产业升级的核心与灵魂，其直接效应就是保证企业拥有超额利润，实现"利润自由"，用于今后可以附带更高诉求的经营活动中，为经营活动处于高额利润回报的良性循环创造必要的条件。只有产业的段位和能级得到了大幅度提高，时尚产业才能当之无愧地被冠以"社会经济发展引擎"称号，才能带来产业发展指数、社会福利指数、国民幸福指数和人类发展指数的提高。

（三）海派文化成为全球城市主流文化

某个地域的城市文化要升格成为全球城市主流文化，是一项极富挑战性的战略目标，最大的难点在于文化价值观及其表现形式的不易输出与难被接受。时尚事物比较亲民，易于被不同文化背景的民众接受。比如，某些时尚流行趋势、时尚生活用品、现代生活方式能够在全球范围内几乎不分种族、国度地快速传播，其中的重要条件是这些时尚事物不具有强烈的意识形态色彩，不会引发民族文化冲突，其具有普适易懂的国际化语言体系，便于国际受众深度理解。同时，时尚事物还要配合强大的输出能力、超高的受众粘性和周密的传播计划等技术条件，才能最终实现全球化输出。

海派文化成为全球城市主流文化之时，无疑将印证海派文化的巨大价值。文化的整体输出比较困难，可以化整为零，输出分支。首先以比较温和亲民的时尚产品作为突破口，再跟进体量更大的时尚文化，最后实现海派文化的整体输出。海派时尚能够在其中抓住机会，大有作为的施展。上海要用世界听得懂的语言、看得懂的形式、用得上的产品、留得住的故事，传播海派文化价值观。在沪海外人士是研究海派文化在海外作为的试验田。2020年，国家科技部外专局发布了2019年"魅力中国——外籍人才眼中最具吸引力的中国城市"主题活动结果，上海再次排名第一，实现"八连冠"。据统计，截至2020年底在沪工作的外籍人士来自214个不同的国家和地区，数量为21.5万人，占全国的23.7%，居全国首位，有58名外国专家荣获中国政府"友谊奖"。这些身在上海的外籍人士对海派文化有直接体验，是调研海派文化接受度的样本库。

在此基础上，上海经过准确的定位进行定向包装，使用更为精准的国际化语言，为海派时尚定制开通走出国门的渠道，提高文化输出的成功率。上海国际时尚联合会作为上海与世界各国在时尚领域沟通的重要平台，于2015年起，连续组织"向中国定制致敬"全球巡展，携手中国定制顶级品牌及设计师，邀约全球顶级定制客户与买手，双方零距离接触，获得海外市场极大肯定，2016年的巴黎之旅销售额高达49 399欧元，更是创下了最高单件服装9 875欧元的销售额。在巴黎高级定制时装周期间推出"全球匠心发现计划""中法全球匠人峰会"等系列活动，让中国定制迈出国门，走向国际，将东方高级定制生活方式与世界时尚产业连接，成绩斐然，仅刊发或经转载传播的各种图文资讯稿件或视频达158万多篇/次，获得了良好的品牌效应与社会效应。至2019年，东华大学已连续四年担纲"海派时尚科技旗袍"在"爱丁堡艺术节·上海季"中的设计与发布，通过搭建国际时尚双向交流平台，与爱丁堡艺术节合作，在推广海派文化的同时，将科技、美容、服装行业融会贯通，完美演绎了"上海设计＋上海品牌＋上海文化"的上海时尚科技水平，构建国际化跨区域合作的交流格局，发展时尚产业并推动中国时尚产业的进一步提升（图9-24）。

图 9-24
"海派科技旗袍
3.0"由东华大学师
生携手科技领域专
业团队设计研发,
在英国"爱丁堡艺
术节"上亮相。

海派文化具有成为全球城市主流文化的国际基础,其有外部文化发展的有利因素,也有包容融合借鉴吸纳西方文化的固有基础,是海派文化被世界认同接纳成为主流文化的根本所在。海外有许多学者对上海(海派)文化的研究兴趣日益浓厚。在上海师范大学举办的"海派文化的历史、内涵和时代价值"高端论坛上,法国马赛大学东亚系的安克强教授表示,上海研究已经成为一个专门的研究领域,无论在中国还是国外,人们都对这座城市的研究充满热情,并就此推测,上海在中国的城市研究中或许是独一无二的。美国乔治亚理工学院艾伦人文学部的卢汉超教授认为,鉴于国外研究上海(海派)文化的程度,其已远超对伦敦和纽约等西方大城市的实际研究,他建议设立"上海学"作为一门新兴学科。

二、升级的方法

实现海派时尚的升级目标,可以从思想认识升级、时尚产业升级和原创团队升级三个方面着手,分别进行有针对性的改进、增速和提高,首先完成各自的升级,最终实现海派时尚乃至海派文化的升级。与升华相比,升级相对容易,一般是原有事物量的叠加,不涉及状态的根本性改变。以创新为例,升级是小步快跑的改进式创新,比如某款家用型小汽车的百公里加速性能不断提高;升华是惊天动地的颠覆式创新,比如上述家用型小汽车变成了拥有折叠机翼的飞行器。因此,升级是脚踏实地的量变积累和步步为营的进取之道。

(一)思想认识升级

思想是指引行为的先导,行为是获得结果的必然。实现海派时尚升级,首先要完成思想认识的升级,把思想认识与国家战略保持步调一致,确保后续行为跟上正确的思想。党的十八大报告提出:"坚持走中国特色新型工业化、信息化、城镇化、农业现代化道路,推动信息化和工业化深度融合、工业化和城镇化良性互动、城镇化和农业现代化相互协调，促进工业化、信息化、城镇化、农业现代化同步发展。"这个"新四化"是我们思想认识升级的指导思想，同时也是实现海派文化成为全球城市主流文化的目标能够完美落实的基本保证。

其次，要认清当下国内外社会环境的特点，辨别经济和文化发展的态势，寻找时尚产业新的市场契机，厘清行业和企业的短板，为操作升级计划提供足够的依据。从大处着眼，上海作为国际大都市，担负着代表国家参与国际竞争的重要使命，这既是上海的责任担当，也是文化自信意识自我强化的体现。上海的城市管理、社会人文等国际化特征已经在国际上得到充分认可，这是上海积极融入国际活动的前提条件。而国家颁发的相关政策支持，能让上海更加积极有效地参与国际竞争，发挥上海对外之国际窗口的形象功能。中国（上海）自由贸易试验区临港新片区洋山深水港（图9-25），以及国际经济、金融、贸易、航运和科创中心在上海的设立并付诸实施运转，就是国家托付给上海的重任，是上海的责任和担当。从小处着手，提高技术层面的知识储备，"元宇宙""区块链""人工智能""虚拟现实""云平台""物联网""新能源""新材料""新技术""新零售"等不一而足，为时尚产业升级所需要的资源开拓和跨界合作储备必要的新知识。

图 9-25
上海洋山深水港四期自动化码头

（二）时尚产业升级

随着消费、审美、科技等方面的大力发展，基础优良的上海时尚产业也必须快速升级，以满足社会美好生活的广泛需求。时尚产业升级可以分为短期升级和中远期升级两步，短期升级为中远期升级打好基础，中远期升级向短期升级提出要求。2021年发布的《上海市时尚消费品产业发展三年行动计划》制定了产业发展路径、发展重点和政策举措，明确了目标，2025年上海市时尚消费品工业总产值将达到3 600亿元。这是为实现《上海市国民经济和社会发展第十四个五年规划和二〇三五年远景目标纲要》提出打造"3＋6"产业体系的中远期目标做好当前产业升级。2025年前的短期目标是上海将建设25个具有行业影响力的工业互联网标杆平台，培育 30 个工业互联网综合解决方案服务商，带动 20 万中小企业上平台。"3 + 6"产业体系包含了上海的集成电路、生物医药、人工智能这"三大先导产业"和电子信息、汽车、高端装备、先进材料、生命健康、时尚消费品"六大重点产业"，时尚消费品首次列入支撑未来上海发展的六大重点产业。

上海时尚产业要在内生动力十分迫切、周遭环境形势险峻的情景下实现升级，需要英明果敢的勇气、超前务实的智慧和脚踏实地的行动。海派时尚产业升级，要建立在深入挖掘海派文化的基础上，突破原有行业惯用模式，从企业、行业、政府的角度，在升级目标、升级方式、增长规模、市场内涵、业态布局、技术能级、渠道资源、用户利益、产品开发、社会责任、品牌建设、环境保护、可持续化等各个方面寻找符合自身特点的突破口，有计划地完成升级任务。比如，就市场容量而言，国内时尚产业习惯于模式较为单一的扩大市场版图式增量市场的增长，在全力扩充市场份额的同时，容易忽略确保产业自身应该拥有的参与国际化竞争的内涵升级。事实上，产业升级难点在于对存量市场的升级，持续增长了 40 余年的时尚产业增量市场遭遇了 2020 年的紧急刹车，国际国内多方面综合因素造成了全行业同步直面"滞涨"难题，全面进入对存量市场的争夺。因此，时尚产业要在增量市场和存量市场同时展开"量"与"质"的内涵升级。

（三）原创团队升级

人才是时尚产业升级关键中的关键，没有合适的人才，一切将化为乌有，有了合适的人才，一切可从无到有。时尚产业升级需要各种不同知识背景和实践操作的人才，需要组成责任明确、分工细致、能力互补、规则健全、运行高效的人才团队。时尚产业具有敏锐、领先、创新等特点，而我国时尚产业原创能力目前相对薄弱，在所有类型的人才团队中，能够真正领风气之先的原创团队显得尤为重要。

原创团队服务于时尚产业的方方面面，包括原创技术、原创设计、原创管理、原创营销等方面的初始创新，它们有一个共同特点，即"想前人未想、说前人未说、做前人未做"，带领组织成员不断进入前景充满希望的竞争"蓝海"。原创团队的升级，目的是通过一系列旨在提升人才团队能力的操作，为未来的升级计划做好充分的人才储备，快速实现原创团队整体战力的升级，使执行效率最大化。从时尚产业层面来看，升级原创团队是政府、行业、企业通力合作的行为，关键在于认清当前时尚产业人才现状，提高自身知识能级和鉴定水平，制定原创团队的提升标准和评价体系，创造和提供与原创人才旗鼓相当的各种条件，在可控范围内，通过招纳、培养、置换、租借、合作、加盟、激励、入股、共享等方法，完成原创团队的结构优化、知识更新、效能增益。

三、升级的内容

海派时尚需要产业升级的内容包罗万象，每一项工作都有需要提升的内容。无论属于哪个行业分类、处在哪个发展阶段，综合起来，时尚产业升级的共性内容主要有理念、科技和渠道三个方面，分别对应"人、物、事"。

（一）新时代时尚理念升级

理念升级是关于"人"的提升。人是主观的、能动的，处于任何事物链的顶端。理念的升级源自人们意欲改变事物形态的内在需求，在周围事物不断发生变化的情况下催生。理念从旧到新的升级，意味着人们认识事物的跨越式进步，这一进步不是突发的，而是日益积累的量变结果。

过去的不齿变为现在的时尚，以前的时尚变成如今的老土，时尚的属性迫使人们对海派时尚理念的认识不能停留于历史，传统的海派时尚理念会束缚海派时尚在新时代的发展，新的理念是海派时尚得以健康发展的指南。人们必须厘清新时代海派时尚本体及其生态环境的复杂表象，研究新海派时尚的定义、特征、范围、对象、构成要素、文化渊源、内在逻辑、发展因素、业态分类、运营模式、用户层次、产业规模、关联产业、传播模式等，对海派时尚有一个全新认识，把海派时尚上升到新海派时尚。

海派时尚理念的升级，应该基于新海派文化理念的升级。新时代海派文化的本质内涵有三个来源，即改革开放后，上海在经济社会层面的创新实践、浦东开发开放以来形成的新的上海城市格局、党的十八大以来上海排头兵的姿态和先行者的担当，这些都是影响海派时尚理念的宏观因素。此外，出现在上海及周边的新产业、新资本、新技术、新制造、新材料、新平台、新社交、新娱乐、新媒体、新零售、新环境、新消费、新三观、新年代人、新上海人……无数个"新"的汇聚，造就了新海派时尚理念。

因此，人们在新时代对时尚的认识，必然随着时代的发展变化而升级转换。新时代的海派时尚理念升级要以国际主流时尚为参照，以弘扬文化自信为核心，立足于人民群众的实际需求，让上海的时尚产业既适合本土生态，又能得到国际市场的青睐，打造具有国际视野的海派时尚文化，塑造上海软实力之魂。在这方面，上海时装周已取得的初步成效是值得其他时尚行业借鉴的样本，在 2019 年发布的《全球时尚产业指数·时装周活力指数报告（2018）》中，已连续举办 18 年的上海时装周位列全球十大时装周第五位（图 9-26）。

图 9-26
M·A·C 打造上海时装周妆容

（二）新时代时尚科技升级

科技升级是关于"物"的提升。时尚产业的特征决定了它往往以物化商品交换和实现其价值，此处的物化可以是实物化的物，也可以是虚拟化的物。"物"需要被研发、制造出来，才能被民众感知。研发、制造需要技术支撑，技术则需要科技协力。科技是科学技术的简称，时尚科技是专门围绕时尚事物开展的科学技术。

时尚风向的变化让科技找到了新的研究课题，新的科技成果为时尚提供新的想象空间。一种新材料新技术的诞生，往往伴随着一次时尚革命，随即转化为新的时尚产品；一次大胆的时尚梦想，常常刺激着科技的"闻风而动"，帮助市场实现这一需求。两者相辅相成，共同成长。人类进入 21 世纪以后，科技以前所未有的发展速度，获得了令人瞩目的进展，科技设计、科技制造、科技营销在最大程度上为时尚产业提供了技术实现的可能。比如，科技创新助推美妆行业取得突破性进展，化妆品借助于虚拟增强现实技术，仅需数秒钟就能完成居家线上虚拟试妆，使虚拟科技与时尚的结合更趋紧密（图 9-27）。再如，随着人们对信息沟通提出的更高要求，5G 技术应运而生，应用领域不断扩大，促进了信息消费新产品、新模式、新业态的加速培育，智能终端、可穿戴设备、智能家居等新型信息产品不断升级，网络视听加速发展。在 5G 条件下，推动 5G + 8K 超高清视频及边缘计算网络的规模化应用，推广智能电视操作系统、超高清视频编解码标准、数字内容版权保护等技术的广泛应用，更高的技术格式、更新的应用场景、更美的视听体验等高新视频层出不穷，令人眼花缭乱。这是一个"时尚科技化、科技时尚化"的鲜活案例。因此，从某种程度上说，时尚产业的竞争也是科学技术的竞争，时尚需要科技的武装，科技需要时尚的灵感。

图 9-27
AR 虚拟试妆

时尚的升级，需要时尚科技本身的升级，或者说是将传统意义上的科技升级为时尚科技。时尚产品往往提出超越现阶段普遍水平、向极限发展的要求，"更薄、更轻、更快、更小"等无数个"更 X"体现出时尚的热点和趋势，只有不断升级时尚

科技，才有可能满足人们能够提出的各种要求。因此，要真正实现海派时尚的升级，必须依靠科技力量的全面支持，加大面向时尚产业的科技攻关和研发力度，实现时尚科技本身的升级，在时尚产品的物化技术上跨前一步，推出更为尖端的时尚产品，走在国际时尚前沿。

（三）新时代时尚渠道升级

渠道升级是关于"销"的提升。广义的时尚渠道可以包括时尚信息的来源、获取、传播和反馈，以及时尚事件的发生、发展的场所。狭义的时尚渠道是指时尚产品的营销通路，本节特指营销通路。渠道一般可分为无形渠道和有形渠道两类。无形渠道是指网络虚拟空间之新兴渠道，以其海量的商品显示、丰富的呈现方式和便捷的送达手段等优势吸引大众群体。这是网络时代线上平台受青睐的主要原因。有形渠道范围很广，主要以肉眼可见的线下实体店及其经营活动为主。渠道是产品兑换货币、获取市场反馈、增强客户粘度、塑造品牌形象的重要通路，尤其是线下实体店，其本身就是城市时尚的重要组成部分，无论是装修风格和货品陈列，还是店员仪容和服务水平，都反映出所在城市的文化特征和时尚能级。在新时代时尚语境下，无论是无形渠道（线上）还是有形渠道（线下），都需要针对新的应用场景和行业规则，主动进行适应性升级。

渠道的升级主要包括硬件升级和软件升级。由于当前消费需求已经呈现便利化、快速化、个性化、透明化等新趋势和高要求，开展多场景、全渠道式的商品服务和消费体验的升级变得十分重要，处于新时代的时尚渠道需要实施全渠道的战略升级。渠道中的实体店具有线上店铺不可比拟的现场优势，能把门店的业务经营到位，它的升级更加重要，需要引起足够重视。除了店铺装修等传统意义上的升级，还要落实门店数字化的创新升级，把与商品有关的各个环节如前台、中台、后台、线上、线下等全部打通相连，实现顾客、店员、商品、环境、服务全部在线，实现渠道全价值链的整体反应。实体店的升级，除了重视通常的门店装饰、商品陈设、环境优化等因素外，需要十分关注线上营销，积极参与网络建设，引进数字化设备，实现线上线下的互动。有人预言，时尚的网络消费发展到一定程度，人们将回归到体验更真实、互动更及时和社交更可信的线下渠道进行消费，实体店将在未来一段时间内恢复其原来地位。线上渠道和线下渠道平行共存，互补发展，这就是商业背后的逻辑。

四、升级的步骤

为使海派时尚升级的目标、方法和内容能够顺利实施到位，根据上海市人民政府办公厅印发的《上海市建设国际消费中心城市实施方案》要领，结合当前上海时尚产业概况和未来一段时间内可能出现的社会经济走向，实施海派时尚升级的步骤可以有以下几点思考。

（一）系统评价，发现短板

上海时尚文化氛围浓郁，产业规模宏大，产业配套齐全，品牌积聚突出，综合优势十分强劲。即使面临疫情肆虐的挑战，上海还是能逆势而上，政府托底监管，聚拢行业资源，稳固既定方向，文化商贸并进，全域共举创新，企业自救自强，采取云上时尚消费等一系列措施，取得令人满意的实效。

事物的发展总是一分为二的，成绩再傲人，也永远存在再行改进和提升之处。面对海派时尚升级，要通过各种形式的调研，开展常态化家底排摸，定期进行科学系统的状态自评，真实掌握海派时尚的动态化实况，严格数据统计口径，及时发现可能存在的短板，整齐步调，调整预期，为进一步决策提供可靠依据。上述举措不仅是监管部门针对全市层面的时尚业态进行系统评价，各行各业各单位也应自觉开展常态化自评，结合当前情况，对比发展目标，发现新短板，盘活旧资源，寻找新机会，以利日后的改进和提升。

从行业角度来看，各行各业都或多或少地存在着一些长久以来一直困扰行业发展的短板，这些亟待解决的核心难题不宜拖延等待。政府、企业、市场需要紧密配合，及时破解时尚产业链存在"卡脖子"难题。只有加速解决国际时尚市场营销能力薄弱、顶流时尚设计人才极度匮乏、时尚行业头部高端品牌稀缺、时尚与文化融合研究不足、知识产权保护实效有限、假冒伪劣产品屡禁不绝等业态常见短板，才能突破制约时尚产业发展的瓶颈。比如，食品、日用品、化妆品等行业上游的香精香料都高度依赖进口或被外资垄断，上海家化、东方美谷等近 300 家化妆品企业对进口香精香料的依赖度达 90％以上，这个短板不补齐，化妆品行业要实现升级目标将遥遥无期。

（二）配套政策，协调资源

中国政府在社会经济发展中的主导作用是任何国家都不能比拟的，这是我国社会主义经济模式一大特色，"政府搭台、经济唱戏、文化助阵"成为我国经济生活常态。其中，政府的主要作用是在系统评价中发现诸如上文所述短板，及时配套出台一系列有针对性的经济改革政策，引导经济纳入正确轨道，帮助经济克服普遍问题，为改善营商环境、重组社会资源、护航经济实体、推动改革创新、改变增长方式而创造政策先导条件，为企业在税收政策、资金借贷、土地利用、人才落户等方面遇到的问题提供解决方案。

据此，上海市政府出台了一系列相关政策，在《上海市国民经济和社会发展十四五规划》中指出："坚持把社会效益放在首位、社会效益和经济效益相统一，深化文化体制改革，完善文创产业规划和政策，促进形成文创产业发展新格局"，深入落实"上海文创 50 条"（即《关于加快本市文化创意产业创新发展的若干意见》），"实施'文化＋'战略"，大力弘扬城市精神品格，持续提升城市文化软实力。积极把握消费升级趋势，结合历史文化资源的挖掘与运用，凸显商旅文娱联动，打造全球新品首发地，聚焦时尚设计、时尚交易、时尚传播、时尚服务，整合时尚资源与要素，不断拓展时尚产业的内涵与外延，助力上海发展时尚产业。受此鼓舞，疫情期间的上海大胆创新破题，开创"云上时装周"，探索"云上秀、云 T 台、云逛街、云购物"等新形式（图 9-28、图 9-29）；利用和发挥时尚的强劲磁吸效应，打通时尚产业链、提升时尚价值链；强调孵化与培育，在汇集全球绝大部分顶尖品牌和有影响力的国内品牌的基础上，加大为本土创新品牌的成长培灌厚土的力度，打造海派时尚生态圈，提升时尚文化的传播力和影响力，争取产生更大的溢出效应。

图 9-28
上海云上时装周

图 9-29
云逛街——场景化
购物

（三）制定规划，研究策略

政策是制定规划的依据，策略是实现规划的举措。近年来，上海对时尚产业的规划和发展十分重视，先后出台了一系列产业规划和相关政策，例如，除了出台《上海市国民经济和社会发展第十四个五年规划和二〇三五年愿景目标纲要》《上海市时尚消费品产业发展三年行动计划》等纲领性规划，上海市政府还出台了重在落实这些政策和规划的实施策略。2021 年 9 月，上海市人民政府办公厅发布《上海市建设国际消费中心城市实施方案》，成为海派时尚文化升级的方向和抓手。其重点是聚焦构建融合全球消费资源聚集地、打造引领全球消费潮流新高地和建设具有全球影响力标志性商圈等七个方面，并且提出 28 项任务，力争到"十四五"末率先将上海基本建成具有全球影响力、竞争力、美誉度的国际消费中心城市。据此，上海将采取十项措施：（1）开展虹桥和外高桥国家级进口贸易创新示范区建设，打造集消费品进口、分拨配送、零售推广等于一体的服务链。（2）推进浦东"全球消费品集聚计划"，研究探索放宽电信服务、医疗健康等服务消费市场外资准入限制。（3）支持老字号企业挂牌上市，发行债券。（4）扶持一批具有国际竞争力的上海本土原创动漫游戏龙头企业（图9-30）。（5）支持各区研究制定促进首发经济发展政策措施，打造集新品发布、展示、交易于一体的生态链。（6）培育一批百亿千亿电子商务标杆企业。（7）加强对直播电商等新型消费业态规范和标准的研究制订。（8）试点餐饮行业绿色账户积分激励机制。（9）扩大退税商店数量、类型及覆盖地域范围。（10）增强外籍人士消费便利性，拓宽入境旅客数字化支付渠道。

　　出台这些规划和策略是海派时尚得以升级的重要步骤，更重要的是此后的推广、落实、监管、评价，并且要实时研究具体运行情况和开展绩效考核，对标国际时尚大都市，不断进行精细化修正和动态化调整。

图 9-30
摩尔庄园——上海
淘米出品

（四）组织领导，协同落实

　　在系统评价、配套政策、制定规划之后，时尚产业升级工作进入到落实阶段，"体制内外，政企之间，齐心协力，层层落实"。从责任主体来看，时尚产业升级主要发生在政府和企业之间，两者应分清各自应尽的职能，发挥自己应有的作用，向着共同目标一起努力，其中不乏专业机构、社会团体，甚至普通民众的参与。

　　时尚产业升级的发起者是政府，其职能是组织领导，协同落实。为了推进上海文化创意产业发展，2010年9月，上海成立了由市委宣传部、市经济信息化委、市发展改革委、市商务委、市教委、市科委、市政府外办、市文化旅游局、市财政局、市人力资源社会保障局、市规划资源局、市税务局、市市场监管局、市统计局、市住房城乡建设管理委、市地方金融监管局、市国资委17家成员单位组成的"上海市文化创意产业推进领导小组"，协同378家时尚产业相关的商会、协会，169家市级创意产业园区，面向上海各界开展推进文化创意产业发展的相关工作，海派时尚因与文化创意有密不可分的关系而大获裨益。时隔11年的2021年9月，上海建立了由市政府主要领导担任组长的上海市建设国际消费中心城市领导小组，研究创新政策，加强部门协同，促进市、区联动，强化统筹协调，推动重点项目，更好地推动相关工作的落地。

政府有着其他社会组织无法替代的协同功能。与侧重于宏观掌控的组织领导不同的是，协同落实有着沉浸式参与的含义，标的更为精细，身段更为下沉，行为更加实干。着眼于社会发展和民众福祉的政府利用其公信力、公权力和行政力，协同企业、院校、机构等其他社会组织，在制定政策、信息共享、资源调配、牵线搭桥、利益调解、过程控制、预警告诫、容错纠错等方面打破行业壁垒，建立公平机制，做出公正评价，助力海派时尚实现产业升级的目标。

（五）实施运作，评估绩效

时尚产业升级的践行者是企业，其职能是攻坚克难，对标实现。作为时尚产业基层单位的企业，在时尚产业升级中，既要面对企业本身存在的不足，又要兼顾产业升级面临的难题，在生存中求创新，在危机中求发展，难度大，任务重，必须具有崇高的使命感和前瞻的经营观，才能有所作为。比如，某个企业面对因为缺乏核心技术而难以实现技术升级的难题，通常的解决方法分为三步。一是制定完善的人才引进政策。吸纳高素质、高学历、高技术人才，对有重大贡献的优秀人才配套各项优惠奖励政策，消除其生活上的后顾之忧，调动人才的创新积极性。二是建立高效的技术识别机制。通过调研、检索、综述、观摩、交流、培训等手段，提高对国内外先进技术的综合识别能力，逐步明确企业需要的前瞻性核心技术。三是加大相应的技术研发投入。根据企业发展规划，提高切合企业实际的技术研发投入比例，设置技术攻关课题，建立容错纠错和科学评价机能，健全利益分享的知识产权机制。整个过程可以在政府的指导和协同下，由企业有计划地分步落实。

及时评估时尚产业发展的实际绩效，是掌握产业运作情况和提供政策制定依据的重要手段。上海时尚之都促进中心充分发挥依托高校和行业头部企业的优势，自2017年以来，每年发布《上海时尚产业发展报告》。该中心组织专家团队以年度数据为基础，把时尚产业的政府政策、信息数据、趋势预测、技术管理、发展成果、瓶颈问题及现实困境等通过报告形式予以分享和交流，构建行业话语权，引领行业健康发展。2017年11月14日，由上海市经济和信息化委员会、上海市文化创意产业推进领导小组办公室、新华网联合指导，上海时尚之都促进中心与新华网上海分公司主办的《上海时尚产业发展报告（2017）》发布会在上海举行。另外，受市经信委委托，该中心参与撰写《时尚消费品产业高质量发展三年行动计划》及《上海市纺织服装产业高质量发展行动方案》，解读上海时尚产业新格局，辨析时尚产业未来新走向，为上海时尚产业发展、推动时尚领域供给侧结构性改革提供建设性意见和建议（图9-31）。

依据上海市2022年政府工作报告和上海市国际消费中心城市建设三年行动计划要求，结合时尚产业的特性，上海需要构建不同行业绩效评价指标体系，对时尚产业相关的创意园区和企业进行绩效评估，并根据绩效评估结果进行分类分析，发现行业存在的共性问题，出台相应政策措施，提出促使行业绩效提升的建议。通过对时尚产业的绩效评估，有利于掌握发展态势，能够厘清现实与目标的差距，可以及时优化和调整战略决策，提升企业创新工作绩效，带动行业整体经营业绩。

图 9-31
《上海时尚产业发展报告》首次发布现场

第三节　海派时尚文化之展望

在得到国内外学界和市场的高度认同后，海派时尚文化的社会地位必将稳步上升，特别是"国潮热"、高科技、可持续发展等方面为海派时尚发展开辟了新领域，促使文化与时尚的再度连接，成为时代发展、产业更新的必然措施和前进方向。

一、"国潮热"中的应有地位

"国潮"是一个商业炒作概念，并无严格定义，因其在当下社会环境中具有简单易懂亲民等特点而受到国人追捧。随着我国经济持续稳步增长、综合国力愈加强盛、世界影响不断扩大，国人越来越认识到，我国社会制度的优越性和中华文化的影响力是其他国家制度和地域文化难以比拟的。中华文化始终不断地影响着我国现代社会生活，是我国战胜困难继续向前必须秉持的基本理念，也是我们发掘其历史真谛并加以学习和借鉴的原动力。在"国潮热"中，海派时尚有其当仁不让的地位。

（一）文化自信映射的国潮热

国潮国风重返我国当代时尚文化领域，说明中国人的文化自信和审美自觉的复苏。20世纪80年代，长久封闭的国门被逐渐打开后，趁势涌入的西方文化曾经引发人们热情追踪和崇拜不止。自2018年李宁携"悟道"系列登上纽约时装周（图9-32），其名为"曜变天目"的中国传统元素新品（溯·支系列，致敬中华文化）引起国内外媒体的争相报道以及社交网络平台的刷屏等，如此高涨的舆情让我们开始意识到"国潮"的文化力量。"国潮热"的形成是国人尤其是年轻人对国货充满自信的显示。"国潮"将传统文化与时下潮流紧密融合，在迎合年轻消费者之时尚爱好的同时，还吸引了他们关注中国文化及对文化价值的认同，进而引发年轻群体的思想共鸣和情感寄托。这种追求与国家层面对传承和弘扬传统文化的大力支持密切相关。20世纪90年代年轻人的成长伴随着国货产品的快速崛起，他们逐步感受到国货品牌之传统文化的魅力。这也正是李宁借青年文化的平台重新将传统精神潮流化的一种开拓性践行。尼尔森《2018年第四季度中国消费趋势指数报告》显示，中国90后（1990—1999年出生）的消费意愿为63点，高于80后（60点）、70后（54点）、60后（54点）等年龄段，已成为互联网时代的消费主力。

图9-32
李宁"悟道"系列

上海大部分90后、00后人群的生活条件优渥，他们拥有巨大的消费能力，是相对小额化、经常化、快速化的时尚消费的主力军，其爱国热情和民族情怀丝毫不亚于他们的长辈，文化自信远高于他们的长辈，在消费具有鲜明文化色彩的时尚产品时，往往倾向于选择更具国潮特色的时尚产品。因此，分散在时尚产业各领域的、具有上海本土特色的国潮题材新产品将进一步成为传承海派时尚的主要担当，开发这类产品将成为相当一段时期内的一种主流趋势。

（二）海派时尚中的国潮把握

我国国力的日益强盛、社会经济的稳步增长，使人们重新认识到传统文化深厚的历史底蕴。在海派时尚的再造中，那些老字号制造的上海好物、优秀国潮佳品纷纷亮相于上海的购物大平台，并且以大流量提升了海派时尚和本土制造的知名度、显示度和美誉度。东方国际旗下的"三枪"品牌与《青年报》联名款"前进的力量"红色文创 T 恤（图 9-33）、龙头家纺与上海博物馆的合作款——国色天香毛巾礼盒、海螺的中式衬衫，以及华谊集团下属企业的硫磺温泉液体皂、固本水活舒缓喷雾、立体提拉眼膜、次抛精华液等国潮护肤美妆产品获得了市场的大量好评。而上海时装周、"五五购物节"、"上海时尚生活嘉年华"更是推出系列跨界潮品和老字号新品等优质新款（图 9-34、图 9-35）。这些海派时尚新热点的信息还引起国际机构的广泛重视。迅驰时尚（Suntchi）在沪创立的全球化时尚 IP 资源合作平台——"尚交所"（时尚交易所），"以时尚 IP 赋能新商业"为核心理念创建"时尚设计＋"合作体系，太平鸟·上海凤凰、乐町·大白兔等联名系列产品的上市与发布就是经由该机构促成的。现时，以往那种消费者对外国名牌与奢侈品的盲目崇拜，已开始转移到对中国本土品牌的热衷和追求。

　　对国潮的把握体现在国潮题材、国潮风格、国潮设计元素三个方面。国潮题材造就时尚事件或热点话题，国潮风格呈现时尚产品的外观样貌，国潮设计元素表现为具体的产品卖点。把握国潮，不是贴上一个石库门之类具有上海标识图案的简单移植，也不是主观强制的文化说教，而是要仔细体会当下消费者面对国潮的细微心态差别，用生动有趣、轻松亲和、精致典雅的形式，活化地再现海派文化精髓。

图 9-33
《青年报》与"三枪"
联名 T 恤

图 9-34
大白兔润唇膏

图 9-35
梅林罐头四大经典
礼盒

（三）"后海派"中的时尚文化

21 世纪，海派时尚文化进入了一个"蓄能期"，或曰"后海派"时代。海派时尚在经历了旧海派、新海派之后，进入了后海派，其时尚文化明显带有表现当代、展望未来的文化印记，是当代音乐、美术、文学、娱乐、时政、建筑、科技、经济、消费以及生活方式的综合反映，其代表性受众群体是被称为"Z 世代"的年轻人。比如，上海回力品牌与清华大学合作的爆款"脚踏实地"和"日新帆布鞋"，以及回天之力 2.0、飞跃 lightning 等经典款、热点款等，已成为服务新时代之跨界领先的成功实践（图 9-36）。

图 9-36
回力：回天之力

上海人容易陶醉于与生俱来的、被人诟病的"迷之自信"，正在提升与强化中的"国潮热"或许在某种程度上刺激了后海派时代的"海派热"。令人瞩目的城市建设成就逐渐缩小了上海与发达国家先进城市的差距，某些方面的成就甚至超越了这些城市，成为人们"爱上海"的理由。在国际国内各种复杂语境下，人们探寻曾经熟悉的海派文化，追求当下风头正健的海派时尚，与过去人们崇尚西方的价值观"流出"现象相反，在秉持国际视野的同时，出现了本土价值观的转向"回流"现象，成为"后海派"文化的主要策源。就上海来说，海派时尚的丰富多样性已经成为人们审美的主要目标和追逐对象，新时代消费市场的主力也已属于 Z 世代。面对得之不易的价值观回流，"后海派"时尚当且行且珍惜，在重塑海派文化的历史重任中，用好"海派"这张王牌。比如，从创意的角度看，借鉴世界历史名城再回时尚之巅的案例，梳理上海本土特有的非遗文化以及上海近现代历史文化的名人、名居和一些优秀建筑群，加以富有活力的时尚化设计，再融入"上海设计""上海制造""中国智造"等背书，让收藏在博物馆里的文物、陈列在大地上的遗产、书写在旧籍里的文字、刻录在胶木唱片中的音乐、摄制在胶片中的电影都借助现代化技术和国际化平台灵动起来，以中华文化为核心来做好上海"后海派"时尚文化的大文章。

二、高科技催熟的时尚巅峰

时代高速发展的特征之一是科技的日新月异，21 世纪高科技是当今社会财富爆增的主要推手，高科技时尚产品的频繁问世极大地刺激了人们对消费市场的热切期待，获得市场积极响应后的高科技将再度激发更新的科技诞生，把时尚产业推上新的巅峰。

（一）"黑科技"与"白科技"

近几年来，"黑科技"一词频频出现在各类媒体上，借以突出被指事物的技术性、先进性和魔幻性。黑科技是指超越人类现有科技水平的，或处于发展阶段且尚未被广泛应用的新技术，一般具有隐秘性、反常性和稀有性等特征，在新硬件、新软件、新技术、新工艺、新材料等方面均有所表现。与黑科技相反，白科技是指符合人们当前普遍认知的、合乎逻辑的且被广泛应用的技术，一般具有成熟性、稳定性和公认性特征。与黑科技相比，白科技是一个时代的主流技术，没有无缘无故的"黑科技"，黑科技本质上是白科技的另类表现。

时尚对创新的追求近乎疯狂，黑科技本身具有明显的创新底色，以新为上的时尚产业需要黑科技的支持，狂热地追随各种可商业化的黑科技，把黑科技包装成企业的核心竞争力，将其视为相应产品不同凡响的独门卖点。正是由于时尚产业需要用黑科技刺激市场形成新的消费热点，以黑科技名义登场的技术数不胜数。事实上，真正意义上的黑科技并不多，比如可以通过吞食其他金属获得能量的液态金属、可被人体安全吸收的电子器件、具有多个探测功能的电子皮肤集成传感器、智能化控制医用纳米机器人等。出于商业目的，企业把一些本该属于白科技的技术包装成黑科技，或是装扮成介于黑白之间的"灰科技"，比如情侣感情传递智能手环、自动真空储物罐、智能控温空调被子、智能自然光护眼台灯、自动随行旅行箱等。隐藏在热闹的时尚表征下，无数看不见的高科技推手催熟了时尚巅峰。

无论年龄大小，几乎所有消费者都愿意为便捷舒适安全的科技产品买单。可以预期，未来的海派时尚应当借助上海强大的科技力量，鼓励和培育能够形成时尚热点的高新科技，在时尚产品中注入更多更新的高科技成分，让海派时尚走上时尚的科技化之路。

（二）"微创新"与"大时尚"

"微创新"这个概念出自 2010 年中国互联网大会，其涵义是指在互联网语境中，技术不再是主导，关键是产品能否真正打动用户心中最需要解决的那个"点"，即契合用户的"心"。此后，"微创新"引申为仅对现状略有些许改变的小幅度创新。从本质上看，针对原有事物的部分因素进行小幅度改变的"微创新"其实是对创新的一种妥协，抑或是一种因难以一步到位地实现创新目标而采用的体面说辞。在实践中，市场并不总是需要真正的颠覆式创新，过于激进的创新虽可大规模收获注视率，却往往叫座不叫好，而"微创新"却可以达到四两拨千斤的功效。近年来，上海某些老字号产品外包装的更新出自高校大学生的设计，虽然这样的创新微不足道，但是其中有一些创意确实是那些老字号掌门人心中琢磨的那个"点"，最终成就了老字号的新市场地位。因此，用好"微创新"，在创新道路上小步快跑，以小见大，积沙成丘，连绵成片，是一种相对稳健地达成创新目标的可行方法。

"大时尚"概念涵盖的范围非常广泛，是指以时尚本体为核心的周边所有时尚相关方面。之所以提出"大时尚"概念，是因为当前人们的生活方式、生活环境和生活目标发生了巨变，原先以服装服饰为本体的时尚不足以涵盖越来越丰富的时尚内涵，不少原先与时尚产业关联度不大的行业越来越多地呈现出时尚产业特征，以至于难以区分其行业属性。另外，把与时尚相关的行业聚拢，不仅可以增加时尚产业板块的体量，形成影响浩大的社会声势，也可以使这些行业之间在时尚的主题下产生"化学反应"，发生业态的跨界与创新。2020 InfluX上海时尚创新博览会一改以往单列商品和参展铺位的传统展览方式，以现实生活为线索，把3 000平方米的展示空间布置成卧室、客厅、厨房等日常家庭生活场景，形象地展示了时尚品牌在衣、食、住、行等多个维度中的新开发与新尝试，再加上一些真人模特的互动演绎，给人以一种从未有过的沉浸式多层次的可看、可赏、可游、可联想的"大时尚"生活场景的真情感受，是一次探索和感知艺术、文化、时尚、科技与生活完美结合的新体验。实践"大时尚"，是时尚发展的时代召唤，必将在未来的海派时尚发展中，对于海派文化的内涵深化、产业资源的综合利用、边际市场的拓展开发、专业人才的使用效率、社会生活的丰富多彩、城市品质的逐级升华，发挥出越来越强的联动功效和整体提升的作用。

（三）新新渠道与时尚增量

渠道是事物流动的通路，在此一般指商品销售路线。因借助互联网等新工具而产生的新的渠道模式被称为"新渠道"。尽管淘宝、拼多多、京东等购物平台是诞生时间不算久远的"新渠道"，但面对微店、萌店、直播、拼团、社交电商、垂直特卖、导购电商、内容电商、买手电商等"新新渠道"，却只能被称为"传统电商"，互联网"新零售物种"升级换代之快，几乎到了目不暇接的程度。事实上，网络就是一个最大的新新渠道，各种各样的营销手段可以最大限度地满足人们购买物品的欲望。

通过电商采购商品已成为人们主流购物渠道，几乎各个年龄段的消费者均热衷于网上购物，"轻松点选、快递到家"已成为现代社会中一道改变了人们生活方式的风景线。这种追随"新新渠道"的消费方式本身就带有时尚的底色，几乎所有时尚类产品也都能在这些渠道中找到。另外，技术创新为时尚带来了增量性膨胀，比如，上海顺应网络舆情邀请网红主播带货并进行现场直播的举措，进一步扩大了海派时尚的社会影响力。这是上海相关部门站在网民的角度、站在市场的角度、站在新渠道的角度而作出的颇有胆魄的决策和尝试。事实证明，此举起到了"新渠道服务于时尚"的示范效应。

时尚增量是指时尚产业在某一段时间内及某个板块中在原保有数量上的新增部分。衡量一个事物是否发展，其增量的大小是一个重要的评价依据。"新新渠道"的开拓和运用，使海派时尚文化的社会效应实现了最大化，也使时尚产品的市场增量同步扩大。例如，上海品牌"野菜"化妆品（图9-37）、"琴馨怡"护肤品、"尚乎"

图 9-37
海派时尚品牌"野菜"化妆品

艺术数码印花产品等，参加了某次沉浸式展示会，通过人气主播加盟，线下线上的关注度、售卖度都非常高。上海市互联网头部企业共有 16 家进入 2021 年中国互联网百强，入选企业营收平均增速均超 50％，保持着良好的发展势头。同时，叮咚买菜、万物新生（爱回收）、怪兽充电等一批新生代互联网企业也成功上市，打响了品牌，站稳了市场。整体而言，在线新渠道经济已成为推动上海经济和社会发展的重要引擎。

三、可持续发展的民生大计

可持续发展是科学发展观的基本要求之一。其最早出现于 1980 年，国际自然保护同盟在《世界自然资源保护大纲》里提出："必须研究自然的、社会的、生态的、经济的以及利用自然资源过程中的基本关系，以确保全球的可持续发展。"1987 年，世界环境与发展委员会出版的《我们共同的未来》报告中，将可持续发展定义为"既能满足当代人的需要，又不对后代人满足其需要的能力构成危害的发展。"1992 年 6 月，联合国在里约热内卢召开的"环境与发展大会"，通过了以可持续发展为核心的《里约环境与发展宣言》《21 世纪议程》等文件。可持续发展是人类对工业文明进程进行反思的结果，是人类为了克服一系列环境、经济和社会问题，特别是全球性的环境污染和广泛的生态破坏，以及它们之间关系失衡而做出的理性选择，"经济发展、社会发展和环境保护是可持续发展的相互依赖互为加强的组成部分"。中国政府对可持续发展的科学发展观极为关注，在《中国 21 世纪人口、资源、环境与发展白皮书》中，将可持续发展战略纳入我国经济和社会发展的长远规划。1997 年，中共十五大把可持续发展战略确定为我国"现代化建设中必须实施"的战略；2002 年，中共十六大又把"可持续发展能力不断增强"作为全面建设小康社会的目标之一。

（一）海派文化语境的"可持续发展"

海派文化可以引伸出"海派文明"。文化与文明有千丝万缕的联系，但两者词义不同，对应的事物也不同。文明是人们进行社会实践之后出现的现实图景，且经常与城市有很密切的联系，包括社会文明和个人文明的行为方式、管理体系、价值崇尚等各个方面，包含精神活动，但主要体现为物质的生产与消费活动。海派文明是指反映上海及周边地域人们和睦生活所特有的思想方式、行为能力及其发展过程和现有状态，包括人际哲学、城市意识、礼仪规范、风俗习惯、技术水准以及科学知识等。

上海是全国工商业重镇，分布在市区的工业厂房密度之高、体量之大为全国罕见，是城市升级转型的一大难题。经过几十年精心规划，上海的旧工业厂房已成功化身为一大批文化创意产业园区、社区商业中心、高科技产业园、市民文化中心、都市工业园区。上海把旧工业厂房改造工程做成为一项具有全国样板意义的文化创举，避免了因旧城改造的大规模推倒重建而破坏城市原有的集体记忆和文化认同感的弊端，保留了历史的厚重感，通过重新焕发创业艰难之精神，进而开启新时代创新的可持续发展之路，成为海派时尚文化可持续发展的典型范例。例如，黄浦江边的"工业锈带"经过多年改造变身为"时尚秀带""金色彩带"，变旧为新再获重生，成为上海的又一个地标性景点，迎来国内外的一片赞美之声。

在注重吸收、包容、融合等共同发展的前提下，海派文化自带可持续性发展的"基因"，这与海派文明的特质密切相关。从新中国诞生到改革开放，海派文化虽未提出"可持续发展"理念，却始终重视脚踏实地，不懈努力耕耘，在"把事情做好"的前提下，图新发展，有新作为。正是由于具有这种行为文明特点，如今，海派文化在不经意间将可持续发展的理论落实于常态化。针对"绿色""环保"等经济发展的新要求，上海人民遵循的经世致用、勤俭持家、物尽其用、精致细腻等文明原则可以无缝对接"可持续发展"理念，在海派文化语境下，追求卓越的"可持续发展"之科学发展观的基本要求（图9-38）。比如，在全国推行生活垃圾分类活动中，上海因城市文明程度高成为国内这项工作做得最好的城市。又如，上海之禾时尚集团以"天人合一"的东方哲学思想创立了ICICLE之禾品牌，将"可持续发展"理解为"采用顺应自然的制作方式和生活方式"，传承道法自然的传统思想（图9-39）。

图 9-38
上海将垃圾分类进行到底

（二）海派时尚纳入可持续发展轨道

时尚产业的产品大都属于快速消费品，在生产和消费过程中，传统的生产方式往往会产生生产资源消耗严重、破坏城市生态环境、旧物废弃处置困难等弊端。以快速消费品清单中的纺织服装为例，上海早期与时尚产业相关的行业正是这个行业。纺织服装业是国际公认的仅次于石油化工业的全球第二大污染行业，中国循环经济协会数据显示，全球时装业每年要消耗 1.5 万亿公升的水，产生的废水量占全球废水量 20％左右。约有 2 500 种化学物质被使用在纺织品染色和整理过程中，1 吨布料染色需要用 200 吨干净的水，而全世界大约有 7.5 亿人口缺少干净的饮用水。全球每年有超过 1 500 亿件服装被弃置，仅在我国，每年就有超过 2 600 万吨旧衣服被弃置。因此，时尚行业的发展必须纳入可持续发展轨道，海派时尚更应带头迎接这一迫在眉睫、功在千秋的巨大挑战。

图 9-39
以可持续发展理念为特色的 ICICLE 之禾品牌的"自然之道"系列

政府是可持续发展宏观目标的制定者，企业是落实、细化、分担这些目标的执行者。身处时尚产业的每个企业应该牢固树立企业的可持续发展理念，根据自己运营的实际情况和分担的"双碳"指标认真制定企业的可持续发展规划，严格执行具体的可持续发展任务，投入到可持续发展的历史洪流中。企业可以从部分产品、部分指标或部分生产线改造开始，循序渐进。

和平时期的时尚产业发展十分迅速，无论是出于国际社会舆论的压力，还是我国自身发展的需要，企业只有纳入可持续发展轨道，才能实现"创建百年企业、传承品牌文化"等愿景。海派时尚的可持续发展轨道是未来上海时尚产业发展的重要方向，要通过可持续的设计、可持续的制造及可持续的消费，共同构建一个对生态友好的可持续时尚。

（三）海派文化与时尚伦理

伦理属道德范畴，指人与人相处的各种不同于法律的道德准则。伦理一词在我国最早见于古籍《乐记》中："乐者，通伦理者也。"时尚是一种影响人的思想道德观念的社会力量，时尚伦理是人们以社会心理为基础，针对时尚事物给社会生活带来的广泛影响而试图建立和遵守的行为规范。时尚伦理分为正向和反向两个维度，前者在于时尚丰富人民的生活、促进个性自由的表达、扩大社会生产的能力，后者在于由时尚的非理性导致的过度追求物质刺激、社会人格道德的颓废、加快自然资源的消耗。时尚是工业化与现代化发展的必然结果，无论是物质时尚还是行为时尚，都是极易冲撞传统伦理价值体系的一把双刃剑，在给社会和个人带来积极道德影响的同时，也会使人沉溺于消费主义，引起贪恋物质消费、加剧环境保护压力、加速社会分配不公等不良后果。

现代社会的快速发展和人民群众生活的不断改善及提高，造就了人们对"时尚"的热衷和追求，特别是年轻人对时尚物品的疯狂追逐，促使时尚产品生产的不断加剧，及其投放市场后引起的快速消费。这种循环往复的生产和消费对自然资源、环境、生态等造成了极大的破坏，特别是其造成的诸如气候变暖、海平面上升等，严重威胁到人类的生存和地球的安全。如果想要保护环境、减少碳排放（碳中和）、节约资源、拯救地球，就必须遵循绿色可持续发展的理念，从设计、生产、消费等环节，将时尚伦理贯穿于时尚产业发展的每个环节，必须突出人与人、人与自然、人与社会的平等相处、和谐共生的关系，尊重并合理利用自然规律，大力推行符合时尚伦理的设计、生产、消费方式等，如此才是符合伦理道德的时尚行为。上海现在正在进行的海派旧时尚的翻新（时尚园区），以及用好有限土地资源、修建滨江大道、旧里焕新改造等，都是符合时尚伦理的环保而又节约资源的典型案例。

对于海派文化的时尚伦理，正向维度自不待言，人们更应该警惕其反向维度。在早期海派文化氛围下，上海人有"适度、节制、取巧"的做派，小居室巧安排、节约领大流行、粮票有半两等典故便是这种做派的反映。当前人们生活水平有了极大提高，反映食品支出总额占比消费支出总额的恩格尔指数呈趋势性降低，时尚型消费占比日益上升。在此情况下，如果放任用时尚伦理的反向维度换取社会经济的快速发展，其后果将在物质与精神方面对后世产生不可估量的负面影响。因此，我们应当重视时尚伦理研究，发挥海派文化的导向作用，提倡正面理性的时尚消费观，弘扬比社会贡献的人生价值观，避免社会矛盾的加剧。

四、 文化与时尚的紧密铰接

铰接，稳固而灵活的链接方式，好比把相对独立的柜门与柜体通过铰链连接起来。鉴于文化与时尚的相互关系，尽管时尚是文化中的一个分支，但时尚具有相对独立性，从某种角度来看，无论是形式还是内容，也无论是高度还是广度，两者似乎是保持着一定距离的平行事物。在文化与时尚各自行进的道路上，两者之间的距离并不总是固定不变的，距离越近，社会各要素的融合度就越高，两者关系就愈加和谐；距离越远，社会各要素的分离度就越高，两者关系就愈加冲突。因此，探讨和发现文化与时尚的"最佳距离"，在一定的距离范围内把两者牢牢地铰接在一起，求得协同式平衡发展，是海派时尚未来一个阶段的重要研究课题。

（一）持续做大海派文化市场

做大海派文化市场需要准确借势时尚产业。就狭义的文化市场和时尚市场而言，后者在市场规模、社会影响、流传速度、受众人数等方面远胜于前者，因此，文化市场主动对接时尚市场是借势发展自己的明智举措。长久以来，海派文化与海派时尚的结合对位准确，相得益彰，期间也曾有过短期脱节，但脱节程度不大，这也许与海派文化中含有时尚基因或城市底色有关。新中国成立七十多年以来，国土基本远离战争，社会长期和平发展，虽因"文化大革命"等原因而错失了一些发展良机，但终究自我纠错后逐步追赶上来，时至今日，随着我国综合国力的提升和上海城市建设的进步，海派文化的发展遇到了空前的好机会。

最近二十年，音乐、绘画、文学等狭义的海派文化纷纷抹上了时尚色彩。以音乐为例，原先从事高雅音乐的艺术家们感受到了时尚热浪，无论是在表演形式上还是在曲目选择上都开始放低身段，把音乐送入时尚街区，参与市民社区文化建设。座落在上海虹口区中部的上海音乐谷，在整体布局方面串联起了四川路商业街和北外滩航运集聚区，存有大量独具特色的石库门建筑群，保留八座具有百年历史的桥梁，形成了上海唯一保存完整水系格局的历史文化风貌地区，将音乐融入生活社区、产业园区、商业街区、旅游景区，形成音乐产业功能、音乐主题旅游功能、音乐产业服务功能三大板块，打造富有特色的上海国家音乐产业基地，建成硬黑科技与流行音乐结合的全球音乐标杆区。现有音乐表演艺术、数字音乐创作、音乐教育培训、音乐版权经纪、专业音响器材、时尚文化创意等多个重点项目，驻有全国最大的女团 SNH48 等著名时尚音乐团体。如今，除了保留传统音乐表现形态，还开拓了时尚化的线上线下音乐文化演艺娱乐空间，通过"音乐＋科技"，以 5G 网络、VR、AR、全息等技术应用，具备音乐网络主播、粉丝打赏、网上表演、异地同台直播、虚拟音乐艺人、真实场景互动等新业态，形成集聚各类前沿科技的时尚视听盛筵，打造年轻人最爱、最疯、最赞的新海派时尚文化地标。美术作品的衍生化、文学作品的网络化，各个文化细分领域纷纷有所作为，海派文化总量市场被最大限度地打开了。

地域时尚的发展态势在于当地文化的基本属性及其宽厚程度，其发展空间与其所赋的文化底色密切相关。某些文化类型并不适合时尚事物的生长，比如具有浓郁的宗教、政治、农耕等色彩的文化类型就不太适合时尚产业发展。海派文化特有的生成条件使其天然地带有时尚基因，这种文化与时尚的正相关关系自然成为供养时尚成长的最佳土壤。因此，要真正做大做强海派时尚，首先必须做大做强海派文化及其相关市场。未来的海派文化应该是现代上海"城市文化资本"的再生场域，各种文化上的流派、学派、思潮、风格以及文学作品、影视作品、艺术作品、文艺评论等载体，各种媒介上的展场、影院、会馆、网络以及实体呈现、虚拟展示、沙龙讨论、直播助阵等形式，将合纵连横，共同做大做强新海派文化的主体阵地，为海派时尚的做大做强提供足够的养料。

（二）培育海派时尚新生群体

文化与时尚的铰接可以使原本在文化或时尚市场各取所需的消费群体走到一起，派生出新的市场重叠群体。消费者是市场的生命线，消费者基数越大，市场底盘越扎实。海派时尚市场要做大，必须培育这个市场的新生群体，其着力点是新时代"海派时尚新生群体"的培育。即通过时尚趋势的"培育"（时尚的研发造势）、时尚物品的"培育"（"时尚"消费产品的生产）、时尚拥趸的"培育"（"时尚"潜在市场的储备），完成新兴时尚消费群体的培育（图 9-40）。

图 9-40
培育本土和外埠的海派时尚新生群体是海派时尚的未来。图为充满活力的 Z 世代在外滩金融中心夜市

培育海派时尚新生群体是基于传统文化的海派时尚的自身发展需要。时尚是具有文化内容的，不仅仅只是对新奇事物的消费。毋庸置疑，充满好奇心和追求时代感的新生群体先天拥有对时尚的敏锐度和接受度，培育他们对时尚的围观、选择、消费、传播等市场行为并不十分困难。与简单的市场行为培育相比，把时尚新生群体的文化价值取向引导到合乎国家发展格局的时尚渠道上来，注重时尚的文化性内容制造，用不断推陈出新的时尚内容打动时尚"后浪"，既是海派时尚的历史使命，也是时尚文化得以长久和正确发展的主要途径。上海城市文化素材十分丰富多样，比如红色文化。红色文化这个"灵魂"是"初心"之 21 世纪的持续坚守，从文创的角度践行"使命"（图 9-41）。上海是中国红色革命的"初心"诞生地，创作用于"加快上海时尚之都建设"的红色"初心"文化作品，可以感染 21 世纪的"后浪"——海派时尚的新生群体，并以此实现前辈打江山是为后辈创造"美好生活"的愿景。与此同时，加强新生群体对"海派"这个上海本土文化之"根"的认同，将"前身的积累"与"活着的资本"、江南文化与"国潮"风貌、国际多元文化与上

海城市特色、行业经济前沿与"上海老字号"复苏杂糅交汇，为新时代海派时尚赋能，成为引导海派时尚文化新生群体的重要组成部分。例如，2021首届"海派风尚节"就是一场海派文化传承与创新的多元演示。

（三）两者铰接的市场前景巨大

文化与时尚的铰接可催生海派时尚巨大的市场前景。上海作为我国最大的现代化国际大都市，是一个有着2 400多万人（2021年统计数据）的大市场，其文化资源十分丰富，吸引了国内外大批游客。如何才能满足各方人士的不同需要？唯有文化与时尚的"铰接"——让两个相对独立的板块紧密连接在一起，形成更为强大的关联性整体。新时代的海派文化主要由改革开放后上海在经济社会的创新实践、浦东开发开放以来上海形成的新的现代城市格局，以及党的十八大以来上海作为排头兵的姿态和先行者的担当这三个方面的本质内涵所组成，新时代语境中文化和时尚的铰接重点是海派文化与海派时尚在本质内涵上的铰接。

文化与时尚有着各自的消费市场，两者各自提供的产品与服务很少重叠，前者偏于精神享受，比如电影、书籍、绘画、戏曲等，后者侧重物质舒适，比如服装、美食、汽车、美容等。不过，这种缺少相互渗透的单一市场模式不能很好地利用各自的边际效应和带出效应，消费形式专门而单一，无法体现价值溢出，好比发电厂的余热没有被综合利用。如果两者能够完美铰接，则可以在保持各自市场规模不缩水的同时，相互吸引对方的市场受众消费自己的产品。近年来，集文化、娱乐、百货、餐饮、健身、亲子等功能于一体的综合商业体成为为数不多的线下实体商业成功模式，其原理就是在同一空间里经营内容的跨行业并置。

当然，以上仅仅是经营模式上的初级结合，如果两者在产品本质内涵上进行深度结合，其市场前景非上述实体商业简单并置的效应可比。利用消费者对某项文化产品的情感认同，可以进一步发挥其边际效应，开发出具有该产品IP的时尚产品，带出相应的附加消费，创造出新的市场增量，形成巨大的市场规模，从而完成文化与时尚的铰接。比如，一部成功的电影可以衍生出多种经过授权的时尚娱乐类产品，包括根据电影内容制作的各类数字影碟、原声大碟、唱片、拍摄花絮、宣传片、小说、绘本、海报、屏贴、道具、角色模型等，还能创作出与电影主题相关的服装、玩具、文具、饰品、纪念品、日用品、电子游戏、软件等产品，甚至可以将摄制地点转化为旅游打卡地，其市场前景非单一的电影票房可囊括。时尚插入文化，也有不小的市场作为，能够对时尚产生直接或间接的推动作用。电影《花样年华》中女主角美轮美奂的旗袍在社会上掀起了一股规模空前的"旗袍热"，据不完全统计，全国各地仅各种等级旗袍协会就有近千家，旗袍爱好者数以百万计，促成了经久不衰的旗袍市场。至于广泛散布于全国各地的民族文化时尚化应用，更是成为近年来学界争相研究的热点课题，仅国家艺术基金就将在"十四五"期间资助3 200个文化项目，这些项目的实施必将加大文化建设的厚度，时尚文化也可从中直接或间接受益。

（四）产业更新壮大的必经之路

海派文化与海派时尚的铰接是海派时尚产业更新和壮大的必经之路。把上海建设成为国际时尚之都是一项艰巨而复杂的任务，必定要经过多次更新与壮大，每更新一次就会壮大一些，直至达到目标。相对而言，文化等同于上层建筑，时尚相当于经济基础，两者既有区别又不可分离。文化领先于时尚，时尚反映出文化，两者的表现形态不同，其更新与壮大呈你追我赶的协同进步关系。

文化产业与时尚产业协同进步，在共同迈向一个个新台阶的同时，由于其需求量大、影响面广、显示度高、消耗性强，它们的发展结果也会带动其他产业的进步，尤其是那些处于全产业链前端的基础产业。比如，新材料产业为时尚产业提供用于新产品研发的新材料，高科技产业为文化产业追求新的表现效果提供技术支持，信息产业为时尚产业需要的数据处理提供信息服务，高端制造产业为时尚产业的高端产品制造提供帮助。可以乐观地展望，随着文化时尚产业的进一步壮大，其发展结果必定会带来社会的共同进步。因此，文化时尚产业的更新与壮大也是全社会全产业链更新与壮大的必经之路。

由于世界经济形势不确定因素的暗流涌动，我国宏观经济市场规模的增量放缓，上海的城市建设已从大规模增量转向以存量更新为主。2021年9月1日《上海市城市更新条例》的正式实施，意味着城市更新按下了"加速键"，这将有力地促进与城市更新紧密相连的海派时尚产业更新升级的步伐。当前，上海将全面发力创新型经济、服务型经济、开放型经济、总部型经济、流量型经济"五型经济"，促进创新链与产业链的深度融合，实施制造业创新中心工程，引导企业加大创新投入，推动创新成果先试先用，积极培育新产业、新业态、新模式，从而促使富有特色的上海案例不断涌现。近期出台的上海国际消费中心城市建设三年计划，针对聚集消费贡献度、消费创新度、品牌集聚度、时尚引领度和消费满意度等方面，将着力增强消费对经济发展的基础性作用，以供给创新释放消费潜力，创造上海新时代时尚的品质生活。

整体而言，上海新时代时尚产业的发展趋势应该在文化与时尚相互渗透的市场利益驱动下，在海派文化塑造、高新科技赋能、可持续时尚、商业模式创新和时尚产品创新五大维度进行更新壮大。基于社会主义核心价值观的海派文化塑造保证了其正确的发展方向和价值所在；基于提高人民幸福生活指数的高新科技赋能提供了其物质基础上的技术保障；基于造福人类后代的可持续时尚理念践行了其崇高的发展目的和伦理道德；基于经济价值合理化的商业模式创新体现了其有序营商的社会环境；基于文化创新成果的时尚产品创新展示了其均衡发展的价值取向。

无论是过去还是现在，海派文化与海派时尚始终一脉相承，长期繁荣稳定，骄人业绩不断问世。上海城市环境的新海派元素、本土的地域个性和市民的生活方式以及时代精英文化等因素会持续充实和不断提升，以发展壮大"城市文化资本"。海派文化将从传统的历史图层里走出来，汲取现代化所需元素，与世界先进文化融合，成就新海派时尚的地位（图9-42）。

图9-42
拥有中国第一高楼的上海外滩东岸夜景，闪耀着清澈迷人的璀璨光芒，预示着海派时尚文化的美好前景

参 考 文 献

[1] 张芝萍, 胡碧琴. 中国城市时尚指数研究 [M]. 上海: 东华大学出版社, 2020.

[2] 郑杭生. 社会学概论新修 (第三版) [M]. 北京: 中国人民大学出版社, 2003.

[3] 李伦新. 海派时尚 [M]. 上海: 文汇出版社, 2009.

[4] 陈至立. 辞海 [M]. 上海: 上海辞书出版社, 2012.

[5] 李伦新, 陈东. 海派文化精选集 [M]. 上海: 上海大学出版社, 2017.

[6] 徐鸣, 尚坊伯. 荣宗敬传 [M]. 上海: 东华大学出版社, 2015.

[7] 阿雷恩·鲍尔德温, 等. 文化研究导论 (修订版) [M]. 陶东风, 等译. 北京: 高等教育出版社, 2004.

[8] 马逢洋. 上海: 记忆与想象 [M]. 上海: 文汇出版社, 1996.

[9] 潘光. 犹太人在上海 [M]. 上海: 上海画报出版社, 1995.

[10] 熊月之, 周武. 上海: 一座现代化都市的编年史 [M]. 上海: 上海书店出版社, 2007.

[11] 李伦新, 忻平. 海派文化研究文集 (12) [M]. 上海: 上海大学出版社, 2014.

[12] 黄士龙. 服装文化概论 [M]. 上海: 东华大学出版社, 2015.

[13] 郭骥. 近代上海的海派文化 [M]. 上海: 上海人民出版社, 2020.

[14] 胡根喜. 海派时尚 [M]. 上海: 文汇出版社, 2009.

[15] 杨明刚. 上海市现代服务业集聚区文化与品牌创新设计 [M]. 上海: 华东理工大学出版社, 2019.

[16] 卞向阳. 国际时尚品牌案例 [M]. 上海: 上海人民出版社, 格致出版社, 2010.

[17] 斯图伯特. 品牌的力量 [M]. 尹英, 万新平, 宋振, 译. 北京: 中信出版社, 2000.

[18] 罗钢, 王中忱. 消费文化读本 [M]. 北京: 中国社会科学出版社, 2003.

[19] 高骞. 上海打造国际时尚之都的探索与实践 [M]. 上海: 上海人民出版社, 格致出版社, 2010.

[20] 颜莉. 海派时尚产业价值创新能力与发展路径研究——基于上海时尚产业现状的发展建议 [M]. 北京: 经济管理出版社, 2014.

[21] 金炳昊, 埃琳娜·塞德罗拉. 时尚品牌与传播: 欧洲奢侈品牌核心战略 [M]. 赵春华, 任力, 李傲君, 译. 北京: 中国纺织出版社, 2020.

[22] 道格拉斯·霍尔特, 道格拉斯·卡梅隆. 文化战略: 以创新的意识形态构建独特的文化品牌 [M]. 汪凯, 译. 北京: 商务印书馆, 2013.

[23] 王灵桂. 中国: 引领包容性世界经济增长潮流 [M]. 北京: 社会科学文献出版社, 2017.

[24] 王京生. 文化流动与文化创新报告 [M]. 广州: 广东人民出版社, 2016.

[25] 周正刚. 文化哲学论 [M]. 北京: 研究出版社, 2008.

[26] 吕斌, 李国秋. 信息分析新论 [M]. 北京: 世界图书出版公司, 2018.

［27］ 贾磊磊，张国祚. 文化产业与文化软实力［M］. 长沙：湖南大学出版社，2015.

［28］ 卢杰，李昱，项佳佳. 非物质文化遗产濒危评价及数字化保护研究［M］. 武汉：华中科技大学出版社，2018.

［29］ 许珂. "双创"发展评价指标体系构建及应用评估研究［M］. 南京：东南大学出版社，2019.

［30］ 上海博物馆. 考古·古港：上海青龙镇的发掘与发现［M］. 上海：上海古籍出版社，2017.

［31］ 金炳华. 哲学大辞典［M］. 上海：上海辞书出版社，2001.

［32］ 安格内·罗卡莫拉，安妮克·斯莫里克. 时尚的启迪：关键理论家导读［M］. 陈涛，李逸，译. 重庆：重庆大学出版社，2020.

［33］ 陈定山. 春申旧闻［M］. 台北：世界文物出版社，1958.

［34］ 刘昇青. 由摩登说到现代青年妇女［J］. 玲珑，1933（124）.

［35］ 周进. 关于时尚理论的研究［J］. 东南大学学报（哲学社会科学版），2012，14（3）.

［36］ 尹鸿. 面对亚文化：客观看待积极转化［N/OL］. 人民网，2018-03-27. http://opinion.people.com.cn/n1/2018/0327/c1003-29890123.html.

［37］ 熊月之. 上海历史文脉与海派文化［J］. 上海艺术评论，2018（01）.

［38］ 刘威，王碧晨. 流量社会：一种新的社会结构形态［J］. 浙江社会科学，2021（08）.

［39］ 李璐. 新常态下中华文化的解构与建构［J］. 文化学刊，2016（07）.

［40］ 刘妍，马晓英，刘坚，等. 文化理解与传承素养：21世纪核心素养5C模型之一［J］. 华东师范大学学报（教育科学版）. 2020（02）.

［41］ 谢惠媛. 传承弘扬中华优秀传统文化的逻辑进路、视域选择和实践原则［J］. 学术研究，2018（12）.

［42］ 薛鹏程. 全球化背景下城市文化与时尚经济相关性研究［J］. 中国市场，2019（12）.

［43］ 张牧. 我国文化品牌创新发展路径探析［J］. 长白学刊，2019（05）.

［44］ 袁龙江，谢富纪. 上海建设国际时尚之都的对策［J］. 科学发展，2017（12）.

［45］ 王梅芳，艾铭，程沛，等. 发展中的中国时尚传媒状况分析［J］. 现代传播（中国传媒大学学报），2015（06）.

［46］ 徐剑. 国际文化大都市指标设计及评价［J］. 上海交通大学学报（哲学社会科学版），2019（02）.

［47］ 徐桂菊，王丽梅. 城市文化竞争力评价体系的构建［J］. 山东经济，2008（09）.

［48］ 王文锋. 文化产业竞争力评价模型及指标体系研究述评［J］. 经济问题探索，2014（01）.

鸣　谢

衷心感谢所有为本书做出无私奉献的单位、个人、品牌（排名不分先后），他们是：

上海瀚艺服饰有限公司　瀚艺 HANART

上海叶子服饰贸易有限公司　金枝玉叶

上海高略企业管理咨询有限公司　WJX 婉珺玺

瑰丝陈时装设计（上海）有限公司　GRACE CHEN

上海庄容服饰有限公司　庄容

上海表业有限公司　上海表

上海老庙黄金有限公司　老庙黄金

上海丝绸集团文化发展有限公司　海上丝韵

上海豫园文化商业集团　豫园商城

上海复星外滩置业有限公司　BFC 外滩金融中心

上海一兆韦德健身管理有限公司　一兆韦德

上海林清轩生物科技有限公司　林清轩

上海龙城服装设计有限公司　JUDYHUA STUDIO

上海市商务委员会　陈宇先

上海徐家汇商城股份有限公司　王斌

上海万絃实业有限公司　陈福川

中华艺术宫教育部　朱刚

上海纺织博物馆　蒋国荣

上海服装行业协会　沈群

上海服装鞋帽商业行业协会　郭卫生

上海美容美发行业协会　舒建武

上海福太太服饰有限公司　陆克明

上海蔓楼兰企业发展有限公司　裘黎明

上海东浩兰生集团　陆敏

江苏省苏州市品德服饰陈列馆　李品德

江苏省南通市富美服饰有限公司　孙建华

上海守白文化有限公司　李守白

上海朱开荣服装设计工作室　朱开荣

上海市静安沪尚墨缘书画文化公益中心　孙珍霞

上海悦普网络科技有限公司　林悦